개혁주의생명신학 이해와 실천을 위한

워필드
신학 탐구

개혁주의생명신학 이해와 실천을 위한

워필드 신학 탐구

1판 1쇄 발행 2023년 10월 29일

저자 김상엽

편집 문서아 **마케팅·지원** 김혜지

펴낸곳 (주)하움출판사 **펴낸이** 문현광

이메일 haum1000@naver.com **홈페이지** haum.kr
블로그 blog.naver.com/haum1000 **인스타그램** @haum1007

ISBN 979-11-6440-469-8 (03230)

제1장   인식론

감사의 글

　이 책은 내가 지난 10년간 벤자민 워필드의 신학을 연구하고, 그것을 바탕으로 개혁주의생명신학적 적용을 모색한 결과물이다. 2012년 백석대학교 신학대학원에 입학해 오늘에 이르기까지 그 모든 연구 과정을 인도하신 하나님께 감사와 영광을 올려드린다.

　사실 내가 벤자민 워필드를 처음 만난 것은 20대 초반이었다. 청년 시절 섬기던 교회의 담임 목사님 목양실에서 어느 날 워필드의 전집을 발견했다. 담임 목사님 머리 위편 선반에 멋들어지게 꽂혀 있던 10권짜리 전집은 원래 그자리에 늘 있었을 것임에도 그날따라 우연히 내 눈에 띄었다. (조직신학 박사답게 표현하자면) 내 외부에 객관적으로 실재하던 대상이 하나님의 섭리를 통해 나에게 주관적으로 인식된 것이다. 워필드가 19세기 말에 활동했던 세계 3대 칼뱅주의자였다는 담임 목사님의 설명이 더해지는 순간, 그 책을 바라보며 마음속으로 기도했다.

'하나님, 제가 언젠가 저 책 번역하게 해주세요.'

　시간이 흘러 학부를 졸업하고 2006년 육군학사장교 48기로 임관했다. 2009년 중위로 전역하기까지 3년 4개월간의 군복무 기간에 나의 기도 제목은 크게 두 가지였다. 워필드의 전집을 공부하는 것과 유학 갈 준비를 하는 것이었다. 하나님의 섭리로 도심 한가운데 위치한 사령부에서 군생활을 할 수 있었다. 군생활을 하면서 공부할 수 있는 곳으로 보내달라고 신학교 4년 동안 기도했던 결과였다. 매일 퇴근 후 근처 도서관이나 스타벅스에 가서 워필드의 책을 읽었다. 전역하면서 치른 아이엘츠 시험에서는 한 번에 7.0이 나왔다. 그 당시 종교-과학의 관계를 연구할 수 있었던 예일(Yale)과 드류(Drew)에 지원했고, 다행히 드류대학교로부터 3년간 60%의 장학금이라는 조건으로 어드미션을 받았다. 이때만 해도 바로 유학 가는 줄 알았다. 하지만 경제적인 문제로 미국 비자발급이 제대로 이루어지지 않았고, 결국 국내에서 신학 공부를 이어 가기로 마음먹었다.

그렇게 2012년 백석대학교 신학대학원에 입학했다. 워필드에 대한 연구를 잠시 망각하고 살아가던 신대원 3학차 무렵에 이경직 교수님을 만났다. 이경직 교수님을 통해서 워필드 연구와 번역의 꿈을 되살렸다. 이경직 교수님의 지도로 신대원을 졸업하며 "워필드의 개혁주의 인식론 이해"(2015)라는 주제로 논문을 썼고, 기독교전문대학원에서 "벤자민 워필드의 변증적 성경론"(2017)으로 조직신학 석사 학위를, "벤자민 워필드의 기독론 변증과 개혁주의생명신학적 적용"(2019)으로 조직신학 박사 학위를 마무리했다. 부족한 제자를 한결같이 지도해 주시고 지금까지 이끌어 주신 이경직 교수님께 이 글을 통해 감사를 드리고 싶다. 교수님과 교수님의 빨간펜이 없었다면 (논문을 들고 찾아가면 빨간펜으로 깨알같이 첨삭해 주셔서 빨간펜 선생님으로 불리셨다) 지금의 나는 없었을 것이다.

백석대학교 신대원과 기독교전문대학원에서 공부하며 다양한 신학을 만나게 해주신 다른 세 분의 조직신학 교수님들께도 이 자리를 빌려 감사의 말씀을 드린다. 김윤태 교수님을 통해 개혁신학의 뿌리인 칼뱅을 만날 수 있었다. 유태화 교수님을 통해서는 화란신학을 대표하는 헤르만 바빙크를 알게 되었다. 박찬호 교수님은 현대신학의 필요성을 일러주셨고 케빈 밴후저를 소개해

주셨다. 세 분의 가르침 역시 나의 신학 여정에 있어서 큰 자양분이 되었다.

가족들의 기도와 배려가 없었다면 지금까지 달려오지 못했을 것이다. 연구와 사역을 핑계로 가족 대소사에 참석하지 못해도 늘 이해해주시고 묵묵히 기다려주신 장인어른과 장모님께 감사드린다. 멀리서 홀로 지내시며 늘 기도로 후원해 주신 어머니께도 감사드린다. 신대원생 시절에 만나 시간강사에 이르기까지 오랜 시간 옆에서 응원해주고 가정을 지켜준 사랑하는 아내 양지인 사모에게도 감사의 마음을 전한다. 나에게 힘이 되고 비타민이 되어 준 사랑하는 아들 김아셀에게도 고맙다는 말을 하고 싶다.

이 책이 나오기까지 많은 분들이 도움을 주셨다. 오랜 시간 공부할 수 있는 여건을 허락해 주신 백석학원과 장종현 설립자님께 깊이 감사를 드린다. 개혁주의생명신학회 간사로 섬기면서 장학금 혜택을 받을 수 있어 학비 걱정 없이 공부할 수 있었다. 학회실은 간사 업무를 보면서 조용히 연구할 수 있는 공간이 되어 주었다. 학회 간사 업무를 보며 틈틈이 이 책에 실린 여러 편의 학술논문을 준비할 수 있었다. 목양동 6층 학회실에서 보낸 시간은 앞으로도 잊지 못할 것이다. 내 옆에서 10년 넘게 형이자 멘토로 여러 조언을 해준 신대원 교목 이성주 교수에게도 감사의 마음을 전하고 싶다. 같은 교회 같은 부서에서 목사와 전도사로 만나, 아무것도 모르는 철부지 전도사를 지금까지 형처럼 이끌어 주었다. 목사 안수를 받는 과정에서 도움을 주신 서원교회 김태철 목사님과 성도님들에게도 이 자리를 빌려 감사드린다. 교단의 선배 목사님으로 함께 박사과정에서 공부하며 이끌어 주셨던 수정교회 이효선 목사님께도 감사드린다. 강의와 연구, 사역을 병행할 수 있도록 배려해주신 하남산곡교회 천병호 담임목사님과 유윤준 수석장로님, 성도님들께도 깊이 감사드린다. 그동안 출간된 논문들을 사용할 수 있도록 배려해 준 개혁주의생명신학회와 개혁주의학술원, 한국개혁신학회, 한국기독교철학회, 한국복음주의조직신학회,

ACTS신학연구소 편집부에게 감사드린다.

20대 초반에 워필드에 대한 연구를 가슴에 품었고, 이렇게 40대 초반이 되어 연구 결과물을 책으로 엮어 출간하게 되었다. 자칫 '온고'(溫故)에만 머무를 뻔한 워필드 연구가 개혁주의생명신학을 만나 '지신'(知新)에 대한 고민으로 이어졌다. 10년 동안의 연구 결과물을 모아서 책으로 엮다 보니 논리적 흐름이 다소 매끄럽지 못한 부분도 보이고, 좀 더 내용을 채웠으면 하는 부분도 있다. 아쉽지만 다가올 10년을 위해 남겨두고자 한다.

2023년 10월
저자 김상엽

머리말

　"개혁교회는 언제나 개혁되어야 한다"라는 문구는 교회가 언제나 시의적절한 신학을 고민해야 함을 내포하고 있다. 같은 맥락에서 티슬턴(Anthony Thiselton, 1937-2023)은 신학의 모습이 시대에 맞게 변화해야 함을 지적했다. 그런데 시의적절한 신학으로의 변화는 지금까지의 신학을 전부 폐기하거나 버리는 것을 의미하지 않는다. 온고지신(溫故知新)이라는 고사성어가 '옛것을 복습하여 새것을 아는 것'을 의미하듯, 새로운 신학으로의 발전은 과거로부터 지금까지의 통시적 모음의 결과이다.

　이 책의 목적은 과거의 한 신학 전통을 고찰하며 오늘날 한국교회에 필요한 신학 유형이 무엇인지 살피는 것이다. 개혁신학이 여러 시대를 거치며 다양한 전통을 형성했기에 우리에게는 여러 선택지가 있다. 그러나 이 책이 19세기 말 미국에서 개혁신학을 변증하려고 했던 벤자민 워필드(Benjamin B. Warfield, 1851-1921)의 신학에 집중하는 이유는 그 당시 미국교회가 경험한 신학적 상황이 오늘날 한국교회가 직면하고 있는 신학적 상황과 유사한 점이 많기 때문이다. 자유주의 신학이 성경의 권위를 부정했고, 자연주의적 진화론이 기독교의 초자연적 요소를 거부했으며, 근본주의적 신학으로 인해 교회의 사회적 역할이 축소되고 게토화 되었다는 점에서 오늘날 한국교회가 처한 상황과 유사하다. 그러므로 우리가 워필드의 신학을 살펴보며 그의 신학에 담긴 강점과 약점을 파악하는 일은, 오늘날 우리 시대에 맞는 새로운 신학 유형을 찾는 데 큰 도움을 줄 것이다.

워필드의 신학을 살피는 일은 인식론을 살피는 데서 출발한다. 인식론은 우리가 진리를 파악하고 이해하는 틀이나 기준이다. 따라서 인식론은 동시대의 철학과도 밀접하게 연결된다. 워필드는 19세기 말부터 20세기 초까지 활동했던 신학자이다. 그 당시 미국의 인식론을 살피는 작업은 독일 계몽주의와 스코틀랜드 상식철학을 중심으로 이루어진다. 인간 내부에 있는 이성을 인식론적 원리로 삼았던 계몽주의는 결국 인간 외부에 진리가 실재하지 않는다는 인식론적 회의주의를 낳았다. 상식철학은 이 회의주의를 거부하며, 인간 외부에 진리가 실재한다는 것과 그것을 모든 인간이 인식할 수 있음을 주장했다. 모든 인간의 보편 감각은 그것을 보증한다. 워필드는 상식철학을 방법론적으로 차용하여 기독교 진리의 실재성과 객관성을 확보했다. 워필드의 신학은 바로 여기에서부터 시작한다. 그렇다고 해서 워필드의 신학이 상식철학에 기반했다거나 상식철학에서 파생되었다고 보는 것은 오산이다. 이에 대해서는 해당 장에서 좀 더 논의가 이루어질 것이다.

워필드는 무엇보다도 성경론으로 잘 알려진 신학자이다. 특히 19세기 말 미국의 상황은 성경의 권위가 가장 큰 도전을 받던 시기였다. 우리가 익히 들어 알고 있는 칸트나 헤겔, 슐라이어마허, 리츨 등의 철학자들은 이성이나 감정, 의지 등을 종교의 좌소로 삼았다. 진리가 성경에 담겨 있지 않고 인간 내부에 있는 것으로 인식되었다. 특히 리츨의 신학이 미국에서 큰 인기를 누리면서 성경의 초자연적 요소를 모두 부정하기 시작했고, 이는 성경 권위에 강력한 도전으로 작용했다. 이러한 상황에서 워필드는 성경의 권위를 강력히 변증하고자 했다. 워필드의 성경론은 그 당시에만 유효한 것이 아니라 21세기를 살아가는 우리에게도 유효하다. 워필드 성경론이 어떤 의미에서 포스트모더니즘 시대에, 그리고 과학시대에 우리에게 유효한지 이 책에서 살필 것이다.

성경 권위에 대한 도전은 성경 내용에 대한 부정으로 이어졌다. 성경 권위를 부정하자 성경에 담긴 초자연적 요소들이 제거되었다. 이는 다시 그리스도의 신성이 축소되거나 제거되는 결과를 낳았다. 그런 의미에서 워필드의 성경 변증은 자연스레 기독론 변증으로 이어졌다. 그리스도의 신성을 부정하려는 리츨주의가 팽배했기에 워필드는 그리스도의 두 본성을 둘러싼 변증에 집중했다. 워필드의 기독론 자체가 새로운 것은 아니었다. 다만 19세기 말부터 미국 교회에 강력한 영향을 미쳤던 개신교 자유주의와 리츨주의에 대해 정통 기독론을 변증하는 데 집중했다. 워필드가 리츨주의와 케노시스주의를 비판하고, 오귀스트 사바티에와 제임스 데니, 요하네스 바이스의 기독론을 분석하는 데서, 우리는 그 당시 정통 기독론에 어떤 도전이 제기되었는지 좀 더 구체적으로 알 수 있을 것이다. 기억할 것은 그리스도의 신성에 대한 도전이 오늘날에도 여전히 남아 있다는 사실이다.

이처럼 워필드는 19세기 말에서 20세기 초 미국이라는 상황에서 개혁신학을 변증하는 데 탁월했다. 성경의 권위와 그리스도의 신성을 효과적으로 변증했고, 미국에서 개혁신학이 명맥을 이어가는 데 크게 기여했다.

그렇다면 오늘날 한국교회에는 어떤 신학이 필요할까? 워필드의 신학을 그대로 재현하는 것으로 충분할까? 이에 대한 답은 워필드와 린드벡, 밴후저로 이어지는 신학적 접근법에 대한 논의에서 찾을 수 있다. 워필드의 인지-명제적 신학과 린드벡의 문화-언어적 신학, 밴후저의 정경-언어적 신학의 특성에 대한 논의는 오늘날 우리에게 어떤 신학 유형이 필요한지 잘 보여준다. 오늘날 우리에게 필요한 것은 성경의 권위를 강조하면서도 교회의 실천을 실제적으로 구현할 수 있는 신학적 접근법이다. 이 책은 이를 정경-실천적 접근법이라 칭한다.

정경-실천적 접근법으로서의 개혁주의생명신학은 성경 권위와 교회 실천을 모두 강조한다. 워필드는 성경 권위에 대한 논의에 집중함으로써 상대적으로 교회 실천을 제대로 다루지 못했다는 비판을 받는다. 린드벡은 교회 실천을 위해 성경 권위를 포기했다는 비판을 받는다. 밴후저는 성경 권위와 교회 실천을 강조하고자 했지만 복잡한 이론으로 인해 그것이 교회에서 효과적으로 작동할 수 있는지 의문이 제기된다. 개혁주의생명신학은 성경 권위를 절대적으로 강조하면서도, 좀 더 실제적이고 즉각적인 방식으로 교회 실천을 지향한다. 개혁주의생명신학의 정경-실천적 접근법이 오늘날 한국교회에 효과적일 수 있는 이유가 여기에 있다.

개혁주의생명신학의 '정경-실천적 접근법'은 우리에게 두 가지 과제를 준다. 성경의 권위를 다시금 강조하는 것이고, 성경에 기반한 교회 실천을 제시하는 것이다. 필자는 이 두 가지 과제를 성경 권위 담론과 교회 실천 담론을 통해서 살펴볼 것이다. 워필드의 성경론이 오늘날 개혁주의생명신학에 던지는 성경 권위 담론을 고찰하고, 성경의 권위를 교회와 신학교와 신자의 삶에서 실천하기 위한 신학의 회복과 신학 교육의 회복을 논할 것이다. 개혁주의생명신학이 효과적으로 작동하려면 신학과 신학교, 교단이 하나가 되어야 한다. 신학이 회복되고, 신학교가 회복되어야 하며, 이를 지키기 위한 교단적 노력도 필요하다. 개혁주의생명신학을 통해 신학의 회복을 시도했다면, 이제 개혁주의생명신학을 중심으로 신학교와 교단이 하나가 되어야 한다. 그런 면에서 프린스턴 신학교가 워필드 사후에 보여준 행보는 매우 유의미하다.

이 책을 통해 옛것을 복습하여 새것을 바로 아는 일이 풍성해지기를 바란다. 워필드의 신학을 통해 강조된 성경의 권위와 그리스도의 신성이라는 신학적 원리가 개혁주의생명신학을 통해 성경적 신학과 성경적 실천으로 열매 맺히기를 소망한다.

제1장

인식론

Epistemology

기독교의 정황이 히브리적 배경에서 헬레니즘 배경으로 옮겨질 때, 기독교
는 복음에 관한 개념을 새롭게 할 필요성에 직면했다. 초기 기독교 변증가들은
새로운 철학적 정황 속에서 기독교를 제시해야만 했고, 이를 위해서 비기독교
적 철학자들과의 대화 속에서 그리스 철학의 개념과 사상들을 채용했다. 이렇
게 시작된 신학과 철학의 관계는 애증의 관계였다. 어떤 때는 신학과 철학이 매
우 가까운 관계를 유지했고, 또 어떤 때는 서로의 독립성을 주장하며 멀어지기
도 했다. 그러나 여기에서 변하지 않는 사실이 하나 있다. 신학과 철학이 매우
긴밀한 관계를 맺어 왔다는 것이다. 그 이후 기독교 신학의 역사를 잠시만 훑어
봐도 우리는 철학적 이해를 가지고 신학을 수행한 대표적인 신학자들을 만나게
된다. 아우구스티누스의 신학은 신플라톤주의로부터, 토마스 아퀴나스의 신학
은 아리스토텔레스로부터, 슐라이어마허의 신학은 스피노자로부터, 리츨의 신
학은 칸트로부터 영향을 받았다. 신학은 철학으로부터 긍정적이든 부정적이든
영향을 받을 수밖에 없다. 분명 둘 사이에는 상호작용 관계가 있다.

철학의 여러 분야 중에서 우리가 좀 더 관심을 가지고 살펴야 할 분야는 인식
론(Epistemology)이다. 인식론은 "지식과 합리적 믿음"의 "본질"은 무엇이고 그
"범위"는 어디까지인지를 다룬다. 인식론에서는 이 지식의 조건을 세 가지로
제시한다. 그것은 진리와 믿음, 정당성이다. 따라서 어떤 사람이 실제 지식을
갖기 위해서는 참인 사실과 그 사실을 참으로 믿는 것, 그 사실을 참으로 믿는
적절한 근거가 있어야 한다. 기독교 신학과 관련해서 인식론이 중요한 이유는
기독교 진리의 기준과 관련이 있다. 기독교 전통에 있어서 기독교 진리의 기준

은 다름 아닌 "성경"이다. 이는 우리에게 너무도 자명한 사실이자 원칙이다. 그런데 기독교 진리의 기준을 인간의 이성이나 감정, 의지 등에 두려는 시도가 있었다. 앞으로 계속해서 살펴보겠지만, 성경이 아니라 인간의 자율성을 기독교의 진리 기준으로 삼을 경우, 전혀 다른 신학적 결과로 이어진다.

그러므로 우리는 워필드 신학의 연구를 시작하며 그의 인식론을 먼저 살펴야 한다. 워필드의 인식론을 연구하는 것은 그의 신학을 이해하는 좋은 출발점이다. 한 워필드 연구자에 따르면 "워필드에 대한 역사적 고찰의 핵심은 그의 인식론을 분석하는 데 있다. 그리고 그의 인식론이 그의 신학사상과 어떻게 관련되는지 밝히는 데 있다." 워필드의 인식론은 워필드의 신학을 이해하는 틀이다. 그리고 워필드의 인식론은 그의 신학의 본질과 범위와 깊이를 구성하는 틀이다. 따라서 워필드의 신학을 본격적으로 살펴보기에 앞서 그의 인식론을 먼저 살펴볼 것이다. 워필드가 활동했던 19세기 미국에 가장 큰 영향을 미친 철학으로는 독일의 계몽주의와 스코틀랜드 상식철학이 있다. 이 두 가지 철학이 인식론적인 측면에서 어떤 특징을 갖는지 살펴보고, 워필드가 어떤 면에서 전통적인 개혁신학적 인식론을 가지고 있는지 살필 것이다.

독일 계몽주의가
19세기 미국 신학에 미친 영향

1 계몽주의가 시작되다

　계몽주의(Enlightenment)는 한 마디로 정의하기 어려운 철학적 운동이다. 계몽주의의 시작과 전개, 영향들에 대한 논의는 그 논의가 어떤 영역 안에서 이루어지느냐에 따라 다양한 형태로 진행되기 때문이다. 그럼에도 불구하고 우리가 계몽주의에 대하여 확실하게 말할 수 있는 사실은 두 가지 정도로 요약될 수 있다. 하나는 계몽주의가 서구 유럽의 모든 분야에 결정적인 변화를 가져왔다는 것이고, 다른 하나는 계몽주의가 기독교 신학에도 큰 영향을 미쳤다는 것이다. 저명한 개신교 역사학자 알리스터 맥그래스(Alister E. McGrath)는 이 사실을 잘 지적한다. 맥그래스에 따르면 계몽주의는 서유럽의 정치와 사회, 종교에 큰 영향을 미쳤고, 기독교 지성사에서 어쩌면 종교개혁보다도 더 중요한 발전을 가져왔다. 그래서 어떤 사람은 계몽주의를 중심으로 시대를 구분하기도 한다.[1]

　대표적인 현대 도덕철학자 찰스 테일러(Charles Taylor)는 기독교 신학과 관련한 인식론의 변화를 계몽주의를 중심으로 세 단계로 구분한다. 계몽주의 이전 시기에 사람들은 기독교적 세계관을 믿지 않을 수 없었다. 계몽주의 시기가 시작되면서 사람들은 기독교의 기본 진리들을 믿지 않는 것이 가능해졌다. 이

제 계몽주의 이후 300년이 지났고, 포스트모더니즘과 다원주의가 만연하게 되었다. 사람들은 객관적 진리를 믿거나 기독교 세계관의 궁극적 관심사들을 믿는 것이 불가능하다고 생각한다.[2]

그런데 계몽주의는 서유럽에서 동시다발적으로 시작했고, 발전 과정에서 국경을 넘나들며 다른 수많은 사상과 상호작용했다. 영국과 프랑스, 독일에서 시작된 계몽주의는 유럽의 종교와 철학, 정치, 도덕, 사회에 큰 영향을 미쳤다.[3] 영국과 프랑스, 독일의 계몽주의의 기원과 시작, 발전을 연대기적으로 정확하게 파악하는 것은 어렵지만, 각 나라의 계몽주의는 독특한 특징을 갖는다. 영국에서는 종교적 논쟁, 정치적 이론, 도덕적 기준들이 계몽주의 시대의 철학적 경향에 크게 영향을 받았다. 프랑스에서는 사회적이고 정치적인 이론들이 계몽주의에 포함되었고, 대중들의 지성에 큰 영향을 미치게 되었다. 프랑스 대혁명 이전 시기뿐만 아니라 대혁명이 진행되는 중에도 영향을 크게 미쳤다. 독일에서는 동일한 경향들이 한 편으로는 신학적 논쟁에서, 다른 한 편으로는 문학적 통찰과 해석에서 드러났다. 시간이 점차 흐르면서 독일 계몽주의는 종교를 도덕으로 바꾸는 경향을 띠게 되었다.[4]

2 독일 계몽주의가 기독교 교리를 도덕적으로 재해석하다

독일 계몽주의의 가장 큰 특징을 꼽으라면 기독교 교리를, 특히 구원론과 관련된 교리를 도덕적 관점에서 재해석했다는 데 있다. 가령, 전통적인 개신교는 칭의를 종합적으로 판단하여 하나님의 선포와 그에 따른 올바른 관계를 강조한다. 반면, 독일 계몽주의는 칭의를 분석적으로 판단한다. 독일 계몽주의에게 있어서 칭의는 실제적 변화를 가져오는 도덕적 중생이다. 이는 칭의를 도덕적 차원에서 강조하는 것과 그리스도의 사역에 대한 전통적인 이해를 수정하는 결과를 낳았다. 더 나아가서 안셀무스(Anselm)의 구원론적 교리를 해체시켰고, 원죄나 속죄 등에 대한 수정을 불러왔다.[5]

요한 고트리이프 퇼너(Johann Gottlieb Töllner, 1724-1774)는 "그리스도의 능동적 순종에 담긴 대속적 가치"를 비판했다.[6] 그는 『그리스도의 능동적 순종 연구』라는 논문에서 그리스도의 능동적 순종에 대속적 가치가 있다는 이론을 엄격하게 거부했다. 퇼너에 따르면 인간 그리스도는 보통 사람과 마찬가지로 율법에 순종해야만 하는 의무 아래에 있었다. 따라서 그리스도는 남을 위해 율법을 성취할 수 있는 존재가 아니었다. 그리스도의 능동적 순종이 대속적 가치를 지니려면, 두 가지 조건 중 하나가 만족되어야만 했다. 그리스도가 인류의 대표자로 인증을 받거나, 하나님께서 그리스도의 대표자로서의 순종을 받아들이시는 것이다. 퇼너는 그리스도를 택자의 후원자이자 인도자로는 이해하지만, 대표자로 보지는 않는다. 퇼너는 이러한 견해를 기반으로 그리스도의 대속적 개념이 거부된다고 주장한다.

그렇다면 대속적 가치를 상실한 그리스도가 우리에게 어떤 의미가 있는가? 퇼너는 그리스도의 가치를 도덕적 성격에서 찾는다. 그리스도의 순종이 인간 내부에 도덕적 성질을 고양시키고, 사람들은 이것을 기초로 용서받고 의롭게 된다는 것이다. 결국 사람에게 칭의를 가져오는 것은 그리스도의 죽음이라는 객관적 가치가 아니라, 사람에게 미치는 주관적인 가치(도덕적 영향)가 된다.

이러한 도덕주의적 요소는 슈타인바르트(Gotthelf Samuel Steinbart, 1738-1809)에 의해서 더욱 강화된다. 그의 책 『행복론』은 도덕주의적 관점을 더 강화시킨 것으로 평가받는다. 슈타인바르트에 따르면 인류를 향한 신의 섭리는 "완전한 도덕성의 증진"을 위한 것이다.[7] 그리고 이 도덕성의 증진은 예수 그리스도에게서 구현된다. 슈타인바르트는 정통적인 기독교의 구원론에서 나타나는 핵심 교리들을, 즉 "임의적 가설"이라고 표현하고 그것들을 비판한다.[8] 즉 아우구스티누스의 원죄 교리, 아우구스티누스의 예정 교리, 안셀름의 만족 교리, 개신교의 의의 전가 교리를 그렇게 여긴다.[9] 슈타인바르트는 이 임의적인 가설들이 마니교의 영향이고 그리스도의 죽음에 담긴 원래적인 도덕적 해석을 왜곡시켰다고 보았다. 그는 이 가설들보다 펠라기우스의 가르침이 기독교의 정통적인 가르침으로 인정받아야 한다고 주장했다.

슈타인바르트의 주장에 의하면 그리스도는 인류를 잘못된 하나님 개념에서 구원하고, 행복과 도덕적 완전성으로 데려간다. 인간에게는 잘못된 하나님 개념이 있다. 즉 분노의 하나님, 독재자 하나님, 피조물에게 벌칙을 부과하는 하나님 개념 등이다.[10] 그리스도는 인간을 이러한 오해에서 구출하여, 행복과 도덕적 완전성으로 데려간다. 따라서 그리스도의 수난과 죽음이 갖는 중요성, 필요성에 대한 질문은 의미가 없다.

이상의 논의를 보면 독일 계몽주의는 인간의 지적, 도덕적 자율성을 강조한다. 인간의 도덕적 자율성을 강조하려면, 인간은 원래 하나님으로부터 소외된 존재가 아니어야만 했다. 오히려 인간은 자기 스스로의 죄로 인해서 하나님으로부터 소외되었다. 이러한 계몽주의적 관점에서 그리스도의 죽음은 개신교의 전통적인 의미를 상실한다. 이제 그리스도의 죽음은 인간에게 도덕적 동기를 부여하고, 인간 스스로 자신의 하나님과의 소외를 해결하도록 추동하는 의미를 갖는다. 더 나아가서 인간의 도덕적 자율성과 그리스도의 도덕적 모범 개념은 화해 교리를 재해석하도록 요청한다.

3 칸트와 슐라이어마허가 계몽주의적 구원론을 강화하다

임마누엘 칸트(Immanuel Kant, 1724-1804)는 구원론에 대한 기존의 계몽주의적 설명에 도덕적인 비판을 가한 대표적인 인물이다. 칸트가 보기에 기존의 계몽주의가 종교와 도덕의 관계를 강조하기는 하지만, 이 관계에 대한 전통적인 계몽주의적 설명이 부족했다. 칸트는 인간의 의무가 최고선의 추구라고 생각했다. 그리고 최고선을 추구하기 위한 필수 전제로 "도덕적 완성의 가능성"을 꼽았다.[11] 칸트에게 있어서 도덕적 완성의 가능성을 부정하는 것은 최고선의 가능성을 부정하는 것이다. 전자는 후자의 무조건적 구성요소이다. 그리고 하나님은 도덕적 완전성을 향하려는 "인간의 의도 자체"를 "완전성의 소유로 간주"해 주신다.[12] 하나님은 "성향"을 "원향"으로 그냥 인정하신다는 것이다.

하지만 칸트가 초기 계몽주의와 차이를 갖는 부분은 인간의 '악'에 대한 이해이다. 인간이 자유로운 피조물이고 도덕적 완전성의 가능성을 가지고 있으면서도, 칸트는 인간에게 이 자유를 잘못 사용하는 능력이 있음을 간파했던 것이다.[13] 따라서 여기에서 인간 스스로 도덕적으로 선할 것인지 악할 것인지 결정해야 하는 개념이 들어선다. 개인 스스로 도덕적 선과 악을 선택하지 않거나 선택할 수 없다면, 개인이 자신의 도덕적 조건에 책임질 수 없게 되고, 도덕적 선과 악의 구분을 할 수 없게 된다. 인간은 반드시 자유롭게 도덕적 행위를 결정할 수 있어야만 한다.

정리하자면, 칸트는 기독교의 정통 교리들과 세 가지 측면에서 결별하게 된다. ① 칸트는 계몽주의와 마찬가지로 원죄 개념을 거부한다.[14] 그는 인간의 악의 기원이 인간의 의지 안에 있다고 보았다. ② 칸트는 대리적 만족 개념을 거부한다.[15] 인간은 개인이 자신의 도덕적 행위에 책임이 있다. 따라서 도덕적으로 탁월한 한 사람이 다른 사람의 죄를 대신 제거해줄 수 없다. (3) 칸트는 화해 교리를 재해석했다.[16] 하나님과 인간 사이의 화해는 그리스도를 통하지 않는다. 하나님이 인간 안에 생긴 새로운 도덕적 성향을 받아주시고, 이것으로 인해서 하나님 앞에서 의롭게 된다. 하나님을 기쁘시게 하려는 의도를 지닌 사람은 이전의 죄가 폐기되는 것이다. 도덕법을 지키려고 '결심한' 사람은 신적 은총을 통하여 과거의 도덕적 죄가 폐기되고, 현재의 도덕적 결함이 보완될 수 있다는 희망을 갖게 된다. 이것이 바로 화해 교리의 뜻이다. 칸트의 교리가 도덕 철학 안에서 적절한 위치를 지니게 되었다는 맥그라스의 결론은 일면 타당하다. 그럼에도 불구하고 우리가 반드시 기억해야 할 것은 칸트가 계몽주의에 대한 반응으로 제시한 설명이 정통 개신교 교리와 차이를 갖는다는 사실이다. 우리가 보기에 칸트의 칭의 교리와 화해 교리는 정통 개신교 교리와는 꽤 동떨어진 형식으로 기술되었음에 분명하다. 칸트가 여전히 계몽주의의 그림자 안에서 기독교 교리를 재해석하고 있는 것이다.

18세기 마지막 십년에 계몽주의적 합리주의가 무미건조해지고 엄격해지면서 이에 대한 반대가 생겨났다. 해방자로 여겨지던 이성이 이제 영적 노예화로 간주되기 시작했다. 이제 실재를 파악할 수 있는 이성이라는 계몽주의의 중심 주제에 대한 반동이 생겨나면서,[17] 낭만주의(Romanticism)가 등장하기 시작했다. 계몽주의가 인간 이성에 호소했다면, 낭만주의는 인간의 감정과 상상력에 호소했다.

프리드리히 슐라이어마허(Friedrich Schleiermacher, 1768-1834)는 인간의 "감정"(Gefuhl)에 부여된 새로운 의미와 함께 기독교의 신앙 이야기를 발전시키기 시작했다. 슐라이어마허는 기독교적 경건의 정수로서 합리적이거나 도덕적인 원칙을 제시하지 않고, 즉각적인 "자기 인식으로서의 감정"을 제시했다. 따라서 기독교 교의는 본질상 기독교의 종교적 감정들에 대한 개인의 이야기가 된다.

슐라이어마허는 기독교 신학의 출발점으로 "절대 의존 감정"을 내세웠다.[18] 그에 따르면 이 기독교적 경건의 기원은 기독교 공동체라는 집단의식 위에 그리스도가 덧붙여져 생긴 것이다. 따라서 이 경건은 구원론적으로 설명되어야 한다. 이런 면에서 슐라이어마허의 접근법은 순전히 종교적이다. 계몽주의의 도덕주의와 날카롭게 구별되는 부분이 여기이다.

슐라이어마허는 그리스도를 절대적이고 강력한 신-의식에 귀속시킨다.[19] 이 신-의식을 통해서 그리스도는 인류에게 대속적 효과를 미칠 수 있다. 그리스도의 구속 활동은 그의 신-의식을 인간 개개인의 것으로 만들기 때문이다.[20] 그러나 슐라이어마허는 이 과정에서 그리스도의 초자연적인 면을 다소 약화시키고 자연적인 특성을 강조하여 계몽주의와의 유사성을 보이기도 한다. 그는 그리스도의 신-의식이 자연적인 채널을 통해서 인간에게 중개된다고 보았다.

칭의에 대한 슐라이어마허의 이해는 경건주의와의 신학적 연속성을 보여준다. 그는 칭의가 인간 안에서 일어나는 참된 변화에 부수되는 것이라고 주장한다. 즉 앞에서 다룬 묄너, 슈타인바르트와 같이 슐라이어마허는 칭의가 인간 내부의 선행하는 도덕적 교정에 수반되는 것이라고 주장한다. 슐라이어마허는 칸트와 같이 '근본 악' 개념을 발전시킨다. 그에 따르면 인간은 도움이 없이는 압도적인 신-의식을 획득할 수 없다. 인간 속에는 '선에 대한 전적 무능'이 있고 죄를 향한 내재적 기질이 있다. 따라서 인간은 외부로부터의 신적 지원이 필요하다.

슐라이어마허의 주장은 두 가지 면에서 긍정적이다. ① 슐라이어마허는 인간 외부로부터의 구속의 필요성을 제시하였다. 계몽주의는 구원론에 있어서 인간의 자율성을 강조하면서 구속에 관한 아우구스티누스적 요소들을 제거했다. 슐라이어마허는 인간의 구원의 원천이 외부로부터 주어진다는 점을 진술함으로써, 개신교 칭의 교리의 전통적인 면을 다시 포착하려고 시도했다. ② 슐라이어마허는 죄의 개념을 다시 강조했다. 그는 구속에서 죄의 실재성과 인간의 죄 인식이 필요함을 지적했다.

4 독일 계몽주의가 미국 신학에 영향을 미치다

이제 우리가 살펴보아야 할 것은 위에서 언급한 독일 계몽주의와 그것에 영향을 받은 독일 신학이 어떻게 미국에 전해지는가이다. 헨리 포크만(Henry Pochmann)에 따르면 미국 지식인들은 유럽 "문화"와 "사상"에 영향을 받았다.[21] 그런데 그 사상은 한 맥락에서 다른 맥락으로 변화 없이 심겨진 것이 아니고, 오히려 미국적 맥락에 크게 영향을 받으며 전해졌다. 독일 신학과 미국 신학 사이에도 마찬가지 관계가 있다. 따라서 미국의 개혁주의 신학을 좀 더 잘 이해하기 위해서 유럽의 신학을 잘 이해할 필요가 있다. 19세기 미국의 개혁주의 전통의 신학적이고 지성적인 정황들은 폭넓은 유럽 신학자들을[22] 포함하여 대서양을 가로지르는 정황을 수반한다. 필립 샤프(Philip Schaff)는 이 사실을 다음과 같이 설명한다.

> 유럽은 여전히 모든 부분에서 역사의 적절한 중심이다. 그리고 우리 미국인의 삶은 여전히 상당부분 유럽의 특징을 지닌다. 헤겔이 말한 것처럼 우리는 "옛 세계의 반향이자, 이방적 삶의 표현이다." 우리가 옛 세계로부터 나왔듯이, 우리의 언어와 문명과 도덕과 관습과 학문과 예술과 종교와 심지어 패션도 그렇다.[23]

그 당시의 미국과 독일 사이의 대서양을 중심으로 한 관계를 분석할 때, 우리는 독일의 신학과 철학이 미국에 영향을 미친 세 가지 방식을 발견할 수 있다. 첫 번째 방식은 독일 사상의 직접적 영향이다. 이것은 독일에서 공부한 미국 신학자들에 대해서 이루어졌다. 미국의 19세기 개혁주의 신학의 특정 지류들을 적절하게 이해하려면 미국 외부, 특히 독일 대학에 있었거나 거기에서 만들어진 신학적 학파와 저술들을 고려해야만 한다. 두 번째 방식은 미국 신학자들이 독일어나 영어로 된 주요 신학적 자료들을 읽으면서 받은 영향이다.[24] 어떤 미국 신학자들은 콜러리지(Coleridge)의 저술들을 통해 독일 사상에 영향을 받았다. 콜러리지는 슐라이어마허와 여러 중재 신학자들의 관점을 수용했다. 세 번째 방식은 미국으로 여행하거나 이주한 유럽 학자들을 통한 영향이다.

19세기 미국 신학자들은 칸트와 헤겔의 철학을 접하기도 했고, 슐라이어마허의 신학을 접하기도 했다. 비록 그들이 다르게 반응하기는 했지만, 분명한 것은 그 당시 미국의 개혁주의 신학자들이 독일의 철학과 신학에 결코 무관심하지 않았다는 것이다. 1894년 미국으로 망명한 신학자이자 교회 역사가인 필립 샤프는 독일의 신학적 사상이 미국에 미친 영향을 목격했다. 그에 따르면 그 영향은 "부정적이면서도 긍정적이다. 그것은 옛 토대를 약화시키는 경향이 있고, 새 구성을 세우는 데 도움을 주었다."[25] 따라서 우리는 19세기 미국 신학자들의 두 경향을 발견한다. 그들은 계몽주의의 가르침과 독일 신학에 대한 반응에 있어서 보수적인 동시에 혁신적인 경향을 모두 보였다.[26]

19세기 미국 신학자들은 슐라이어마허를 비롯한 독일 신학자들의 신학적 방법론과 속죄 교리를 환영하거나 반대하는 경향이 있었다.[27] 종교 개혁 이후에는 신학의 인식적 원리로 성경이 강조되었다. 하지만 계몽주의의 영향으로 슐라이어마허를 비롯한 독일 신학자들은 신학의 원리로 기독론을 강조하게 되었다.[28] 그 후 슐라이어마허가 발전시킨 그리스도 중심적 신학 방법론은 미국으로 전해졌다.

엠마뉴엘 게르하르트(Emanuel Gerhart, 1817-1904)는 환영하는 반응을 보인 대표적 사례이다. 게르하르트는 슐라이어마허 신학에 기초하여, 자신만의 그리스도 중심적이고 학문적인 신학을 세웠다.[29] 게르하르트는 어느 정도 개혁파 신학에 영향을 받으면서도 슐라이어마허의 신학도 수용했다. 그래서 그의 속죄론에는 개혁파 신학과 슐라이어마허의 신학이 혼재되어 있다.[30] 그는 성경과 『하이델베르크 요리문답』을 통해서 그리스도의 만족 교리, 인간의 죄책 교리, 하나님의 정의와 진노에 관한 전통적인 교리를 수용하면서도, 안셀름(Anselm)의 만족설은 반대했다.[31] 하지만 그는 유기적 속죄론(organic atonement)을 더 강조했고, 속죄론에 신화화(deification)의 측면들도 포함시켰다. 그에 따르면 유기적 속죄론은 그리스도의 성육신과 죽음, 부활을 모두 포함하고, 이 모든 것들이 그리스도의 인격 안에서 성취된다.[32]

찰스 핫지(Charles Hodge, 1797-1878)는 게르하르트와 달랐다.[33] 핫지는 슐라이어마허의 주관주의적 신학을 비판했다.[34] 슐라이어마허는 성경이 아닌 "절대의존감정"을 신학의 원천으로 삼았는데, 핫지가 보기에 이것은 주관주의적 신학의 출발이었다. 핫지는 신학의 객관적인 출발점을 옹호하고자 했고, 자신의 기독론을 여기에서부터 시작하려고 했다.[35] 핫지의 주장에 의하면 구속에 관한 지식을 얻으려면 "사실들"과 "종교적 의식"이 있어야만 한다. 전자는 성경으로부터 주어지고, 후자는 (슐라이어마허가 말한 '절대의존감정'이 아니라) 성령의 증언에서 주어진다.[36] 이처럼 핫지의 속죄론에서 중요한 세 가지 요소들이 있다. 성경으로부터 사실들을 모으는 것, 이 사실들을 해석할 때 성령이 역사하는 것, 성경의 어떤 사실들을 다른 사실들과 연관시키는 것이다.[37] 핫지가 이렇게 성경을 신학적 원리로 삼아 구성한 속죄론은 다름 아닌 안셀름의 만족설이었다.[38]

이처럼 독일 계몽주의는 19세기 미국 신학에 큰 영향을 미쳤다. 독일 계몽주의는 먼저 독일의 신학에 영향을 주었다. 묄러와 슈타인바르트의 사례에서 알 수 있듯이 독일 계몽주의는 기독론과 구원론에 관한 여러 교리들에 영향을 주었음에 분명하다. 그리고 이러한 계몽주의적 영향에 대한 반응으로서의 칸트와 슐라이어마허의 교리 역시 계몽주의의 영향에서 크게 벗어나지 못했음이 분명하다. 칸트와 슐라이어마허 역시 인간의 원죄를 부정하거나 그리스도의 대리적 죽음을 부정하거나 그리스도를 도덕적 모범자로 보면서 기독교의 전통적인 기독론이나 구원론으로부터 이탈했음을 보여준다.

이러한 독일의 철학과 신학은 19세기 미국 신학에도 영향을 미쳤다. 우리는 슐라이어마허에 대한 긍정적 반응과 부정적 반응을 보인 대표적인 신학자들을 간략하게 제시함으로써 이러한 관련성을 살폈다.[39] 게르하르트와 핫지는 19세기 미국 신학계에서 슐라이어마허에 반응했던 대표적인 신학자들이다. 이 두 신학자의 반응은 철학이 신학의 특정 교리에 어떠한 영향을 주는지 보여준다고 할 수 있다.

스코틀랜드 상식철학이
미국 대학에 미친 영향

1 상식철학이 계몽주의에 대한 저항으로 시작되다

　미국이 건국되고 대학이 세워질 무렵 스코틀랜드와 아메리카 대륙 사이에는 지적인 교류가 활발했다.[40] 스코틀랜드의 철학은 이제 막 형성되는 미국의 신학과 철학, 정치, 사상에 큰 영향을 미쳤다. 특히 미국의 신학과 관련하여 스코틀랜드의 철학은 중요하다.

　18-20세기의 미국의 신학이나 학문과 관련이 있는 스코틀랜드 철학은 상식철학(common sense philosophy)이라고 불린다. '상식'은 여러 가지 의미를 내포한다. 하지만 인간의 지적 능력과 관련하여 세 가지 측면에서 중요하다. 첫 번째 의미의 '상식'은 지극히 평범한 지성이다. 두 번째 의미의 '상식'은 모든 일에 필요한 일반적이고 실제적이고 알맞은 감각이다. 세 번째 의미의 '상식'은 주요 진리를 인식하는 능력이다. 이 중에서 세 번째 의미가 철학적인 의미를 내포한다. 그리고 그 능력에는 "모든 인간의 보편 감각, 느낌, 판단"을 포함된다.[41]

　상식철학은 계몽주의와 함께 이해할 필요가 있다. 상식철학이 그 앞 시대에 번성했던 계몽주의라는 철학에 대한 반작용이었기 때문이다. 오웬 앤더슨

(Owen Anderson)은 계몽주의를 네 가지 범주로 나누어 생각한다.[42]

(1) 첫 번째 범주의 계몽주의는 **중도적 계몽주의**이다. 중도적 계몽주의는 질서와 균형, 종교적 화해라는 이상적인 가치들로 이루어진다.

(2) 두 번째 범주의 계몽주의는 **회의적 계몽주의**이다. 회의적 계몽주의가 인간의 이성과 경험의 한계를 주장하고 인간이 객관적 진리를 얻을 수 없다고 주장한다.

(3) 세 번째 범주의 계몽주의는 **혁명적 계몽주의**이다. 이 유형은 새로운 하늘과 땅을 찾으려는 시도로 요약될 수 있다.

(4) 네 번째 범주의 계몽주의는 **교훈적 계몽주의**이다. 마지막 유형의 계몽주의는 회의적 계몽주의와 혁명적 계몽주의를 반대하며, 18세기의 과학과 합리성, 질서, 기독교 전통을 강조한다.

앤더슨은 이 중에서 네 번째 계몽주의가 스코틀랜드의 상식철학과 관련이 있다고 설명한다. 그리고 그는 이 중에서 중도적 계몽주의와 교훈적 계몽주의가 19세기의 미국 사회에 긍정적인 측면에서 지속적으로 영향을 미쳤다고 보았다.

상식철학은 계몽주의에 대한 반작용으로 시작되었다.[43] 그것은 구체적으로 흄(David Hume)의 회의적 계몽주의[44]에 대한 저항이었다.[45] 상식철학의 가장 위대한 주창자는 토마스 라이드(Thomas Reid, 1710-1796)이다. 라이드는 흄의 이론을 반박한 것을 자신의 최고 업적이라고 생각했다.[46] 라이드는 모든 지식과 학문의 근거가 되는 보편원리나 확실성이 있다고 강조했다. 그런 면에서 흄과 정반대였다. 그러한 보편원리를 소유한 사람들은 그것에 동의할 뿐만 아니라, 일상적인 삶의 문제도 그것을 통해서 결정하게 된다.

모든 생각은 어떠한 근거에 기초한다. 그리고 이 근거를 구성하는 제일원리는 확실한 결론을 만들어낸다. 예를 들어 … 우리가 우리의 감각기관을 통해 직접 인지한 대상은 우리 마음의 상상물이 아니라 외부세계에 존재하는 대상이다. 그것은 우리 자신이나 우리의 인식과는 독립적으로 존재한다. 이러한 사실은 모든 인간의 자연적 본성 혹은 선유(先有)하고 있는 것, 혹은 보편적이고 주요한 견해를 통해 알 수 있다.[47]

이처럼 라이드는 흄의 회의주의를 반대하는 데 있어서 세 가지 중요한 원리를 제시한다. 그에 따르면 모든 인간은 생각이 시작되는 제일원리를 소유하고 있고, 모든 인간의 생각은 객관적 실재를 대상으로 하며, 인간의 본성은 이 사실을 확증한다. 이러한 원리들은 그 당시 미국 사회에 중요한 철학적 기반으로 작용했다. 그 당시 회의주의를 수용했던 사람들은 인간이 인식할 수 있는 진리 자체가 존재하지 않는다고 보았고, 인간이 어떤 사실을 인식하더라도 그것을 진리로 검증할 수 없다고 보았다. 그들에게는 기독교적 진리나 비기독교적 진리 자체가 불가능했던 것이다. 상식철학자들은 상식철학의 원리를 바탕으로 이러한 회의주의를 반박할 수 있는 철학적 기반을 마련할 수 있었다.

2 상식철학이 미국 대학에 전해지다

존 위더스푼(John Witherspoon, 1723-1794)은 라이드의 상식철학을 미국에 전해준 대표적 인물이다. 간략하게나마 위더스푼의 삶을 살펴볼 필요가 있다. 상식철학이 미국의 사상과 철학, 정치에 어떻게 영향을 미치게 되었는지 엿볼수 있기 때문이다.

목회자 가정에서 태어나 스코틀랜드 장로교에서 안수를 받은 위더스푼은 1766년 미국으로 이민왔다. 이후 1768년에는 프린스턴 대학교의 전신인 뉴저지 대학교(College of New Jersey) 총장으로 부임했다. 위더스푼이 미국에 도착해 처음 전한 설교의 제목은 "경건과 학문의 일치"였다. 이는 향후 프린스턴 대학교의 방향을 결정하는 기초가 되었다는 평가를 받는다.[48]

위더스푼은 미국의 정치와 사회에도 큰 영향을 미쳤다. 상식철학의 원리를 바탕으로 미국의 정치와 교육, 도덕 사상을 형성했다. 특히 상식철학의 원리와 기독교 사상을 혼합하여 미국 초기의 정치적 이데올로기를 형성하는 데 큰 기여를 했다.[49] 미국 독립의 필요성 등을 강조하는 설교를 통해 미국 독립 운동에 영향을 미치기도 했다. 미국이 독립을 선언하고 작성한 〈미국 독립선언문, 1776〉에 유일한 성직자 대표로 서명했고, 독립전쟁을 마치고 13개 주 대표들이 상호간의 유대관계를 강화하기 위해 작성한 〈연방헌장, 1781〉에도 서명했다.[50] 그의 제자 중 한 명인 제임스 매디슨은 이후 미국 제4대 대통령이 되었다. 이처럼 위더스푼은 미국이 건국되는 무렵에 정치·사회에 큰 영향을 미친 목회자로 남았다.

상식철학은 당시 미국의 주요 기독교 지도자들에게도 큰 영향을 끼쳤다. 다른 여러 기독교 교파의 지도자들도 이 상식철학을 수용하였다. 회중교회에서는 예일대학의 티모시 드와이트(Timothy Dwight, 1752-1817)와 예일신학대학원의 나타니엘 테일러(Nathaniel W. Taylor, 1786-1858)가, 침례교에서는 브라운대학의 프란시스 웨이랜드(Fancis Wayland, 1796-1865)가, 유니테리언에서는 하버드대학의 헨리 웨어(Henry Ware, Jr., 1794-1843)와 앤드류 노튼(Andrews Norton, 1786-1853) 등이 상식철학을 받아들였다.[51] 이처럼 여러 대학의 기독교 지도자들이 상식철학을 수용했던 것은 그 당시 미국의 상황 때문이었다. 그 당시 미국 전역이 회의주의로 물들어 있었다. 회의주의적 계몽주의 아래에서는 진리가 실재하지 않거나 인간이 진리를 인식할 수 없으므로 학문 자체가 불가능했다. 그 당시 기독교 지도자들과 대학의 학자들은 상식철학으로부터 학문을 시작할 수 있는, 효과적인 철학적 대안을 얻을 수 있었다.[52]

**상식철학과 프린스턴 신학 사이의
유사성이 제기되다**

위더스푼은 상식철학이 프린스턴에 전해지는 초기 단계에서 중요한 역할을 했다. 그리고 제임스 맥코쉬(James McCosh, 1811-1894)는 뉴저지 대학교의 마지막 총장으로서 상식철학을 계승했다. 뉴저지 대학교는 프린스턴 신학교로 바뀌었고, 그 이후 프린스턴 신학교에도 상식철학이 만연하게 되었다.[53]

상식철학은 학문의 시작을 위한 철학적 토대로 미국의 일반 대학과 신학 대학에 유입되었다. 시드니 알스트롬(Sydney Ahlstrom, 1919-1984)에 따르면 스코틀랜드의 상식철학은 미국의 여러 신학에 영향을 미쳤고, 특히 프린스턴의 신학에 영향을 미쳤다. 상식철학의 실재론은 오랜 시간에 걸쳐 미국의 신학을 합리화시켰고 영국의 이신론을 만들었다. 알스트롬은 이 과정에 있는 대표적인 프린스턴 신학자로 찰스 하지(Charles Hodge, 1797-1878)를 예로 든다. 알스트롬에 의하면 하지에 의해 프린스턴 신학자들의 다수가 상식철학에 물들었다.[54]

프린스턴 신학과 스코틀랜드 상식철학 사이의 유사성은 오래도록 논쟁의 대상이 되었다. 학자들은 이 유사성을 오해하고 비판했다. 학자들은 그 유사성을 오해하여 프린스턴의 신학이 상식철학에 기초한다고 평가했다. 그러한 평가는 프린스턴의 대표적 신학자였던 워필드에게도 동일하게 향한다.

학자들은 프린스턴과 상식철학 사이의 대표적인 유사성으로 인식론을 꼽는다. 그들은 상식철학의 인식론이 앎에 있어서 객관적 측면을 강조하는데 이것이 프린스턴에 영향을 미쳤다고 생각한다.[55] 다시 말해서 객관적 지식의 존재와 그 지식을 알 수 있는 모든 인간의 보편적 능력을 인정한다는 점에서 프린스턴와 상식철학 사이의 유상은 비판을 받는다.[56]

알스트롬에게 박사학위 지도를 받은 조지 마스덴(George Marsden)도 유사한 견해를 보였다. 마스덴에 따르면 19세기 프린스턴 신학자들에게 있어서 진리란 정확하게 기술된 명제였다. 마스덴은 프린스턴의 진리관을 다음과 같이 설명한다.

> 그들의 견해에 따르면 진리는 외적으로 안정된 실체이다. 이러한 견해는 기록된 글을 강조하는 결과를 낳았다. 만일 진리가 모든 세대에 걸쳐 동일하다면, 그리고 만일 진리가 객관적 사실에서 명백하게 나타난다면, 기록된 글은 이 진리를 영속적이고도 정확하게 드러내는 가장 확실한 수단이다. … 프린스턴에서는 하나님이 전체적으로 정확한 사실을 전달하는 수단이 바로 신조였다. 상식철학이 확신한 바에 따르면 모든 세대에 걸쳐 사람들은 성경이라는 변하지 않는 보고에서 동일한 진리를 발견할 수 있었다.[57]

마스덴은 이것이 프린스턴 신학자들의 합리주의라고 설명했다. 그러한 합리주의적 사고가 프린스턴의 신학자들로 하여금 「웨스트민스터 신앙고백서」를 작성하고 성경관을 형성하는데 하나의 기준이 되었다. 마스덴은 구프린스턴 신학자들의 그러한 합리주의적 사고가 상식철학의 인식론을 수용한 결과라고 설명한다.[58]

맥코넬은 그 유사성을 좀 더 자세히 설명한다. 그에 따르면 구프린스턴의 신학자들은 상식철학의 인식론을 받아들여 자명한 제일원리라는 관념을 수용했다. 그 관념을 수용한 데는 몇 가지 이유가 있다. 먼저 상식철학의 여러 교리들은 사람들이 "실재하는 세상"에서 어떻게 살아가는지 설명해준다. 모든 사람들은 (인간의 정신을 의미하는 내부세계와 대조되는 개념으로서의) "실재하는 외부세계가 존재"한다고 생각하고 행동한다. 그 외부세계는 다른 "지적인 존재들"로 넘쳐나고, 인간은 "신뢰"하여 그것을 알 수 있다. 따라서 "상식"은 학문과 더불어 "일상적인 생활의 근간"을 제공한다.[59]

앤더슨에 따르면 하지가 이성을 설명하는 부분에서 상식철학과의 유사성이 드러난다. 그는 프린스턴 신학자들이 "이성을 사용해서 하나님을 알 수 있다"고 주장했다고 전한다. 하지는 하나님 관념에 대한 세 가지 기원을 구분한다. 그것은 "타고난 관념"과 "이성의 연역을 통해 주어지는 관념", "전통에 의해 주어지는 관념"이다. 하지는 타고난 관념을 찬성하고 나머지 두 가지를 반대한다. 하지의 정의에 따르면 타고난 관념은 지각 있고 이성적이고 도덕적인 존재가 갖는다. 그것은 경험으로 얻는 지식과 반대된다. 그것은 외부로부터의 (ab extra) 가르침으로 얻는 것과 반대된다. 그것은 연구나 사고로 획득되는 것과 반대된다. 하지는 그러한 지식이 있다는 것은 의심할 수 없다고 주장했다. 지성은 그 스스로의 빛으로 무언가를 볼 수 있도록 그렇게 구성되어 있다. 하지는 이것들을 직관이나 믿음의 제일진리, 제일법칙, 타고난 지식, 타고난 관념이라고 부른다.[60]

이처럼 상식철학과 프린스턴의 유사성은 몇 가지 원리에서 드러난다. 상식철학과 프린스턴은 동일하게 객관적 진리를 인정했다. 그리고 이 객관적 진리를 이해하는 인간의 이성적 능력을 강조했다. 이 이성적 능력은 모든 인간이 타고나는 것으로 제일원리가 된다. 이 제일원리는 사고와 지식의 근본적인 기초가 된다.

4   상식철학과 프린스턴 신학 사이의 차이점이 제기되다

프린스턴 신학과 스코틀랜드 상식철학 사이의 유사성은 무엇을 의미하는가? 프린스턴 신학이 상식철학의 결과물임을 의미하는가? 그렇다면 상식철학을 수용한 다른 모든 신학교도 동일한 신학적 결과물을 보여주는가? 이 질문에 대한 답은 우리에게 중요하다. 프린스턴 신학교의 신학적 원천에 대한 탐구로 이어지기 때문이다.

사실 상식철학은 18세기 무렵부터 미국에서 일반적인 학문적 방법론으로 사용되었다. 그러나 상식철학은 여러 대학에서 서로 다른 결과를 낳았다.[61] 맥코넬의 설명에 따르면 상식철학의 직접적인 결과는 다른 대학이나 교파에서 더 분명하게 나타난다. 그는 유니테리언주의와 뉴헤이븐 신학, 찰스 피니의 인간론 등에서 상식철학의 직접적인 잔재를 찾는다. 상식철학이 낳은 결과물이 천편일률적이지 않다는 지적은 중요한 의미를 갖는다. 동일한 철학 방법론을 수용한 여러 대학에서 서로 다른 신학적 결과를 보여준다는 것은 우리가 또 고려해야 할 다른 신학적 원천이 있음을 암시하기 때문이다.

데이비드 스미스는 이 점을 분명하게 언급한다. 스미스에 따르면 프린스턴의 설립자인 아치발드 알렉산더나 다른 프린스턴 신학자들은 라이드의 제일원리나 상식과 공통되는 요소를 갖는다. 그런데 동일한 상식철학을 수용했던 다른 그룹들과는 현저하게 다른 신학적 결과를 나타냈다. 하버드나 예일, 앤도버 등의 대학이 가졌던 신학적 성향과 프린스턴의 신학적 성향은 큰 차이를 보였다. 스미스는 동일하게 상식철학을 수용한 프린스턴 대학이 다른 학교와는 다른 칼뱅주의적 성향을 양산했는지 반문한다. 상식철학을 수용한 그룹에서 보여준 신학적 경향들은 칼뱅주의와 더불어 뉴잉글랜드 신학, 유니테리언주의, 반전통 및 반신조주의적 신학, 19세기 고백적 루터주의 신학, 20세기 화란 개혁주의 신학, 비역사적 및 비신학적 기독교 신앙 등으로 다양하다. 이러한 신학적 경향들은 공통점을 가지고 있는 것은 분명하지만, 중요한 교리 부분에서 서로 상충하고 있다. 그리고 상식철학이 그러한 다양한 교리적 강조점을 양산했다고 믿을 수 있는 근거가 없다고 단언한다. 따라서 상식철학 자체가 프린스턴 신학의 유일하거나 중대한 원천이었다고 보는 것은 무리가 있는 것이 분명하다.[62]

헬세트(Paul Kjoss Helseth)는 프린스턴 신학자들에 대한 일반적인 해석을 반박한다. 어떤 학자들은 프린스턴 신학이 계몽주의적 견해에 의존한 스콜라적

이성주의라고 본다. 하지만 헬세트의 주장에 따르면 핫지와 워필드, 메이첸은 인식론의 객관적이고 주관적인 요소들을 균형 있게 잘 다루었고, 인식론의 도덕적 요소를 잘 이해했다. 그러므로 그들이 사용한 인식론적 용어와 관념을 그러한 도덕적 요소를 없애고 인본주의적인 것으로 이해하는 것은 그들의 관념과 입장을 오해하는 것이다. 따라서 헬세트의 연구는 구프린스턴의 신학자들이 "학문"이라는 용어를 어떻게 사용했는지 명확하게 해준다. 종종 그 용어는 그들의 계몽주의 사상의 영향을 규명하는 증거로 사용되기 때문이다.[63]

마크 놀(Mark Noll)은 부정적이지만 균형 잡힌 평가를 제공한다. 놀은 프린스턴 신학자들을 단순하게 상식철학에 기초한 신학자들로 설명하는 것은 무리가 있다고 분석한다. 물론 그들은 상식철학의 영향으로 인간 이성의 중립성을 과대평가했고, 기독교 신앙을 지나치게 지성화시켰다. 하지만 놀은 그들이 상식철학에 영향을 받긴 했지만 성경과 신앙고백서 같은 다른 개혁주의 전통들을 고수했음을 지적한다. 그는 언급하기를 "만일 구프린스턴의 자랑할 만한 것이 있다면 그것은 개혁주의 신학에 대한 흔들리지 않는 신실함이다." 놀은 구프린스턴의 신학이 긴장 상태에 있었다고 평가한다. 놀의 결론에 따르면 구프린스턴의 신학은 칼뱅주의에 대한 동의로 보수주의적 성향을 갖기도 했지만, 그들이 직면한 현대 사회의 성격으로 인해 상식철학의 모습으로 나타났다.[64]

스코틀랜드의 상식철학은 19세기 미국 대학들에 학문적 전제를 제공한 대표적 철학이었다. 상식철학은 계몽주의의 여파로 진리의 실재성을 부정하던 회의주의에 맞설 수 있는 철학적 토대를 제공했다. 인간의 보편 감각이라는 '상식'을 통해서 그 당시 미국 대학들은 진리가 실재한다는 것과 이 진리를 인간이 파악할 수 있음을 확신할 수 있었다. 한 마디로 미국 대학들은 상식철학을 통해서 진리의 실재성과 객관성을 확인할 수 있었고, 이 위에서 학문 활동을 할 수 있었다.

프린스턴 신학자들 역시 상식철학의 실재성과 객관성에서 큰 도움을 얻었던 것은 사실이다. 그래서 프린스턴 신학자들은 성경에 진리가 담겨 있다는 것과 그것이 기독교의 객관적 진리가 된다는 것을 주장할 수 있었다. 프린스턴 신학자들은 자신의 성경론을 제시하기 위한 철학적 토대를 상식철학에서 찾았던 것이다. 그러나 이것이 프린스턴 신학과 상식철학 사이의 강력한 의존관계를 말하는 것은 아니다. 프린스턴 신학은 상식철학의 방법론을 가져오지만, 구체적인 신학 내용에 있어서는 개혁주의 신학에 기초하고 있다. 철학이 방법론과 토대를 제공할 수는 있지만 그 내용까지 규정하는 것이 아님을 알 수 있다.

워필드와 칼뱅의
인식론 비교

1 워필드 인식론의 상식철학적 요소가 비판을 받다

다시금 앞의 내용을 간략히 정리하며 시작해보자. 계몽주의의 한 형태인 회의주의는 진리가 인간 외부에 실제로 존재한다는 사실을 부정했다. 상식철학은 이에 대한 반응으로 시작되었다. 상식철학은 모든 인간에게 주어진 보편감각(상식)을 통해서 인간 외부에 진리가 실재하고, 인간이 그 진리를 인식할 수 있음을 강조했다. 진리의 실재성과 객관성을 말한 것이었다. 이는 학문을 시작하기 위한 중요한 출발점이었다. 프린스턴 신학교는 이 상식철학을 방법론적으로 활용했다. 기독교 진리의 실재성과 객관성을 주장하기 위한 철학적 토대를 상식철학이 마련해 주었던 것이다.

워필드는 프린스턴 신학교에서 개혁신학을 지켜낸 마지막 신학자로, 마찬가지로 상식철학을 자신의 인식론적 방법론으로 활용했다. 이 과정에서 인간이 인간 외부에 실재하는 진리를 인식하고 이해할 수 있는 능력을 강조했다. 워필드가 활동할 무렵 미국 신학계는 회의주의적 계몽주의 뿐만 아니라 내재성도 확장될 때였다. 이는 계시의 객관성이나 실재성을 부정하는 것으로 이어졌다. 이런 상황에서 워필드는 우선 진리의 실재성, 객관성 등을 확보하는 일이었고, 이를 상식철학을 활용했다. 그런데 바로 이 지점이 워필드 인식론이 비판을 받는 부분이다.

　워필드의 인식론을 비판하는 대표적인 신학자는 워필드 사후 프린스턴에서 공부하기도 했던 코넬리우스 반 틸(Cornelius Van Til, 1895-1987)이다. 반 틸은 자신이 워필드의 변증학이 아니라 카이퍼의 변증학을 수용하고 있음을 명시적으로 언급한다.[65] 반 틸의 주장에 따르면 "워필드는 '올바른 이성'에 자연적 계시를 바로 해석할 수 있는 능력을 부여"했고, 이로 인해 기독교는 "단지 진리일 개연성"을 띠게 되었다.[66]

　반 틸은 더 나아가서 "로마 가톨릭과 복음주의[67]로부터 구프린스턴이 넘겨받은 전통적 변증학의 잔재는 … 더 이상 유지될 필요가 없다."[68] 반 틸에 따르면 이 로마 가톨릭의 잔재들을 거절해야만 하는 이유들 중의 하나는, 워필드가 "불신자와의 중립 지대"에서 일하려하기 때문이다. 반 틸에 따르면, "오직 이것만이 불신자에게 유신론과 기독교가 객관적으로 참임을 보여주는 방법"이라고 워필드가 생각했다.[69] 반 틸은 이것을 초기 로마 가톨릭 사상에 대한 불행한 항복이라고 보았다. 그리고 더 심각하게 그러한 방법은 근본적으로 "아르미니우스주의"라고 보았다.[70] 반 틸은 다른 곳에서 이렇게 말한다. 특히 워필드의 특별계시에 대한 변증학과 관련하여 "심지어 워필드 자신도 … 사실상 성경 변증에 대한 아르미니우스적 관점이라고 불리는 것으로 돌아선다."[71]

　반 틸의 이러한 부정적 평가는 다른 해석자들에게서도 발견된다. 잭 로저스(Jack Rogers)와 도날드 맥킴(Donald McKim)은 반 틸의 부정적 평가에서 더 나아갔다. 로저스와 맥킴은 『성경 권위와 성경 해석』에서 다음과 같이 결론 짓는다. "워필드는 하나님을 아는 초자연적 지식이 아니라 자연적 지식을 강조했다."[72] 그들은 워필드의 개념에 대해 또 이렇게 주장한다. "철학이 신학에 선행한다. 인간 이성의 필요들은 하나님이 믿음을 주시기 전에 충족되어야만 한다."[73] 로저스와 맥킴은 아무런 규정도 하지 않은 채, 워필드가 "심지어 아우구스티누스식 접근법이라는 대안책('믿음이 이해로 인도한다')을 몰랐다"고 주장한다.[74] 그러한 언급은 워필드의 입장에 대한 너무도 일반적인 오해를 반영한다.

오히려 워필드 자신은 정확히 그 반대를 주장했다. "우리는 위대한 교부들과 스콜라 신학자들의 표어에 담긴 위대한 진리를 거부하려는 열망을 가지고 있지 않은 정도가 아니다. 오히려 우리는 그것을 선포하고자 한다. '나는 이해하기 위해서 믿는다'(Credo ut intelligam)."[75]

워필드의 관점에 대한 유사한 오해들이 『성경 권위와 성경 해석』 전체에 걸쳐 있다. 저자들에 따르면 워필드는 "인간이 고안한 신앙의 증거들을 받아들이도록 성령이 일하신다"고 주장했다.[76] 또한 저자들에 따르면 "워필드에게 있어 성령은 믿음을 만드는 주체가 아니다. 성령은 그저 이성으로 지성에 이미 만들어진 '믿음'을 '구원에 이르는 믿음'으로 만드는 것이다."[77] 그리고 저자들에 따르면 "워필드에 의하면 성경이 권위를 갖게 되는 것은 우선적으로 성령이 예수 그리스도의 그분의 구원에 관한 메시지를 증언하기 때문이 아니라, 대신에 우리가 성경의 신성에 대한 증거들에 합리적으로 확신을 갖기 때문이다."[78] 이성에 대한 워필드의 평가를 계속 언급한다. 특히 워필드가 쓴 프란시스 베아티(Francis R. Beattie, 1848, 1906)의 『변증학』(Apologetics, 1903) 서문에서 발견되는 워필드의 언급이 계속 제시된다. 기독교는 "이성으로 지배하기 위한 길"이었다는 것이다. 로저스와 맥킴은 이러한 결론에 이른다. "워필드가 보기에 이성은 타락과 그것에 수반하는 죄로부터 손상되지 않았다."[79] 이 모든 주장들은 워필드의 포괄적인 주관-객관이라는 인식론적 공식을 전혀 언급하지 않은 채 주어졌다. 그리고 워필드 자신의 언급은 전혀 반대의 것을 말하고 있다는 것도 언급하지 않은 채 주어졌다.

반 틸, 로저스와 맥킴의 해석을 보면 워필드의 인식론에는 크게 두 가지 문제점이 있는 것으로 보인다. 하나는 변증학에서 이성의 역할이다. 워필드는 자연세계 내지 자연계시를 이해함에 있어서 중생하지 않은 자연인의 이성에 큰 역할을 부여하는 것으로 보인다. 다른 하나는 이러한 이성의 역할이 한층 더 강화되어 믿음을 만드는 일에 있어서 성령보다 이성의 역할이 강조된다. 성령은 이성이 합리적으로 판단한 증거를 기초로 해서 구원을 제공하는 것처럼 여겨진다. 반 틸을 비롯한 비평가들이 워필드가 아르미니우스주의적이라고 비판하는 것이 바로 이 부분이다. 워필드가 상식철학에 기초하여 변증학과 구원에서 인간 이성의 역할을 지나치게 강조하는 것처럼 보이기 때문이다.

그러므로 우리는 워필드의 인식론이 구체적으로 어떤 특성을 가지는지 살펴볼 필요가 있다. 특히 개혁신학의 뿌리인 칼뱅의 인식론과 비교함으로써 우리는 칼뱅과 워필드와 상식철학 사이의 공통점과 차이점을 좀 더 분명하게 파악하게 될 것이다.[80]

2 워필드와 칼뱅은 내적인 자연계시에서 하나님을 인식한다

칼뱅과 워필드, 상식철학 사이의 유사성은 자연계시의 측면에서 드러난다. 워필드를 비롯한 프린스턴 신학자들이 상식철학에 강력히 의존한다고 비판하는 사람들은 자연계시 이후의 논의들에 귀를 기울이지 않았음이 드러날 것이다. 워필드와 칼뱅이 내적인 자연계시와 외적인 자연계시를 어떻게 설명하는지 살펴보자.

하나님 인식(sensus divinitatis)은 하나님을 아는 지식의 시작이다.[81] 인간이 하나님을 인식하는 것은 내적인 형태와 외적인 형태로 이루어진다. 인간이 본성적으로 타고난 내적인 능력으로 하나님을 인식하는 것은 선험적인 것이고, 인간이 외적 증거들을 통해 하나님을 인식하는 것은 귀납적인 형태이다.

워필드와 칼뱅은 하나님을 아는 지식을 그들의 신학을 위한 인식론적 출발점으로 삼았다. 워필드는 하나님의 존재하심을 확립하는 것이 그의 신학의 가장 중요한 출발점이라고 생각했다. 그리고 워필드는 그 근거를 인간의 구성에서 찾으면서, 하나님을 아는 타고난 인식이 하나님을 아는 지식의 원천과 보증이라고 설명한다.[82] 칼뱅은 「기독교 강요」의 모든 개정판에서 하나님을 아는 지식을 그의 인식론적 틀로 제시하며 논의를 시작한다. 칼뱅은 하나님 인식을 하나님을 아는 지식의 본성적 원천으로 생각했다.[83]

어떤 신학자들은 하나님 인식의 선험적 형태, 즉 내적인 자연계시를 두 가지로 구분한다. 학자마다 다소 표현의 차이는 있지만 공통적으로 하나님을 인식하는 것과 그 인식에 따른 인간의 반응을 의미한다. 워필드는 인간이 동물과 구별되는 특징으로 종교와 도덕을 제시한다. 인간은 하나님을 인식하여 하나님께 의존함으로써 종교성을, 하나님을 향한 의무감에서 도덕성을 나타낸다.[84] 쟈스펠은 워필드의 신학을 분석하면서 인간이 가지고 있는 본성적인 하나님 지식을 하나님 인식과 하나님 인식에 대한 인간의 반응인 종교적 인식으로 구분한다.[85] 쿠이(van der Kooi)는 칼뱅의 인식론을 분석하면서 하나님 인식과 양심을 제시한다. 그것은 인간의 보편적인 하나님 인식과 선악을 분별하는 능력이다.[86] 헬름(Paul Helm)은 하나님을 인식하는 것에서 생겨나는 하나님을 아는 지식이 두 가지 요소로 이루어진다고 설명한다. 그것은 형이상학적 인식과 도덕적 인식이다.[87]

형이상학적 인식

하나님 인식의 형이상학적 요소는 어떤 신이 존재한다는 인식이다.[88] 그 인식은 직접적이고 본성적이다. 따라서 하나님의 존재는 증명이나 입증이 필요한 문제가 아니다. 그래서 칼뱅은[89] 하나님의 존재를 증명하는 추론적인 증거들을 제시하는데 관심이 있지 않고, 오히려 하나님 인식의 직접적이고 즉각적인 면이 있음을 피력하는데 집중한다.[90] 칼뱅이 인식(sensus)이라는 용어를 쓰는 이유는 하나님 인식이 모든 인간에게 공통적으로 수여된 것임을 상기시키는데 있다. 인간은 하나님을 알 수 있는 능력과 함께 창조되었을 뿐만 아니라, 실제로 하나님을 인식하고 있다.[91] 그에 따르면 악인조차도 하나님의 존재를 인식할 수 있다.[92] 이처럼 칼뱅은 하나님 인식이 본성적이고 보편적이며, 실제적이고 직접적이라고 설명한다. 칼뱅은 하나님을 아는 형이상학적 인식의 요소를 별다른 논의 없이 수용한다. 그리고 그는 그것이 얼마나 보편적인지 설명한다. 그 인식은 모든 인간에게 주어진 것이다.[93]

워필드는 칼뱅의 글을 중심으로 설명한다. 그는 하나님 인식의 형이상학적 요소를 칼뱅의 「기독교 강요」를 통해 설명한다. 워필드가 칼뱅의 삶과 저술을 분석하는 것을 보면 그의 신학에 전적으로 동의하고 있음을 알 수 있다. 이 부분을 먼저 명확하게 확립한 후 다음 논의로 넘어가야 한다. 워필드에 따르면 칼뱅은 "성도의 삶을 살았던 학자"였고, 자신의 "모든 재능과 능력을 거룩하게 구별해서 하나님과 그분의 복음을 섬기는데 남김없이 사용했던 학자"였다.[94] 또한 칼뱅의 전집을 평가할 때, 워필드는 "그 책에서 다뤄지는 모든 주제들이 기독교의 근본 진리들을 가르치려는 교사에게 적합하다"고 언급한다.[95] 그는 「기독교 강요」를 "오늘날까지도 여전히 중요한 문제들을 다루는 칼뱅의 대작"으로 평가한다.[96] 그에 따르면 「기독교 강요」는 "개신교 신학의 모든 발전의 기초에 놓여 있으며, 개신교 사상에 지울 수 없는 흔적을 남겼으며, 약 350년이 흐른 후에도 여전히 모든 교의학 저작 가운데 가장 탁월하고 영향력 있다."[97] 워필드는 그러한 칼뱅의 신학이 이전의 전통과 연속성을 갖는다는 것을 매우 강조한다.[98]

워필드가 강조하려는 사실은 분명하다. 칼뱅의 신학은 전통과 연속성에 있다. 그리고 칼뱅의 신학은 개혁파 교회의 모든 신학자들이 공통으로 가지고 있는 "복음"이다. 따라서 워필드가 칼뱅의 인식론과 신학을 분석하는데 있어서 전적인 동의가 있음을 확신할 수 있다.[99] 그리고 워필드와 칼뱅의 인식론 비교는 이 전제에서 출발해야만 한다.

워필드는 하나님에 대한 인식이 인간 내면에 주어진다고 말한다.[100] 인간은 하나님 인식을 타고난다.[101] 따라서 하나님을 인식하는 능력은 인간의 지울 수 없고 폐기할 수 없는 소유물이다. 워필드는 칼뱅이 이 사실을 명확하게 하고 있음을 지적한다.[102] 그리고 하나님 인식은 직관적이고 지울 수 없고 버릴 수 없는 것으로서, 모든 인간의 의식을 구성하는 일부이다.[103] 워필드는 동일한 주장을 칼뱅의 「기독교 강요」에서 발견한다. 하나님 인식은 인간의 본성과 관련된 것으로(I.iii.1; I.iv.2), 그것은 인간이 타고난 것(I.iii.3), 인간의 마음에 본래 새겨진 것(I.iv.4), 인간을 구성하는 것(I.iii.1)이다.[104] 즉 워필드는 하나님을 인식하는 인간의 능력이 본성적임을 강조한다. 더 나아가서 그것이 보편적임을 강조한다. 모든 사람과 모든 민족은 이 본성적 인식 능력을 가지고 있다. 워필드에 따르면 개혁주의 교사들은 모두 하나님을 아는 지식을 타고난 것으로 생각했다. 워필드는 그러한 관념이 개혁주의 전통이 공통된 자산이었음을 강조한다. 워필드는 하인리히 헤페(Heinrich Heppe)의 설명을 인용하여 그 사실을 입증한다.[105]

도덕적 인식

하나님 인식의 도덕적 요소는 하나님을 향한 의무감이다. 그 의무감은 하나님이 모든 선하심의 근원이라는 사실을 아는 지식에서 흘러나온다.[106] 하나님 인식은 그것이 제대로 작동한다면 인식자 자신의 주변을 자각하고, 하나님께서 존재하신다는 단순한 사실뿐만 아니라, 하나님께서 인식자가 자각하는 모든 것을 창조하셨고 보존하고 계신다는 사실을 인식자 안에서 활성화시키고 유지시킨다. 이 자각은 하나님께서 인식자와 인식자가 보는 모든 것을 창조하셨음을 일깨워준다. 그리고 이 자각은 인식자에게 모든 유익을 제공해주시는 분을 향한 믿음과 경외, 존경, 감사, 의무를 갖게 한다.[107] 그리고 우리가 어떤 도덕적 원리에 헌신하도록 한다. 그 원리에 따르면 인식자는 "모든 유익의 수여자에게 사랑과 순종을 드려야만 한다."[108]따라서 하나님 인식의 도덕적 요소는 그것이 제대로 작동할 경우 인식자로 하여금 다음과 같은 결과를 가져온다. 그것은 "나를 창조하고 보존하는 분"에게 "사랑과 순종"을 드리려는 태도

이고, "하나님께서 나를 보존하고 계심"을 "본성적으로 인식"하는 것이다.[109]

워필드에 따르면 하나님 인식은 하나님을 향한 지성적이고 감정적인, 의지적인 움직임이 있을 때 생명력을 갖게 된다. 그리고 하나님 인식은 하나님을 향한 경건과 불가분의 관계이다. 이 경건은 하나님을 향한 경외와 사랑이다. 따라서 하나님 인식은 인식자 안에서 하나님을 향한 경외와 존중을 낳고, 그분을 모든 복의 근원으로 여기고 찬양하려는 태도를 불러일으킨다. 인간은 하나님을 알고 확신 가운데 그분을 향했을 것이고, 그분의 돌보심에 자신을 맡겼을 것이다. 이처럼 하나님 인식은 순전한 상태에서 하나님을 향한 경외와 사랑을 낳게 된다.[110]

워필드의 다른 글에서도 유사한 견해를 발견할 수 있다. 그는 "God and Human Religion and Morals"에서 마태복음 12장 12절에 나타난 예수님의 말씀을 인용하여 인간과 짐승을 구별하는 기준을 제시한다. 워필드는 여러 가지 가능한 답변 중에서 가장 근본적인 기준은 "의존성"과 "의무감"에 대한 감각이라고 설명한다. 물론 하나님의 모든 피조물은 동일하게 의존성과 의무감을 갖는 존재이다. 그러나 "인간의 고유한 특성"은 이 "의존성과 의무감을 지속적으로 깊이 인식"한다는 데 있다. 그리하여 인간은 피조물로서 창조주에 대한 의존성을 깊이 자각하여 "종교적 존재"가 된다. 그리고 인간은 피조물로서의 의무감을 깊이 인식하여 "도덕적 존재"가 된다.[111]

이러한 하나님 인식의 도덕적인 요소가 모든 인류에게 동일하게 주어졌음을 설명하는 몇 가지 설명을 볼 수 있다. 릭 필즈(Rik Peels)는 로마서 2장을 통해 이교도들도 특정한 도덕적 지식을 가지고 있음을 설명한다. 그 지식은 심지어 하나님의 도덕적 명령의 요소도 포함한다. 필즈의 설명에 따르면 그러한 도덕적 지식은 인간이 창조될 때 본성적으로 주어진 것이며, 인간은 타락 이후에도 그것을 완전하게 상실하지 않았다.[112] 필즈는 16세기와 17세기의 개혁주의 신학자들도 이러한 견해를 가지고 있었음을 언급한다. 그 신학자들은 존 칼뱅과 피터 버미글리(Peter Vermigli), 프란시스 튜레틴(Francis Turretin) 등이다.[113] 개혁파 교회의 중요한 신조중의 하나인 「도르트 신조」(Synod of Dort)도 이러한 견해를 잘 표현한다. "인간의 내면에는 타락 이후에도 자연의 빛이 어느 정도 남아있는 것이 사실이다. 인간은 그것의 도움으로 하나님이나 자명한 것들에 관한 특정 관념을 유지하게 된다. 인간은 그것의 도움으로 옳은 것과 그른 것의 차이를 구별하게 되고, 선행과 절제를 지향하게 된다."[114]

하나님 인식의 도덕적 요소는 양심으로 설명되기도 한다. 반 더 쿠이가 그렇게 설명한다. 그는 하나님을 아는 지식의 내적 형태를 하나님을 아는 감각과 양심으로 제시한다. 여기에서 양심은 위에서 설명한 인간의 도덕적 인식과 동일하다. 양심은 "하나님의 도덕적 법칙으로 구성"되기 때문이다. 쿠이에 따르면 양심의 기능은 선과 악을 구별하는 것이다. 그리고 양심은 어떤 것을 해야 하고 어떤 것을 하지 말아야 하는지 말해준다. 그리고 양심은 모든 인간이 가지고 있는 것이기 때문에 그것을 몰랐다고 핑계할 수 없다.[115]

3 워필드와 칼뱅은 외적인 자연계시에서 하나님을 확증한다

하나님께서는 인간의 본성에 하나님에 관한 계시를 심으셨을 뿐만 아니라, 그와 동일하게 분명하고 풍성한 계시를 인간의 외부에도 더하셨다. 따라서 인간은 하나님의 사역과 행위 속에서도 하나님을 알 수 있다.[116] 그러므로 인간에게 주어진 자연계시는 내적인 형태와 외적인 형태가 있다. 인간은 이중적인 자연계시를 가지고 있는 셈이다.[117]

인간은 이 두 가지 자연계시를 통해 서로 다른 두 가지 정보를 얻는다. 인간은 하나님을 인식하는 본성적인 능력이라는 내적 자연계시를 통해 하나님의 존재하심과 그분의 창조주 되심을 인식한다. 그리고 인간은 자연과 역사 속에서 드러나는 하나님의 외적 자연계시를 통해 하나님의 일부 속성을 인식한다.

이 두 자연 계시는 서로 밀접한 관련을 갖는다.

첫째, 하나님을 아는 본성적 지식은 하나님에 관한 추론적 지식의 전조이자 전제조건이다. 본성적 지식은 시간적으로나 논리적으로 보았을 때 선험적이다. 반면 하나님의 사역에서 도출되는 하나님을 아는 지식은 귀납적이다. 따라서 하나님 인식이 우선한다. 하나님 인식이 없다면 인간은 창조세계를 통해서 하나님에 관한 정보를 얻을 수 없다. 따라서 하나님 인식에서 하나님을 아는 지식이 시작된다.

둘째, 하나님을 아는 추론된 지식은 하나님 인식에서 주어지는 하나님에 관한 관념을 발전시키고 향상시킨다. 인간은 하나님에 관한 기본 개념을 가지고 있을 때, 하나님의 창조세계를 바라보며 하나님의 본성에 관한 더 나은 이해로 나아갈 수 있다.

셋째, 하나님 인식에 따라 하나님의 존재하심과 하나님의 창조주 되심을 이해하는 것은 자연의 질서와 역사의 과정에서 주어지는 하나님의 계시를 통해 확증된다.[118] 이처럼 칼뱅은 하나님 인식에서 주어지는 계시와 하나님의 사역에서 주어지는 계시가 서로를 강화한다고 생각했다.

칼뱅은 하나님 인식의 귀납적 형태, 곧 하나님의 사역을 둘로 구분한다. 그것은 하나님의 창조와 섭리이다. 칼뱅에 따르면 하나님께서는 물리적 세계를 창조하시는 것과 인간 사회를 경영하시는 것에서 그분을 계시하신다.[119] 칼뱅은 우주의 질서와 조화에서 나타나는 하나님의 계시를 두 가지 특징적인 용어를 사용해 설명한다. 그것은 "하나님의 영광의 거울"(I.v.1; I.v.5; I.v.11)과 "하나님의 영광의 극장"(I.xiv.20)이다. 인간은 자연의 질서라는 거울을 통해 하나님의 영광을 바라보게 된다. 하나님께서는 그 거울을 통해 인간에게 하나님의 지혜와 예술성,[120] 선하심, 의로우심을 계시하신다.[121] 그리고 인간은 우주라는 극장을 통해 어느 곳에서든지 찾아볼 수 있는 하나님의 사역들을 보고 경건한 마음으로 즐거워하게 된다.[122] 이러한 사실을 통해 칼뱅이 자연의 신적이고 조화로운 질서에 집중하고 있음을 알 수 있다. 그리고 칼뱅이 이러한 자연의 질

서가 인간에게 하나님을 아는 참된 지식의 기초를 준다고 확신했음을 알 수 있다.[123]

워필드도 칼뱅과 동일한 견해를 갖고 있다. 그에 따르면 하나님 인식은 하나님의 계시를 통해 더욱 촉진되고 발전된다. 하나님께서 자연과 섭리 속에서 풍성하게 나타나시기 때문에 인간의 하나님 인식은 하나님의 나타나심을 통해 확장될 수 있다.[124] 그런데 모든 인간은 하나님을 인식하는 감각을 보편적으로 지니고 있다. 따라서 모든 사람은 자연과 섭리 속에서 풍성하게 드러나시는 하나님을 통해 하나님에 대한 실제적인 지식을 가질 수 있다.[125] 다시 말해서, 인간 내면에서 시작된 하나님 인식은 자연과 역사 속에서 나타나는 하나님의 사역과 활동을 통해 정점에 이른다.[126]

워필드는 칼뱅이 이 진술을 어떻게 발전시키는지 추적한다. 칼뱅은 외적인 자연계시에서 하나님이 풍성하게 드러난다고 주장한다. 그 외적인 자연계시는 창조(I.v.1-6)와 섭리(I.v.7-9)이다. 그리고 창조와 섭리 가운데서 나타나는 하나님의 지혜와 능력에서도 하나님이 풍성하게 드러난다.[127] 워필드도 이 사실을 성경을 통해 입증한다. 그에 따르면 여러 성경구절들이 창조질서에서 드러나시는 하나님을 보여준다(행 14:17, 17:27; 롬 1:20; 시 19:1-14 등). 이 창조질서는 창조주 하나님의 영원하심과 능력, 신성, 영광 등을 보다 분명하게 드러낸다.[128] 따라서 워필드가 보기에 자연계시는 자연적이고 우주적인 계시이다. 그것은 지성을 가진 모든 이들에게 허락된 계시이다.[129]

워필드에 따르면 칼뱅은 자연과 역사 속에서 드러나시는 하나님을 열정적으로 설명한다. 칼뱅은 자연과 역사를 살펴보는 것이 "하나님을 찾는 가장 적절한 방법"이라고 확신한다.[130] 그는 사변적이고 연역적인 방법보다는 귀납적 방법으로 하나님을 찾는 것이 더 적절한 방법임을 주장한다.[131] 그리고 이것은 하나님을 찬양하고 그분의 위대하심을 선포하게끔 한다. 워필드는 바로 이것이 우리가 지녀야 할 실천적이고 경건한 동기임을 설명한다.[132]

그러나 워필드는 자연계시의 한계를 언급한다. 자연계시가 가치 있고 필수적이고 신뢰할만한 것이지만, 한계를 가지고 있는 것도 사실이다.[133] 워필드에 따르면 인간은 자연계시를 통해 하나님을 아는 참된 지식에 이르지 못한다. 인간 내면에 심겨진 하나님을 지각하는 감각이, 창조와 섭리라는 하나님의 사역과 활동에서 더 확장되고 충만해져야 하지만 그렇지 못한다.[134] 그러나 워필드는 그러한 실패가 자연계시의 불충분함 때문은 아니라고 강조한다. 그것은 인간의 마음이 타락했기 때문이다.[135] 이러한 사실은 죄가 인간의 지성에 미친 영향과 특별계시의 필요성에 대한 연구로 우리를 인도한다.

4 워필드와 칼뱅은 죄가 인간 지성에 미친 영향을 강조한다

지금까지 논의한 것에 따르면 하나님을 아는 지식은 인간 내면에 심겨진 하나님을 인식하는 감각에서 시작하고, 하나님의 창조와 섭리를 바라보는 데서 더욱 확실해진다. 하지만 워필드의 지적에 따르면 이중적인 자연계시가 제 기능을 다하는 것은 "인간이 처음 창조된 상태로 존재"했을 경우이다. 인간이 타락하지 않았다면 인간은 하나님께서 주신 내적 자연계시와 외적 자연계시를 통해 "하나님께서 알려지기 원하시는 그대로" 알 수 있었다. 하지만 인간의 "하나님을 아는 지식"은 "제대로 형성되지 않는다." 그것은 하나님의 자연계시가 인간에게 "보편적으로 주어진 만큼"이나 "보편적으로 제대로 작동하지 않는다."[136]

따라서 워필드는 자연계시에 대한 설명을 마무리하며 자연계시가 인간 안에서 하나님을 아는 참된 지식을 낳는 데 실패한 원인으로 나아간다. 그 원인은 죄가 인간의 지성에 영향을 미쳤기 때문이다. 그래서 인간은 하나님을 아는 참된 지식과 관련하여 전적으로 무능력한 존재가 되어버렸다.[137]

워필드는 칼뱅이 이 점에 대해서 무엇을 강조하고 있는지 지적한다. 워필드에 따르면 칼뱅은 인간이 "하나님을 아는 참된 지식을 자연계시를 통해서 전혀 얻을 수 없는 상태"가 되었다고 강조한다. 칼뱅은 그와 동시에 이 문제가 발생하는 것은 하나님께서 객관적으로 제공하신 자연계시가 불충분하거나 효력이 없기 때문이 아님을 강조한다. 칼뱅의 주장에 따르면 모든 사람의 마음 속에는 종교의 씨앗이 심겨져있는데(I.v.1), 모든 사람이 부패한 상태에서도 그 씨앗은 지울 수 없는 신적 감각으로 남아서(I.iv.4) 인간의 마음에 하나님에 대한 희미한 기억을 준다(I.v.2). 그리고 이 세상의 아름다운 질서와 조화로운 구조, 하나님의 섭리에 따라 발생하는 자연의 일반적 과정과 역사적 흐름은 하나님을 분명하게 증거한다(I.v.1,3,7; II.vi.1). 따라서 하나님께서는 인간에게 분명한 증거를 제시하신다. 하나님의 그러한 증거들을 통해 인간이 하나님을 아는 참된 지식을 얻지 못하는 이유는 인간의 마음이 부패했다는 데 그 원인이 있다.

워필드는 칼뱅이 여기에서 두 가지 원리를 도출하고 있음을 밝힌다.

첫째, 하나님을 아는 지식은 왜곡된 것이지 완전하게 사라진 것이 아니다.

둘째, 하나님을 아는 지식을 인간이 부패시켰다는 사실에 대해 핑계할 수 없다. 칼뱅이 주장하는 것은 바로 이 두 가지이다.[138] 워필드는 칼뱅의 강조점을 다시금 분명히 한다. 칼뱅에 따르면 하나님을 인식하는 것 자체가 이 땅에서 사라진 것은 아니다. 칼뱅은 "참된 경건"이 사라졌고(I.iv.1) 하나님을 아는 "확실하고 타당하며 구별된 지식"이 없다고 가르친다(I.v.12). 하나님을 인식하는 능력은 인간의 본성적인 것이기 때문에 하나님 인식 자체가 사라지지는 않는다. 오히려 인간의 마음과 지성이 부패하게 되어 하나님 인식이 "악한 열매"를 낳게 된 것이다(I.iv.4). 그 결과 인간은 "발칙한 상상에 근거하여 신 개념을 형성한다"(I.iv.1). 그리하여 인간은 "하늘에 있는 게으른 신"(I.iv.2)을 생각하거나 "악령"을 참된 신의 자리에 놓는가하면(I.v.13), 때로는 참된 신의 존재 자체를 부정하기도 한다(I.v.12).[139]

헬름은 인간의 타락과 하나님 인식 사이의 긴장상태를 잘 설명했다. 헬름에 따르면 칼뱅은 죄가 인간에게 미친 깊은 영향을 강조하면서도, 죄가 인간의 하나님 인식을 완전하게 지웠다고 말하지는 않는다.[140] 그렇다고 해서 모든 인간이 참 하나님에 관한 인식을 가지고 있다가, 그것을 애니미즘(Animism)이나 다신론(Polytheism) 등의 형태로 변형시킨 것은 아니다. 오히려 인간은 최초에 수여된 하나님 인식을 왜곡시킨 것이다.[141] 칼뱅은 이러한 왜곡의 원인으로 정보의 부족이나 무지, 연약함, 환경의 영향을 언급하지 않는다. 칼뱅은 이러한 왜곡의 원인을 "자기기만"에서 찾는다. 죄는 자기기만이라는 방법을 통해 인간으로 하여금 참 하나님을 여러 신으로 대체하도록 하거나 신이 없다고 생각하도록 만든다.[142]

쿠이는 칼뱅이 인간의 인식론적 기능을 부정적으로 보지 않았다는 사실에 주목한다. 쿠이에 따르면 칼뱅은 인간의 일반적인 인식론적 능력을 긍정적으로 평가한다. 인간은 일상적이고 세속적인 일들, 사회, 법률에 관한 문제에 있어서 여전히 적절한 인식론적 기능을 발휘한다. 하지만 인간은 참 하나님에 관한 일에 있어서는 전적으로 무능력하다.[143] 가장 위대한 천재라고 할지라도 하나님과 관련한 일에서는 "당나귀보다도 더 눈이 어둡다"(II.ii.18). 아무리 수준 높은 철학자라 할지라도 하나님과 관련한 일에서는 "어두운 밤 들을 지나는 여행자"와도 같다. 그들은 때때로 하나님에 관한 적절한 진술을 하지만, 곧 어두움에 빠지게 된다(II.ii.18).

워필드의 논의가 자연계시에서 특별계시로 전환되는 과정은 좀 더 면밀하게 살펴볼 필요가 있다. 워필드는 먼저 자연계시 자체의 충분함을 설명하면서 논의를 시작한다. 그것은 하나님을 인식하는 본성적인 능력과 자연과 섭리 속에서 드러나는 하나님의 계시이다. 그것은 하나님을 충분하게 드러내는 하나님의 이중적인 자연계시이다. 그리고 워필드는 그의 논의를 인간의 거짓된 예배와 종교로 옮긴다. 워필드는 이 부분에서 인간이 참 하나님을 인식하는데 실패했음을 지적한다. 그 결과 인간은 하나님을 아는 참된 지식을 얻을 수 없게 되었고, 온갖 거짓 예배와 종교를 갖게 되었다. 하나님의 자연계시는 인간의 마음이 부패해서 하나님을 아는 타당한 지식을 낳지 못했다.

이제 워필드의 논의는 하나님의 초자연적 역사의 필요성으로 옮겨간다. 인간은 자연계시에서 하나님을 아는 적절하고 타당한 지식을 얻는 데 실패했다. 그래서 인간에게는 하나님께서 전해주시는 그분에 관한 진리가 필요하다. 하나님을 아는 지식을 얻는 데 실패하여 절망적인 처지에 놓인 인간을 찾아오시는 하나님의 초자연적 역사가 필요하다.[144] 여기에서 워필드의 인식론의 중요한 원리가 드러난다. 워필드는 자연계시의 보편성과 그 한계를 다룬 이후 말씀과 성령으로 나아간다. 워필드는 그의 신학을 결정하는 인식론의 중심에 말씀과 성령을 놓고 있다.[145] 그래서 워필드는 지금까지의 논의를 하나님의 초자연적 역사를 논의하기 위한 준비과정으로 말해도 좋다고 한다.[146] 이제 초자연적 역사, 즉 특별계시에 관해 살펴보고자 한다.

5　워필드와 칼뱅은 객관적 특별계시를 강조한다

워필드는 하나님의 초자연적 역사를 두 가지로 구분한다. 그것은 초자연적 계시인 성경과 초자연적 계시를 깨닫도록 해주는 성령의 증언이다. 워필드는 그 두 가지를 하나님을 아는 지식의 객관적 요소와 주관적 요소로 표현한다. 인간은 죄로 인해 눈이 어두워진 존재이기에 성경이라는 객관적 치료제와 성령의 증언이라는 주관적 치료제가 필요하다.[147] 인간은 하나님의 계시를 바로 이해하기 위해 말씀이라는 객관적 요소와 성령의 증언이라는 주관적 요소가 필요하다.[148] 워필드는 두 가지가 함께 작용해야 하나님을 아는 지식과 관련하여 유효한 결과를 낳는다고 설명한다. 이것은 워필드의 인식론에 있어서 매우 중요하다. 워필드가 하나님 인식에 있어서 객관적 요소와 주관적 요소를 분리하여 동일하게 강조했다는 것은 그가 상식철학에 기초한 신학자가 아님을 입증하기 때문이다.

연구자는 여기에서 성경에 관한 교리 전체를 세부적으로 다루지는 않을 것이다. 이 글은 워필드와 칼뱅의 인식론을 비교하여 신학적 동일성을 찾는 것이 목적이기 때문에, 워필드와 칼뱅의 인식론에 있어서 성경이 차지하는 역할을 중심으로 논의할 것이다.

워필드와 칼뱅의 성경에 관한 교리를 비교해야 하는 이유는 둘 다 참된 하나님 인식이 성경을 통해서만 가능하다고 말하기 때문이다. 오직 성경만이 인간을 참된 하나님 인식으로 인도하고, 인간에게 참된 지혜와 신앙규범을 제시한다.[149] 성경에 대한 확신은 그 안에서 발견되는 교리에 대한 믿음과 직결된다.[150] 그리고 그 확신과 믿음이 하나님 인식의 중요한 요소이다.

워필드와 칼뱅은 몇 가지 주요 원리를 중심으로 성경에 관한 교리를 설명한다.

첫째, 워필드는 성경이 자연계시를 대체하는 것이 아니라 보완한다고 주장한다. 하나님께서 자연계시를 통해 충분하게 그분을 드러내셨지만, 그것은 인간의 영혼 깊숙이 뿌리박힌 죄로 인해 하나님을 아는 참된 지식을 만들지 못했다. 그래서 하나님께서는 성경을 통해 자연계시를 보완하도록 하셨다. 워필드는 칼뱅의 설명을 인용하여 이것이 성경이 주어진 이유이며 기능이라고 말한다.[151] 이제 성경은 문서화 된 특별계시로서 인간의 어두워진 눈을 밝혀 자연계시의 내용을 깨닫게 해주는 "안경"의 역할을 한다.[152] 이처럼 성경은 자연계시를 완전히 배제하는 것이 아니라, 자연계시의 본래 내용을 반복하며 하나님을 아는 지식이라는 공통된 목적을 이룬다.[153]

둘째, 워필드는 성경에 관한 교리를 다루는 데 있어서 "성경의 말씀은 곧 하나님의 말씀"이라는 명제를 전제로 한다.[154] 그는 성경을 "하나님의 기록된 말씀"이라고 보았기 때문이다.[155] 워필드에 따르면 성경의 모든 말씀을 전적으로 신뢰하는 태도는 교회가 형성되는 순간부터 하나님의 사람들이 갖는 특징이었다.[156] 그러한 태도는 역사 속의 위대한 기독교 교사들의 가르침에 나타날 뿐만 아니라, 여러 신앙고백서에도 드러난다.[157] 따라서 워필드에게 있어서 성경에 관한 교리는 개신교나 개혁교회만의 것이 아니라, 주요 기독교의 기본적이고 역사적인 확신을 표현한 것이다. 그 교리는 성경이 곧 하나님의 말씀이라는 확신이다.[158]

셋째, 워필드에 따르면 성경은 독자적으로 인간의 영혼에 하나님을 아는 참된 지식을 만들지 않는다.[159] 성경은 독자적인 완전한 치료약이 아니다. 성경은 성령의 증언과 나란히 놓인다. 워필드는 칼뱅의 생각을 정리하며 성경과 성령의 증언은 각각 하나님께서 주신 객관적 형태와 주관적 형태의 치료제임을 밝힌다.[160] 칼뱅도 그와 동일하게 생각했다.[161] 성경은 처음부터 성령과 동행한다. 성경은 하나님을 아는 참된 지식과 관련하여 독자적으로 기능하지 않는다. 오히려 성경은 성령과 동행하고 성령에 의해 사용된다. 칼뱅은 하나님을 아는 참된 지식을 성경이라는 외적이고 실제적인 원리에서 찾지만, 그것의 참된 의미와 목적은 영적이고 역동적인 원리인 성령에서 찾는다.[162]

넷째, 워필드와 칼뱅은 성경이 갖는 신적 권위에 대한 확실성을 성령의 증언에서 찾는다. 워필드와 프린스턴 신학자들은 성경의 권위에 있어서 성령의 증언보다 외적 증거에 의존한다는 비판을 받아왔다. 하지만 워필드는 성경의 권위를 확증하기 위해 외적 증거들을 강조하지 않았다. 오히려 워필드는 성령의 중요성을 강조하였다.[163] 워필드와 칼뱅은 인간이 성경의 권위를 수용하는 데 있어서 성령의 사역이 필수적임을 잘 알고 있었다.[164]

칼뱅도 성경의 신적 권위를 성령의 증언에서 찾았다. 칼뱅은 성경의 권위를 말해주는 몇 가지 합리적 증거를 제시한다. 하지만 칼뱅이 분명하게 강조하는 것은 인간이 그러한 증거나 논증에서 성경의 권위에 관한 확실성을 얻지 못한다는 사실이다. 칼뱅에 따르면 그러한 확실성은 오로지 성령의 내적 증언에 의해서만 주어진다.[165]

6 워필드와 칼뱅은 주관적 특별계시를 강조한다

워필드는 칼뱅의 성령의 증언에 관한 교리를 성경의 권위와 참된 믿음과 관련하여 설명한다. 성경이 하나님의 말씀이라는 확신과 성경에 기록된 교리에 대한 믿음은 함께 간다(I.vii.4).[166] 그리고 성령의 증언은 현대 신학에서 말하는 중생이라고 부르는 지성적 결과이다. 그 지성적 결과는 성경이 하나님으로부터 왔음을 확신시켜주는 성령의 증언이다.[167]

쟈스펠은 이 부분을 잘 설명한다. 워필드는 성령의 증언을 다루는 데 있어서 오직 칼뱅이 그 주제를 어떻게 가르치고 있는지 길게 분석하는데 할애한다. 성령의 증언은 인간에게 특별히 중생이라는 지성적 결과와 구원에 이르는 참된 믿음을 가져다준다. 그래서 성령의 증언은 인간에게 성경이 하나님께로부터 왔음을 확증해준다. 다시 말해서, 인간이 성경의 신적 기원과 권위를 확신하는 것은 구원에 이르는 믿음과 관련이 있다.[168]

이 부분에서 워필드가 계속해서 강조하는 것은 인간의 무능력과 하나님의 주도성이다. 인간 내면에 성령의 초자연적 역사가 주어지지 않는다면 다른 어떠한 증거도 인간에게 성경의 신적 권위를 확증해주지 않는다. 오직 성령의 증언만이 인간의 영적 어두움을 제거하고 믿음을 줄 수 있다.[169] 워필드가 또 강조하는 것은 성령의 증언이 주어지는 방식이다. 그는 세 가지 가능성을 제시한다. 그것은 각 개인에게 주어지는 "직접적인 계시"와 개인의 마음에 생성되는 "맹목적인 믿음"과 성령에 의해 지성에 생성되는 "근거 있는 확신"이다.[170] 워필드는 이 중에서 처음 두 가지를 거부하고, 마지막의 것을 수용한다.

워필드는 먼저 성령의 증언이 인간에게 직접적으로 주어지는 명제적 계시가 아님을 분명하게 드러낸다. 그가 인용하는 칼뱅의 설명에 의하면 성령의 증언은 이미 계시된 말씀을 인간의 마음에 효과적으로 확증하고 새기는 것이다.[171] 워필드는 나머지 두 가지 가능성 중에서 근거 있는 확신이 성령께서 주시는 것임을 주장한다. 워필드는 성령의 증언이 성경의 신성을 말해주는 "증거들"(indicia)과 별개가 아님을 주장한다.[172] 워필드는 이와 관련하여 칼뱅이 어떻게 오해받고 있는지 설명한다. 워필드에 따르면 칼뱅은 성경의 신적 기원을 말해주는 외적 증거들이 효과적이고 확정적임을 주장했다(I.viii.1-13). 하지만 칼뱅은 그러한 외적 증거들이 참된 믿음과 참된 경건을 만들지는 못한다고 주장했다(I.vii.4, I.viii.13). 그러나 칼뱅은 그 원인을 외적 증거들의 불충분에서 찾지 않고, 인간의 주관적 상태에서 찾는다.[173] 따라서 칼뱅이 외적 증거들의 효과를 부정했다는 주장은 칼뱅의 의도를 완전히 오해한 것이다.[174]

워필드는 칼뱅의 분명한 가르침을 제시한다. 인간은 죄 때문에 무능해진 마음으로 외적 증거들을 통해 "견고한 믿음"과 "참된 경건"을 만들 수 없다. 죄로 인해 무능해진 인간의 마음을 고치는 성령의 내적 사역이 필요하다. 그것은 성령의 증언이다. 성령의 내적 증언이 증거들과 함께 건전한 믿음을 만든다. 한 영혼이 성령의 증언에 의해 새롭게 되어 성경이 하나님으로부터 왔음을 확신하게 된다면, 이제 그 영혼은 성경에 담긴 증거들을 통해 성경의 신적 기원을 확신하게 된다.[175]

우리는 지금까지 워필드와 칼뱅의 인식론을 비교하여 살펴보았다. 워필드와 칼뱅의 인식론을 통해서 두 사람의 신학적 특징을 이해할 수 있을 뿐만 아니라, 두 사람의 신학적 공통성을 발견할 수 있기 때문이다. 그 결과 다음과 같은 결론을 얻을 수 있었다.

첫째, 워필드와 칼뱅은 하나님 인식(sensus divinitatis)을 모든 인류가 가지고 있는 보편적 기능, 즉 내적인 자연계시의 형태로 보았다. 워필드와 칼뱅은 그들의 신학의 출발점을 하나님의 존재하심으로 삼는데, 하나님의 존재하심을 입증해주는 내적인 자연계시가 바로 하나님 인식이다. 하나님 인식은 형이상학적인 요소와 도덕적 요소로 구분하여 이해할 수 있다. 전자는 어떤 신이 존재한다는 정도의 인식이다. 후자는 그 신을 향한 지성적이고 감정적이고 의지적인 의무감이다.

둘째, 워필드와 칼뱅은 하나님의 창조와 섭리를 외적인 자연계시의 형태로 이해했다. 그것은 내적인 자연계시와 함께 주어진 자연계시의 일부이다. 인간은 하나님에 관한 기본적인 인식을 전제로 하여, 창조와 섭리를 바라보며 하나님 인식을 확장하고 발전시킨다. 그리고 인간은 외적 자연계시를 통해 하나님에 관한 실제적인 지식을 가질 수 있다. 자연계시는 그만큼 충분하게 주어졌다.

셋째, 워필드와 칼뱅은 인간은 죄가 인간 지성에 미친 영향을 강조한다. 이로 인해서 인간은 두 가지 자연계시(내적/외적)를 통해 하나님을 아는 지식을 제대로 형성하지 못한다. 자연계시가 보편적인 만큼이나 죄가 지성에 미친 영향도 보편적이다. 따라서 모든 인간은 하나님을 아는 참된 지식에 있어서 전적으로 무능력한 존재가 되었다. 워필드는 이 점을 매우 강조한다. 그가 항상 말씀과 성령이라는 주제로 반복하여 돌아가는 이유가 여기에 있다. 따라서 워필드가 상식철학에 기초하여 신학을 전개했고, 이성적이고 합리적인 증거들과 그것을 이해하는 인간의 이성적 능력을 강조했다는 사실은 그의 신학을 절반만 이해한 셈이다. 오히려 워필드는 상식철학의 인식론적 한계를 잘 이해하고 있었다.

넷째, 워필드와 칼뱅은 객관적 특별계시인 성경과 주관적 특별계시인 성령의 증언이라는 기독교의 초자연적 요소를 강조한다. 성경은 하나님의 말씀을 담고 있고, 성령의 증언은 그 하나님의 말씀을 확증하고 보증하고 깨닫게 한다. 그 둘은 죄로 인해 무능력해진 인간 지성에 객관적 치료제와 주관적 치료제를 제공한다. 그 둘은 항상 함께 있어야 유효한 결과를 낳는다. 인간은 성경과 성령의 증언을 통해 하나님을 올바로 인식하게 되고, 하나님을 아는 참된 지식을 얻게 된다. 그리고 참된 믿음을 갖게 된다. 워필드는 지속적으로 인간의 무능력과 하나님의 주도성을 강조하고 있다.

워필드와 칼뱅의 인식론 비교는 워필드의 신학적 특징을 잘 설명해준다. 워필드의 신학의 원천과 기원은 상식철학이 아니라 칼뱅의 신학이었다. 워필드와 칼뱅은 기독교 진리의 객관성을 강조한다. 이 점에서 상식철학의 특징을 나타낸다. 워필드가 진리의 객관성과 실재성을 강조하는 것은 상식철학에 기인한 것이 아니라 개혁신학의 전통적인 요소라고 보는 것이 더 타당하다. 계몽주의로 인해 개혁신학의 한 전통이 공격을 당하자, 상식철학이라는 방법론을 통해 개혁신학이 본래 가지고 있던 인식론적 측면을 워필드가 회복시켰던 것이다.

　워필드와 칼뱅은 진리의 객관성과 실재성을 강조하는 것에서 그치지 않는다. 그들은 이 객관적 진리를 인식하는 인간의 한계를 좀 더 강조한다. 그리고 이 부분에서 초자연적 계시인 성경과 성령의 역할을 강조한다. 워필드가 단순하게 상식철학에 기초한 신학자가 아니라 철저하게 칼뱅의 신학에 기초하고 있다는 사실을 보여주는 부분이다. 워필드가 상식철학에 기초한 신학자라는 평가는 워필드 신학의 한 쪽 면만을 보고 내린 결론이다. 워필드의 신학 연구는 바로 이 전제에서 출발해야 할 것이다.

1. Alister E. McGrath, Modern German Christology, 김성봉 역, 『현대 독일 기독론』 (서울: 나눔과섬김, 2001), 3.

2. Charles Taylor, A Secular Age (Cambridge, MA: Belknap Press, 2007).

3. John G. Hibben, The Philosophy of the Enlightenment (New York: Charles Scribner's Sons, 1910).

4. Hibben, The Philosophy of the Enlightenment, 195.

5. Alister E. McGrath, Iustitia Dei: A History of the Christian Doctrine of Justification, 한성진 역, 『하나님의 칭의론』 (서울: CLC, 2008), 480-481.

6. McGrath, 『하나님의 칭의론』, 483.

7. McGrath, 『하나님의 칭의론』, 485.

8. McGrath, 『하나님의 칭의론』, 486을 보라.

9. McGrath, 『현대 독일 기독론』, 17. 슈타인바르트가 보기에 원죄 교리는 도덕적 완전성 개념에 장애물이었다.

10. McGrath, 『하나님의 칭의론』, 487.

11. McGrath, 『하나님의 칭의론』, 491.

12. McGrath, 『하나님의 칭의론』, 492.

13. 칸트의 이 '악' 개념은 '근본 악'(radical evil)이라고 불린다. G. E. Michalson, Fallen Freedom: Kant on Radical Evil and Moral Regeneration (Cambridge: Cambridge University Press, 1990).

14. McGrath, 『하나님의 칭의론』, 491.

15. McGrath, 『하나님의 칭의론』, 493-494.

16. McGrath, 『하나님의 칭의론』, 494.

17. McGrath, 『하나님의 칭의론』, 495.

18. Annette G. Aubert, The German Roots of Nineteenth-Century American Theology (New York: Oxford University Press, 2013), 60.

19. McGrath, 『하나님의 칭의론』, 497.

20. Aubert, The German Roots of Nineteenth-Century American Theology, 47.

21 Henry Pochmann, German Culture in America: Philosophical and Literary Influences, 1600-1900 (Madison: University of Wisconsin Press, 1957), 4-6.

22 리차드 멀러는 이와 비슷한 언급을 한다. 그는 17세기 잉글랜드 신학이 영국제도의 신학으로만 한정되어서는 안 된다고 말한다. 오히려 "국제적인 현상"으로 여겨져야 한다고 말한다. Richard A. Muller, Post-Reformation Reformed Dogmatics: The Rise and Development of Reformed Orthodoxy, ca. 1520 to ca. 1725, 4 vols. (Grand Rapdis, MI: Baker, 2003), 1:28.

23 Philip Schaff, Anglo-Germanism or the Significance of the German Nationality in the United States (Chambersburg, PA: Publication Office of the German Reformed Church, 1846), 5-6.

24 Aubert, The German Roots of Nineteenth-Century American Theology, 234, 각주 8. 머서스버그와 프린스턴의 신학 학술지들을 보면 미국 개혁주의 신학자들이 유럽, 특히 독일의 지성적 상황에 크게 주목하고 있었음이 드러난다.

25 Philip Schaff, Theological Propædeutic: A General Introduction to the Study of Theology (1892; repr., New York: Charles Scribner's Sons, 1894), 403.

26 19세기 신학자들의 이 보수적이고도 창조적인 경향은 대서양을 중심으로 양쪽 진영에서 발견된다. David Fergusson, The Blackwell Companion to Nineteenth Century Theology (Malden, MA: Blackwell, 2010), xi.

27 Aubert, The German Roots of Nineteenth-Century American Theology, 8.

28 Richard A. Muller, "Emmanuel V. Gerhart on the 'Christ-Idea' as Fundamental Principle," Westminster Theological Journal 48/1 (1986): 97.

29 Aubert, The German Roots of Nineteenth-Century American Theology, 8.

30 Aubert, The German Roots of Nineteenth-Century American Theology, 128.

31 Aubert, The German Roots of Nineteenth-Century American Theology, 128.

32 Aubert, The German Roots of Nineteenth-Century American Theology, 153-154.

33 Aubert, The German Roots of Nineteenth-Century American Theology, 194.

34 Aubert, The German Roots of Nineteenth-Century American Theology, 156.

35 Aubert, The German Roots of Nineteenth-Century American Theology, 192.

36 Charles Hodge, Systematic Theology, 3 vols. (1871-1873; repr., Peabody, MA:

Hderickson, 1999), 2:315.

37 Hodge, Systematic Theology, 2:316.

38 Aubert, The German Roots of Nineteenth-Century American Theology, 219.

39 여기에서는 독일 계몽주의가 19세기 미국 신학에 영향을 미쳤다는 언급 정도에서 논의를 마치고자 한다. 게르하르트와 핫지가 슐라이어마허와의 상호관계 속에서 속죄론을 어떻게 전개했는지에 대해 좀 더 구체적으로 알려면 Aubert, The German Roots of Nineteenth-Century American Theology, 97-219를 보라.

40 Samuel Fleischacker, "The Impact on America: Scottish Philosophy and the American Founding," in The Cambridge Companion to the Scottish Enlightenment, ed. Alexander Broadie (Cambridge: Cambridge University Press, 2003), 316-337.

41 Donald M. Borchert, Encyclopedia of Philosophy, 10 vols., 2nd ed. (Farmington Hills: Thomson Gale, 2006), 2:355.

42 Owen Anderson, Benjamin B. Warfield and Right Reason: The Clarity of General Revelation and Function of Apologetics (Oxford: University Press of America, 2005), 4.

43 Borchert, Encyclopedia of Philosophy, 2:355-356.

44 Anderson, Benjamin B. Warfield and Right Reason, 5: "흄에 따르면 인간은 감각기관을 통해 어떤 정보가 주어질 때, 만일 그 정보의 대상이 마음 밖에 있다면 인간은 그 정보가 옳은지 알 수 없다. 흄은 이렇게 이성을 사용하여 경험적 증거를 부정했고 결과적으로 회의주의를 낳았다."

45 Borchert, Encyclopedia of Philosophy, 2:356.

46 Anderson, Benjamin B. Warfield and Right Reason, 4.

47 Anderson, Benjamin B. Warfield and Right Reason, 5.

48 Paul C. Gutjahr, "Witherspoon's Common Sense," in Charles Hodge: Guardian of American Orthodoxy (Oxford: Oxford University Press, 2011).

49 물론 마크 놀과 같은 개신교 역사신학자는 위더스푼이 성경과 세속을 뒤섞었고, 이것이 이성과 계시를 동등하게 보는 전통으로 이어졌다고 비판한다.

50 Fleischacker, "Scottish Philosophy and the American Founding," 317.

51 Mark A. Noll, America's God: From Jonathan Edwards to Abraham Lincoln (New York: Oxford University Press, 2002), 9.

52 David P. Smith, "B. B. Warfield's Scientifically Constructive Theological Scholarship," (Ph. D. Diss., Trinity Evangelical Divinity School, 2008), 94.

53 Tim McConnel, "The Old Princeton Apologetics: Common Sense or Reformed?" The Journal of the Evangelical Theological Society 46 (2003): 650.

54 Smith, "B. B. Warfield's Scientifically Constructive Theological Scholarship," 25, 30-31.

55 Kim Riddlebarger, "The Lion of Princeton: Benjamin Breckinridge Warfield on Apologetics, Theological Method and Polemics" (PhD diss., Fuller Theological Seminary, 1997), 258.

56 Anderson, Benjamin B. Warfield and Right Reason, 6.

57 Smith, "B. B. Warfield's Scientifically Constructive Theological Scholarship," 33.

58 Smith, "B. B. Warfield's Scientifically Constructive Theological Scholarship," 32-33, 89.

59 McConnel, "The Old Princeton Apologetics," 655.

60 Anderson, Benjamin B. Warfield and Right Reason, 8.

61 McConnel, "The Old Princeton Apologetics," 649-650.

62 Smith, "B. B. Warfield's Scientifically Constructive Theological Scholarship," 95-96.

63 Smith, "B. B. Warfield's Scientifically Constructive Theological Scholarship," 47-48.

64 Riddlebarger, "The Lion of Princeton," 249, 257.

65 Cornelius Van Til, The Defense of the Faith, ed. K. Scott Oliphint, 『변증학』, 신국원 역 (서울: 개혁주의신학사, 2012), 535. 논자는 영문판 제3판을 가지고 주로 연구하였다. 영문판 제4판을 번역한 국문판과 비교하여 페이지를 확인할 수 있는 경우 국문판을 표기하고, 그 외에는 영문판을 표기할 것이다.

66 Cornelius Van Til, The Defense of the Faith, 3rd ed. (Phillipsburg: Presbyterian and Reformed Publishing Company, 1967), 264-65.

67 반 틸은 개신교를 칼뱅주의와 복음주의로 구분하여 칼뱅주의만이 "충분히 일관성" 있는 개신교로 규정한다. 반 틸에 따르면 칼뱅주의를 제외한 다른 모든 종류의 개신교인 복음주의는 보편주의적 구원론을 제시한다. Van Til, 『변증학』, 169.

68 Van Til, The Defense of the Faith, 299.

69 Van Til, The Defense of the Faith, 265.

70 Van Til, The Defense of the Faith, 279.

71 Cornelius Van Til, The Protestant Doctrine of Scripture (Phillipsburg: den Dulk Christian Foundation, 1967), 57.

72 Jack B. Rogers and Donald K. McKim, The Authority and Interpretation of the Bible (San Francisco: Harper and Row Publishers, 1979), 328.

73 Rogers and McKim, The Authority and Interpretation of the Bible, 328.

74 Rogers and McKim, The Authority and Interpretation of the Bible, 328.

75 Benjamin B. Warfield, "The Right of Systematic Theology," in Selected Shorter Writings, ed. John E. Meeter, 2 vols. (Phillipsburg: Presbyterian and Reformed Publishers, 1980), 2:273.

76 Rogers and McKim, The Authority and Interpretation of the Bible, 330.

77 Rogers and McKim, The Authority and Interpretation of the Bible, 333.

78 Rogers and McKim, The Authority and Interpretation of the Bible, 333-334.

79 Rogers and McKim, The Authority and Interpretation of the Bible, 371, 각주 40.

80 하나님을 아는 지식에 있어서 워필드와 칼뱅이 갖는 인식론적 유사성을 살펴보려면, Richard A. Muller, Post-Reformation Reformed Dogmatics: The Rise and Development of Reformed Orthodoxy, ca. 1520 to ca. 1725, 4 vols., 2nd ed. (Grand Rapids: Baker Academics, 2003), 3:28.

81 이오갑, "칼뱅의 신 인식론," 63-64과 Rik Peels, "Sin and Human Cognition of God," Scottish Journal of Theology 64.4 (2011), 395-396 참조. 칼뱅이 사용한 'sensus divinitatis'나 'sensus deitatis'는 보통 '하나님을 아는 지식'으로 번역된다. 그런데 칼뱅은 '인식'과 '지식'을 동일한 것으로 간주한다. 칼뱅은 지식과 지식을 얻기 위한 인식 행위를 하나로 보았기 때문이다. 하지만 우리말의 경우 '지식'과 '인식'은 다소 차이가 있다. 전자의 경우는 인식의 결과로 얻어지는 것을 지칭하고, 후자의 경우는 지식을 얻기 위한 인식 행위를 의미한다. 이 글에서는 문맥에 따라서 '하나님 인식'과 '하나님을 아는 지식'을 구분하여 사용할 것이다. 전자는 우리가 일련의 증거들을 통해 '하나님의 존재를 인식'한다는 의미로, 후자는 '하나님에 관한 보다 구체적인 지식'을 지칭하는데 사용될 것이다.

82 Benjamin B. Warfield, Calvin and Calvinism, in The Works of Benjamin B. Warfield, 10 vols. (1932; reprint, Grand Rapdis: Baker Books, 2003), 33-34.

83　Cornelis van der Kooi, "Within Proper Limits: Basic Features of John Calvin's Theological Epistemology" Calvin Theological Journal 29 (1994): 365.

84　Benjamin B. Warfield, "God and Human Religion and Morals" in Selected Shorter Writings, 5th ed. (New Jersey: Presbyterian and Reformed Publishing Company, 2005), 41-45.

85　Zaspel, The Theology of B. B. Warfield: A Systematic Survey, 107.

86　Kooi, "Basic Features of John Calvin's Theological Epistemology," 373-375.

87　Paul Helm, "John Calvin, the Sensus Divinitatis, and the Noetic Effects of the Sin" International Journal for Philosophy of Religion 43 (1998): 90.

88　Helm, "John Calvin, the Sensus Divinitatis, and the Noetic Effects of the Sin," 90.

89　John Calvin, Institutes of the Christian Religion, trans. Henry Beveridge (Massachusetts: Hendrickson Publishers, 2008), I.iii.1. (이후의 표기는 다음과 같이 통일한다. 워필드가 칼뱅의 「기독교 강요」를 인용하며 설명하는 부분을 직접 인용할 경우에는 I.i.1, 연구자가 칼뱅의 글을 인용하는 부분에서는 Institutes, I.i.1로 사용한다.)

90　Helm, "John Calvin, the Sensus Divinitatis, and the Noetic Effects of the Sin," 91.

91　Helm, "John Calvin, the Sensus Divinitatis, and the Noetic Effects of the Sin," 88.

92　Institutes, I.iii.2.

93　Kooi, "Basic Features of John Calvin's Theological Epistemology," 373.

94　Warfield, Calvin and Calvinism, 5.

95　Warfield, Calvin and Calvinism, 6-7.

96　Warfield, Calvin and Calvinism, 7.

97　Warfield, Calvin and Calvinism, 8.

98　Warfield, Calvin and Calvinism, 21-22.

99　Warfield, Calvin and Calvinism, 26.

100　Warfield, Calvin and Calvinism, 31.

101　Warfield, Calvin and Calvinism, 31.

102　Warfield, Calvin and Calvinism, 36.

103 Warfield, Calvin and Calvinism, 35.

104 Warfield, Calvin and Calvinism, 34. 워필드는 칼뱅이 하나님 인식을 다양하게 표현하고 있음을 지적한다. 워필드에 따르면 칼뱅은 "타고난 본성"(naturalis instinctus)이라는 용어를 매우 다양하게 표현한다. 그것은 "하나님 인식"(sensus divinitatis, sensus deitatis)으로 불리기도 하고, 하나님 인식과 동의어인 하나님에 대한 이해(numinis intelligentia), 신 개념(dei notio), 신 관념(dei notitia) 등의 용어로 표현되기도 한다.

105 Heinrich Heppe, Die Dogmatik der evangelisch-reformirten Kirche, 1861, 4; Warfield, Calvin and Calvinism, 34-35에서 재인용.

106 Helm, "John Calvin, the Sensus Divinitatis, and the Noetic Effects of the Sin," 92.

107 Institutes, I.ii.1.

108 Helm, "John Calvin, the Sensus Divinitatis, and the Noetic Effects of the Sin," 92-93.

109 Helm, "John Calvin, the Sensus Divinitatis, and the Noetic Effects of the Sin," 93.

110 Warfield, Calvin and Calvinism, 37-38.

111 Zaspel, The Theology of B. B. Warfield: A Systematic Survey, 98.

112 Rik Peels, "The Effects of Sin upon Human Moral Cognition," 60.

113 Peels, "The Effects of Sin upon Human Moral Cognition," 60, 각주 76번 참조.

114 Thomas Scott, The Articles of Synod of Dort (Harrisonburg, Virginia: Sprinkle Publications, 1993), 294.

115 Kooi, "Basic Features of John Calvin's Theological Epistemology," 374-375.

116 Warfield, Calvin and Calvinism, 39-40.

117 Warfield, Calvin and Calvinism, 43.

118 Edward Adams, "Calvin's View of Natural Knowledge of God" International Journal of Systematic Theology 3/3 (2001): 288.

119 Institutes, I.v.1; I.v.7.

120 Adams, "Calvin's View of Natural Knowledge of God," 286.

121 Kooi, "Basic Features of John Calvin's Theological Epistemology," 376.

122 Kooi, "Basic Features of John Calvin's Theological Epistemology," 376.

123 Kooi, "Basic Features of John Calvin's Theological Epistemology," 377.

124 Warfield, Calvin and Calvinism, 31.

125 Warfield, Calvin and Calvinism, 32.

126 Warfield, Calvin and Calvinism, 46.

127 Warfield, Calvin and Calvinism, 40.

128 Zaspel, The Theology of B. B. Warfield: A Systematic Survey, 101.

129 Zaspel, The Theology of B. B. Warfield: A Systematic Survey, 100.

130 Warfield, Calvin and Calvinism, 41.

131 Helm, "John Calvin, the Sensus Divinitatis, and the Noetic Effects of the Sin," 89.

132 Warfield, Calvin and Calvinism, 41.

133 Zaspel, The Theology of B. B. Warfield: A Systematic Survey, 101.

134 Warfield, Calvin and Calvinism, 46.

135 Warfield, Calvin and Calvinism, 44.

136 Warfield, Calvin and Calvinism, 43.

137 Warfield, Calvin and Calvinism, 42.

138 Warfield, Calvin and Calvinism, 44-45.

139 Warfield, Calvin and Calvinism, 45.

140 Helm, "John Calvin, the Sensus Divinitatis, and the Noetic Effects of the Sin," 98.

141 Helm, "John Calvin, the Sensus Divinitatis, and the Noetic Effects of the Sin," 99.

142 Helm, "John Calvin, the Sensus Divinitatis, and the Noetic Effects of the Sin," 98.

143 Kooi, "Basic Features of John Calvin's Theological Epistemology," 380.

144 Warfield, Calvin and Calvinism, 83.

145 사실 워필드는 다른 교리적 설명을 하면서도 말씀과 성령을 제일원리로 놓는다. 그는 인간의 이성이 갖는 한계점에서 반복적으로 말씀과 성령으로 돌아간다(Zaspel, The Theology of B. B. Warfield: A Systematic Survey, 108 참조).

146 Warfield, Calvin and Calvinism, 47.

147 Warfield, Calvin and Calvinism, 69-70.

148 Warfield, Calvin and Calvinism, 82-83.

149 이오갑, "칼뱅의 신 인식론," 77.

150 Warfield, Calvin and Calvinism, 71. 또한 Institutes, I.vi.1과 I.vii.4 참조.

151 Warfield, Calvin and Calvinism, 67

152 Warfield, Calvin and Calvinism, 68

153 Warfield, Calvin and Calvinism, 69

154 Benjamin B. Warfield, Revelation and Inspiration, in The Works of Benjamin B. Warfield, 10 vols. (1932; reprint, Grand Rapdis: Baker Books, 2003), 92.

155 Warfield, Calvin and Calvinism, 33.

156 Marc Lloyd, "What the Bible Says, God Says: B. B. Warfield's Doctrine of Scripture" Ecclesia Reformanda 1/2 (2009): 187.

157 Warfield, Revelation and Inspiration, 54-57. 워필드는 여기에서 그러한 교사들과 신앙고백서들의 목록을 제시하고 그 내용을 간략하게 설명한다. 워필드는 먼저 오리겐과 이레니우스, 폴리캅, 아우구스티누스, 루터, 칼뱅, 백스터, 찰스 핫지 등의 견해를 간략하게 제시한다(54-56쪽). 그리고 워필드는 「사도신경」과 「니케아-콘스탄티노플 신경」, 「아우구스부르크 신앙고백서」, 「웨스트민스터 신앙고백서」를 설명한다(56-57쪽).

158 Lloyd, "What the Bible Says, God Says: B. B. Warfield's Doctrine of Scripture," 187.

159 Warfield, Calvin and Calvinism, 70

160 Warfield, Calvin and Calvinism, 69-70.

161 Institutes, I.v.14.

162 Kooi, "Basic Features of John Calvin's Theological Epistemology," 382.

163 Lloyd, "What the Bible Says, God Says: B. B. Warfield's Doctrine of Scripture," 199.

164 Lloyd, "What the Bible Says, God Says: B. B. Warfield's Doctrine of Scripture," 200; Warfield, Calvin and Calvinism, 115; Institutes, I.vii.5.

165 Kooi, "Basic Features of John Calvin's Theological Epistemology," 382-383.

166 Warfield, Calvin and Calvinism, 71-72.

167 Warfield, Calvin and Calvinism, 102-103.

168 Zaspel, The Theology of B. B. Warfield: A Systematic Survey, 154.

169 Zaspel, The Theology of B. B. Warfield: A Systematic Survey, 155.

170 Warfield, Calvin and Calvinism, 79-80.

171 Warfield, Calvin and Calvinism, 81-82.

172 Warfield, Calvin and Calvinism, 85.

173 Warfield, Calvin and Calvinism, 85-87.

174 워필드는 이 오해에 관한 설명을 좀 더 상세하게 한다. 그 설명은 칼뱅에 대한 오해를 해소할 뿐만 아니라, 외적 증거들과 성령의 증언 사이의 관계를 규명하는데도 유용하다. "칼뱅이 증거들을 성령의 증언에 종속시킨다는 주장도 오해의 소지가 있다. 그러한 주장은 마치 칼뱅이 증거들과 성령의 증언을 동일한 차원에 올려놓고서는, 각각을 높고 낮은 위치를 차지한다고 이해하는 것처럼 보이기 때문이다. … 성령의 증언과 증거들 사이의 질문은 무엇이 확실한 증거를 주는가를 다루지 않고, 어떤 역할에 더 적합한지를 다룬다. 증거들은 그 고유의 영역에서는 최고의 권위를 갖는다. 증거들은 고유의 객관적 증거를 주기 때문이다. 그러나 어떤 사람의 주관적 상태가 그 객관적 증거를 받아들여 영향 받을 수 없는 상태라면 객관적 증거는 작동하지 않는다. 이런 의미에서 본다면 모든 객관적 증거들은 성령이 일으키시는 주관적 변화에 종속된다"(Warfield, Calvin and Calvinism, 85, 각주 60번 참조).

175 Warfield, Calvin and Calvinism, 87.

제2장

성경론

The Doctrine of the Bible

인식론에 이어서 성경론을 다루는 이유는 워필드에게 인식론과 성경론이 서로 연관된 문제이기 때문이다. 기독교의 참된 지식의 규범은 성경이다. 성경의 규범적 가치는 인식론에 있어서 결정적인 요소이다. 따라서 성경이 하나님의 말씀임이 입증되고, 신앙과 실천에 있어서 무오한 규칙임이 입증된다면 인식론의 핵심 문제는 해결되는 셈이다. 이를 통해 기독교의 진리들을 도출할 수 있는 원천을 갖게 되기 때문이다.

인식론과 성경론의 관계에 있어서 핵심 문제는 성경의 "영감"이다. 성경 영감은 성경의 "무오성"을 확증하고, 따라서 성경의 "권위"를 보증한다. 워필드 시대(또는 그 직전 시대)에 철학자들이 인식론을 통해 성경 권위를 부정하는 길을 열고자 했던 이유가 여기에 있다.

미국 장로교회의 역사를 보면 성경론 논쟁이 시작된 것은 1880년대 무렵이었다. 성경의 권위가 어디에 있는지 장로교회 내에서도 큰 논쟁거리였다. 그에 따르면 성경 권위의 본질에 관한 논쟁은 그 시대에 종결된 것이 아니라 지금까지 성경론 논쟁의 핵심으로 남아 있다. 그뿐만이 아니라 성경에 정말로 하나님의 계시가 담겨 있는지, 하나님의 영감이란 무엇이며 영감의 본질과 영감의 범위는 어디까지인지, 성경 기록과 보존에 있어서 인간 저자의 역할은 무엇이었는지 등, 성경을 둘러싼 수많은 질문들이 여전히 우리 주변에 도사리고 있다. 성경에 관한 과거의 논쟁들을 고찰하고 되새겨 볼 필요성이 여기에 있다.

벤자민 워필드(Benjamin B. Warfield, 1851-1921)가 하나님 품에 안긴 지 이제 막 100년을 넘어섰다. 지난 100년 동안 보수 개신교의 성경론 형성에 있어서 워필드는 가장 중요한 신학자 중 한 사람이었다. 워필드의 성경론을 둘러싼 여러 논의들을 통해서 오늘날 우리가 성경의 권위와 영감, 계시 등을 어떻게 지켜내야 할지 고민하는 시간이 되길 바란다.

워필드 성경론의
중요성

1 워필드 성경론이 복음주의 성경론을 형성하다

지난 100년 동안 워필드의 성경론이 복음주의 성경론에서 핵심적인 역할을 했다는 것에는 의심의 여지가 없다. 워필드는 개신교 자유주의 신학으로부터 성경의 권위가 강력하게 도전받던 시기에 성경의 무오성과 영감을 지켜낸 탁월한 신학자였다.

케빈 밴후저(Kevin Vanhoozer)는 워필드의 성경론을 "공인된 견해"로 표현하며 이 점을 지적한다.[1] 워필드가 대략 100년 전에 체계적으로 발전시킨 성경론은 19세기에 이어 20세기까지 그 영향력을 이어갔다. 타이도 치노(Taido Chino)는 그의 박사학위 논문에서 워필드와 칼 바르트(Karl Barth)의, 두 가지 반대되는 성경론을 비교하면서 어떤 의미에서든 두 사람의 성경론이 지난 100년 동안의 성경론 논의에서 가장 중요했다고 평가했다.[2] 반 덴 벨트(Van den Belt)에 따르면 워필드는 그 당시 성경 무오성에 관하여 매우 영향력이 컸던 개혁신학자 중 한 사람이었고, 그의 영향력은 오늘날까지 이어지고 있다.[3]

이승구에 따르면 워필드는 성경 무오성에 관하여 강력한 변증을 시도함으로써 그 당시 학계에서 관심을 불러 일으켰다.[4] 박용규는 워필드를 "보수적이면서 학문적일 수 있음"을 보여준 대표적인 신학자로 묘사하며, 성경론에 대

한 공헌이 타의 추종을 불허한다고 평가한다.[5]

오늘날 미국에서 워필드를 연구하여 소개하고 있는 대표적인 신학자 프레드 재스펠(Fred Zaspel)은 교회사에 등장했던 주요 신학자들의 계열에 워필드를 올려놓는다.

> 교회 역사의 중요한 순간마다 하나님께서는 그분의 사람들을 불러 그분의 말씀을 표현했다. 아우구스티누스는 죄와 은혜를 말한 신학자였다. … 안셀무스는 속죄를 말한 신학자였다. 루터는 칭의를 말한 신학자였다. 칼빈은 성령을 말한 신학자였다. … 이와 동일한 의미에서 워필드는 영감을 말한 신학자였다.[6]

재스펠은 지난 세기 성경의 영감과 무오에 관한 모든 논의는 워필드에 대한 주석에 불과하다고 말하며, 그를 "영감의 신학자"로 표현했다. 이는 화이트헤드(Whitehead)가 서양철학이 플라톤의 주석에 불과하다고 했던 표현을 인용한 것이다.[7]

2 워필드의 성경론이 비판을 받다

워필드의 성경론이 중요했음에도 불구하고 비판이 없었던 것은 아니다. 워필드를 비롯한 프린스턴 신학자들의 성경론에 대해서 과거로부터 지금까지 여전히 비판이 존재한다. 워필드가 한참 활동을 하던 19세기부터 워필드가 하나님 품에 안긴 지 벌써 100년이 지난 오늘날에 이르기까지 워필드 성경론에 대한 비판의 핵심은 동일하다. 워필드의 성경론이 합리주의적 산물이라는 것이다.

프린스턴 신학교의 워필드와 신학적 대척점에 있었던 유니온 신학교의 찰스 브릭스(Charles Augustus Briggs, 1841-1913)는 워필드를 비롯한 프린스턴 신학자들의 성경론이 스콜라주의적인 것이라고 비판했다. 브릭스에 따르면 워필드의 성경론은 웨스트민스터의 신학에서 벗어난 것이었다. 브릭스는 워필드의 성경론이 "거짓 교리"이자 "인간의 펜으로부터 나올 수 있는 가장 위험한 교리"라고 비판할 정도였다.[8]

어니스트 샌딘(Ernest R. Sandeen)은 워필드가 역사적으로 정통성이나 연속성이 없는 성경론을 고안했다고 비판했다.[9] 워필드의 영감이나 무오성 교리는 극단적인 교리였고, 전임자들과 동떨어진 교리였으며, 자기모순적인 교리였다.

잭 로저스(Jack Rogers)와 도널드 맥킴(Donald McKim)은 샌딘의 주장을 이어간다. 그들은 워필드의 성경론이 19세기에 발명된 것으로 지나치게 합리주의적이라고 비판했다. 로저스와 맥킴에 따르면, 역사적으로 교회의 입장은 성경이 신앙과 실천 문제에 관해서만 오류가 없다는 것이었다. 다시 말해서, 역사나 지리, 과학 등의 사실 문제(역사, 지리, 과학)에서 오류가 없는 것이 아니다. 로저스/맥킴은 이 개념이 17세기 스위스 신학자 프란시스 튜레틴(Francis Turretin)에게서 생겨나, 19세기 프린스턴 신학대학교에서 완전히 발전했다고 보았다.[10]

놀라운 사실은 이러한 비판이 과거에만 있지 않았다는 점이다. 19세기와 20세기를 지나 21세기가 되었음에도 워필드를 비롯한 프린스턴 신학자들의 성경 무오성 개념은 여전히 비판의 대상이다. 특히 성경 무오성 개념이 합리주의의 산물이라는 비판이 여전히 제기된다. 앤드류 맥고완(A. T. B. McGowan)은 자신의 책에서 성경 무오성이 "합리주의"임을 입증하겠노라 단언한다.[11] 그러한 신학적 방법론은 "성경이 '사실들'이나 '명제들'의 묶음으로 정리될 수 있다는 개념에 기초한다. 그리고 나서 그것들은 하나의 체계적인 신학으로 종합되거나 정리될 수 있다. 이 합리주의적인 접근법은, 선한 의도를 갖고 있다고 하더라도, 실제로 성경의 권위를 손상시킨다."[12] 하지만 폴 헬름의 정당한 지적에 따르면 이는 이성(reason)을 합리적으로 사용하는 것과 합리주의자(rationalist)가 되는 것 사이의 혼동에 불과하다.[13]

3 워필드가 개혁주의 성경론을 계승하다

첫째, 워필드는 개혁주의 전통 안에서 중요한 신학자이다. 리차드 멀러 (Richard Muller)는 워필드가 탁월한 칼빈 연구가임을 제시한다. 멀러에 따르면 "칼빈의 신지식 교리를 분석한 워필드의 연구는 가장 탁월한 칼빈 연구이다. 그리고 하나님을 아는 지식과 삼위일체에 관한 워필드의 연구는 여전히 참고 할만한 주요 논문이다."[14] 킴 리들바거(Kim Riddlebarger)는 워필드의 죽음이 갖는 신학적 중요성을 다음과 같이 설명한다.

> 워필드의 죽음은 한 세대의 종말을 의미했다. 화란의 위대한 신학자였던 아브라함 카이퍼는 1920년 11월 12일에 사망했다. 벤자민 워필드는 1921년 2월 16일에 사망했다. 그리고 화란의 또 다른 위대한 신학자였던 헤르만 바빙크는 같은 해 7월 29일에 사망했다. 개혁주의를 지지하는 신학자들은 그들의 위대한 지도자를 단 9개월 사이에 모두 잃었다.[15]

워필드는 19세기 말 미국에서 개혁주의적 성경론을 옹호했던 대표적인 신학자이다.[16] 워필드의 개혁주의적 성경론은 '영감'과 '무오'를 특징으로 한다. 워필드의 성경 무오는 성경 영감에 따른 당연한 결과이다. 그에 따르면 하나님은 진리의 하나님이시기 때문에 하나님의 영감은 성경의 무오성을 필연적으로 가져온다. 그렇다면 워필드가 말하는 성경의 영감과 무오는 어떤 의미일까?

첫째, 워필드의 개혁주의적 성경론은 성경 본문이 의도한 바에 대한 무오성을 말한다. 워필드는 특정 진술의 '정밀함'과 '정확함'을 구분하여 이것을 설명한다.

진술의 정밀함(exactness)과 정확함(accuracy) 사이에는 엄청난 차이가 있다. 정밀함은 세부사항들을 철저하게 제시하는, 절대적 실재성(literalness)을 특징으로 갖는 것으로, 성경은 결코 이것을 말하지 않는다. 반면에 정확함은 그 진술이 지지하기로 의도한 사실들이나 원칙들을 정확하게 진술하는 것을 보장한다. 교회의 교리가 성경 원문에 있는 모든 진술에 관해서 고수하는 것은 정밀함과는 다른 바로 이 정확함이다.[17]

이 설명에 따르면 성경 본문의 무오성은 '정확함'과 연관이 있다. 성경 본문이 말하고자 하는 바에 대한 무오성을 의미한다. 이것은 자연과학에서 추구하는 정밀한 실재성과는 거리가 멀다. 따라서 성경 본문의 어떤 진술이 철학이나 과학, 역사에 관한 사실들을 의도하지 않음에도 불구하고, 해당 본문에서 그것과 관련한 객관적 사실들을 찾으려는 시도는 무의미하다.[18] 폴 헬름(Paul Helm) 역시 워필드의 이러한 성경론을 지지한다. 그는 워필드의 이름이 개혁주의적 성경 무오성을 해석하고 옹호한 사람으로 영원히 기억될 것이라고 칭송하면서,[19] 워필드의 성경 무오성에 대한 오해를 벗기는 작업에서 위와 같이 설명한다.[20] 나중에 살펴보겠지만 워필드의 이러한 성경 무오성은 성경에 기록된 족보를 가지고 인간의 연대를 산정하려는 시도가 무의미함을 보여준다.

둘째, 워필드의 개혁주의적 성경론은 모든 본문에서 문자주의적 해석을 요청하지 않는다. 성경의 진술을 지나치게 문자주의적으로 해석하게 되면, 특정 성경 본문을 그 본문이 의도하지 않은 부분에 대한 절대적 기준으로 간주하는 오류를 범할 수 있다. 일부 비평가들은 워필드의 성경 무오 개념이 근본주의자들[21]의 이러한 문자주의적 성서 해석에 큰 영향을 미쳤다고 주장한다.[22] 그래서 근본주의자들은 성경에 기록된 족보를 문자적으로 해석하여 그것이 지구나 인류의 완전한 연대기라고 생각하는 오류를 범했다. 그러나 워필드는 이러한 문자주의적 해석에 철저하게 반대한다.[23] 반 덴 벨트(van den Belt)는 이 사실을 다음과 같이 설명한다.

워필드는 1921년의 "Antichrist"라는 글에서 자신이 천년주의를 반대한다는 예시와 함께 신약학자로서의 주해의 예시를 보여준다. 요한의 서신들은 한 개인 적그리스도가 있을 것임을 필연적으로 가르치지 않는다. 요한은 그의 독자들이 "적그리스도가 올 것이다"라는 말을 들었다는 사실에 대한 그의 반응을 주는 것이다. 워필드에 따르면 요한은 이 말에 있는 사실 요소를 인정한다. 하지만 그는 그 말을 세 가지 측면에서 개정하고 수정한다. ① 적그리스도는 이미 세상에 있다. ② 적그리스도는 많다. ③ 예수가 그리스도이심을 부인하는 자가 곧 적그리스도이다. 요한은 "미래에 있을 적그리스도를 현재로 불러온다. 그는 적그리스도를 개인에서 다수로 확장시킨다. 그는 적그리스도를 한 개인에서 이단으로 바꾼다." 그의 주의 깊은 주해가 보여주는 바에 의하면 요한은 한 개인 적그리스도가 나타날 것이라고 말하지 않는다. 오히려 이것은 요한 서신 독자들의 예상이었다. 워필드에 따르면 요한은 그 가능성을 열어두기는 하지만, 과도한 확대된 기대를 개정하고 수정한다. 이 예시는 워필드가 천년주의적 근본주의자들과 달랐음을 묘사한다.[24]

그러므로 우리는 워필드의 성경 무오성을 이해할 때 오해하지 말아야 할 것이 있다. 그가 근본주의자와 같이 문자주의적 해석을 전제로 하는 성경 무오성을 의미하지 않았다는 것이다. 오히려 그는 성경이 말하고 있는 것은 무엇이든지 하나님의 말씀이라는 의미에서,[25] 진리에 필요한 정도까지 충분히 무오하다는 의미에서[26] 성경의 무오성을 주장한다.

셋째, 워필드의 개혁주의적 성경론은 성경 가르침의 전체적인 통일성을 추구한다. 워필드는 따로 조직신학 책을 저술하지 않았고, 당시의 논쟁이 되는 부분에 관하여 집중적으로 글을 썼다. 그러다보니 워필드의 글을 부분적으로 읽게 될 경우, 워필드의 견해가 한 쪽으로 치우쳤다는 인상을 받기 쉽다.[27] 따라서 워필드의 신학 사상은 워필드의 글을 전체적으로 읽으려고 노력해야만 알 수 있다. 인간의 기원에 관한 문제에서도 마찬가지이다. 워필드는 인간의 기원에 관한 문제에 접근할 때, 그 문제가 성경의 전체적인 가르침과 갖는 관련성을 최우선에 둔다. 다시 말해서, 해당 문제가 성경의 다른 교리들과 통일성을 갖는지 그렇지 않은지를 고려하여 살펴본다는 것이다. 워필드는 이렇게 말한다.

> 인간의 태고성에 관한 질문은 그 자체로는 신학적 중요성이 없다. 인간이 지구에서 얼마나 오랫동안 존재했는지는 신학에 있어서 전적으로 중요하지 않은 문제이다. … 인류의 단일성에 관한 문제는 인류의 태고성에 관한 문제와 다르다. 그것은 명백한 신학적 중요성을 가지기 때문이다. … 인류의 단일성은 성경의 가르침 전체를 위한 선결 조건이다. 성경이 말하는 죄와 구속에 관한 교리에서 그러하다.[28]

이처럼 워필드는 특정 주제에 접근할 때 그것이 성경의 전체적인 가르침에 부합하는지를 살핀다. 워필드가 가지고 있는 성경의 무오성과 영감, 권위 등에서 오는 필연적인 결과인 것이다.

4 워필드의 성경론이 한국 초기 장로교에 영향을 미치다

워필드에 대해 오늘날 우리가 다시 한 번 살펴봐야 할 이유는 워필드와 한국 장로교 초기의 신학적 연속성에 있다. 워필드의 신학은 메이첸과 그의 제자인 죽산 박형룡을 통해서 한국의 초기 장로교 신학에 영향을 미쳤다.[29] 워필드로 대변되는 프린스턴의 성경론이 박형룡을 통해서 한국의 초기 장로교로 전해진 것이다. 한국 장로교 초기의 성경론을 바르게 이해하는 것은 급변하는 21세기 사회에서 우리가 어떤 신학적 입장을 지향해야 하는지 다시금 교훈을 줄 것이다.

성경 권위에 대한
철학적 도전

우리는 워필드의 성경론을 살펴보기 전에 시대적 배경을 이해할 필요가 있다. 워필드의 신학은 변증적 성격이 강하기 때문이다. '변증적 성격이 강하다'는 것은 워필드가 모든 신학 주제들을 집대성하는 저술을 쓰려 했다기보다는, 그 당시 첨예하게 이슈가 되는 신학 주제들에 집중해서 저술했다는 의미다. 그러므로 워필드의 성경론을 살피려면 그가 활동하던 시대의 신학적·철학적 배경을 살피는 일이 중요하다. 따라서 19세기 이전의 철학적이고 신학적인 흐름을 살펴봄으로써, 워필드가 개혁신학을 수호하기 위해 비판하려 했던 철학의 특성을 이해하고, 그에 대한 변증으로서의 성경론을 살펴보고자 한다.

17-18세기 계몽주의 이후 성경의 권위는 점차 약화되었고, 성경 자체보다 인간 내면에 있는 주관적 기능(이성, 감정, 의지)에 권위를 부여하고자 했다. 성경의 권위가 아니라 인간 이성이나 감정, 의지에 권위를 부여하려는 신학적·철학적 시도는 점차 증가했다. 인간의 이성이나 감정, 의지를 "인간의 자율성"이라고도 한다. 자유주의 신학이란 바로 이 인간의 자율성에 권위를 두는 신학을 일컫는다.

스텐리 그렌츠(Stanley Grenz)는 19세기의 주요 철학자들로 칸트와 헤겔, 슐라이어마허를 언급하며 그 당시의 시대적 상황을 다음과 같이 요약한다.

이 세 사상가들의 그림자가 19세기 지성계를 뒤덮었다. 서로 경쟁을 했지만, 결국 모두가 혼합되었고, 19세기에 개신교 자유주의 신학으로 알려진 것을 만들어 냈다. 그 전형이 바로 네 번째 독일 사상가인 알브레히트 리츨이었다.[30]

우리는 칸트와 슐라이어마허, 리츨을 살펴볼 것이다. 우리가 다루게 될 주요 개신교 자유주의 신학자(내지 철학자)는 임마누엘 칸트로부터 시작한다. 칸트의 철학은 인간의 자율적 기능에 권위를 부여하는 길을 열었다. 칸트의 뒤를 이어 슐라이어마허와 리츨이 각각 감정과 이성에 권위를 부여하는 철학을 전개했다. 이 세 명의 주요 철학자들을 다루면서 그들이 성경이 아닌 다른 것을 어떻게 지식의 기준으로의 삼았는지 살펴보고자 한다.

1 칸트가 성경보다 의지를 강조하다

임마누엘 칸트(Immanuel Kant, 1724-1804)의 철학은 결과적으로 "의지"를 강조하는 결과를 낳았다. 연구자는 칸트가 세 가지 단계를 거치면서 이러한 결과에 이르게 되었다고 생각한다.

첫 번째 단계에서 칸트는 실재하는 객관과 인간의 주관을 분리시킨다. 칸트는 우선 "세계"를 세 가지로 구분한다. ① 개인의 내면 의식의 세계와 ② 궁극적 실재의 세계로 물(物)자체의 세계, ③ 현상 세계로서 지식의 세계이다.[31] 그리고 칸트는 「순수이성비판」(Critique of Pure Reason, 1781)에서 순수이성은 현상세계 너머에 갈 수 없다고 지적했다. 「순수이성비판」 제2판에서의 설명에 의하면 "그러므로 나는 신앙의 자리를 만들기 위해서 지식을 부정해야 할 필요성을 발견했다." 그러므로 칸트는 실재하는 객관과 인간의 주관적 기능 사이에 "벽"을 하나 만들었다.[32] 그는 이 둘을 분리시키면서 인간의 지식을 현상 세계에 제한시켰다.

두 번째 단계에서 칸트는 인간의 주관적 기능들을 구분하면서 인식의 원천을 두 가지로 제시한다. 그것은 감성과 이성이다. 칸트에 따르면 우리의 인식이란 기본적으로 이질적이고 독립적인 두 능력, 감성과 이성이 함께 작용한 결과이다. 칸트는 주관의 이러한 두 능력들이 "인식의 두 원천"이라고 설명함으로써 더 근원적인 인식 능력이 없음을 분명히 했다.[33] 칸트의 이러한 이원론적 인식론은 그 이후 철학자들이 보기에 일관적이지 않은 시도였다. 서로 하나 될 수 없는 두 능력을 통일시키려고 시도했기 때문이다.

세 번째 단계에서 칸트는 하나님을 실재 세계에 가두고 인간이 현상 세계만 알 수 있다고 말하면서 인간이 이성을 통해서 하나님을 알 수 없다고 주장한다. 그러나 칸트는 하나님의 필요성을 도덕적 실천에서 찾는다.[34] 인간이 하나님을 이성으로 알 수는 없지만, 도덕적 실천을 위한 믿음의 대상으로서 하나님이 필요하다는 것이다.[35] 이것은 도덕적 의지와 행위를 강조하는 결과로 이어졌다.

요약하자면 칸트는 객관적으로 존재하는 실재 세계와 인간이 주관적으로 인식하는 현상 세계를 구분했다. 그리고 인간의 주관적 기능들을 구분하고, 인간이 현상 세계를 인식하는 데 사용하는 주관적 기능들 중에서 "의지"를 강조했다. 결국 칸트는 인간 내면에 있는 기능을 진리의 기준으로 삼았다고 볼 수 있다.

연구자는 여기에서 칸트가 두 세계를 구분하고 인간의 주관적 기능들을 구분한 것 자체를 부정적으로 평가하려는 것이 아니다. 그러한 구분이 긍정적인 기여를 했을 수 있다. 그러나 분명한 것은 그러한 구분 이후, 여러 철학자들은 인간의 주관적 기능들을 다양하게 강조하기 시작했다.[36] 칸트가 의지를 강조했듯이, 다른 철학자들은 인간의 여러 주관적 기능들 중에서 감정이나 이성 등을 강조하기 시작했다.

2 슐라이어마허가 성경보다 감정과 자의식을 강조하다

프리드리히 슐라이어마허(Friedrich Schleiermacher, 1768-1843)는 칸트를 반대
했다. 그는 종교를 지식이나 행동이 아닌 특정한 "감정"으로 정의하면서 칸트
에 반대했다.[37] 슐라이어마허의 사상은 현대 신학에 큰 영향을 미쳤다. 그래서
그는 '현대신학의 아버지'라고 불린다.[38] 그는 낭만주의에 영향을 크게 받았
고,[39] 차가운 합리주의를 달가워하지 않았다.[40] 그래서 그는 이성에 초점을 맞
추는 것이 종교에 적합하지 않다고 보았고, 직감이나 감정을 종교의 핵심으로
보았다.[41]

슐라이어마허는 기독교 신앙의 토대로 성경을 인정하지 않았다.[42] 슐라이
어마허에 따르면 "참된 종교는 감정에서 시작"되고, 종교적 삶에서 가장 중요
한 것은 "지식이나 행위가 아니라 감정"이다.[43] 슐라이어마허에 의하면 인간
은 자연이나 성경, 이성으로 하나님을 알 수 없다. 오직 우리의 내면을 들여다
봄으로써 하나님을 알 수 있다. 따라서 그의 신학에 의하면 무엇을 믿느냐가
중요한 것이 아니라, 무엇을 느끼느냐가 중요하다.[44]

슐라이어마허 이전까지 신학은 둘 중의 하나를 따르는 경향을 보였다. "위
로부터의" 정통적인 초자연적 계시를 따르거나 "아래로부터의" 인간 철학의
합리적 사고를 따랐다.[45] 하지만 "슐라이어마허는 전혀 다른 길로 신학을 추
구했다. 그는 신학을 하나님 경험에 대한 인간의 투영(human reflection)이라고
보고, 그것을 경건(piety)이라고 불렀다."[46] 그러므로 슐라이어마허에게 성경은
기독교 신학에 대한 상대적 권위를 갖는다. 오직 그리스도인들의 자의식(self-
consciousness)만이 신학을 위한 진리의 기준이 된다.

워필드는 현대 기독교 신비주의가 슐라이어마허에 의해서 시작되었다고 보았다. 기독교 신비주의는 슐라이어마허에 의해서 19세기 중후반에 시작된 운동이었다.

> 현대 개신교 교회들을 어지럽힌 신비주의 형태는 다른 원천에서 왔다. 그것은 프리드리히 슐라이어마허(Friedrich Schleiermacher)가 19세기에 시작된 운동을 기원으로 한다. 그 운동의 표면적인 목적은 기독교를 합리주의의 공격으로부터 구한다는 것이었다. 그 방법은 종교가 독자적으로 존재할 수 있는 권리의 정당성을, "이성 너머의" 지역에서 입증하는 것이었다. 종교를 이성으로부터 분리키는 이러한 시도의 결과로 종교는 비합리적인 것이 되었다.[47]

워필드가 보기에 더욱 심각한 문제는 진리의 기준에 관한 것이었다. 기독교 신비주의는 인간 내면의 감정이나 자의식을 진리의 기준으로 봄으로써 "외적 권위"를 거부했다.[48]

3 리츨이 성경의 초자연적 요소를 부정하다

이제 마지막으로 살펴볼 철학적 도전은 알브레히트 리츨(Albrecht Ritschl, 1822-1889)로부터의 도전이다. 사실 워필드는 칸트와 슐라이어마허를 직접 언급하는 경우가 많지 않다. 그러나 리츨의 경우는 다르다. 워필드는 리츨의 신학을 분석하고 비판하는 데 매우 많은 노력을 할애한다.[49] 두 가지 이유 때문이었다. 앞에서 스탠리 그렌츠가 지적했듯이 칸트나 슐라이어마허, 헤겔 등의 자유주의 신학이 리츨에게서 종합된다. 그리고 이렇게 형성된 리츨의 자유주의 신학이 미국에서 전해지면서 크게 확산되었다. 워필드가 보기에 리츨주의 또는 리츨신학은 그 당시 미국 개신교의 '발등에 떨어진 불'이었다.

리츨은 1822년 베를린에서 태어났다. 그는 본대학교, 할레대학교, 베를린 대학교, 하이델베르크대학교, 튀빙겐대학교를 다녔고, 가장 먼저 튀빙겐에서 바우어 방식을 따르는 역사가가 되었다. 1846년 그는 본대학교에서 강사 자격을 얻었다. 그의 책 『고대 보편교회의 기원』(The Origin of the Old Catholic Church, 1856)은 그로 하여금 바우어와 충돌하게 했다. 그는 1852년 부교수가 되었고, 1859년 정교수가 되었으며, 1864년 괴팅겐에서 조직신학자로 전환했다. 여기에 있는 동안인 1870년대 말 무렵부터 그는 자신의 이름을 딴 학파의 수장이 되었다. 리츨의 대표적인 저작으로는 『칭의와 화해』(The Christian Doctrine of Justification and Reconciliation, 1870-1874), 『경건주의 역사』(The History of Pietism, 1880-1886)이다. 그가 자신의 생각을 축약된 형태로 제시한 저작은 『기독교 종교 개론』(Instruction in the Christian Religion, 1875), 『그리스도인의 완전』(Christian Perfection, 1874), 『신학과 형이상학』(Theology and Metaphysics, 1881)이다. 이 모든 저작들은 여러 번의 개정을 거쳤다. 리츨이 30년 동안 교수로 지내면서 직접적인 제자를 두지 않았음에도, 그에게 학생들이 몰리기 시작했던 것은 그의 위대한 첫 저술 때문이었다. 그것이 바로 『칭의와 화해』였다. 이 책을 출간하면서 리츨이 의도하지 않았음에도 저절로 "리츨학파"가 생겨났고, 여기에서부터 "리츨주의"가 형성되었다.[50]

리츨이 1889년 세상을 떠난 이후에도 리츨의 영향은 그의 주요 저작을 통해서 이어졌다. 먼저 대륙의 상황을 보면 리츨의 영향을 받은 수많은 학자들이 독일의 모든 선도적인 대학들에서 학장의 자리에 앉아 있었다.[51] 그리고 그의 생각과 정신, 가르침이 대륙을 넘어서 미국과 영국으로 퍼져나갔다.[52] 새로운 학파의 존재가 대중에게 처음 공개된 것은 헤르만(Licentiate Herrmann)의 작은 책자인 『신학에서의 형이상학』(Metaphysics in Theology)이 1876년 등장하면서였다. 헤르만은 이 책에서 리츨신학의 핵심 원리를 날카롭게 표현했다. 헤르만은 신학의 모든 형이상학적 요소들을 벗기려는 시도라고 리츨신학의 핵심을 지적했다. 이 주제에 관한 논의가 절정에 이른 것은 리츨 자신의 논쟁적 소책자에서였다. 그 글은 『신학과 형이상학』(Theology and Metaphysics, 1881) 이라는 유사한 제목의 책이었다. 그 이후 리츨학파는 매우 유명하게 되었다. 독일의 신학적 정황 속에서 리츨학파를 중심으로 하는 계속되는 논쟁은 교회의 평화를 찢었다. 카프탄(Kaftan)이 드레위에르(Dreyer)의 『비교의적인 기독교』(Undogmatic Christianity, 1889)를 논평하면서, 그리고 하르낙(Harnack)이 1892년에 사도신경에 대해 공격하면서 리츨학파가 대중의 기억에 각인되었다.[53]

바르트는 리츨학파를 다음과 같이 분류한다.[54] 리츨과 비슷한 시대에 활동했던 리츨학파에는 슐츠(Schultz), 헤르만(Herrmann), 카프탄(Kaftan), 헤어링(Haering), 키른(Kirn), 카텐부쉬(Kattenbusch), 하르낙(Harnack) 등이 있다. 이들이 미국 신학에 미친 영향은 다양하다. 가령, 하르낙은 자신의 강의를 『기독교란 무엇인가?』라는 제목의 책으로 미국에 출간하면서 강력한 영향력을 행사했을 뿐만 아니라, 그의 제자인 미국 신학자 맥기퍼트(Arthur Cushman McGiffert, 1861–1933)를 통해서 리츨신학을 미국에 전했다. 맥기퍼트는 미국에서 리츨학파의 가장 대표적인 대변자로 알려진다.

리츨의 합리주의가 보여주는 가장 큰 특징이자 개혁신학에 도전이 되었던 것은 크게 두 가지였다. 하나는 성경의 "권위"를 부정하는 것이고, 다른 하나는 "반(anti)초자연주의" 신학을 제시하는 것이었다.

① 리츨은 먼저 성경의 권위와 사도의 권위를 부정한다. 성경의 권위와 사도의 권위가 부정되고, 필연적으로 예수의 권위가 부정되었다. 워필드가 보기에 기독교의 진정한 독특함은 성경의 권위와 사도적 가르침의 권위, 예수의 권위에서 발견된다. 워필드가 보기에 이렇게 권위를 부정하는 것은 "리츨주의의 근본적인 악"이었다.[55] 리츨의 합리주의에 따르면 이러한 권위 개념은 초대교회가 고수했던 "의견"에 불과하다.

② 리츨은 또한 자신의 반초자연주의적 신학으로 인해서 성경에 기록된 초자연적인 요소들을 부정한다. 따라서 리츨신학에서 인간 구원에 관한 초자연

적 설명이나 요소들은 설 자리가 없다. 워필드는 이 점을 다음과 같이 설명한다.

기독교로부터 형이상학적인 부착물을 제거한다는 거창한 제안 아래서 리츨주의가 시도한 것은 기독교를 일련의 한 내용으로 환원시키는 것이었다. 그래서 자연주의적 철학, 비신앙적 과학, 회의주의적 역사가 그 내용에 반대를 제기할 수 없도록 만드는 것이었다. 그것과 함께 형이상학적인 모든 것, 신비적인 모든 것, 신비주의적인 모든 것, 즉 인간의 자연적 마음이 반감을 갖는 모든 것도 약해졌음에 틀림없다. 이것은 점점 더 분명해졌고, 리츨주의는 구속에서의 모든 초자연적 요소들(동정녀 탄생, 기적의 삶, 구속자의 육체 부활, 구속의 대속적 특성)과 하나님과의 생명 넘치는 교제에 관한 모든 요소들(성령을 통한 중생, 개인이 기도를 통해 하나님께 나아가는 것)에 더 날카롭게 반대하게 되었다. 그로 인해 리츨주의에 대한 반대는 오늘날 더 뚜렷해졌다.[56]

이처럼 리츨의 합리주의는 19세기 미국에서 중요한 이슈였다. 성경의 권위를 부정하는 것은 단순하게 성경의 몇 가지 오류를 인정하는 문제가 아니었다. 성경의 권위는 다른 모든 기독교 교리와 연관되어 있기 때문이다.

신비주의에 대한
워필드의 변증

1 내재성과 범신론의 도전이 확대되다

19세기는 하나님의 내재성을 강조하며 범신론이 주요 쟁점으로 대두된 시기였다. 범신론 문제는 18세기에서 19세기로 전환되는 시기의 철학적 쟁점이었다. 신의 초월성을 강조하던 철학은 신의 내재성을 강조하게 되었고, 범신론적 용어로 신을 설명하려고 시도했다.[57]

이러한 평가는 19세기 말에서 20세기 초반의 신학 저술들에서도 찾아볼 수 있다. 헨리 비처(Henry W. Beecher, 1813-1887)에 따르면 "하나님은 전적으로 이 세계에 내재"한다. 그래서 인간은 자신을 연구함으로써 하나님을 이해할 수 있다.[58] 워싱턴 글래든(Washington Gladden, 1836-1918)도 하나님의 내재성을 강조했다. 그에 따르면 "오늘날의 신학에서 가장 지배적인 관념은 하나님 내재성 교리"이고[59] "오늘날 신학에서 하나님의 내재성이 핵심 진리"이다.[60]

하나님의 내재성을 강조하는 철학은 계시 개념에도 영향을 미쳤다. 비처는 내재성 교리에 비추어 성경론을 이해했다. "그러므로 성경은 인류에 대한 신적 영감의 결과들을 기록한 책이다."[61] 헨리 슬론 코핀(Henry Sloane Coffin, 1877-1954)은 다음과 같이 설명한다.

19세기 중반의 철학 사상은 내재성으로 강하게 흐르고 있다. 하나님은 내재하는 존재로서 우주에 생기를 부여한다. 따라서 인간은 자연을 관조함으로써, 또는 자신의 영혼을 들여다봄으로써 하나님과 교감할 수 있다.[62]

다시 말해서 하나님이 인간에게 계시를 주시는 것이 아니라 인간이 계시를 발견하는 것이다. 심지어 자신을 들여다봄으로써 신적 계시를 얻을 수 있게 된다. 이것이 19세기에 내재성을 강조하는 철학적 성향이 기독교 신학에 미친 영향이었다.

이와 관련하여 워필드는 18세기부터 19세기로 이어지는 일련의 철학적 흐름에 집중했다. 그것은 하나님의 초월성과 내재성에 관한 논의였다. 18세기의 사상이 신의 초월성을 강조하며 이신론을 향했다면, 19세기에는 내재성과 범신론이 강조되었다.

특별계시와 관련해서 상황은 매우 달랐다. 이 부분에서도 논쟁은 궁극적으로 반유신론적 전제들과 관련이 있다. 그것은 이신론적이거나 범신론적인 형태로 드러났다. 다양한 형태의 사상들이 이신론적/범신론적 관념들과 유신론적 관념들 사이를 중재하려고 했다. … 18세기에 논쟁의 핵심은 이신론과의 충돌 과정에서 생긴 절충안들과 이신론 사이에 있었다. 19세기가 되면서 쟁점은 범신론과 기독교 유신론 사이에서 중간지대를 찾으려는 절충안들과 범신론 사이에 있었다.[63]

워필드가 보기에 신학적 추는 이신론과 범신론 사이를 오갔다. 이것은 철학에서 초월성과 내재성이 번갈아가며 강조되는 것과 동일한 맥락이었다. 워필드가 활동하던 19세기에는 하나님의 내재성과 범신론적 성향이 중심이었다. 워필드는 그러한 상황에서 성경의 신적 기원과 권위, 무오성 등을 변증해야만 했다.

워필드는 신학적 추가 언제나 흔들린다고 보았다. 따라서 그 당시에 철학적 성향보다 성경 진리에 대한 보다 분명한 확증이 필요하다고 생각했다. 그 당

시 정황을 고려해서 신학을 제시했지만, 후대의 교회를 위해 성경 진리를 전
개하는 것이 주된 목적이었다.[64]

2 내재성이 성경론에 영향을 미치다

내재성이 강조될 때 기독교 신학에, 이 글의 목적과 관련하여 특별히 성경
론에 어떤 영향을 주는가?

첫째, 특별계시와 그 방법으로서의 영감이 부정된다. 모든 것이 하나님의
내재적 활동으로 간주되고, 자연적인 것이 초자연적인 것으로 규정될 때, 초
자연의 자리는 사라지게 된다.[65] 이러한 상황에서 신학자에게 주어지는 임무
는 보편적인 계시 활동과 구별되는 "특별" 계시의 가능성을 찾는 것이다.

> 계시와 계시 방법에 관한 관념은 하나님이 세상과 갖는 관계, 하나님이 인간 영혼
> 에 영향을 미치는 방법에 관한 우리의 일반적인 견해에 의해 형성되어야 한다. 영
> 감에 관한 교회의 교리에 대한 정말로 위험한 반대는 직접적으로 또는 간접적으
> 로 제시될 수 있다. 하지만 궁극적으로 하나님이 세상과 갖는 관계, 하나님의 사
> 역의 방법, 자연적 과정의 진행에 간섭하거나 수정할 수 있는 초자연적 행위자의
> 가능성에 관한 잘못된 견해로부터 항상 발생한다.[66]

하나님이 세상과 갖는 초월적이고도 내재적인 관계가 균형 있게 다뤄질 때
계시나 영감에 대한 성경적 관념도 가능하다는 것이다. 19세기에 하나님의
내재성만을 강조하는 철학/신학적 성향은 모든 것을 초자연으로 만들어 특별
계시의 가능성을 부정하는 결과를 낳았다. 핫지와 워필드의 이해에 따르면 영
감과 영감의 방법에 관한 건전한 견해는 하나님이 세상과 갖는 관계에 대한

건전한 견해로부터 출발한다.[67]

둘째, 내재성에 근거한 영감 이론이 대두된다. 워필드가 1894년에 쓴 "성경의 영감"이라는 소논문에 따르면 그 당시 "성경의 영감이라는 주제는 매우 혼란스럽게" 다루어졌다.[68]

> "사람 수만큼이나 다양한 의견이 있다"(quot homines tot sententiae)라는 옛 경구는 이제 더 이상 적합하지 않아 보인다. 다섯 명의 "진보 사상가들"이 모이는 자리에는 영감에 관해 최소한 여섯 가지의 이론들이 언제나 나타나기 때문이다. 그들은 생각할 수 있는 모든 방향들에서 서로 다르다. 다만 그들은 한 가지를 제외한 모든 방향에서 서로 다르다. 그들이 서로 동의하는 것은 영감이 지금까지 생각했던 것보다 덜 지배적이고 덜 확정적이라는 것이다.[69]

19세기의 상황이 신학자들마다 영감에 관하여 다양한 소리를 내고 있고, 서로 모든 면에서 다른 주장을 하고 있지만, 그들 모두가 동의하는 한 가지 사실은, 이제 영감 교리가 별 볼일 없다는 것이다. 그들에 따르면 이제 영감 교리는 "덜 계몽된 집단"(less enlightened circles)에 속한 사람들이나 생각하는 교리가 되었고, "덜 결정적인"(less determinative) 교리가 되었다는 것이다.[70]

워필드는 그러한 원인을 크게 둘로 보았다. 하나는 합리주의적 영향이었고, 다른 하나는 신비주의적 영향이었다.[71] 이 중에서 신비주의는 인간 외부에 어떤 종교적 권위를 결코 상정하지 않고, 인간 내면에서 일어나는 정신 활동에서 종교적 확실성을 찾는다. 워필드는 "외적 권위를 모두 거절하는 만연한 현상"에 대해 우려를 나타내며, 신비주의가 어떤 형태를 띠든[72] "외적 권위를 경멸하는 태도"를 내포한다고 경고한다.[73]

> 종교에는 좀 더 근본적인 구분이 있다. 이 구분은 인간이 만든 종교와 하나님이

만든 종교 사이의 구분이다. 인간이 자신을 위해 만든 종교 외에, 하나님이 인간을 위해 종교를 만든다. 우리는 이것을 계시적 종교라고 부른다. 그리고 종교들 사이의 가장 근본적인 구분은 계시적 종교와 비계시적 종교들 사이의 구분이다. … 계시적 종교에는 비계시적 종교에 없는 요소가 있다. 그것은 권위라는 요소이다. 계시적 종교는 인간 외부로부터 온다. 그것은 인간 고유의 정신보다 우월한 근원으로부터 인간에게 주어진다. 반면에 비계시적 종교들은 인간 정신보다 높지 않은 원천으로부터 흘러나온다.[74]

워필드가 신비주의를 비판했던 또 다른 이유는 하나님의 객관적 계시와 함께 그 안에 포함된 핵심 교리들이 부정되기 때문이다.

그럼에도 불구하고 이 종류의 신비주의와 복음주의적 기독교 사이의 구분은 분명하다. 그것은 이제 우리의 관심을 끄는 측면이다. 복음주의적 기독교는 모든 종교적 경험을 하나님의 규범적 계시(normative revelation)로 해석한다. … 반면에 신비주의는 그의 종교적 경험으로 기록된 말씀인 하나님의 객관적 계시를 대신하려는 경향이 있다. … 그 결과는 외적 계시(external revelation)의 가치가 완전히 배제되지는 않더라도 상대적으로 감소된다.[75]

하나님의 객관적 계시가 부정되거나 배제될 때 기독교의 핵심 교리들도 제거될 위험에 놓인다. 그리스도의 성육신이나 부활, 속죄, 성령의 사역 등은 인간의 정신 활동에서 나오는 교리가 아니라, 하나님의 권위 있는 계시로부터 주어진다. 계시가 부정된다면 기독교의 핵심 교리도 배제된다.[76]

셋째, 내재성이 강조될 때 범신론으로 향할 위험성이 있기 때문이었다. 워필드는 신비주의가 교회와 고백적인 그리스도인들에게 나타날 수 있는 성향임을 인정한다.[77] 심지어 "신비주의의 모든 유형들이 항상 교회 안에 존재해 왔다"고까지 말한다.[78] 하지만 워필드는 "교회 내의 신비주의"가 "범신론으로 향하는 경향"이 있음을 경고한다.[79] 또한 범신론적 철학이 만연한 시대에 신비주의가 더욱더 도드라진 현상으로 교회 역사 속에서 나타난다는 사실을 지적한다.[80]

> 19세기에 들어서면서 특별계시를 둘러싼 논쟁은 이신론자들이 말하는 것처럼 하나님의 초월성만 강조하는 형태로 더 이상 나타나지 않았다. 오히려 한 쪽에서는 범신론자들이 말하는 하나님의 내재성을 강조하는 형태로 나타나기도 했고, 범신론과 기독교 유신론을 중재하려는 논쟁의 과정에서 다양한 타협안들이 생겨나기도 했다. 하나님이 인간의 영혼에 말할 수 있고 실제로 말한다는 것을 입증할 필요가 이제는 사라졌다. 하나님은 창조된 지성의 활동을 통해서 자신을 끊임없이 계시하신다. 모든 사람들이 이 사실을 인정한다. 우리에게 이제 주어진 임무는 하나님의 일반계시와 특별계시를 구분하는 것, 일반계시와 더불어 특별계시의 가능성과 실재성을 입증하는 것, 인간이 하나님의 일들에 관하여 생각하는 것에 있어서 자유롭게 귀속되는 것보다 좀 더 직접적인 질서의 초자연성을 옹호하는 것이다.[81]

워필드에게 내재성과 범신론, 신비주의는 동일한 것이었다. 모두 특별계시의 가능성과 실재성이 부정되었고, 초자연적이고 섭리적인 영감이 들어설 자리가 없었기 때문이다.

3 워필드가 특별계시의 실재성과 가능성에 주목하다

이제 19세기 상황에서 워필드가 제시한 성경론의 본질을 좀 더 자세히 살펴보고자 한다. 워필드가 내재성과 범신론, 신비주의라는 시대적 도전에 대해 어떠한 성경론을 펼쳤는지 이해하는 것은 오늘날 우리에게도 유익하다. "신학적 추"는 언제나 흔들리고, 내재성을 중심으로 하는 범신론이나 신비주의가 언젠가 또 나타날 수 있기 때문이다.[82]

첫째, 워필드는 특별계시와 일반계시라는 전통적인 구분을 강조했다.[83] 이 때 특별계시는 그 원천과 방법에서 초자연적이다. 개혁신학을 지지하는 입장에서 너무도 당연한 계시론이지만, 19세기의 내재성 논쟁이라는 맥락에서 볼 때, 다시금 강조되어야만 하는 계시 이론이었음을 기억할 필요가 있다.

둘째, 워필드는 특별계시의 실재성을 강조한다. 워필드의 관찰에 따르면 당시의 자연주의적 이론들은 "하나님이 계시된 진리를 전달하기 위해서 성령을 통해 인간 지성에 직접 작용하신다는 특별한 활동의 실재를 거부한다."[84] 이 신론적 입장은 하나님이 인간의 사고 과정에 개입할 수 없다고 생각했고, 범신론적 입장은 인간의 모든 사고를 신적 활동으로 확장시켰다. 하지만 하나님은 성령의 객관적 활동을 통해서 지성이라는 특별계시의 수단에 하나님을 아는 지식을 "실재적"으로 전달하신다.[85]

셋째, 특별계시는 점진적으로 주어진다. 하나님께서는 "창조 활동" 가운데 만드신 자신의 작품에 하나님 자신의 흔적을 새기셨고, "섭리 사역" 가운데 이 세상을 정의롭게 다스리는 분으로 자신을 드러내신다.[86] 하지만 이것은 죄인에게 충분하지 않았다. 하나님은 여기에 자신을 "은혜의 하나님"으로 드러내시는 계시를 더하신다. 이 계시는 그리스도의 오심에서 절정에 이른다. 이러한 과정은 "연속적인 구속 활동"(series of redemptive acts)이라 불린다.[87]

넷째, 계시의 한 방법으로서의 영감을 강조한다. 워필드에 따르면 "하나님의 여러 가지 계시 방법들 중에서 '영감'을 통한 계시는 그 온당한 자리를 차지한다."[88] 영감 교리는 개인이 창안한 것이 아니라 하나님의 보편 교회가 처음 세워질 때부터 오늘날까지 이어지는, "교회에 속한 확립된 믿음"이자 "하나님의 사람들이 가지는 확증된 믿음"이다.[89] 교회는 영감 교리를 통해 "성경을 신탁의 책"으로 받아들인다. 다시 말해서 "성경이 진술하는 모든 것이 하나님의 말씀"임을 믿는다.[90] 교회 역사 속에서 계시의 권위를 깎기 위해 "낮은 개념"의 영감 교리가 제시되기도 했지만 그것이 교회의 교리를 대체하지는 못했다.[91]

다섯째, 워필드는 성경의 완전영감을 주장한다. 교회는 성경 스스로가 말하는 영감 교리가 완전영감 교리임을 인식했다. 성경의 완전영감은 성경과 그리스도, 사도들이 믿고 가르쳤던 교리이다.[92] 워필드는 이 점을 간결하게 정리하여 진술한다.

우리는 성경의 완전 영감에 관해 매우 인상적인 세 가지 사실들을 분명하게 제시하고자 계속 노력했다. 그 사실들은 이렇다. 첫째, 이 교리는 항상 영감에 관한 교회의 교리였고 지금도 교회의 교리인 동시에 공식적인 신조의 정형화된 가르침과 같이 하나님의 백성들의 필수적인 믿음이다. 둘째, 이 교리가 그리스도와 사도들이 고수했던 교리였음은 부인할 수 없는 사실이고, 우리가 그들의 가르침에 덧붙일 수 있는 모든 권위에 의해서 참된 것으로 우리에게 주어졌다. 셋째, 이 교리는 우리의 기독교적 사고와 삶의 기초이고, 그것이 없다면 우리는 믿음의 확신과 소망의 확실성을 유지할 수 없거나 아주 어렵게 유지할 뿐이다.[93]

마지막으로, 워필드는 성경의 영감 문제가 성경의 무오성과 권위 문제임을 잘 인식했다. 그 당시 성경의 완전영감 개념은 현대적이고 학문적인 연구를 통해 부정되거나 비판을 받았다.[94] 가령 워싱턴 글래든에 따르면 "축자영감이나 완전영감 교리 중 그 어느 것도, 성경 기록들 자체에 관한 주의 깊은 연구가 우리에게 가져다주는 사실들에 부합하지 않는다. 성경 기록은 우리가 영감이라는 단어에 일반적으로 부여하는 의미대로 영감되지 않았다."[95] 이에 대해 워필드는 이렇게 설명한다.

따라서 그가 우리에게 권하는 바에 의하면, 이러한 새로운 견해들의 압박 속에서 우리는 성경이 "무오하지" 않을 뿐 아니라, 성경의 율법들이 "부적절하고" "도덕적으로 결함"이 있다는 것을 인정해야 한다. 그리고 성경이 종교적 교사로서 너무도 신뢰할만하지 못하기에, 성경 여러 곳에서 "하나님과 그분의 진리에 관한 흐려

지고 왜곡된 생각들"을 우리에게 준다는 것을 인정해야 한다.[96]

이처럼 워필드는 현대적인 성경 연구가 성경의 영감을 비판하면서 성경의 무오성과 권위를 부정하려 했음을 지적한다. 하지만 그러한 시도가 성공적이지 못했음을 지적하며, 워필드는 영감과 성경 무오성에 다음과 같이 진술한다.

영감이란 성령께서 성경 저자들에게 행하신 독특하고 초자연적인 영향(수동적으로 표현하자면 그 결과)으로, 이것을 통해서 그들의 단어들이 하나님의 말씀이 되고, 완전하고 오류가 없게 된다. 이 정의와 관련 하여 우리는 다음의 사항들을 기억해야 한다. … 그 안내에 따라 기록된 말들을 하나님의 말씀으로 만드는 영향이다. 그것이 의미하는 바는 어떤 등급들이 있는 것이 아니라 (오직 신적 무오에 적합한) 절대적으로 무오한 말씀이다. 특정 단어뿐만이 아니라 모든 단어들에 이른다. 따라서 성경의 모든 부분은 그 진술에 있어서, 그것이 무슨 종류이든, 동일하게 무오하다.[97]

이상의 논의를 통해서 볼 때, 워필드는 19세기 모더니즘 시대에 필요한 성경론을 제시했다. 다시 말해서 워필드는 내재성과 범신론의 위협으로부터 특별계시의 실재성과 가능성을 확보하고자 했고, 성경의 영감과 신적 권위, 무오성 교리를 재천명하고자 했다.

워필드의 이러한 신학적 변증을 토대주의적 인식론이라는 범주에서 비판하려는 시도가 있다.[98] 필자는 이러한 비판이 어느 정도 일리가 있다고 생각한다. 하지만 토대주의적 인식론이 워필드를 비롯한 구프린스턴 신학자들의 신학의 본질이자 한계로 보고, 대안적 신학을 추구하는 것에는 동의하지 않는다.[99] 토대주의적 인식론이나 성경적 토대주의가 19세기의 거대 담론이었다는 분석과 지적에는 동의하지만, 그렇다고 그 당시의 신학이 그러한 특성으로 인해서 한계를 지니고 대체되어야 한다는 데는 동의하지 않는다.

합리주의에 대한
워필드의 변증

워필드가 활동하던 시기에 기독교가 직면했던 또 다른 신학적 위협은 합리
주의였다. 합리주의는 신비주의와 함께 성경의 영감과 권위에 대한 한층 낮은
개념으로 나아갔다.[100] 합리주의와 신비주의는 모두 주관주의적이고 자연주
의적인 특징을 지녔기 때문이다.[101] 둘 다 성경이라는 객관적 권위를 부정하고
인간의 주관적 인식 기능들(이성, 감정)을 중심에 놓는다는 면에서 주관주의적
이고, 그럼으로써 기독교의 초자연적인 특성(영감, 특별계시)을 거부한다는 점에
서 자연주의적이다. 두 사조는 교회의 영감 교리에 변화를 가져왔고, 이것은
성경 권위를 축소시켰다. 즉 합리주의는 기독교 진리의 기준으로 이성을 삼으
면서 성경의 권위를 축소시켰고, 신비주의는 감정을 기준으로 삼으면서 성경
이라는 인간 외부의 권위를 부정하고 감정이라는 인간 내부의 권위를 강조했
다.[102] 이런 상황에서 워필드는 합리주의와 신비주의를 경계하면서 성경의 권
위를 옹호했다. 따라서 워필드의 성경론을 연구할 때 합리주의와 신비주의라
는 요소를 간과할 수 없다. 이 장에서 좀 더 구체적으로 다루게 될 합리주의의
대표적인 철학자는 알브레히트 리츨이다. 그는 슐라이어마허의 종교적 주관
주의를 강력히 반대했다.[103] 그는 슐라이어마허의 감정보다 좀 더 객관적인 기

독교 진리의 근거를 찾고자 했다. 그러나 리츨 역시 칸트의 "벽"을 넘어서지 못했다. 그는 우선 기독교의 형이상학적인 요소들을 배제시켰고, 이성이 역사 속에서 발견한 것들만 인정했다.[104] 따라서 리츨이 인정하는 예수는 우리가 역사 속에서 이성을 통해서 발견할 수 있는 수준의 예수이다. 형이상학적이고 초자연적인 요소들을 모두 빼앗긴 예수는 결국 도덕적 모범으로만 우리에게 남겨질 뿐이다. 그러므로 리츨은 결국 "반형이상학적 도덕가"로 남았다.[105]

그러므로 리츨의 합리주의에는 두 가지 뚜렷한 진리 기준이 있다. 그것은 이성과 의지이다. 리츨은 인간의 이성을 강조하는 가운데 기독교의 형이상학적인 요소들을 걸러냈고 도덕가 예수만을 우리에게 안겨줬다. 그리고 의지를 강조하는 가운데 도덕가 예수의 가르침을 따르는 실천만을 강조했다. 이처럼 리츨의 합리주의는 이성과 의지라는 인간의 내면적 기능을 강조했다.

연구자는 이 중에서 리츨이 인간의 이성을 중심으로 제시한 합리주의를 다룰 것이다. 이것이 성경론과 좀 더 관련이 있기 때문이다. 리츨이 인간의 의지를 중심으로 제시한 합리주의는 "완전주의" 형태를 띠게 되는데, 그것은 성경론보다는 칭의나 성화에 좀 더 관련이 있기 때문이다. 워필드 역시 이 점을 잘 인식했던 것으로 보인다. 그는 리츨의 두 가지 합리주의를 따로 구분해서 다룬다. 성경론을 다루는 글에서는 이성을 강조하는 리츨을 비판하고, "완전주의"를 다루는 별도의 책에서 의지를 강조하는 리츨을 비판하기 때문이다.[106] 이 글에서는 연구 목적 상 이성을 강조하는 리츨의 합리주의를 다루고자 한다.

1 　합리성과 합리주의를 구분하다

합리주의라는 용어는 '이성'을 의미하는 라틴어 'ratio'에서 왔다. 이 용어는 사실 몇 가지 다른 견해나 운동을 지칭하는데 사용되었다. 하지만 그 중에서 이 연구의 목적을 위해서 가장 중요한 의미는 선험적 이성(priori reason)을 강조하는 철학적 견해이다. 이 견해는 선험적 이성을 통해서 세상에 관한 진리를 얻으려고 하고, 자연과학을 기본적으로 선험적 행위(priori enterprise)로 간주한다.[107] 이러한 대략적인 정의에 맞는 합리주의는 다양한 시기에 다양한 모습으로 나타났다. 하지만 17-18세기의 특정 철학자들의 합리주의는 이 논문의 목적상 좀 더 살펴볼 필요가 있다.

"합리주의"라는 용어는 종종 18세기 계몽주의 사상가들의 특성을 묘사하는데 사용된다. 그들은 "과학적 탐구"를 "낙관적"으로 바라보았다.[108] 그리고 "교육"이 "인류의 행복을 증진"하고, "자유롭지만 조화로운 사회 질서"를 위한 토대를 제공한다고 생각했다. 그리고 합리주의는 이성을 높이 평가했다. 특히 이성을 신앙이나 전통, 권위, 광신, 미신 등과 대조되는 것으로 보았다.[109] 이 부분에서 기독교와 상응하지 않는 부분이 생겨난다. 합리주의가 이성을 신앙, 전통, 권위와 대조시켰다는 사실은, 합리주의가 기독교의 신앙과 기독교의 전통, 기독교의 권위와 충돌하리라는 것을 보여준다. 실제로 합리주의는 전통적인 기독교에 반대되는 것으로 주로 묘사된다.

합리주의가 가진 계몽주의 정신은 실제로 기독교에 영향을 미치기 시작했다. 합리주의는 성경의 계시된 진리라고 여겨지는 것들을 향해 직접적으로 비판하기 시작했다.[110] 그리고 합리주의라는 용어는 1740년부터 1840년 사이 독일에서 생겨난 한 학파의 교리들을 언급하는데 사용되기 시작했다. 이 교리들은 성서 비평이 발달하는데 지대한 영향을 미쳤고, 기독교가 가지는 초자연적 요소에 반대하는 성향을 띠었다. 사실 합리주의는 종교와의 관계 속에서 고려될 때 부정적인 의미를 지닌다. 합리주의는 반종교적인 운동인 동시에 유신론에 대한 역사적이고 과학적인 논증에 큰 무게를 두기 때문이다.

워필드가 합리성 자체를 부인한 것은 아니었다. 그는 "합리적"인 것과 "합리주의"를 구분했다.[111] 그는 합리적인 신앙은 추구했지만, 합리주의적인 신앙은 거부했다. 사실 워필드의 신학이 합리주의라는 비판은 이 부분에서 혼동하는 경우가 많다.[112] 즉 이성을 사용하는 것과 합리주의자가 되는 것을 구분하지 않는 것이다. 워필드는 성경의 진술들로부터 "선하고 필연적인" 결과들을 도출하는데 이성을 사용하는 것을 분명하게 옹호한다.[113] 워필드에게 있어서 신앙과 조명된 이성은 조화를 이루기 때문에 합리적 신앙이 가능했다.[114] 하지만 워필드는 합리주의가 외적 권위로서의 성경을 거부하는 결과를 낳기 때문에 반대했다.[115] 따라서 워필드가 합리주의를 반박할 때, 그의 성경에 대한 관점과 합리주의에 대한 이해를 함께 살펴볼 필요가 있다.

워필드에 따르면 기독교 역사에는 성경의 권위와 영감을 약화시키는 두 가지 관점이 있었다. 그 첫 번째 관점이 합리주의이다. 워필드는 합리주의를 다음과 같이 설명한다.

> 이것들 중의 첫 번째는 합리주의적 관점으로 불릴 수 있다. 이 관점은 성경의 요소들 중에서 영감된 것과 영감 되지 않은 것을 구분하려는 시도를 특징으로 한다. … 18세기의 생사를 건 투쟁 속에서 이 방법은 초자연적 종교를 옹호하는 사람들 사이에서 크게 유행했다. 그들은 좀 더 중요하다고 생각되는 것들을 보호하려고 필사적으로 노력했다. … 19세기가 되자 합리주의적 관점은 특히 변증적 저술가들 사이에서 강력한 거점을 갖게 되었다. 합리주의는 세 가지 유형으로 나타났다. 외부의 도움 없는 이성으로는 발견할 수 없는 믿음의 신비들만 영감 받았다는 유형과 믿음과 실천에 관련된 것들만 영감을 받았다는 유형, 성경의 단어가 아니라 생각이나 개념만 영감을 받았다는 유형이다.[116]

합리주의는 인간이 성경의 영감 된 요소와 영감 되지 않은 요소를 분리하려는 시도이다. 워필드의 지적대로 19세기에는 합리주의가 세 가지 유형으로 나타났지만, 그 유형들은 인간 스스로가 성경의 내용을 분석하여 영감의 정도를 구분하려 했다는 점에서 공통점을 지닌다.

워필드는 합리주의가 19세기 미국에 유입되고, 신학에 영향을 끼치게 된 과정을 좀 더 자세하게 설명한다. 그에 따르면 그 시기에 미국 교회에서 성경의 영감과 권위에 관한 위기가 시작된 것은 해외에서 들어온 새로운 관점 때문이었다. 그것은 다름 아닌 독일 합리주의였다. 워필드는 독일 합리주의를 "악한 누룩"으로 보았고 이것이 미국의 현대성을 형성하는 데 큰 영향을 주었다고 생각했다.[117] 이 합리주의는 두 가지 형태로 미국에 유입되었다. 하나는 그 당시 합리주의자들의 왕성한 저술에 의한 것이었고,[118] 다른 하나는 독일에서 돌아온 유학파들의 "새로운 관점들"이었다. 워필드는 후자의 경우에 좀 더 관심을 갖는다.[119] 실제로 19세기 후반부터 20세기 초반에 이르는 시기에 많은 미국 학생들이 독일에서 공부했다. 그들이 독일에서 여러 신학자들에게 영향을 받았는데, 그 중에서 대표적인 사람들이 알브레히트 리츨(Albrecht Ritechl, 1822-1889)과 아돌프 폰 하르낙(Adolf von Harnack, 1851-1930)이었다.[120] 독일로 유학 갔던 젊은 학생들을 통해서 이 두 사람의 합리주의 신학이 미국에 유입된 것이다. 따라서 우리는 리츨과 하르낙의 생각을 살펴보고, 그것이 실제 어떤 모습으로 미국 신학에 영향을 미치는지 좀 더 자세하게 알아볼 필요가 있다.

2 리츨의 합리주의가 성경 권위와 영감을 약화시키다

워필드의 설명에 따르면 "합리주의"는 불신앙의 직접적인 결과물이 아니라 간접적인 결과물이다.[121] 합리주의는 불신앙이 생겨나기 시작할 때에, 기독교 고백을 기꺼이 고수하는 사람들 사이에서 생겨났다. 그러므로 합리주의는 언제나 기독교 교회 내에서의 운동이었다. 교회 내에서 합리주의를 지지하는 사람들은 불신앙에 직면해서 그들이 기독교의 핵심이라고 여기는 것을 구하려고 시도했다. 이러한 시도는 그들이 첨가물이라고 여기는 것을 제거하고, 그들이 더 이상 방어할 수 없는 특성이라고 여기는 것들을 포기하는 모습으로 전개되었다.

합리주의의 이러한 특성은 리츨의 합리주의로 고스란히 이어졌다.[122] 리츨의 합리주의는 일반적인 합리주의의 특성을 지닌다. 그래서 리츨의 합리주의는 신학에서 모든 "형이상학적인 요소들"을 제거하려고 시도했다.[123] 리츨의 합리주의에서 볼 때 기독교 내에 있는 형이상학적인 요소들은 "첨가물"이자 "더 이상 방어할 수 없는 특성"이었기 때문이다. 다른 말로 표현하자면 리츨의 합리주의는 기독교 신학에서 "경험적 사실"만을 포함시키려고 했다. 그리고 이 경험적 사실을 교의로 설명한 것은 형이상학적 요소이기 때문에 제거되어야 한다고 보았다. 워필드는 두 가지 예를 들어서 이것을 설명한다.[124]

첫째, 리츨의 합리주의는 하나님을 사랑으로 정의한다.[125] 리츨의 합리주의 내에서 그리스도인은 사랑의 하나님을 경험하는데 이것이 그가 하나님에 관해서 알 수 있는 전부이다. 리츨의 합리주의 내에서 그 이상으로 하나님을 정의할 수 없다. 사랑의 하나님이라는 우리를 향한 하나님의 모습 이외에, 하나님의 본질적 특성에 관한 질문은 "형이상학"의 영역이기 때문에 종교에 속하지 않는다.

둘째, 리츨의 합리주의는 그리스도를 '주'로 정의한다.[126] 그리고 루터가 "그분은 나의 주님이십니다"(Er ist mein Herr)라고 고백했던 것이 우리가 그리스도에 관해서 믿어야 할 전부라고 설명한다. 다시 말해서 우리가 그리스도의 삶과 가르침에 순종하고, 이 순종을 통해서 그리스도를 주로 경험하게 되는 것이 전부라는 의미이다. 우리는 그 이상을 알 수 없다. 따라서 우리는 그리스도의 선재(pre-existence) 같은 것을 사실로 알 수 없다. 결국 신학과 관련하여 합리주의는 경험과 검증의 영역 밖에 있는 것을 "형이상학"의 영역에 포함시키고, 그것이 종교에 속하지 않는다고 규정한다.

워필드만 리츨의 합리주의를 이렇게 평가한 것이 아니다. 리츨의 합리주의가 독일과 주변 국가들에 영향을 미치기 시작했을 때부터 그의 신학에 대한 비판이 있었다. 제임스 오르(James Orr, 1844-1913)는 가장 먼저 리츨의 합리주의에 관심을 갖고 그의 합리주의적 신학을 비판했던 영어권 신학자였다.[127] 스코틀랜드 학생들의 독일 유학은 1840년대부터 시작되었다. 하지만 이 무렵의 젊은 스코틀랜드 신학자들은 경건한 성향을 가지고 있어서 리츨의 합리주의에 큰 영향을 받지 않았다. 스코틀랜드가 합리주의에 큰 영향 받기 시작한 것은 1890년대부터였다.[128] 이 무렵부터 리츨과 그의 제자인 하르낙의 영향이 스코틀랜드 신학에 강하게 유입되기 시작했다. 제임스 오르가 신학을 리츨의 합리주의에 관심을 갖게 된 것은 당연한 결과였다.[129] 오르는 리츨의 합리주의가 다양한 형태로 나타남을 인정하면서 그것을 다섯 가지로 분류한다.[130] 그 중에서 현재 우리가 다루는 주제와 관련이 있는 것은 네 번째 특성이다. 오르에 따르면 리츨의 합리주의는 신학에 있어서 "초월적인"(transcendental) 것들을 배제시킨다.[131] 즉 실제적인 경험 이외의 것들을 신학의 범주에서 퇴출시키는 것이다. 이 체계 안에서 우리는 하나님의 절대적 본성, 하나님의 속성, 예수의 신성 등을 알 수 없다.[132]

현대 기독교 철학자인 로날드 내쉬(Ronald H. Nash, 1936-2006)도 동일한 평가를 내린다. 그에 따르면 리츨은 자신의 앞 시대에 있었던 종교적 주관주의에 대한 반동으로 "더 객관적이고 덜 상대적인 기독교 신앙의 근거"를 추구했다.[133] 그래서 리츨은 그 근거를 역사에서 찾고자 했다. 그러나 그는 "형이상학을 신학에서 배제"하는 전제를 가지고 이 작업을 했고 "사변적 유신론"을 거부했다. 그렇기 때문에 그는 종말론과 예수의 신성, 예수의 신성과 인성의 관계, 예수와 성부 하나님과의 관계 등에 관한 질문들을 "형이상학과 사변의 서자"라고 비난했다.

워필드는 이러한 시도가 기독교를 사변으로부터 보호하려던 것이었음을 인정한다.[134] 즉 사변적인 진영에서 나오는 모든 가능한 위험으로부터 "기독교의 핵심"을 지키려는 것이었다. 그런데 그 목적을 위해서 취해진 수단이 모든 "형이상학적인 요소들"을 포기하는 것이었다. 워필드는 그 결과를 다음과 같이 설명한다.

그 결과로 인해 기독교 교리 체계 전체가 파괴되었다. 기독교 교리는 리츨의 합리주의가 "형이상학적인 요소"라고 부르는 것 없이는 진술될 수 없기 때문이다. 리츨의 합리주의가 "형이상학 없는 기독교"를 구성한 것은 인식론에 기초한다. 하지만 변덕스럽게도 리츨의 합리주의가 주장하는 것은 결국 "교의 없는 기독교"로 끝이 난다. 이제 우리는 신학이 종교를 죽인다는 소리를 듣게 된다.[135]

그런데 워필드는 기독교가 우리에게 교의 없는 기독교로 전해지지 않았음을 언급한다.[136] 그에 따르면 "기독교의 역사는 교리의 역사이다." 따라서 리츨의 합리주의는 역사적인 문제에 직면한다. 즉 교리적인 기독교이기도 한 역사적인 기독교를 다루어야 하는 것이다. 그렇다면 리츨의 합리주의는 역사적이고도 교리적인 기독교를 어떻게 다루는가? 여기에서 리츨의 합리주의가 신학에 끼친 지대한 영향이 나타난다. 리츨의 합리주의는 교리적인 기독교의 기원과 발전을 설명할 때 기독교가 본질적으로 비교리적임을 입증하는 것을 목적으로 삼았다. 다시 말해서 "교리적인 기독교를 부패한 기독교"로 역사적으로 설명하는 것이다. 리츨의 합리주의는 실제로 그렇게 했다. 리츨의 합리주의는 교리의 발생과 발전을 "외부로부터의 연속된 부산물"이라고 해석했고, 그것들이 기독교를 억누르고 가린다고 보았다.[137]

이러한 관점을 더욱더 진전시킨 사람은 아돌프 하르낙이었다.[138] 그는 리츨의 합리주의를 진전시키려는 목적으로 기독교 교의의 역사를 재구성했다.[139] 하르낙에 따르면 "모든 기독교 교리는 기독교에 기초한 그리스 사상의 결과물"이다. 하르낙에 의하면 그리스도가 전해준 복음은 단순했다. 고대 세계는 이 단순한 복음 위에 가시적인 제도로서의 가톨릭교회(Catholic Church)를 세웠고, 그럼으로써 스스로 부패하기 시작했다. 교회의 신학이라는 것은 단순한 복음 위에 이교 사상을 쌓은 것이다. 따라서 우리가 원래의 기독교로 돌아가기 위해서는 그렇게 쌓인 것들을 없애야만 한다. 그렇게 할 때 우리 손에 남는 단순한 복음은 "하나님을 아버지로 여기는 주관적 신앙"이다.

이러한 합리주의에 물든 젊은 신학자들이 미국 교회에서 "새로운 관점들"을 전하기 시작했다. 워필드에 의하면 리츨의 합리주의는 이제 미국 국내의 운동이 되었고, 기독교 역사를 합리주의적으로 재구성하는 하르낙의 방법도 미국에서 크게 확산되었다. 워필드는 그러한 현상들을 대표하는 세 가지 사례를 제시하면서, 그 중에서 아서 맥기퍼트(Arthur C. McGiffert, 1861-1933)를 좀 더 상세하게 고찰한다. 이제 우리는 맥기퍼트의 생각을 통해서 합리주의가 미국의 교회들에 어떠한 내용을 가르쳤는지 살펴볼 것이다. 그리고 워필드가 이러한 합리주의를 반박하면서 성경의 권위와 영감을 어떻게 변증하는지 살펴볼 것이다.

3 맥기퍼트가 리츨의 합리주의를 미국에 확산시키다

아서 맥기퍼트는 리츨의 합리주의를 미국 교회에 전파한 대표적 인물이다.[140] 따라서 맥기퍼트의 기독교 이해를 살피는 것은 맥기퍼트를 통해서 미국 교회에 침투한 합리주의를 이해하는데 매우 중요하다. 그리고 맥기퍼트가 기독교를 합리주의적으로 재해석하는 것을 통해서 그 당시 교회가 실제적으로 직면했던 신학적이고 철학적인 위협을 파악하는데 중요하다. 이것은 그 당시 미국 교회가 직면한 합리주의적 위협에 대한 변증으로서의 워필드의 성경론을 이해하는데 매우 필수적이다.

워필드는 아서 맥기퍼트가 유니온 신학대학교에 취임하면서 했던 연설을 분석한다.[141] 맥기퍼트는 유니온 신학대학교의 교회사 학과장에 취임하면서 "원시 기독교와 가톨릭 기독교"(Primitive and Catholic Christianity)라는 주제로 연설을 했다. 워필드는 그의 연설이 간략하면서도 명료하기 때문에 그것을 분석함으로써 하르낙의 제자들이 기독교의 기원에 관하여 미국 교회에 무엇을 가르치는 분명하게 알 수 있다고 언급한다.

워필드는 먼저 맥기퍼트 취임 연설의 전체적인 취지를 설명한 후, 그 연설의 핵심 생각을 네 부분으로 나누어 분석한다. 연구자는 워필드가 맥기퍼트의 연설을 분석하는 방법을 그대로 따르고자 한다. 워필드의 분석을 통해서 그 당시 합리주의자들이 얼마나 합리주의적이고 이론적으로 기독교를 공격했는지 이해하는 작업이 필요하기 때문이다.

워필드는 먼저 맥기퍼트 연설의 전체적인 요지를 설명한다.[142] 맥기퍼트는 기독교 역사 속에 일어난 "변형"(transformation)과 "전개"(development)를 살피면서,[143] 원시교회는 "권위"를 거부하는 정신을 가지고 있었다고 규정한 후, 성경이 실제로는 신앙과 실천을 위한 "권위 있는 규범"이 아니었음을 주장한다. 그 후 워필드는 맥기퍼트의 연설에서 핵심이 되는 개념들을 네 가지로 나누어서 좀 더 자세하게 고찰한다.[144]

즉 첫째, 맥기퍼트가 기독교의 "전개"를 어떻게 이해했는지,[145] 둘째, 맥기퍼트는 기독교가 겪은 거대한 "변형"을 무엇이라고 보는지,[146] 셋째, 그 거대한 변형 이전의 참된 교회로 제시되는 "원시교회"는 어떤 특성을 가지는지,[147] 넷째, 그러한 원시교회의 특성에서 "정경" 개념이 어떤 역할을 했는지[148] 살핀다. 워필드가 맥기퍼트의 연설을 논리적으로 분석하는 것을 따라가면서, 그 당시 미국 교회에 만연했던 합리주의의 모습을 보게 될 것이다. 그리고 워필드가 그러한 합리주의적 신학에 왜 합리적으로 대응할 수밖에 없었는지 이해할 수 있을 것이다.

첫째, 맥기퍼트는 기독교를 일종의 전개 형태로 보았다. 그러나 이것은 개신교에서 말하는 기독교 교리의 발전과는 다른 형태였다. 개신교는 참된 교리의 발전을 인정한다. 물론 이것은 교리 자체가 발전하는 것이 아니다. 그리스도의 가르침을 교회가 점진적으로 이해하고 가르친다는 의미의 발전이고,[149] 교리에 대한 인간의 이해가 발전한다는 의미이다.[150] 하지만 맥기퍼트는 다르게 주장했다. 그에 의하면 기독교의 전개는 계시된 진리에 첨가물이 더해지는 과정이었다.[151] 기독교의 전개는 참된 발전이 아니라 거짓된 전개였다. 참된 기독교가 가려지고 숨겨지는 전개였기 때문이다. 따라서 맥기퍼트는 우리가 그 첨가물을 가려내야 한다고 말한다. 여기에서 인간의 주관적 기준이 들어선다.[152]

둘째, 맥기퍼트는 기독교가 부정적인 의미로 전개되면서 "거대한 변형"을 하나 겪었다고 말한다. 그리고 따라서 역사 신학의 목적은 "기독교의 연속적인 단계들"을 분석해서 그 변형이 무엇이었는지 파악하고, 그 과정에서 첨가된 주변적인 요소들을 구분해 내는 것이다.[153] 맥기퍼트는 2세기에 발생한 "원시교회"(primitive church)에서 "가톨릭교회"(Catholic Church)로의 "변형"이[154] 가장 중요하고도 큰 영향력을 미치는 변형이었다고 말한다.[155] 교회는 이제 제도화되고 세속화됨으로써, 원시교회를 지배하던 "자유로운 정신"은 사라지고, 가톨릭교회의 "외적 권위"가 그 자리를 차지하게 되었다. 따라서 맥기퍼트에게 있어서 "외적 권위"라는 개념은 기독교에 본래적인 것이 아니었다.

셋째, 이제 워필드는 맥기퍼트가 원시교회를 어떻게 재구성하는지 고찰한다. 이 부분에서 맥기퍼트는 두 가지를 강력하게 내세운다. 하나는 원시교회의 특징을 "종교적 개인주의"로 제시하는 것이다.[156] 그는 신자 개인이 "성령의 임재를 느끼고" "직접적인 접촉을 통해서 필요할 때마다 진리의 계시를 받는 것"이 원시교회의 중요한 기초였음을 주장한다.[157] 다른 하나는 원시교회의 초자연적 특성이었던 초자연적 은사들을 지나치게 확장시킨다. 즉 특정 사람들의 사도적 권위를 위해서 부여되었던 초자연적 은사를 보편적인 것으로 해석하여,[158] 사도들의 권위와 사도적 정경의 권위를 공격하는 발판을 마련하는 것이다. 맥기퍼트가 원시교회를 재구성하는 목적은 간단하다. 사도적 문서들의 총체인 신약성경의 권위를 부정하고,[159] 그 자리에 "내면의 빛"을 놓아서,[160] 기독교를 개인주의적이고 주관주의적인 종교로 격하시키려는 것이다.[161]

넷째, 맥기퍼트는 원시교회에 "사도적 정경"(apostolic Scripture canon)이라는 개념이 없었음을 주장한다.[162] 그에 따르면 성령만이 "유일하게 인정된 권위"

였다. 모든 그리스도인들은 사도들과 마찬가지로 성령과의 직접적인 접촉을 통해서 "필요할 때마다 진리를 계시 받았다." 그러다가 2세기에 영지주의와 논쟁을 하게 되었고, 이미 신약성경을 소유했던 영지주의가 사도적 권위에 호소하자, 교회는 영지주의의 주장을 분별하기 위해서 사도적 권위와 사도적 정경이 필요하게 되었다.[163] 이 모든 주장의 결론을 이렇다. 즉, 사도들에게 권위를 부여하는 것과 신약성경의 정경을 생각하고 만드는 것과 그 정경을 신앙과 실천의 유일한 규범으로 만드는 것은 원시교회에는 전혀 없었다. 이 모든 것은 2세기에 교회가 개발한 것이다.[164]

이상에서 살펴본 바와 같이 맥기퍼트는 기독교의 역사를 재구성했다. 그는 이 작업을 통해서 기독교는 본래 "외적 권위"가 없는 종교임을 주장했다. 그는 원시교회의 특성을 변질시키고 사도들의 권위를 부정함으로써, 결국 "성경의 권위"를 거부하는 데까지 나아갔다. 맥기퍼트의 기독교 역사 재해석도 결국 기독교를 개인적이고 주관적인 종교로 격하시키는 결과를 가져왔다.

4 워필드가 '교회의 합의'로 성경의 영감을 변증하다

우리는 지금까지 리츨과 맥기퍼트가 합리주의적 관점에서 기독교를 어떻게 이해하는지 살펴보았다. 그리고 그들의 합리주의적 신학이 19세기 미국 교회에 무엇을 가르쳤는지 살펴보았다. 리츨은 기독교에서 형이상학적인 요소들과 핵심 교리들을 제거함으로써, 경험주의적이고 주관주의적인 기독교만 남기려고 하였다. 맥기퍼트는 원시교회의 특성을 변질시키고 사도들의 권위를 부정함으로써, 성경의 권위를 거부하고, 기독교가 본래 "외적 권위"가 없는 종교임을 주장했다.

워필드가 합리주의를 철저하게 분석하고 반박하려고 했던 이유가 여기에 있다. 즉 합리주의는 하나님의 계시라는 참된 인식론적 토대를 옮기려 했고,[165] 기독교의 객관적인 외적 권위에 도전했고,[166] 기독교의 핵심이 되는 교리들까지도 반박하려고 했고,[167] 기독교의 형이상학적인 요소들을 없애고 경험만을 강조하려고 했고,[168] 객관적인 계시의 권위에 호소하는 것을 불가능하게 만들었기[169] 때문이다.

워필드는 합리주의가 기독교의 객관적인 "외적 권위"에 도전하는 것임을 잘 인식했다. 그것은 곧 "성경의 권위"에 대한 도전이었다. 그래서 워필드는 성경의 권위를 다시 확립하고자 했다. 하지만 워필드는 성경의 권위를 내세우려고 인간의 지성을 희생시키는 방법을 택하지 않았다.[170] 그는 오히려 합리적이고 학문적인 방법을 통해서 성경의 권위를 확인하고자 했다. "비평적 연구는 반드시 이루어져야 한다. 그리고 분명한 결과가 나왔을 때, 우리는 그것을 따라야 한다. 하지만 비평적 연구는 지극히 겸손한 마음과 배우려는 자세로 수행되어야 하고, 성령의 지속적인 안내를 간구하는 기도와 함께해야 한다."[171]

그런데 워필드에 의하면 성경의 권위는 성경의 영감과 밀접한 관련이 있다.[172] 성경의 영감 교리를 수정하는 것은 성경의 권위를 낮추는 것으로 이어진다.[173] 성경 영감에 관한 핵심 요소들을 수정하고, 이 교리에 관한 낮은 관점을 갖는 것은 역사 속에서 언제나 성경의 권위를 낮추는 결과를 가져왔다.[174] 물론 성경의 권위가 성경의 영감을 입증하는 것에 의존하지는 않지만, 성경의 영감이 사실로 드러날 경우 성경의 권위를 강화하는 것은 사실이다.[175] 왜냐하면 하나님께서 영감 된 그분의 말씀을 통해서 우리에게 직접 말씀하신다는 것이 사실이라면, 성경은 하나님의 권위 있는 뜻을 담은 결정체가 되고, 영감은 성경이 신적이고 신뢰할만한 하나님의 말씀임을 보증하기 때문이다.[176] 따라서 워필드는 성경의 권위를 합리적으로 입증하고자 시도할 때, 먼저 성경의 영감을 입증함으로써 성경의 권위를 확증하는 방식을 취한다.

워필드는 성경의 영감을 합리적으로 설명하기 위해서 여러 가지 측면에서 접근한다. 하지만 우리는 앞에서 살핀 합리주의와 관련하여 워필드의 설명을 세 가지 범주로 구분하여 살펴보고자 한다. 여기에서 우리가 다룰 워필드의 설명은 교회의 합의, 사도성, 역사적 기록이다.

워필드는 교회의 합의(consensus ecclesiae)에 호소한다. 다시 말하자면 워필드는 처음부터 오늘날까지 하나님의 모든 교회에 영감 교리가 확립된 신앙으로 있었다는 사실에 호소한다. 워필드는 이 사실을 다음과 같이 설명한다.

> 교회의 영감 교리는 그것을 대체하려는 이론들과는 다르다. 교회의 영감 교리는 개인이 창안하거나 소유하는 것이 아니다. 교회의 영감 교리는 하나님의 보편 교회(universal church)에 확립되어 있는 신앙이다. 교회의 영감 교리는 최근에 출현한 것이 아니라 교회가 처음 세워질 때부터 오늘날까지 이어지는, 하나님의 사람들에게 확신으로 주어진 믿음(assured persuasion)이다. 교회의 영감 교리는 가변적인 인간의 새로운 생각들에 맞추기 위해서 변화무쌍하게 변하는 것이 아니라, 처음부터 교회가 보존하도록 교회에 위임된 성경의 신성에 관한 지속적이고도 변치 않는 믿음이다.[177]

이처럼 성경의 영감 교리는 처음부터 교회에 있던 교리였다. 그것은 시간이 지나면서 인간이 고안한 교리가 아니었고, 핵심 내용이 변한 교리도 아니었다. 영감 교리는 교회가 처음부터 가지고 있었던 확신이었고 확립된 신앙이었다. 더욱 놀라운 것은 교회가 처음부터 모든 교리들을 영감 교리처럼 지속적으로 고수하지 않았다는 사실이다.[178] 교회는 성경의 영감 교리만을 처음부터 오늘날까지 확고하게 붙들었다. 그 결과 특별히 19세기라는 "악한 시대 속에서 합리주의적 유산이 여전이 여러 신학적 저술들에 나타나고 있고, 의심할 여지없이 상당한 수의 그리스도인들의 믿음에 영향을 미쳤지만, 그것이 성경의 완전영감에 관한 교회의 신조나 성도들의 마음을 대체하는 데는 실패했다."[179]

그렇다면 교회는 어떻게 성경의 영감 교리를 처음부터 확고하게 붙들 수 있었는가? 워필드는 그에 대한 답으로 "교회에 처음부터 주어진 직감"(instinctive feeling)을 제시한다.[180] 교회는 성경에 대한 신뢰가 기독교 교리 체계를 신뢰하는 밑바탕을 이룬다고 보았다. 그리고 교회는 교회가 교리를 하나님의 진리로 가르치는 것의 확실성이 성경을 하나님의 기록으로 신뢰하는 것에 의존한다고 보았다. 교회는 이러한 처음부터 주어진 확신을 가지고 있을 때 훨씬 덜 흔들리게 된다.[181] 기독교의 핵심을 객관적인 신앙 규범으로서의 성경에 두지 않고, 인간의 주관적인 느낌이나 내적인 깨달음에 두려는 사상가들의 주장으로부터 덜 영향을 받게 된다. 이처럼 교회의 합의에 호소하는 것은 기독교 신앙이 주관주의로 흐르는 것을 방지한다.[182] 다시 말하자면 워필드는 주관주의적인 신앙을 반박하기 위해서 모든 시대의 교회가 인정했던 성경의 영감 교리에, 그리고 보장해주는 성경의 권위에 의존했다.[183]

워필드는 칼뱅의 성경관을 설명하면서 칼뱅이 교회의 합의를 객관적 토대로 이해했음을 보여준다. 칼뱅은 성경에 대한 교회의 오랜 증언을 중요하게 생각했다.[184] 칼뱅은 인문주의자로서 성경을 맹목적으로 수용하지 않았고, 보편적 교회의 오랜 증언이라는 역사성을 토대로 성경을 받아들였다.[185] 이 사실은 칼뱅을 비롯한 제네바의 목회자들은 카스텔리옹(Castellion)의 목사 자격을 살피는 과정에서 분명하게 드러났다.[186] 그들은 카스텔리옹이 아가서가 정경에 포함되는 것에 반대함을 발견했다. 칼뱅과 다른 제네바 목회자들은 보편 교회의 증언을 통해서 완성된 성경 전체를 수용해야 한다는 입장을 유지했다. 즉 칼뱅은 교회의 합의가 객관적인 권위를 갖는다고 보았다.[187]

워필드가 성경의 영감과 권위를 강조하기 위해서 교회의 합의에 호소하는 것은 교회의 권위를 강조하려는 것과는 거리가 멀다. 워필드는 교회의 권위 자체가 성경의 영감과 권위를 입증한다고 보지 않았다.[188] 워필드가 중요하게 보았던 것은 성경의 영감과 권위가 교회가 처음 시작될 때부터 보편적이었다는 사실이다.[189] 성경은 교회가 시작되는 단계에서부터 교회를 세운 그리스도와 사도들에 의해서 영감 되고 권위 있는 것으로 주어졌다.[190] 즉 "그것은 교회가 태동할 때부터 주어진 교리였고, 교회가 결코 잃어버리지 않은 교리였다."[191]

워필드의 이러한 관점은 맥기퍼트의 "전개" 이론을 효과적으로 반박한다. 즉 교회가 전개하는 과정에서 교리라는 "첨가물"을 수용했다는 전제를 무너뜨리는데 적절하다. 워필드에 따르면 성경 영감 교리는 교회가 발전하면서 덧붙여진 첨가물이 아니라, 교회가 세워지기 시작하는 순간부터 교회의 설립자인 그리스도와 사도들이 전해준 교리이고, 교회가 처음부터 확실하게 붙들고 보존해온 교리이다.

5 워필드가 '사도성'으로 성경의 권위를 변증하다

사도성은 성경의 권위를 입증하는 중요한 원칙이다.[192] 따라서 합리주의 진영에서 사도성을 왜곡하거나 사도적 특성을 보편화시키려는 시도는 성경의 권위를 축소시키려는 시도와 마찬가지이다. 워필드는 사도성과 성경 권위의 관련성을 다음과 같이 설명한다.

> 그리스도는 사도들이라는 수단을 통해서 교회를 세우기로 정하셨다. 그리스도는 사도들을 선택하셔서 훈련시키셨고, 그들에게 성령의 은사와 은혜를 주셨고, 그들을 그분의 권위 있는 대리자들로 세상에 보내셨고, 그들의 입술에 주어진 권위 있는 말씀인 복음을 선포하게 하셨다. 즉 그리스도는 그들을 통해서 말씀하셨다. 사도들이 그리스도의 대변자들이기 때문에, 그들이 행하고 말하고 기록한 것은 우리에게 신적 권위로 다가온다. 성경의 권위는 따라서 단순한 사실에 기초한다. 즉 하나님의 권위 있는 대리인들이 교회를 세우면서 그들이 세운 교회에 성경을 권위 있는 것으로 주었다는 사실이다.[193]

그러나 여기에서 말하는 것은 사도적 저작성이 아니다. 사도적 저작성이 성경의 권위를 입증하지 않는다. 요점은 사도들이 성경을 기록했기 때문에 성경의 권위가 확증되는 것이 아니라, 사도들이 성경을 권위 있는 책으로 교회에 도입했다는 사실이 성경의 권위를 확증한다.[194] 교회는 그리스도의 권위를 위임받은 사도들에 의해서 세워졌다. 그 전에는 존재하지 않았다. 사도들은 이 권위 덕분에 성경을 교회에 규범으로, 하나님이 정하신 신앙과 실천에 관한 규범으로 도입할 수 있었다.[195]

그런데 맥기퍼트의 주장은 이러한 사도적 권위를 낮춘다. 워필드의 분석에 따르면 맥기퍼트는 사도에게 속한 권위라는 개념이 뒤늦게, 즉 2세기에나 생겨난 것이라고 주장한다.[196] 영지주의가 특정 사도에 호소하면서 그들의 주장을 제시하자, 교회는 그들의 주장을 분별하기 위해서 사도적 권위가 필요하게 되었다는 것이다.[197] 그리고 맥기퍼트는 사도적 교회에 있던 초자연적 은사들을 보편적인 것으로 과장한다.[198] 심지어 계시마저도 그 당시 그리스도인들이 보편적으로 가지고 있었다고 말한다.[199] 맥기퍼트의 이러한 재구성은 사도의 권위를 낮추는 것에서 끝나지 않고, 더 나아가서 사도들이 도입한 성경의 권위를 파괴하는 결과를 가져오고, 기독교를 주관주의로 감소시킨다.[200]

워필드는 사도들의 독특성을 그 당시의 다른 기록들을 통해서 제시한다. 그 기록들은 사도들과 2세기의 위대한 리더들 사이의 분명한 구분선을 둔다. 바나바(Barnabas, ?-61)에 따르면 그 시기의 그리스도인들은 예수께서 오직 사도들에게만 "복음에 대한 권위"를 주었다고 인식했다.[201] 이그나티우스(Ignatius of Antioch, 35-108)는 그리스도께서 "아버지와 함께 하지 않으시고는 스스로나 사도들을 통해서 아무것도 하지 않으셨다"고 말함으로써 사도들만이 그리스도의 대변인임을 암시했다.[202] 그리고 로마교회에 보낸 편지에서 "나는 베드로나 바울과 같이 그대들에게 명하지 못합니다. 그들은 사도들이었고, 나는 죄인에 불과합니다."[203] 폴리캅(Polycarp, 69-155)은 빌립보 교인들에게 다음과 같이 편지했다. "형제들이여, 내가 이것들을 그대들에게 쓰는 이유는 … 그대들이 나에게 청했기 때문입니다. 하지만 나 자신이나 나와 비슷한 그 누구라도, 복되고 영광스러운 사도 바울의 지혜를 따라갈 수 없습니다."[204]

워필드는 사도득의 독특성을 역사적 기록을 통해서 제시했다. 또한 워필드는 초자연적 은사들(supernatural gifts)이 모든 그리스도인들에게 나타났던 보편적 현상이었다는 맥기퍼트의 주장을 반박하면서 사도들의 독특성을 강조한다. 워필드에 따르면 사도적 교회에 성령의 임재와 다양한 기적의 은사들(miraculous gifts)이 풍성했던 것은 사실이다.[205] 그리스도께서는 자신의 신적 능력을 통해 교회를 세우기 시작하시면서, 그 능력을 사도들에게 주셔서 그 위대한 사역을 완성하도록 하셨기 때문에 사도들을 통해서 다양한 초자연적 은사들이 나타났다. 하지만 이것은 초자연적 은사들이 그 당시 모든 그리스도인들에게 보편적인 현상이었다고 말하는 것과는 다르다. 신약성경에서 초자연적 은사들은 항상 "사도의 기적"으로 나타난다. 즉 사도적 교회에 나타난 초자연적 은사들은 사도들에게 주어진 위임과 권위를 확증하는 수단이었다.[206] 워필드가 사도들의 권위와 독특한 지위를 입증했던 이유는 한 가지이다. 우리가 성경의 영감에 관한 사도들의 가르침을 수용하여 성경의 권위를 인정하도록 하는 데 있다.[207] 사도들은 성경의 신적 권위를 다음과 같이 증언한다.

신약성경의 저자들은 "기록되었으되"라는 단순한 구절과 함께 성경을 언급한다. 이로써 그들은 성경에 기록된 것은 무엇이든지 신적 권위를 갖는다고 암시한다. 예수님의 공생애가 "기록되었으되"(마 4:4)와 함께 시작하는 것처럼, 복음서의 선포 역시 "기록된 것과 같이"(막 1:3)로 시작한다. 예수께서 자신의 사역이 갖는 정당성을 "이같이 그리스도가 고난을 받고 제삼일에 죽은 자 가운데서 살아날 것 … 이 기록되었으니"(눅 24:46 이하)라는 엄숙한 선포에서 찾으셨듯이, 사도들은 그들이 선포했던 복음의 엄숙한 정당성을 "이는 성경대로 그리스도께서 우리 죄를 위하여 죽으시고, 장사 지낸 바 되셨다가 성경대로 사흘 만에 다시 살아나사"(고전 15:3,4)와 같은 성경에 대한 자세한 호소에서 찾았다(행 8:35; 17:3; 26:22; 롬 1:17; 3:4,10; 4:17; 11:26; 14:11; 고전 1:19; 2:9; 3:19; 15:45; 갈 3:10,13; 4:22,27 참조). … 신약성경 저자들의 마음에 "성경"과 "하나님"은 서로 매우 가깝게 놓여있다. 그래서 그들은 성경에서 하나님이 하시는 것으로 기록된 것들을 성경이 하는 것으로 자연스럽게 말할 수 있었다. 하지만 그들에게 있어서 좀 더 자연스러운 것은 성경이 말하는 것을 하나님께서 말하는 것이라고 하는 것이었다.[208]

사도들은 교회의 역사 속에서 독특한 위치를 차지한다. 워필드는 사도의 가르침이 갖는 권위는 기독교의 독특성과 성경의 권위로 이어진다고 보았다.[209] 리츨과 하르낙, 맥기퍼트로 이어지는 합리주의가 사도들의 가르침이 갖는 권위를 공격했던 주요 이유는 성경의 권위를 부정하고자 함이었음이 명백하다.

6 워필드가 성경 영감과 권위를 역사적으로 고찰하다

성경의 영감은 교회가 처음부터 주장했던 것이고, 사도들이 가르친 것이었다. 그리고 성경의 영감은 그 이후 이어지는 역사 속에서도 계속 유지된 가르침이었다. 워필드 역시 이 점을 분명하게 설명한다. 이제 우리는 성경 영감에 관한 역사적 기록을 살펴보고자 한다.

먼저 초기 교부들이 성경의 영감과 그 결과인 성경의 무오를 말한다는 사실을 지적하고자 한다. 클레멘트(Clement of Rome, ?-99)는 사도들의 제자로서 1세기 후반에 고린도 교인들에게 편지를 썼다. 클레멘트는 그 서신에서 신약성경에 대한 무한한 존중을 표현하며 신약성경이 가르치는 교리만을 가르쳐야 한다고 말한다. 더 나아가서 사도 바울이 "분명 성령이 인도하는 방법으로" 성경 본문을 기록했다고 말한다.[210] 사도 요한의 제자였던 폴리캅(Polycarp, 69-155)도 성경을 지극히 높으신 분의 목소리로 여기고, "주님의 이 신탁들을 왜곡하는 사람들은 그 누구라도" 사탄의 자식이라고 규정한다. 폴리캅의 제자 이레나이우스(Irenaeus, 130-202)에 의하면 그리스도인들은 "성경이 완전하고,

성령에 의한 하나님의 말씀"이라는 분명한 지식을 가지고 있었다.[211] 알렉산드리아의 클레멘트(Clement of Alexandria, 150-211)는 기독교 신앙이 "성경을 통해서 하나님으로부터 주어진다"고 기록한다.[212] 오리게네스(Origen, 185-254)는 복음서를 작성하는 데 있어서 성령과 복음서 저자들이 공동저자였기 때문에 복음서 저자들에게 기억의 상실과 실수, 오류가 불가능했다고 주장한다. 아우구스티누스(Augustine, 354-430)에 의하면 오직 성경 정경만이 경외와 영광을 받을 수 있고, "성경 정경의 저자들 중에서 어느 한 사람도 그것을 기록하는 데 있어서 어떠한 실수도 범하지 않았다."[213]

종교개혁자들도 동일한 것을 믿고 가르친다. 종교개혁자들도 정확하게 동일한 것을 믿고 가르친다. 마틴 루터(Martin Luther, 1483-1546)는 아우구스티누스의 견해를 자기 것으로 받아들여, 성경 전체의 저자는 성령이기 때문에 오류가 있을 수 없다고 선포한다. 칼뱅(John Calvin, 1509-1564)은 우리가 성경에 제시된 모든 것을 "예외 없이" 수용해야만 한다고 주장한다. 즉 우리는 하나님을 경외하는 만큼 동일하게 성경 전체를 수용해야 한다. "왜냐하면 성경은 오직 하나님께로부터 나온 것이고, 인간의 어떤 것도 섞이지 않았기 때문이다." 러더포드(Samuel Rutherford, 1600-1661)는 하늘에서 직접 주어지는 신탁보다 성경이 더 확실한 말씀이라고 말한다. 백스터(Richard Baxter, 1615-1691)의 주장에 의하면 "거룩한 저자들이 기록한 모든 것들은 참되다."[214] 그리고 이러한 가르침은 워필드의 시대에까지 그대로 전해졌다. 찰스 핫지(Charles Hodge)와 헨리 스미스(Henry B. Smith)의 시대에까지 전해 내려온다. 스미스는 성경이 "우리에게 오류 없는 진리를 준다"고 주장한다.[215] 핫지는 "성경의 모든 책들은 동일하게 영감을 받았다. … 그것들이 가르치는 모든 것에서 무류하다. … 그것들의 진술들에는 오류(error)가 없다."[216] 이러한 모든 진술들은 각 시대마다 신학자들이 고백한 표현들이다. 이것은 모든 시대에 걸쳐서 기독교의 끊임없는 신앙고백이었다.

교회가 작성한 신조나 신앙고백서도 성경에 담긴 신적 신뢰성에 대한 믿음을 잘 표현한다. 모든 신조는 형식적으로 성경에 근거하고, 성경 가르침이 갖는 신적 권위를 전제한다. 그리고 신조는 처음부터 거의 대부분 성경의 표현을 사용한다.[217] 사도신경(Apostle's Creed)의 기초를 이루는 믿음의 고백들 중에는 "성경에 따르면"이라는 문구가 이미 나타난다. 이것은 그 항목을 확증하는 역할을 한다. 니케아-콘스탄티노플 신경(Niceno-Constantinopolitan Creed, 381)은 성령에 관한 교리에 필수적인지 개괄하는 가운데, 성령은 "선지자들을 통해서 말씀하시기" 때문에 우리가 선지자들 속에서 말씀하시는 성령을 발견할 수 있다고 선언한다. 트리엔트 공의회(Council of Trent, 1545-1563)는 하나님이 성경의 저자라는 의미로 그 선언을 해석한다. 이것은 바티칸 공의회(Vatican Council, 1869-1870)를 통해서 현대로 전해졌다. 바티칸 공의회는 교회가 성경을 거룩한 정경으로 고수했던 이유를 인간 저자나 교회의 권위에서 찾지 않고, 성경이 성령의 영감을 통해서 기록되었다는 사실과 하나님이 저자라는 사실에서 찾는다. 개신교의 첫 번째 신조인 「아우구스부르크 신앙고백서」(Augsburg Confession, 1530)는 "성경에서 도출된 것과 하나님의 순전한 말씀"에 근거한 것만을 숙고하도록 권한다. 「웨스트민스터 신앙고백서」(Westminster Confession, 1646)는 인간이 지금껏 작성한 것 중에서 성경에 담긴 필수적인 기독교 교리를 가장 완전하고 가장 감탄할만하고 가장 완벽하게 진술한다. 여기에서 교회의 필수적인 믿음이 완전하게 표현된다. 성경은 하나님의 말씀이고, 성경의 저자는 하나님이시고, 성경은 하나님에 의해서 직접 영감을 받았기 때문에 오류가 없는 진리이고, 신적 권위를 갖는다.[218]

　성경의 영감과 권위에 관한 동일한 믿음은 역사를 통해 워필드의 시대까지 전해졌다. 교회가 세워질 때부터 그리스도와 사도들에 의해서 전해진 그러한 믿음은, 초기 교부들과 종교개혁자들, 그리고 교회의 신조를 통해서 지금까지 고스란히 보존되었다. 그러므로 합리주의자들이 말하는 것처럼 성경의 영감이나 권위에 관한 관점이 중간에 바뀌거나 수정된 것이라고 볼 수 없다. 오히려 처음부터 지금까지 성경에 관한 동일한 관점이 유지되었다.

과학시대에서의 워필드의 성경 해석

워필드는 신학과 과학 사이의 조화를 위해 노력했던 신학자였다.[219] 또한 워필드는 지난 100년 동안 보수적인 입장의 성경관에 지대한 영향을 미쳤던 대표적인 개혁신학자인 동시에, 과학에 대해서도 긍정적인 입장을 견지했던 신학자이다. 물론 워필드가 활동했던 19-20세기에 주된 과학적 도전은 진화론이었기에 성경과 과학의 관계에 대한 언급은 성경과 진화 사이의 논의를 중심으로 이루어진다.[220] 하지만 워필드가 성경과 진화론의 관계에 대해 제시한 입장은 오늘날 우리가 성경과 과학의 관계를 이해하는 데 중요한 원리를 제공해 줄 것이다.[221] 마크 놀(Mark Noll)의 지적처럼 성경과 진화에 대한 워필드의 입장을 이해하는 것은 오늘날 우리가 신학과 과학 사이의 "훨씬 더 만족할만한 작동관계"를 고려할 수 있음을 보여주기 때문이다.[222]

워필드가 하나님 품에 안긴 해가 1921년이므로 그가 이 세상을 떠난 지 100여년이 지났다. 우리가 살고 있는 21세기는 워필드의 시대보다 과학이 더 강력한 시대정신으로 작동하고 있다. 우리 주변에서 신앙과 과학의 관계에 대한 논의는 어떤 형식으로든 발생할 것이다. 어떤 그리스도인들은 신앙을 이유로 과학 자체를 부정하기도 한다. 정반대 편에서는 무신론자들이 자연주의적 과학관을 바탕으로 신에 대한 질문 자체를 부정한다. 이러한 양극단 속에서 자신의 신앙과 과학의 발견을 조화시키려고 애쓰는 그리스도인들도 있다.[223] 오늘날 신앙과 과학 사이의 관계를 고찰하는 것은 워필드의 시대보다 더 중요한 변증적 과제일지도 모른다. 알리스터 맥그래스(Alister McGrath)에 따르면 "최고의 변증자는 … 해당 문화의 언어로 말하고, 그 문화의 관심사를 그 문화가 이해하고 존중할 수 있는 방식"으로 다룰 수 있어야 한다."[224] 오늘날 우리의 신앙을 과학과의 관계 속에서 다시 한번 재정립하는 것이 중요한 이유이다.

마크 놀은 성경과 진화에 대한 워필드의 입장을 성경과 과학의 관계에 대한 이해로 확장시킨다. 마크 놀에 의하면 워필드의 생각은 오늘날 우리가 성경과 과학 사이의 "훨씬 더 만족할만한 작동관계"를 보여준다.[225] 반 덴 브링크(Gijsbert van den Brink)는 워필드와 바빙크의 신학적 사상을 비교하며 워필드와 바빙크 둘 다 세속적인 영역을 강조하고 있음을 지적했다. 과학과 정치, 경제 등의 분야를 등한시 하는 것을 경계하고 있다고 설명했다.[226] 더 나아가서 반 덴 브링크에 따르면 워필드는 "중생한 자가 수행하는 과학"을 중요하게 생각하고 있다.[227] 필자는 이와 같은 주장에 동의하여 워필드의 신학으로부터 오늘날 우리가 성경과 과학의 관계를 좀 더 상식적이고도 합리적으로 이해할 수 있는 신학적 토대를 찾고자 한다.

1 성경과 과학교과서의 차이점을 논하다

성경이 과학과 충돌한다고 여기는 태도의 근본적인 원인은 성서 문자주의(Biblical literalism)에서 출발한다. 성경 본문의 문자 그대로가 우리에게 과학적 사실을 전해준다는 성서 문자주의는 성경과 과학 사이에서 충돌을 일으키는 중요한 원인 중 하나이다. 이안 바버(Ian G. Barbour)는 신학과 과학 사이의 관계에 대한 네 가지 유형론에서 이것을 "충돌"(conflict)로 묘사한다.[228]

워필드는 성경 본문이 과학적인 세부사항을 우리에게 전해준다고 보는 것을 경계했다. 특히 찰스 워링(Charles B. Warring, 1825-1907)의 책을[229] 서평하는 가운데 창세기 1장을 그 당시 과학적 발견과 일치시키려는 노력에 대해 비판했다.

> 워링 박사가 창세기 1장을 과학에 비추어 해석하려고 시도할 때 그것이 항상 우리에게 이해되는 것은 아니다. 그는 지나치게 상세하도록 유사성을 찾으려고 하는 것처럼 보이고, 창세기 내러티브를 특정 해석 방법이라는 틀에 지나치게 밀어 넣는 것처럼 보인다.[230]

워필드가 보기에 그 당시 지질학이 발견한 세부사항들을 창세기 1장에서 발견하려는 태도는 옳지 않았다. 창세기 1장의 '날'을 다양한 길이의 연속적인 기간으로 보는 것은 해석학적으로 옹호될 수 없는 관점이었다.

이러한 태도는 워필드가 인류의 연대 문제를 다루는 데서 좀 더 명확하게 드러난다. 그는 창세기의 족보가 인류의 연대 계산을 위한 역사적 "세부사항"을 전달하려는 목적으로 기록되지 않았다고 생각했다. 그는 "인류의 태고성과 단일성"(On the Antiquity and the Unity of the Human Race)라는 글에서 이 점을 상세히 기술한다.[231]

> 성경의 족보가 연대기적 목적으로 구성되지 않았고 그것을 연대기 계산을 위한 근거로 사용하는 것은 부적절하다는 일반적인 사실은 반복적이고도 완전하게 제시되었다. 윌리엄 헨리 그린(William H. Green)이 Bibliotheca Sacra (1890년 4월)을 통해서 출간했던 기사가 대표적이다. 그에 따르면 이 족보들은 기록된 목적에 한해서 신뢰할만하다. 의도되고 계획된 목적이 아닌 다른 목적을 위해서 사용되는 것은 안전하지 못하다. 특히 이 족보들은 가계를 그리는 목적을 가지고 있는데 그 목적은

기록 대상이 되는 사람의 모든 후손을 완전하게 기록할 것을 요구하지 않는다.[232]

성경 본문에 포함된 족보는 인류의 연대기 계산을 목적으로 기록되지 않았다. 워필드의 비판에 따르면 성경의 족보에서 연대기 계산을 위한 데이터를 찾는 행위는 적합하지 않은 정도가 아니라 잘못된 것이다.[233] 그러므로 성경 본문에서 인류의 연대기적 정보들을 도출하는 태도, 즉 성경 본문에서 과학적 세부사항들을 끄집어내려는 태도는 성경의 무오성을 지지하는 행위가 아니다. 그러한 태도는 "성경의 자료를 해석하는 특정 방법에 의한 것일 뿐이며, 검토 결과 충분한 근거가 없는 것으로 드러났다."[234]

그렇다면 워필드는 성경에 기록된 본문을 어떻게 이해할까? 마태복음 1장에 나오는 예수님의 족보는 워필드가 이 문제를 설명하기 위해 제시하는 대표적인 성경 본문이다.[235] 워필드에 따르면 마태복음 1장에 있는 예수님의 족보에는 의도된 생략이 있다. 그렇다면 어디에 의도된 생략이 있는가? 그 생략은 1장 8절의 요람과 웃시야 사이에 있다. 열왕기하 8장 25절, 12장 1절, 그리고 14장 1절에 따르면 요람과 웃시야 사이에는 아하시야, 요아스, 아마샤가 있다. 또한 마태복음 1장 11절을 열왕기하 23장 34절, 역대상 3장 16절에 비교해보면 요시야 뒤에 여호야김이 빠져 있음을 알 수 있다. 더욱 놀라운 것은 1절에서 예수님의 전체 족보가 단 두 단계로 요약되기도 한다. "아브라함의 자손이요 다윗의 자손인 예수 그리스도의 계보는 이러하다."

워필드는 마태복음 1장의 족보에서 두 족보의 자유로운 종합을 발견한다. 매우 축약된 두 단계의 족보가 1절에 있고, 이것을 42세대로 확장시킨 족보가 2-17절에 있다. 이 확장된 두 번째 족보를 42세대로 기록한 것은 14세대씩 구분하여 체계적으로 기록하고 암기하기 위함이다.[236] 따라서 이 족보의 목적은 연대기 계산에 있지 않고, 구속사에서 중요한 인물들의 목록을 효과적으로 보존하는 데 있는 것이다. 워필드는 동일한 원리가 창세기 5장과 11장의 족보에도 있을 수 있다고 지적한다.[237] 두 족보 역시 각각 10세대씩 나뉜 2 개의 족보로 구성된다. 따라서 이렇게 10세대로 구성된 족보는 연대기 계산 이 아니라 고유의 다른 목적을 위한 것이고, 실제로는 더 긴 세대의 연속을 함 축할 수 있다는 것이다.[238]

워필드만 그렇게 생각했었던 것은 아니다. 워필드와 동시대에 활동했고 워 필드와 영향을 서로 주고 받았던 스코틀랜드 장로교회의 변증신학자 제임스 오르(James Orr, 1844-1913)는 창세기 1장에서 지구의 연대기와 관련하여 과학 적인 데이터를 찾는 것에 반대했다. 오르는 칼뱅의 창세기 주석을 인용하며 창세기 1장에서 천문학적인 사실을 얻으려는 시도를 경고했다. 오르에 따르 면 모세는 "그 당시의 상식을 갖춘 일반 사람들이 특별한 교육을 받지 않아도 이해할 수 있는, 보통 사람들의 방식(popular style)로 기록했다."[239] 또한 성경의 언어는 "특정 문화의 대중적 특성"을 나타낸다.[240] 성경 본문이 현대의 과학적 세부사항을 전달하려는 목적으로 기록되지 않았기 때문에 성경은 모든 시대 의 과학적 사실들과 대화할 수 있다.

2 정밀성과 정확성을 구분하다

성경 본문이 과학적 세부사항을 전달하지 않는다는 사실은, 성경 본문이 과 학이나 역사, 지리 등의 일반적 사실들에 대해 어느 정도의 정확성을 담지하 고 있느냐의 문제로 이어진다. 우리가 충돌을 일으키는 지점은 성경이 과학 교과서와 같이 모든 세부사항들을 정밀하게 내포하고 있다고 생각할 때이다.

워필드의 설명에 따르면 성경은 과학이나 역사, 지리 등의 정보 제공을 위 해 기록되지 않았다. 그러한 것들을 가르치는 것은 성경의 목적이 아니다. 하 지만 성경 본문이 과학이나 역사, 지리 등에 관하여 진술할 때, 성경은 분명 참된 사실을 말한다. 그러나 그러한 "참됨"은 과학 교과서가 필수적으로 가져야 하는 "참됨"과는 다르다. 이 주제와 관련하여 워필드의 다음과 같이 설명하며 중요한 원리를 제공한다.

우리가 기억해야만 할 것은 성경이 그 저자들보다 훨씬 더 전지(omniscient)하다고 주장되지 않는다는 점이다. 성경이 전달하는 정보(information)는 인간의 생각이라는 유형을 옷입고 있어서 모든 측면에서 제한적이다. 성경은 철학이나 과학, 인간 역사 등을 가르치기 위해 구성되지 않았다. 성경은 인간의 언어로 기록되었고, 성경 단어와 어조, 구성, 표현양식 등에는 인간적 실수의 지울 수 없는 흔적들이 곳곳에 남겨 있다. 성경 기록을 보면 저자들이 그 자체로 오류가 있을 수 있는 원천과 방법에 자신들의 지식을 크게 의존하고 있다는 증거를 드러낸다. 그리고 그들의 개인적인 지식과 판단들은 여러 면에서 망설이거나 결함이 있거나 심지어 오류가 있다. 그럼에도 불구하고 교회가 항상 간직했던 역사적 신앙(historical faith)에 따르면 성경의 모든 종류의 확증(affirmations)에는 오류가 없다는 것이다. 원본의 말씀이 확인되고, 그 말씀의 본래적인 의도와 의미가 해석될 때, 그것이 영적 교리나 의무이든, 물리적이거나 역사적 사실이든, 심리적이거나 철학적 원칙이든, 거기에는 오류가 없다. 진술의 정밀함(exactness)과 정확함(accuracy) 사이에는 엄청난 차이가 있다. 정밀함은 세부사항들을 철저하게 제시하는, 절대적 실재성(literalness)을 특징으로 갖는 것으로, 성경은 결코 이것을 말하지 않는다. 반면에 정확함은 그 진술이 지지하기로 의도한 사실들이나 원칙들을 정확하게 진술하는 것을 보장한다. 교회의 교리가 성경 원문에 있는 모든 진술에 관해서 고수하는 것은 정밀함과는 다른 바로 이 정확함이다.[241]

워필드와 핫지(A. A. Hodge, 1823-1886)에 따르면 성경 본문에는 분명 오류처럼 보이는 구절들이 있다. 그러나 교회가 성경의 무오성을 언제나 고백할 수 있었던 이유는 성경 본문에 대해 과학 교과서의 정밀함이 아니라 정확함을 적용했기 때문이다. 이 정확함이란 성경 저자가 진술하려고 의도했던 사실이나

원칙을 정확하게 진술하는 것을 의미한다.[242]

폴 헬름(Paul Helm)은 워필드 성경론에 대한 오해를 설명하는 글에서 이 점을 지적한다. 워필드의 영감론이 기계적이라는 비판에 대해 반박하면서, 성경 저자들에게 오류가 있음에도 불구하고 성경 본문이 무오한 진리를 말할 수 있음을 주장한다. 헬름에 따르면 성경 저자 "한 개인에게 오류가 있고, 그의 사상이 인간 오류의 요소들을 담고 있는 영향을 받아 형성되었음에도 불구하고, 불가해한 방식으로, 성령의 사역의 결과로서" 성경 저자 자신의 특성을 온전히 유지하면서 무오한 진리를 말할 수 있다.[243]

3 올바른 해석과 장르 이해의 필요성을 제시하다

위에서 다룬 두 가지의 성경관은 성경 본문을 바르게 해석하는 해석학의 필요성으로 우리를 안내한다. 성경 본문이 과학적 세부사항을 전달하지 않는다는 점, 성경 무오성이 전달하고자 하는 사실의 정밀함이 아니라 정확함을 의미한다는 점은, 해당 본문에 담긴 저자의 의도를 올바르게 파악하는 과제로 이어진다.

올바른 해석학의 필요성은 위에서 인용된 워필드의 글에서도 언급되고 있음을 다시 한 번 강조하고자 한다. 성경 본문이 말하는 모든 것이 무오한 것이 아니라 그 말씀의 "본래적인 의도와 의미가 해석될 때" 오류가 없다.[244] 성경 본문이 과학이나 역사적 사실에 관하여 진술할 때, 그 자체가 무오한 것이 아니라, 그 진술의 "본래적 의도와 의미"를 올바로 해석할 때 오류가 없다는 것이다. 그러므로 워필드의 성경 무오성에서 성경 본문에 대한 해석과 주의 깊은 주해는 중요한 핵심 원리로 작동한다.[245]

워필드는 바울의 "공식 가르침"과 "공식 가르침의 영역 밖의 문제들"을 구분한다.

사도들의 공식적인 가르침 말고 다른 어떤 것에 대해서 사도들의 무오성을 주장하려는 사람은 없을 것이기 때문이다. … 마찬가지로 바울이 자신의 가르침의 영역 밖에 있는 특정 문제들과 관련하여 그 당시 일반적인 견해들을 공유했다는 가정도 견지될 수 있다. 가령, 지구의 형태나 지구와 태양의 관계와 같은 문제가 그렇다. 그리고 바울이 그러한 문제들을 부수적으로 언급할 때 사용하는 언어 형식을 보면 그러한 가정대로 이루어진다는 것을 알 수 있다.[246]

더 나아가서 워필드는 오늘날 우리가 새롭게 발견하게 되는 "사실들"을 활용하는 것이 성경의 영감과 무오성과 대치되는 것이 결코 아님을 강조한다. 오히려 새로운 "사실들"을 가지고 본문에 대한 우리의 해석적 과정과 결론을 재검토할 것을 요구한다.

반대로 우리는 그 관찰된 사실이 기록된 본문에 충분하고도 가장 유용한 빛을 모든 영역에서 비춘다는 것을 단순하게 인정하지 않을 뿐이다. 이는 창세기 1장의 창조 내러티브에서도 마찬가지이다. 과학이 세상의 구조 안에 기록된 하나님의 창조 능력을 이해하려는 첫 발을 내디딜 때, 창세기 1장은 적절하게 이해되어야 할 유일한 출발점이다. … 하지만 사실들을 연구하여 얻은 새로운 관점으로 우리의 해석 과정(exegetical processes)을 교정하고 해석적 결론들(exegetical conclusions)을 수정하는 것과, 성경 구조에 관한 사실들로 성경의 가르침 그 자체를 해석학적으로 확인된 것처럼 변경하는 것은 서로 다른 일이다. … 우리는 해석 과정을 정확하게 수행하여 순수한 결과를 얻기 위해서 우리가 노력하는 모든 부분에서 해석의 도움을 추구할 수 있다.[247]

워필드에 따르면 창세기 1장의 내러티브는 우리가 과학을 가지고 세상을 이해함에 있어서 해석적 틀을 제공한다. 창세기 1장이 우주와 자연에 대해 과학 교과서와 같은 수준의 정밀한 자료들을 제공하고 있지 않는다 하더라도, 창세기

1장은 과학을 통해 피조세계를 이해하기 위한 "유일한 출발점"이다. 이와 동시에 과학적으로 확증된 사실을 가지고 본문에 대한 우리의 해석과 이해를 점검하는 것도 중요하다.

찰스 핫지(Charles Hodge, 1797-1878)는 성경 본문과 과학적 사실이 상호보완적 관계에 있음을 지적한다. 그에 따르면 성경 본문은 과학적 사실을 이해하는 틀을 제공하는 동시에, 과학적 사실은 성경 해석에 도움을 주기도 한다.

> 과학은 여러 문제에 있어서 교회에게 성경을 어떻게 이해해야 하는지 알려주었다. 성경은 수 세기 동안에 프톨레마이오스의 우주 체계로 이해되고 설명되었다. 이제 성경은 그 언어에 해를 가하지 않고도 코페르니쿠스의 체계로 설명되고 있다. 그리스도인들은 일반적으로 지구가 수 천 년 전부터 존재했다고 믿어왔다. 만일 지질학자들이 지구가 수만 세기(수백만 년) 동안 존재했다고 최종적으로 입증한다고 하더라도, 창세기 1장은 그 사실들과 완전히 조화를 이룰 수 있음이 밝혀질 것이다. 그리고 과학의 최종적인 결과가 성경 첫 페이지에 표현되어 있음이 밝혀질 것이다.[248]

모세 실바(Moisés Silva)는 구(舊)프린스턴 신학교로부터 웨스트민스터 신학교로 이어지는 성경 해석의 전통을 설명하며, 워필드의 성경 무오성에서 해석학의 중요성을 지적한다.[249] 실바는 워필드의 성경 무오성을 이해하는 데 있어서 해석이 중요한 역할을 담당한다고 말한다. 성경이 말하는 모든 것이 성경 저자들이 실제로 확증하거나 가르치려는 바가 아니므로, 성경 본문에 대한 연구가 필요하고, 그 본문이 실제로 가르치려는 바가 무엇인지 결정해야 한다. 실바는 이것은 "저자의 목적이나 의도"(authorial purpose or intention)라고 표현한다.[250]

실바는 워필드를 비롯한 구프린스턴 신학자들의 해석 원리가 개혁주의 전통 안에서 연속적인 것임을 밝힌다. 그는 고린도전서 10장 8절에 대한 칼뱅(Jean Calvin)의 해석을 사례로 제시한다.[251] 바울은 우상숭배를 경계하며 우상

숭배로 인해 죽은 이스라엘 백성의 수를 23,000명으로 적고 있다. 여기에서 인용되는 구절은 민수기 25장 9절이다. 그런데 민수기 본문을 보면 그 당시 우상수배로 인해 하나님의 심판을 받고 죽은 이스라엘 백성 수는 24,000명이 다. 이렇게 서로 모순되는 구절들이 성경 안에 존재할 때, 성경 무오성은 어떻게 변호될 수 있을까? 이에 대해 칼뱅은 이렇게 답한다. "사람을 정확하게 계수하려는 의도가 없을 때, 대략적인 숫자를 제시하는 것은 전례가 없는 일이 아니다. … 모세는 상한선을, 바울은 하한선을 제시하고 있을 뿐이다."[252]

성경의 본문을 올바르게 해석하는 데 필수적인 일은 본문의 장르를 이해하는 일이다. 성경의 권위를 인정하면서 현대 과학과의 조화를 시도할 때, 장르에 대한 이해 없이 모든 성경 본문이 동일한 수준의 명제적 진리를 담고 있다는 생각에서 문제가 발생한다. 다시 말해서, 성경 본문의 각기 다른 장르를 무시한 채, 모든 진술에서 동일한 수준의 명제들을 도출할 때 문제가 발생한다.

워필드를 비롯한 구프린스턴 신학자들의 성경론을 비판하는 신학자들은 이러한 명제주의적 태도를 워필드로부터 찾는다.[253] 헬름은 이러한 비판의 전형으로 맥고완(McGowan)을 제시한다. 맥고완에 따르면 구프린스턴 신학자들은 성경 무오성을 성경의 명제적 진술과 관련해서 생각했다. 맥고완은 워필드와 같은 성경 무오론자들이 성경을 "명제"로 환원시키고 신학자들을 위한 "데이터"로 축소시킨다고 비판했다.[254]

하지만 워필드의 글을 직접 읽어보면 워필드가 성경 본문의 장르에 집중했음을 알 수 있다. 물론 워필드의 글에서 "장르"(genre)라는 어휘가 직접 등장하지는 않는다. 대신에 워필드는 장르를 결정짓는 문체나 어휘, 표현 양식 등을 성경의 "현상들"(phenomena)이라는 용어로 설명한다.[255]

> 우리가 논의하는 교리에 따르면 성경의 모든 말은 하나님의 말씀이다. 하지만 또한 모든 말이 인간의 말이라는 것도 정당하게 참이다. 이것은 신약성경의 축자영감을 반대하는 신약성경의 현상들로부터 생겨나는 상당한 양의 반대들을 단번에

치워 버린다. 문체나 말투, 진술 방식, 논증 방식에 있어서 인간적 영향이 있음을 보여주는 어떠한 흔적도 그 문제와 관계없다. 그 책은 인간 저자의 수고를 통해 나왔고, 그들의 수작업의 흔적으로 가득 차 있다. 우리는 출발점에서 이것을 인정한다. … 따라서 성령이 "해가 진다"고 말할 수 있다거나 로마 제국을 "전 세계"라고 말할 수 있다는 것을 우리는 반박할 수 없다. 한 구절의 통용되는 의미만이 고려되어야 한다. 만일 사람들이 그렇게 말했고, 그렇게 말하면서 잘 이해했다면, 성령도 말씀하실 때 그렇게 말씀하실 것이다.[256]

워필드의 설명에 따르면 성경 본문은 장르에 따라 서로 다른 현상들을 보인다. 이는 각 본문의 문체나 말투, 진술 방식, 논증 방식 등을 통해서 강화된다. 따라서 성경 본문이 일반적인 과학적 사실이나 역사·지리적 사실과 다른 방식으로 어떤 진리를 진술할 때, 그것은 성경에 오류가 있기 때문이 아니라, 해당 성경 본문의 장르 문제로부터 기인한다.

이와 관련하여 워필드 시대에 가장 빈번하게 제기되었던 비난은 누가복음 3장 1절의 "디베료 황제가 왕위에 오른 지 열다섯째 해에"라는 구절에 역사적 오류가 있다는 것이다. 워필드는 이 구절에 난해함이 있다는 것은 사실이지만 그렇다고 그것이 "입증된 오류"가 아님을 분명히 했다.[257] 디베료 즉 티베리우스 황제의 재위 기간이 부정확하다는 비판이 있었다. 그러나 워필드의 원칙에 따르면 누가복음 본문은 역사적 사료를 제공하는 데 있지 않다. 누가복음이 티베리우스 황제의 재위 기간을 제시하는 이유는 세속사의 맥락에, 세례 요한의 등장이라는 중요한 구속사적 사건을 연결시키는 것이다. 그러므로 본문이 정확한 연대 산출에 도움을 주지 않더라도 오류가 있는 것은 아니다. 더욱이 그 이후 밝혀진 역사적 사실에 따르면 아우구스투스(Augustus)와의 공동통치 기간을 재위 원년으로 보지 않고, 아우구스투스의 사망 시점을 기준으로 계산한다면 "티베리우스 황제 통치 15년째 해"라는 문구에는 오류가 없다.[258]

4 | 하나님이 제이원인과 협력하심을 강조하다

워필드가 신앙과 과학이라는 주제에 있어서 균형을 잡을 수 있도록 도와주었던, 또 다른 핵심 원리는 "협력"(concursus) 개념이다. 이 개념을 바탕으로 워필드는 성경의 영감과 무오성을 인정하면서도 과학에 대해 진지하고도 열린 태도를 견지할 수 있었다.

먼저, 워필드는 "협력" 개념을 성경론에서 적용했다. 워필드가 영감의 가장 중요한 방법으로 제시하는 "협력"은 성경의 신적 요소와 인간적 요소를 다루는 글에서 가장 분명하게 드러난다. 먼저 워필드는 "협력" 개념을 통해서 성경의 모든 부분이 신적인 동시에 인간적임을 설명한다. 교회 역사를 보면 성경의 신적 요소나 인간적 요소만을 강조하려는 양극단이 존재했다. 성경의 신성을 지나치게 강조하려는 경향은 성경 안에 있는 인간적 요소들을 완전히 배제했다. 이것은 인간을 '받아쓰기 하는 기계'에 불과하게 만들었다. 즉 기계적 영감론으로 이어졌다.[259] 워필드 시대에는 합리주의로 인해서 성경의 인간적 요소만을 강조하려는 경향이 지배적이었다. 합리주의는 성경의 기원과 특성을 순전히 인간적인 것으로 보았다.[260] 합리주의자들에 의하면 "성경을 만든 것은 인간이었고, 인간 혼자였고, 그래서 성경은 순전히 인간적인 책이고, 신적 행위와 말씀에 관한 인간의 보고를 담고 있을 뿐이다."[261]

워필드는 "협력" 개념을 사용해서 성경의 신성과 인간성 모두를 확보하고자 했다. 워필드에 따르면 "'협력' 개념 말고는 영감의 방법에 관한 다른 개념이, 영감의 신적이고 인간적인 요소를, 성경의 신적이고 인간적인 요소를 제대로 다루지 못한다."[262]

> 이 관념의 핵심 원칙은 성경 전체가 그 안에 침투하는 신적 활동들의 결과물이라는 것이다. 그것은 인간 저자들의 활동들을 대체하는 것이 아니라, 그들과 함께 일

함으로써 이루어진다. 그래서 성경이 신적 활동과 인간적 활동의 공동 산물(joint product)이 된다. 모든 지점에 두 종류의 활동이 퍼져있다. 두 활동은 함께 조화롭게 일하여 글을 저술한다. 그 글은 여기에서는 신적이고 저기에서는 인간적인 것이 아니라, 동시에 모든 지점, 모든 언어, 모든 사항에 있어서 신적이고 인간적이다. 그러므로 이 관념에 따르면 성경 전체는 인간적인 것으로, 인간 노력의 자유로운 산물로 인정된다. 그와 동시에 성경 전체는 신적인 것으로, 하나님의 말씀으로, 하나님의 발화로, 즉 진정한 의미에서 그분이 저자인 것으로 인정된다.[263]

이처럼 워필드는 "협력" 개념을 통해서 성경의 신적 영감과 권위를 주장하면서도, 인간이 단순한 기계가 아님을 강조한다. 하나님의 활동 안에서 책임과 역할을 감당하는 존재임을 말하고 있다.

다음으로, 워필드는 이러한 "협력" 개념을 자연과학에 대한 이해에도 적용한다. 성경 영감에서 신적 특성과 인간적 특성이 협력하듯이, 자연세계 안에서 신적 활동과 자연적 과정의 협력이 가능하다고 보았다.[264] 워필드에게 "협력" 개념은 영감을 이해하는 데 있어서 가장 효과적인 모델이었을 뿐만 아니라, 과학과 종교 사이의 논쟁과 같은 신학적 쟁점들을 이해하는 데 있어서도 가장 효과적인 모델로 작동했다.[265]

워필드는 "협력" 개념과 칼뱅의 제이원인에 대한 존재론을 연결시킨다. "만물의 제일원인"(prima causa ominum)으로서의 하나님은 제이원인과의 협력을 통해 "우리가 보는 질서정연한 세계"를 있게 하셨다.

우리가 이 제이원인들에 대해 제시하는 설명은 존재론의 문제이다. 다시 말해서 우리가 제이원인들의 존재와 지속성, 활동에 대해서 우리가 어떻게 설명하는지의 문제이고, 제이원인들이 그것들의 보존자이자 감독자이자 창조자이신 하나님과 갖는 관계를 우리가 어떻게 인식하는지의 문제이다. 제이원인들에 관한 칼뱅의 존재론은 간단히 말해서 협력에 관한 매우 순전하고도 완전한 교리이다. 칼뱅에 칼뱅에 따르면 만물의 제일원인이 되시는 하나님은 "태고의 혼돈 덩어리"(primal indigested mass)를 창조하셨다. 이 "혼돈 덩어리"로부터 연속적인 변형이 발생했고 모든 유형의 생명으로 변형되어 지금 우리가 보는 자연세계가 생겨났다. 워필드는 바로 이 전체 과정을 "협력" 개념으로 이해했다.

마크 놀 역시 성경 영감에서의 "협력"에 대한 워필드의 확신이 자연 세계에서 물질적 요소와 신적 요소가 함께 설명될 수 있는 신학적 토대라고 보았다.[267] "협력"이라는 신학적 개념은 성경에 대한 이해, 자연과 과학에 대한 이해에 있어서 핵심이었다. 워필드는 "협력" 개념을 통해서 성경 영감과 창조, 섭리, 자연 세계에서 두 가지 요소(신적 요소와 물질적 요소)들이 어떻게 협력할 수 있었는지 설명할 수 있었다.[268]

이상으로 워필드의 성경론이 갖는 해석학적 함의를 다섯 가지 범주에서 살펴보았다. 워필드의 성경 해석 원칙에 따르면 우리가 성경의 영감과 무오성을 제대로 이해할 때, 우리 지성의 희생을 감수할 필요가 없다. 성경 무오성과 현대 과학은 양자택일의 문제가 아니다. 과학의 "입증된 사실"과 적절한 "성경 해석" 사이에 실제적으로 모순을 일으키거나 충돌하는 것은 없다.

그러므로 크리스천 과학자는 성경의 영감과 권위와 무오성을 강조하면서도 자신이 속한 학문 분야에서 성실히 연구를 진행할 수 있다. 크리스천 청년들은 개혁신학적인 성경 무오성을 고수하면서도 하나님의 일반은총이라는 더 넓은 영역으로 자유롭게 나아갈 수 있다. 문자주의적이고 근본주의적인 형태의 성경론으로 인해서 과학을 포함한 일반은총의 영역들로 나아가는 것을 포기하거나 주저하는 이들에게, 워필드의 성경론이 성경적이고도 안전한 신앙적 틀을 제시해 주리라 믿는다.

워필드의
성경해석 사례

앞장에서 우리는 과학시대에 워필드의 성경론이 어떤 신학적 의미를 갖는지 살펴보았다. 성경에 대한 전통적인 개혁신앙, 즉 하나님의 영감과 그 결과로서의 무오성을 고수하면서도 일반 학문이나 과학에 배타적일 필요가 없는 이유를 고찰했다. 이 장에서는 워필드가 그러한 성경 해석 원리를 바탕으로 19세기의 과학적 이슈를 어떻게 이해했는지 좀 더 상세히 알아볼 것이다.

여기에서 구체적으로 다룰 주제는 인류의 기원 문제이다. 인류가 이 땅에 언제 어떻게 시작되었는지에 대한 논의이다. 이 문제는 1859년 찰스 다윈이 『종의 기원』을 발표하면서 신학적 쟁점이 되기 시작했다. 사실 미국의 경우 『종의 기원』이 출간된 후 즉각적인 관심을 갖지는 못했다. 그 당시 미국은 남북전쟁(Civil War, 1861-1865)을 치르고 있었기 때문이다. 하지만 미국 신학계가 그 책이 담고 있는 신학적 함의에 주목하게 되기까지는 오랜 시간이 걸리지 않았다.[269]

대표적인 개혁파 신학자인 찰스 핫지(Charles Hodge)가 『다윈주의란 무엇인가?』[270]라는 책을 출간했다는 것은 신학 진영에서도 진화론의 영향들을 인식하기 시작했음을 잘 보여준다. 그럼에도 불구하고 이것이 미국 신학에 대한 진화론의 영향을 막지는 못했다. 그 이후 19세기 미국의 신학은 진화론의 영향으로 인해서 크게 두 진영으로 나뉘었다. 진화론을 지지하는 "새 신학"과 진화론을 거부하는 "옛 신학"으로 구분되었다.[271]

다윈의 진화론으로 인해서 인류의 기원 문제에 대한 인식이 변화하기 시작했다. 인류의 기원에 있어서 연대 문제와 단일성 문제가 신학적 쟁점으로 불거졌다. 인간이 지구상에 얼마나 오래 존재했는지에 관한 문제였고, 두 번째 쟁점은 인간의 기원이 하나인가 여럿인가 하는 문제였다. 이 문제를 살펴봄으로써 앞 장에서 다룬 워필드의 성경 해석 원리가 실제로 어떻게 작동하는지 알 수 있을 것이다. 이는 오늘날 우리가 성경의 영감과 무오성을 고수하면서 세속 학문을 어떻게 바라보아야 하는지에 대한 태도를 잘 보여준다.

1 인간의 태고성이 신학적으로 중요하지 않다

인류의 태고성이라는 이슈는 인간이 지구상에 얼마나 오랫동안 존재했는지에 관한 문제이다. 사실 워필드는 이것이 신학적으로 중요하지 않은 문제라고 생각했다.[272] 그러나 성경 기록의 표면적 의미와 특정 과학학파의 주장이 대조되면서 이 문제가 중요한 쟁점으로 대두되기 시작했다. 성경의 자료들을 표면적으로 읽을 때, 성경이 인류 역사를 매우 짧게 설정하는 것처럼 보였다. 그리고 일부 과학자들이 인류의 역사를 매우 길게 산정하기 시작했다. 사람들은 두 견해가 충돌하거나 모순되는 것을 목격하게 되었고, 두 견해 중의 하나를 취해야만 하는 상황에 놓였다.

연구자는 워필드 당시의 시대적 상황이 오늘날 우리의 시대적 상황과 유사하다고 생각한다. 어쩌면 그러한 시대적 상황은 늘 반복될지도 모른다. 주제만 다를 뿐이지 성경과 과학 사이에서 둘 중의 하나를 선택해야 하는 요청에 직면하는 경우가 많기 때문이다. 우리가 개혁주의 신앙을 가지고 그러한 요청에 어떻게 반응해야 하는지 알기 위해서, 워필드의 해석에 귀 기울일 필요가 있다는 사실을 다시금 강조해도 지나치지 않은 이유가 여기에 있다.

워필드는 우선 두 견해 사이의 충돌이 해석상의 문제일 뿐이라고 지적한다. 두 견해는 기독교와 과학의 전체적인 입장을 대변하지 않는다. 그는 이러한 견해가 일부 학파의 해석에 불과하다는 사실을 명확하게 지적한다.

> 신학이 이 주제에 관심을 갖게 된 것은 성경의 기록이 인류 역사를 매우 짧게 말하는 것과 과학의 특정 학파가 인류사를 엄청나게 길게 설정하는 것 사이의 대조 때문이다. 따라서 성경의 진술과 과학자들의 발견 사이에 충돌이 있는 것과 같은 인상이 생겨나게 되었고, 그 문제를 탐구하는 것은 신학자들의 의무가 되었다. 하지만 충돌처럼 보인 것은 완전히 인위적이었음이 입증되었다. 성경은 인류 역사를 짧게 설정하지 않는다. 이것은 성경의 자료를 해석하는 특정 방법에 의한 것일 뿐이며, 검토 결과 충분한 근거가 없는 것으로 드러났다. 과학은 지구에서의 인류의 삶을 위한 과도하게 긴 기간을 요구하지 않는다. 이것은 그저 사변적인 이론을 즐기는 특정 학파에 의해 행해진 것이었고, 엄격한 연구자들은 그들이 그렇게 긴 시간을 요청하는 것의 정당성을 인정하는 것에 점점 더 머뭇거리고 있다.[273]

그렇다면 실제로 두 견해는 어떻게 모순처럼 보였을까? 이 문제에 대한 워필드의 접근법을 살피기 전에, 우리는 먼저 두 견해 사이의 실제적인 차이를 이해할 필요가 있다. 연구자는 먼저 인류의 태고성에 관한 두 진영의 상반된 견해를 살피고, 워필드가 성경 무오의 관점에서 이 쟁점을 어떻게 이해하는지 분석하고자 한다.

성경 본문이 젊은지구창조론/진화론의 해석을 지지하지 않다

사실 인류 역사의 과정을 말하는 성경의 기록을 통해서 받는 첫 인상은 인류가 비교적 최근의 기원을 가지고 있는 것처럼 보이는 것을 인정해야만 한다. 그러므로 성경을 단순하게 읽는 사람들의 추론에 의하면 성경 자료가 허용하는 지구에서의 인류 역사의 기간은 대략 6,000년 정도이다. 워필드에 따르면 이러한 추정이 공식적인 연대기 구성으로 굳어져 전통이 되었고, 성경 내러티브의 연대 체계를 제공하는 성경의 난외주에 포함되었다.[274] 이러한 연대기 구성에 있어서 가장 큰 영향을 끼친 것은 어셔(Usher)[275]라는 이름의 대주교가 쓴 『신구약 성경의 연대기』(Annales Veteri et Novi Testamenti, 1650-1654)와 1701년 이후로 난외주에 이 연대기 구성을 추가시킨 『흠정역 성경』이었다. 그것에 따르면 이 세계의 창조는 주전 4004년으로 정해진다. 어셔의 계산은 주전 4138년 이었다. 하지만 예수회 신학자인 프토(Petau)[276]는 주전 3983년으로 계산했는데 이것은 어셔의 라이벌 이론들 중에서 가장 영향력 있는 것이 되었다. 하지만 이러한 계산들이 근거하는 자료를 좀 더 철저하게 살펴보면 그것들은 정확한 연대기적 구성을 형성하기 위한 만족할만한 근거를 제공하지 않는다는 것이 발견된다. 이 자료들은 대체적으로 족보로 구성된다. 그리고 족보에서 연대기적 추론을 도출하는 것은 근거가 불확실하다.

아브라함부터 지금에 이르기까지의 기간에 대해서 우리는 도움을 받을 만한 자료를 가지고 있다. 그러므로 이 기간의 길이에 대해서는 전반적으로 만족할만한 측정을 하는데 어려움이 없다. 하지만 아브라함 이전의 전체 시간에 대해서 우리는 전적으로 창세기 5장과 11장에 기록된 족보들로부터의 추론에 의존한다. 만일 성경의 족보들이 연대기적 추론을 위한 확고한 근거를 제공하지 않는다면 우리는 이 시대의 기간을 측정하는데 아무런 성경 자료를 갖지 못하게 된다. 우리가 알고 있는 바에 의하면 성경 족보들은 엄청난 기간을 포함할지도 모른다.

이와 반대로 인류의 역사를 지나치게 길게 계산하는 것은 진화론적 사변의 결과이다. 진화론적 사변에 따르면 살아있는 생명체는 무한히 이어지는 연속 세대들 가운데 아주 작은 변이가 만들어내는 선택의 산물이다. 따라서 이 과정에서 시간(time)과 우연(chance)이라는 요소가 매우 중요하게 부각되었다. 이 과정에 필요한 시간을 매우 느린 어떤 것으로 이해한다면, 어떠한 상황에서도 어떠한 결과를 만들 수 있는 "맹목적인 우연"을 생명의 원인으로 삼기에 전혀 어려움이 없었을 것이다.

워필드는 지구에서의 생명체의 존속기간, 특히 인류의 존속기간을 이렇게 굉장히 길게 산정하는 것은 사실 추측에 불과하다고 주장한다. 그리고 그렇게 주장했던 그 당시의 주요 학자들을 언급한다. 그에 따르면 1875년 무렵까지 인류가 거주할 수 있었던 지구의 나이를 수억 년으로 측정했던 것은 허튼(Hutton)[277]의 지질학의 관점으로 사물을 보았기 때문이다. 예를 들어 이 가르침의 영향은 다윈에게서 발견할 수 있다. 다윈은 Secondary Age 이후의 기간을 30억 년으로 보는 것은 너무 과소평가한 것이라고 추정했다.[278] 주크스(Jukes) 교수는 자신의 저술에서 다윈의 논의를 평가했다.[279] 주크스에 따르면 다윈이 모호한 자료를 바탕으로 연대를 추정하기 때문에 다윈이 제시한 연대는 수백 배로 축소되거나 증가되는 것이 합리적인데, 논의의 대상이 되는 연대의 최소치와 최대치는 3백만 년과 3백억 년이라고 언급했다. 폴튼(Poulton) 교수는 영국과학진흥협회의 동물학과장으로서 전한 연설에서 근본적으로 동일한 관점을 드러냈다.[280] 폴튼은 자신의 생물학적 관점에 비추어 볼 때 지질학자들이 거주 가능한 지구의 나이로 산정했던 최대 시간인 4억 년은 너무 짧다고 보았다. 그는 캄브리아기 하부층 퇴적물에서 이미 발견된 뚜렷이 구분되는 동물들의 유형과 (그가 생각하기에) 필연적으로 느린 진화의 과정을 토대로, 생명이 지금의 모습까지 진보하기 위해 필요한 시간을 실제적으로 무한대로 확장시켰다. 아치볼드 게이키(Geikie)는[281] 그의 생물학자 동료들을 강력히 변호하기 위해서 그들이 요구하는 모든 시간을 관대하게 허용하면서도, 그의 개인적 견해는 지구에서 생명체가 존재하기 시작했던 기간이 1억 년 전이라고 말했다.[282] 물론 이러한 관대한 측정들은 인류가 지구상에 존재하기 시작했을 시간에 대해서도 매우 관대하게 허용했음을 암시한다. 예를 들어 모르티예(Mortillet)는 지구상에서의 인류의 출현은 2백3십만 년 이내로 산정될 수 없다는 확신을 반복해서 강조했다.[283] 펭크 교수(Penck)는 이러한 계산에 동의했고,[284] 월리스(Wallace) 교수는 이 기간을 두 배 더 늘려야 한다고 말하곤 했다.[285]

워필드는 이러한 주장의 난점을 도슨(Dawson)의 말을 빌려 이렇게 정확하게 지적한다. "시간을 무한정 길게 산정해야 하는 필요성은 사실보다는 그 사실을 적절한 원인 없이 설명하려는 시도에서, 설계와 상관없는 무한한 우연의 상호작용에 호소하려는 시도에서, 죽은 물질로부터 생명을 가진 첫 번째 조직체가 자발적으로 생산될 수 있는 시간의 양을 우리가 전혀 모른다는 것을 고려하지 않은 것에서 생겨난다."[286]

3 성경의 족보는 연대기적 계산을 목적으로 기록되지 않았다

우리는 지금도 이와 같이 서로 상반된 두 견해들 중에서 하나를 선택할 것을 요구받는다. 성경적인 A 입장과 세속적인 B 입장 사이에서 하나를 선택할 것을 요구받는 것이다. 그래서 성경의 입장을 선택하면 비합리적이고 맹목적 신앙을 가진 사람으로 취급받게 되고, 과학의 입장을 선택하면 믿음이 약하거나 타협적인 사람으로 취급받게 된다. 그러나 사실 우리는 이 문제를 양자택일의 문제로 볼 필요가 없다. 워필드는 이러한 대립구도를 다음과 같이 적절하게 분석한다.

하지만 충돌처럼 보인 것은 완전히 인위적이었음이 입증 되었다. 성경은 인류 역사를 짧게 설정하지 않는다. 이것은 성경의 자료를 해석하는 특정 방법에 의한 것일 뿐이며, 검토 결과 충분한 근거가 없는 것으로 드러났다. 과학은 지구에서의 인류의 삶을 위한 과도하게 긴 기간을 요구하지 않는다. 이것은 그저 사변적인 이론을 즐기는 특정 학파에 의해 행해진 것이고, 엄격한 연구자들은 그들이 그렇게 긴 시간을 요청하는 것의 정당성을 인정하는 것을 점점 더 꺼려하고 있다. 그 문제의 실정이 점점 더 잘 이해되기 시작하면서, 그 문제는 신학적 논의에서 점점 사라지는 경향을 보였다.[287]

워필드의 결론은 분명하다. 그러한 대립이 성경이 말하고자 하는 바를 충실히 반영한 결과가 아니라는 것이다. 그러므로 우리도 반드시 둘 중의 하나를 택해야만 하는 상황에 처하지 않는다는 것이다. 인류의 태고성에 관하여 자칭 성경적인 입장과 과학적인 입장이라고 내세워지는 견해들은 실제로 성경과 과학의 적절한 견해를 충분히 반영하지 않고 있고, 특정 학파나 해석 방법에서 나온 결과들의 대립이기 때문이다. 이제 우리는 인간의 기원 문제에 있어서 또 다른 해석으로 나아갈 수 있는 것이다. 그렇다면 이제 우리에게 남은 문제는 명확하다. 성경 본문이 인류의 태고성에 대해서 실제로 무엇을 말하는가? 성경 본문에 인류의 연대 문제에 관한 답이 기록되어 있는가?

워필드는 일부 신학자들이 성경의 족보에서 인류의 연대 문제를 산출하는 데서 오류가 시작되었음을 지적한다. 특히 아브라함 이전의 기간에 대해서 창세기 5장과 11장의 족보를 토대로 인류의 연대기를 산정하는 것에서 문제가 발생한다. 그에 따르면 성경의 족보는 연대기적 "목적"으로 구성되지 않았기 때문에, 연대기 계산을 위한 근거로 사용하는 것은 부적절하다.[288] 워필드에 따르면 이 문제는 윌리엄 헨리 그린(William Henry Green, 1825-1900)이 매우 잘 설명했다. 워필드 역시 그린의 글에서 주요 논증들을 가져온다. 그린은 그 당시 프린스턴의 구약을 대표하는 학자였고, 보수적인 개혁주의 전통을 잘 견지한 신학자였다.[289] 따라서 이 주제에 대한 그의 연구는 검토할 만한 가치가 있다. 연구자는 그린이 다루는 몇 가지 구체적인 성경 본문을 통해서 성경 족보에 누락과 생략이 있고, 따라서 인류의 연대기 계산을 위해 적절하지 않다는 워필드와 그린의 주장을 살피고자 한다.

마태복음 1장

마태복음 1장에 있는 예수님의 족보에는 의도된 생략이 있다. 그린에 의하면 이 주제를 다루는 사람들에게 이 구절은 상당히 친숙한 본문이다.[290] 우리의 관심은 어디에 의도된 생략이 있는가이다. 그 생략은 1장 8절의 요람과 웃시야 사이에 있다. 열왕기하 8장 25절, 12장 1절, 그리고 14장 1절에 따르면 요람과 웃시야 사이에는 아하시야, 요아스, 아마샤가 있다. 또한 마태복음 1장 11절을 열왕기하 23장 34절, 역대상 3장 16절에 비교해보면 요시야 뒤에 여호야김이 빠져 있음을 알 수 있다. 더욱 놀라운 것은 1절에서 예수님의 전체 족보가 단 두 단계로 요약되기도 한다. "아브라함의 자손이요 다윗의 자손인 예수 그리스도의 계보는 이러하다."

워필드는 마태복음 1장의 족보가 두 족보의 자유로운 종합을 발견한다. 매우 축약된 두 단계의 족보가 1절에 있고, 이것을 42세대로 확장시킨 족보가 2-17절에 있다. 이 확장된 두 번째 족보를 42세대로 기록한 것은 14세대씩 구분하여 체계적으로 기록하고 암기하기 위함이다.[291] 따라서 이 족보의 목적은 연대기 계산에 있지 않고, 구속사에서 중요한 인물들의 목록을 효과적으로 보존하는 데 있는 것이다. 워필드는 동일한 원리가 창세기 5장과 11장의 족보에도 있을 수 있다고 지적한다.[292] 두 족보 역시 각각 10세대씩 나뉜 2개의 족보로 구성된다. 따라서 이렇게 10세대로 구성된 족보는 연대기 계산이 아니라 고유의 다른 목적을 위한 것이고, 실제로는 더 긴 세대의 연속을 함축할 수 있다는 것이다.

역대상 26장

역대상 26장은 다윗 왕이 임명한 사람들을 기록하고 있다. 그러므로 여기에서 어떤 직책에 임명된 사람들은 다윗 왕과 동시대 인물이어야만 한다. 그런데 우리는 24절에서 "모세의 아들인 게르솜의 자손 스브엘이 곳간의 책임자"라는 기록을 보게 된다. 이와 유사한 사례가 31절에 나온다. "헤브론 사람의 족장은 여리야이다. 다윗이 통치한 지 사십 년이 되던 해에, 헤브론의 족보와 가문을 따라, 길르앗의 야스엘에서 사람들을 조사하여 용사를 찾아냈다." 그런데 이것을 역대상 23장 6,12,19절과 비교해보면 다윗이 찾아낸 여리야가 마치 레위의 증손자처럼 보인다.

그렇다면 우리는 족보의 기록을 그대로 받아들여 모세의 손자인 스브엘이, 그리고 레위의 증손자인 여리야가 다윗 시대까지 살아남아 어떤 직책을 수행했다고 보아야 하는가? 그렇지 않다. 이것은 족보에 의도된 생략이 있음을 암시하는 구절이다.[293]

에스라 8장

에스라 8장은 에스라가 바빌로니아로부터 함께 나온 사람들의 이름을 기록하고 있다. 그러므로 여기에 나열되는 사람들은 에스라와 동시대의 사람으로서 함께 바빌로니아로부터 풀려난 세대가 되는 셈이다. 그 중에서 2절에 나오는 게르솜과 핫두스를 살펴보자. 이들은 각각 비느하스의 아들, 다윗의 아들이라고 표현된다. 우리가 족보의 표현을 그대로 수용할 때, 에스라와 함께 바빌로니아에서 온 사람들 무리에 아론의 증손자인 게르솜이, 다윗의 아들인 핫두스가 있게 되는 셈이다. 그러므로 우리는 오히려 이 족보들의 각 세대 안에 의도적으로 생략된 여러 세대가 있을 수 있음을 다시 한 번 상기할 필요가 있다.

이상의 논의가 보여주는 바에 의하면 성경의 족보는 모든 세대 목록을 완벽하게 제시하지 않는다. 마태복음 1장과 역대상 26장, 에스라 8장에 기록된 족보에 대한 고찰은 우리가 창세기 5장과 11장의 족보에 어떠한 관점을 가지고 접근해야 하는지 잘 보여준다. 족보는 연대기 계산에 필요한 자료를 우리에게 주기 위해서 작성되지 않았다. 그렇기 때문에 우리가 성경의 족보를 가지고 연대기 계산을 하는 것은 족보의 목적에 부합하지 않다.[294] 따라서 창세기 5장과 11장의 족보는 아브라함 이전의 연대기를 계산하기 위한 근거 자료가 될 수 없고, 각 세대 사이에 다양한 기간이 끼어 있다고 추측할 수 있다.

4 인류의 단일성은 신학적으로 중요하다

인류의 단일성이라는 문제는 인류의 태고성이라는 문제와 신학적 가치가 매우 다르다. 성경은 인류의 태고성에 관한 가르침을 담고 있지 않다. 반면에 성경은 인류의 단일성을 성경 전체의 가르침을 위한 전제로 삼고 있다. 워필드 역시 이 점에 동의하며 인류의 단일성이라는 쟁점을 매우 중요한 신학적 주제로 여긴다.[295] 그에 따르면 이 문제는 성경이 말하는 "죄와 구속의 교리"를 위한 중요한 전제이다.[296] 따라서 워필드가 인류의 단일성에 관한 문제를 어떻게 설명하는지 살피는 것은, 오늘날 우리가 성경적 입장에서 과학이나 철학 문제에 접근할 때 취할 수 있는 중요한 관점을 제시할 것이다.

인류의 단일성을 거부하려는 시도는 항상 있어왔다. 기독교에 대한 반대가 항상 있었다는 사실을 고려할 때, 기독교의 중요한 신학적 전제가 되는 인류의 단일성에 대한 강력한 반대가 있었다는 사실은 자연스럽다. 워필드는 이러한 반대를 세 가지로 제시한다. 인류다원설(polygenism)과 아담외인류설(co-Adamitism), 아담전인류설(pre-Adamitism)이다.[297]

인류다원설은 고대에 만연했던 생각이다. 워필드의 지적에 의하면, 스토아학파가 처음으로 인류의 단일성과 보편적 정의, 의무, 박애 등에 대해 주장했다. 그러나 이들을 제외하고는 인류의 단일성에 대한 생각이 거의 없었다. 바빙크(Bavinck)도 이 점을 지적한다. 그에 따르면 특별 계시의 영향을 받지 않은 사람들은 인류의 단일성에 대해서 대체적으로 인식하지 못했다.[298] 르네상스를 거치면서 고대의 관념들이 부활하기 시작했고, 인류다원설도 확산되기 시작했다. 인류다원설은 아담외인류설과 아담전인류설로 구체화되었다.

아담외인류설은 아담 이외에도 대표 조상이 있다는 생각이다. 이 생각에 따르면 주요 인종은 서로 구별된 조상으로부터 나왔다. 이 이론은 18세기 후반과 19세기 초반에 인류학에 관한 지식이 증가하면서 다시 유행했다. 심지어 노예제도를 옹호하는 데 쓰이기도 했다.

아담전인류설은 아담이 조상이 아니라 자손이라는 생각이다. 즉 인류는 한 종(種)으로서 다른 인종으로부터 나왔고, 아담은 이 인종의 뿌리가 아니라 후손들 중의 하나라는 것이다. 17세기에는 프랑스의 급진적 신학자인 아이작 드 라 페이레르(Isaac de La Peyrere)가, 18세기에는 독일의 철학자 셸링(Friedrich Wilhelm Schelling) 등이 이 이론을 가르쳤다.

인류의 단일성 문제는 신학적 중요성을 갖는다. 따라서 이것과 관련된 신학적 주제들을 다루기 위해서는 이 문제를 합리적으로 살펴보고 해결하는 것이 중요하다. 워필드 역시 그 사실을 잘 인식하고 있었다. 워필드는 두 가지 측면에서 이 문제를 다룬다. 먼저 일반 학문의 영역에서 인류의 단일성을 어떻게 주장할 수 있는지 살피고, 성경 자체가 어떻게 증언하는지 살펴본다. 연구자 역시 두 측면에서 이 주제를 살펴보고자 한다.

연구자는 워필드가 먼저 변증적 방법으로 이 주제에 접근한다는 사실을 지적하고자 한다. 워필드는 그 당시 이 주제에 저명한 일반 학자들의 글을 통해서 인류의 단일성 문제가 상당히 보편적 개념이 되었음을 입증한다. 워필드는 인류의 단일성에 대하여 생리학적, 구조적, 심리학적, 언어적 측면에서 접근한다.[299]

먼저 인류의 단일성은 생리학적 측면에서 드러난다. 인류의 생리학적 단일성은 몇 가지 인류들을 구분하는 미묘한 단계적 변화에서 잘 드러난다. 그리고 상호 교배 할 때 줄어들지 않는 자연적 번식력에서 잘 드러난다. 리차드 오언(Richard Owen)은 이 주제에 있어서 가장 권위 있는 학자로서,[300] 다음과 같이 결론 내린다. "나는 이렇게 결론 내리게 되었다. 즉 인간은 한 종(種)을 구성하고, 다양한 차이점들은 다양성을 나타낼 뿐이다."[301]

이러한 인류의 단일성은 인간의 구조적 특징에서 강조된다. 모든 종류의 인류와 동물에 가까운 존재들 모두에게 공통적으로 있는 골격과 두개골과 치아의 구조적 특성들 사이에 존재하는 차이점에 의해서 강조된다. 이로 인해 헉슬리(Huxley)는 다음과 같이 주장했다. "고릴라의 모든 뼈는 그와 동일한 종류의 인간의 뼈와 구분되는 특징들을 가지고 있다. 그리고 적어도 현재의 피조물 중에서는 인간과 유인원 사이의 간극을 메울 직접적인 연결고리가 없다."[302]

인류의 심리학적 단일성은 훨씬 더 분명하다. 다양한 사람들은 스스로 동일한 정신적 본성과 내용을 가지고 있음을 보여준다. 인간은 동일한 방식으로 정신적으로나 영적으로 기능한다. 현존하는 동물 세계 전체에서 인간만이 이성적이고 도덕적인 본성을 가지고 있다. 피스케(Fiske)는 이에 대하여 다음과 같이 정당하게 주장한다. 동물학적으로 보았을 때 인간이 침팬지나 오랑우탄과 구분되는 하나의 뚜렷한 과(科)를 세웠다고 말하는 것이 충분할지도 모르지만, "반면에 심리학적으로 보았을 때 인간은 하나의 뚜렷한 계(界)를 세운 것이 분명하다. 뿐만 아니라 우주를 양분할 때, 우리는 한 쪽에 인간을, 그리고 다른 한 쪽에는 다른 모든 것이 올려놓을 수 있다."[303]

인류의 심리학적 발현들 중에서 다른 모든 동물적 존재들과 구분되는 것은 "언어 능력"이다. 인간은 이 능력을 다른 존재와 공유하지 않는다. 만일 인간의 모든 언어들이 하나의 뿌리로 환원될 수 없다면, 그것들은 동일한 법칙 아래에서 작동하는 인간의 독특한 기능을 보여주고, 유일하게 언어를 가지고 있는 인류의 단일성에 대한 가장 현저한 증언이 되어준다.

이처럼 인류의 단일성은 여러 학문 분야에서 지지를 받는다. 이것들은 인류의 본질적 단일성을 분명히 밝혀주고, 여러 인종들이 단일한 중심지로부터 모든 방향으로 뻗어 나갔다는 인간 기원에 대한 성경의 설명을 강력하게 지지한다.[304]

성경적 증거

인류의 단일성에 관한 주장은 다름 아닌 성경 기사의 구조 자체에 담겨있다. 인간의 기원에 관한 성경의 설명(창 1:26-28)은 인간이 한 쌍으로부터 기원한다는 설명이다. 이 한 쌍의 인간은 자신의 생식 세포(germ)에 인간성(humanity)을 담았고, 생육(fruitfulness)과 번성(multiplication)을 통해서 온 지구를 채웠다. 그러므로 첫 번째 남자는 아담(Adam)이라고 불렸다. 그리고 첫 번째 여자는 "생명이 있는 모든 것의 어머니"라는 의미(창 3:20)에서 이브(Eve)라고 불렸다. 그리고 모든 사람들은 "아담의 자손들"이나 "사람의 자손들"로 불린다(신 32:8; 시 11:4; 삼상 26:19; 왕상 8:39; 시 145:12 등).[305] 인류를 이 한 쌍의 자손들에 절대적으로 한정시키는 것은 대홍수(the Flood) 사건에서 강조된다. 이 때 모든 육체(all flesh)가 파괴되고, 노아(Noah)라는 새로운 조상을 통해서 인류에게 새로운 시작이 주어진다. 노아의 자손들은 "온 땅 위에 퍼져 나갔다"(창 9:19).

이것은 창세기 10장에 자세히 기록된 국가 목록으로 알 수 있다. 창세기 11장의 바벨탑 이야기는 민족들(peoples)의 분화(分化)에 깊은 종교-윤리적 의미를 부여한다. 그 이야기에서 인류를 나누는 확산(divergence)과 구분(separation)은 죄의 산물로 묘사된다. 곧 하나님께서 하나로 모으신 것을 인간이 흩어지게 한 것이었다. 그러므로 성경 전체에서 인류는 하나님의 관점에 따라 단일체로 다뤄지고, 공통적인 필요에서 뿐만이 아니라 공통적인 구속에서 공유된다. 이스라엘은 하나님께서 그들을 자신의 독특한 민족으로 선택하셔서 그들이 존귀하게 되었다는 가르침을 받았다. 그러나 그들이 다른 민족들과 다른 이유가 그들 자체에 있다고 이해하도록 허용되지는 않았다. 이방인들과 노예들에 관한 율법에 의해서 그들은 모든 종류와 상태의 인간이 갖는 공통된 인간성(common humanity)을 인정하도록 요청받았다. 그들이 다른 사람들과 구분되는 것은 당연한 것이 아니라, 하나님의 값없는 선물에 의한 것이었다. 하나님은 이스라엘뿐만이 아니라 세계 전체를 향한 자신의 선한 목적에서 흘러나오는 신비한 사역(mysterious working)을 통해서 그렇게 하셨다. 하나님의 은혜로운 목적들에 담긴 이 보편성(universalism)은 이미 옛 언약(Old Covenant)에 내재되어 있었고, 종종 그 안에서 선포되고, (옛 언약이 준비였다는 의미에서) 새 언약의 원리원칙(keynote)이 되었다. 이 보편성은 인류의 단일성에 대한 가장 강력한 주장이다. 따라서 우리는 한 쌍으로부터의 인류의 기원에 대해서 주님께서 스스로 증표를 두셨다는 사실과 그 사실로부터 인간을 향한 생명의 법칙을 도출하신다는 사실을 발견하게 된다(마 19:4). 그리고 바울이 명시적으로 선포하는 바에 의하면 하나님께서 "인류의 모든 족속을 한 혈통으로" 만드셨고, 하나님의 선하신 목적을 위하여 그들이 거주할 지역을 정하셨고, 이제 그들 모두에게 동일한 구원(common salvation)을 제공한다는 의미에서 그들 모두를 동일하게 다루고 있으시다(행 27:26 이하). 그뿐만이 아니라 신약성경 전체는 인류의 형제애를 넘치게 다룬다. 인류는 기원에 있어서 하나이고, 본성에 있어서 하나이고, 필요에 있어서 하나이고, 구원의 제공(provision of redemption)에 있어서 하나이다.

이처럼 성경은 인류의 단일성을 전제로 한다. 한 쌍의 인간 창조, 홍수를 통한 새로운 시작, 이스라엘을 향한 선택, 언약에 담긴 공통된 인간성의 강조, 인류의 형제애에 대한 신약의 강조 등은 인류의 단일성을 공통적으로 강조하고 있음을 알 수 있다.

5 성경은 인류의 단일성과 구원론을 연결시킨다

워필드는 인류의 단일성이 구원론과 관련되는 문제이기에 중요하게 생각했다. 그는 이 문제에 있어서 철저히 성경적 관점을 유지했다. 인류의 단일한 기원을 고수하는 것은 인류 전체의 죄 개념과 유일한 구원자 개념에 필수적인 전제이기 때문이다.

바울 신학 전체의 토대는 인류 전체의 죄라는 사실이다(롬 5:12 이하; 고전 15:21 이하). 그리고 인류 전체의 죄라는 사실 기저에는 인류의 단일성이라는 사실이 깔려있다. 그 유일한 이유는 모든 사람들이 첫 번째 대표였던 아담 안에 존재했기 때문이고, 아담의 죄를 공유하기 때문이고, 그의 죄와 함께 그의 심판에 함께 놓이기 때문이다. 그리고 그 유일한 이유는 인간의 죄는 기원에 있어서 하나이고, 따라서 본성과 특성에 있어서 하나이기 때문이다. 따라서 한 사람에게 적절하고 가능한 구원은, 모든 사람에게 동일하게 적절하고 가능하다. 왜냐하면 인류가 하나이고, 인류의 필요도 하나이기 때문이다. 또한 유대인이나 이방인이나 동일하게 죄 아래에 있고, 유대인이나 이방인이나 구원의 문제에 있어서 차이가 없기 때문이다. 동일한 하나님이 모든 사람의 주가 되시고, 그분을 부르는 모든 이들에게 그리스도 예수 안에서 풍성하시다. 하나님은 할례 받지 않은 사람도 믿음으로 의롭다 하시고, 할례 받은 사람도 믿음으로 의롭다 하신다(롬 9:22-23, 28 이하; 10:12). 그러므로 예수 그리스도는 마지막 아담으로서 유대인뿐만이 아니라 세상의 구원자이시다(요 4:42; 딤전 4:10; 요일 4:14). 예수 그리스도는 세상을 향한 아버지의 사랑으로만 자신의 위대한 사역을 이 일에 내어놓으셨다(요 3:16).

성경에서 인류의 단일성은 우리가 인류의 모든 구성원 안에 있는 존엄성 (dignity)을 인정해야 하는 근거가 된다. 모든 사람은 동일하게 하나님의 형상 (image of God)대로 창조되었고, 하나님의 형상은 죄보다 심원한 것이어서 죄 에 의해 지워질 수 없다(창 5:3; 9:6; 고전 11:7; 히 2:5 이하). 그뿐만 아니라 잃어버린 인류의 구원을 향한 아버지의 사랑으로 고안된 회복(restoration)의 전체 계획의 근거가 되기도 한다.

그러므로 구속에 관한 성경의 교리적 구조는 인류가 하나의 단일한 유기체 이고 그렇게 다루어져야 한다는 전제(assumption)에 기초하고 있음을 제시한 다. 모든 사람이 아담 안에서 하나이기 때문이다. 그래서 죄의 문제에 있어서 차이가 없고, 모든 사람이 하나님의 영광에 미치지 못하게 되었기 때문이다(롬 3:22). 아담 안에서 옛 사람의 단일성은 그리스도 안에서 새 사람의 단일성의 필요조건이다.

워필드 성경론의
실천적 특성

지금까지의 논의를 보면 워필드의 성경론이 다분히 변증적임을 알 수 있다. 워필드를 비롯한 19세기 개혁주의 신학자들에게 가장 큰 문제는 성경의 권위와 영감, 무오성, 초자연성을 지켜내는 것이었다. 칸트와 슐라이어마허, 리츨로부터 철학적 도전이 있었고, 그로 인해 기독교 진리의 권위를 성경에서 인간의 자율성으로 옮기려는 시도가 만연했다. 워필드는 그러한 사상적 맥락에서 성경의 권위를 지켜내는 일에 천착했다.

그러다 보니 워필드의 신학이 매우 합리주의적이거나 스콜라주의적이라는 비판이 많았다. 그 당시 학문적 도전에 대해 '합리적'으로 변증을 시도했기에 받는 어쩔 수 없는 비판일 것이다. 찰스 브릭스(Charles Briggs)는 워필드를 비롯한 구프린스턴 신학자들의 성경론이 스콜라주의적인 것이라고 비판했다.[306] 잭 로저스(Jack Rogers)와 도널드 맥킴(Donald McKim)은 워필드의 성경론이 19세기에 발명된 것으로 지나치게 합리주의적이라고 비판했다.[307] 윌리엄 리빙스턴(William Livingstone)과 어니스트 샌딘(Ernest Sandeen)은 워필드가 지나치게 스콜라주의적인 성경론을 고수함으로써 주관적인 요소를 거부했고 결국 새로운 성경론을 만들었다고 비판했다.[308] 분명 워필드의 글은 때로는 어렵고 복잡하며, 때로는 지나치게 논쟁적이다. 그러나 우리는 워필드가 왜 그러한 글을 써야만 했는지 이제는 이해할 수 있다.

이제 우리는 한 걸음 더 나아가고자 한다. 워필드의 성경론이 어떻게 인간의 실천을 강조하는지 두 가지 측면에서 살펴볼 것이다. 첫 번째는 워필드 성경 영감론에서 특징적으로 나타나는 "협력"(concursus)[309] 개념과 관련이 있다. 이 "협력" 개념이 성경의 권위를 인정하면서도 신자의 반응으로서의 삶을 강조할 수 있는 신학적 원리임을 제시하고자 한다. 두 번째는 워필드의 성경론에 담긴 통합적 인간관이다. 앞서 칸트와 슐라이어마허, 리츨의 문제가 인간의 경험이나 감정, 이성을 파편적으로 강조하는 것에 있었다면, 워필드는 인간의 이성과 감정, 경험 등을 통합적으로 고려하고 있다.

1 '협력' 개념을 통해 신적 권위와 인간의 책임을 동시에 강조하다

이 부분에서 워필드의 영감론을 다룰 때, 특히 "협력"이라는 개념을 중심으로 살펴볼 것이다.[310] 이를 통해서 워필드가 성경의 권위를 어떻게 확증하고 있는지, 그러면서도 동시에 신자의 실천에 대해서 어떻게 강조하고 있는지 드러내고자 한다. 먼저 워필드의 성경 영감론에서 "협력" 개념이 차지하는 중요성을 살펴보자.

워필드의 영감론에서 "협력"이라는 개념은 세 가지 면에서 중요하다.

첫째, 워필드는 세 가지 영감의 방법(mode of inspiration)을 설명하면서, 그 중에서 "협력"이 영감의 방법을 설명하는 가장 적절한 용어라고 주장한다.[311] 사실 워필드는 1893년 이전에는 성경 영감을 설명하는 데 있어서 "협력" 개념을 사용하지 않았다. 하지만 1893년 아우구스트 디엑호프(August W. Dieckhoff)

의 『성경 영감과 무오성』(Die Inspiration und Irrthumslosigkeit der heiligen Schrift, 1891)을 서평하면서, 워필드는 "협력"이라는 용어를 성경 영감론에서 사용하기 시작했다. 워필드는 성경 영감의 방법에 대한 디엑호프의 설명에 전적으로 동의한다고 밝히면서, 디엑호프가 성경 영감의 참된 방법으로 "협력"을 제시한 것이 큰 공헌이라고 설명했다.[312]

둘째, 워필드는 교부들과 종교개혁자들의 성경 영감론이 "협력" 개념을 말한다고 보았다. 이 개념이 전통적인 개혁신학의 유산이라고 보았던 것이다. 그에 따르면 "협력" 개념은 아우구스티누스와 같은 교부들, 종교개혁자들의 것이었고, 찰스 핫지와 A. A. 핫지, G. T. 쉐드와 같은 현대 신학자들의 개념이기도 했다.[313] 특히 워필드는 웨스트민스터 문서 작성자들과 종교개혁자들을 비교하며, 종교개혁자들이 영감의 방법에 있어서 "협력" 개념을 따른다고 다시 한 번 강조했다. 성경 영감에 관한 사실들(완전영감, 축자영감, 성경 무오성)을 보장해 주는 것이 "협력"이라는 영감의 방법이라고도 강조했다.[314]

셋째, 현대의 성경 무오론 지지자들도 워필드의 "협력" 개념을 고수하고 있다.[315] 대표적인 복음주의 신학자 제임스 패커(James I. Packer, 1926-2020)는 "협력"이 오래 되었지만 가치 있는 용어라고 말한다. 패커는 성령의 영감 행위에서 인간에 미치는 모든 활동에 대해 "협력" 개념을 사용한다.[316]

이제 워필드의 성경 영감론에서 발견할 수 있는 현대적 의의를 조금 더 구체적으로 살펴볼 것이다. 성경의 권위와 신자의 실천을 이중적으로 강조하는 신학적 틀을 워필드의 성경 영감론에 담긴 "협력" 개념에서 찾고자 한다.

성경의 권위에 대한 강조

워필드가 영감의 가장 중요한 방법으로 제시하는 "협력"은 성경의 신적 요소와 인간적 요소를 다루는 글에서 가장 분명하게 드러난다. 먼저 워필드는 "협력" 개념을 통해서 성경의 모든 부분이 신적인 동시에 인간적임을 설명한다. 교회 역사를 보면 성경의 신적 요소나 인간적 요소만을 강조하려는 양극단이 존재했다. 성경의 신성을 지나치게 강조하려는 경향은 성경 안에 있는 인간적 요소들을 완전히 배제했다. 이것은 인간을 '받아쓰기 하는 기계'에 불과하게 만들었다. 즉 기계적 영감론으로 이어졌다.[317] 워필드 시대에는 합리주의로 인해서 성경의 인간적 요소만을 강조하려는 경향이 지배적이었다. 합리주의는 성경의 기원과 특성을 순전히 인간적인 것으로 보았다.[318] 합리주의자들에 의하면 "성경을 만든 것은 인간이었고, 인간 혼자였고, 그래서 성경은 순전히 인간적인 책이고, 신적 행위와 말씀에 관한 인간의 보고를 담고 있을 뿐이다."[319]

워필드는 "협력" 개념을 사용해서 성경의 신성과 인간성 모두를 확보하고자 했다. 워필드에 따르면 "'협력' 개념 말고는 영감의 방법에 관한 다른 개념이, 영감의 신적이고 인간적인 요소를, 성경의 신적이고 인간적인 요소를 제대로 다루지 못한다."[320]

이 관념의 핵심 원칙은 성경 전체가 그 안에 침투하는 신적 활동들의 결과물이라는 것이다. 그것은 인간 저자들의 활동들을 대체하는 것이 아니라, 그들과 함께 일함으로써 이루어진다. 그래서 성경이 신적 활동과 인간적 활동의 공동 산물(joint product)이 된다. 모든 지점에 두 종류의 활동이 퍼져있다. 두 활동은 함께 조화롭게 일하여 글을 저술한다. 그 글은 여기에서는 신적이고 저기에서는 인간적인 것이 아니라, 동시에 모든 지점, 모든 언어, 모든 사항에 있어서 신적이고 인간적이다. 그러므로 이 관념에 따르면 성경 전체는 인간적인 것으로, 인간 노력의 자유로운 산물로 인정된다. 그와 동시에 성경 전체는 신적인 것으로, 하나님의 말씀으로, 하나님의 발화로, 즉 진정한 의미에서 그분이 저자인 것으로 인정된다.[321]

이처럼 워필드는 "협력" 개념을 통해서 성경의 신적 영감과 권위를 주장하면서도, 인간이 단순한 기계가 아님을 강조한다. 하나님의 활동 안에서 책임과 역할을 감당하는 존재임을 말하고 있다. 워필드의 마지막 인용은 의미심장하다. "성경은 권위 있다. 그것은 하나님의 말씀이기 때문이다. 그리고 성경은 우리가 이해할 수 있는 말씀이다. 그것은 인간의 말이기도 하기 때문이다."

워필드는 성경 영감의 방법인 "협력" 개념을 통해 하나님 말씀의 신적 권위를 설명했다. 워필드는 더 나아가서 영감에 관한 이러한 논의가 "실천"으로 이어진다고 주장한다. 다만 아쉬운 점은 워필드는 성경 영감에 대한 논의를 개진하면서, 실천적 중요성에 대해 간단히 언급을 할 뿐이지 자세히 설명하지 않는다. 필자는 먼저 워필드가 영감에 대한 논의에서 실천적 관련성을 지적하는 부분을 살펴볼 것이고, 자세한 논의를 영감과 다른 교리들과의 연관성을 다루는 부분에서 실천적 관련성을 좀 더 자세히 짚어볼 것이다.

먼저, 워필드는 1878년 웨스턴 신학교(Western Theological Seminary)에 취임하면서 "영감과 비평"이라는 제목의 연설을 했다.[322] 이 연설에서 워필드는 영감론이 실천과 관련이 있음을 지적한다. 교회 안에 들어온 느슨한 신앙이 느슨한 실천을 낳을 위험성을 갖는다고 설명하면서, 느슨한 신앙이란 웨스트민스터 표준문서에 동의하지 않는 신앙임을 분명히 했다.[323] 그리고 워필드는 이어서 영감 교리에 대한 현대적 비평에 대해 논박한다. 그러므로 워필드는 웨스트민스터 표준문서들의 영감 개념을 따르지 않는 느슨한 신앙이 느슨한 실천으로 이어진다는 점을 강조하면서, 웨스트민스터 표준문서들의 영감 교리를 수용하는 것이 실천에 있어서도 중요한 문제임을 지적하고 있는 것이다. 위에서 언급했던 것처럼 웨스트민스터의 신학자들은 암시적으로, 그리고 시간이 지나면서 좀 더 명시적으로 "협력"이라는 영감 개념을 수용했다.[324]

워필드에 따르면 성경 영감의 방법에 관한 교리는 영감의 결과와 실천에 대한 사람들의 인식에 영향을 미친다. 다시 말해서 성경 영감의 방법에 관한 교리가 수정될 경우, 성경 영감의 결과(성경의 권위와 무오성)에 관한 교리에서 수정이 발생하고, 결국 성경에 대한 신뢰성과 실천에 영향을 미친다는 점이다. 이 부분에 대해 워필드의 설명을 상세히 살펴보는 것이 좋을 것이다.

> 영감이라는 행위 안에서 신적인 요소들과 인간적인 요인들이 어떻게 서로 관련 있다고 이해할 수 있는가? 그리고 성경이라는 결과물 안에서 신적인 요소들과 인간적인 요소들이 어떻게 서로 관련 있다고 이해할 수 있는가? 이러한 질문들에 실천적 중요성이 거의 없다고 생각하는 것은 실수일 것이다. 그리스도인들이 영감의 본질이나 방법보다 영감의 결과에 좀 더 관심을 갖는 것은 사실이다. 하지만 사람들은 영감의 결과가 자신들이 가지고 있는 영감의 본질이나 방법에 관한 관념에 부합하지 않을 경우, 그 결과를 신뢰하지 않을 것이다. 영감의 본질과 방법에 관한 부적절한 개념이나 거짓 개념은 계속해서 제시되고 있다. 이 개념이 얼마만큼 수용되든, 그것이 가져오는 당연한 결과는 영감의 결과에 대한 견해를 수정하는 것이 될 것이다. 어떤 사람들은 성경과 신앙고백서가 말하는 영감의 결과들을 없애려고 계속해서 분투한다. 그들은 영감이 그러한 결과들을 가져올 수 없다고 주장한다. 따라서 영감을 어떻게 이해해야 하는지에 관한 질문이 제기되었다.[325]

이 설명을 통해 우리는 워필드의 생각을 좀 더 분명하게 알 수 있다. 성경의 영감에서 신적 요소와 인간적 요소를 다루는 논쟁, 즉 성경 영감의 방법을 다루는 논쟁이 성경 영감의 결과에 대한 신뢰성과 실천의 문제로 이어진다는 것이다.[326]

신자의 실천 강조

워필드는 중생한 영혼의 반응과 영감에서의 인간 저자의 반응에 유사성이 있음을 설명한다. 중생한 영혼에게 성령께서 직접적으로 사역하신 결과로 나타나는 사랑과 믿음은 성경의 인간 저자에게 성령께서 미치는 영감이라는 영향의 결과로 나타나는 성경 단어와 유사하다는 것이다.

> 우리가 성령께서 다른 영역에서 하시는 행위에 대해 알고 있는 것과 여기에서의 유비가 얼마나 유사한가! 중생한 영혼이 구세주를 향해 흘려보내는 사랑의 믿음이라는 그 첫 번째 행위는, 바로 그 영혼이 의식적으로 선택한 행위이고 성령의 직접적인 사역이다. 따라서 영감이라는 유사한 영향력 아래에서 표현된 모든 단어는 저자가 의식적으로 고른 단어인 동시에 성령의 신적 영감으로 된 단어이다.[327]

하지만 워필드가 이 의미를 "협력"이라는 개념으로 좀 더 분명하게 드러내는 것은 "성경의 신적 요소와 인간적 요소"(1894)라는 글이다. 이 글에서는 하나님과 인간의 협력이 성경 영감에서 뿐만 아니라 다른 영역의 신적 활동의 방법에서도 드러남을 설명한다.

> "협력"(concursus) 개념 … 의 철학적 기초는 하나님에 관한 기독교적 개념이다. 하나님은 자신의 활동 방법에 있어서 내재적인 동시에 초월적이시다. 영감에 있어서 신적 활동의 방법에 관한 개념은 다른 영역에서의 신적 활동의 방법과 유비 관계에 있다. 그것은 섭리와 은혜의 영역이다. 여기에서 우리는 우리 안에서 행하시는 분이 하나님이시고 자신의 선하신 의지를 따라서 작정하시고 행하신다는 사실을 인식하면서, 우리의 구원을 두려움과 떨림으로 이루어 나간다. 그것의 성경적 기초는 진리에 관한 성경의 명령과 선언에 있어서 하나님과 인간의 합작을 성경이 지속적으로 제시한다는 것에서 발견된다.[328]

인간의 구원 여정에서 작정과 중생은 하나님의 전적인 사역이다. 하지만 성화에서 인간의 반응과 책임이 요구된다. 성령은 성화 과정에서 인간과 "협력"하신다. 이것은 영감에서 성령이 인간 저자와 "협력"하여 성경의 신적 요소와 인간적 요소를 이루시는 것과 동일하다.

워필드는 "협력" 개념을 "성화"와 더욱 분명하게 연관시킨다. 1911년 "새롭게 하심에 관한 성경적 개념"이라는 글에서 워필드는 영감에서의 성령의 사역과 성화에서의 성령의 사역이 동일한 패러다임이라고 주장한다.[329] 워필드는 성경 영감에서의 설명과 동일하게, 성화에서의 하나님과 인간의 관계를 설명하며 하나님의 활동을 먼저 강조한다. 구원의 가능성은 전적으로 하나님의 손에만 달려 있고, 인간은 구원에 있어서 아무런 일도 하지 못한다.[330] 하지만 "새롭게 하시는 사역"에서 나타나는 두 가지 부류의 용어들이 있음을 지적한다. 즉 "어둠의 힘으로부터 하나님의 사랑의 나라로의 변화를 경험하는 사람을 묘사하는 용어들"이 두 가지이다. 하나는 "인간을 향하는 용어들"이고 다른 하나는 "하나님을 향하는 용어들"이다. 이 두 가지 용어들은 서로 대치하는 것처럼 보인다.[331] 워필드는 이렇게 하나님께서 시작하시고 이루시는 하나님의 사역 가운데 인간이 협력할 부분이 있다는 점에서, 영감에서의 신적/인간적 요소를 말하는 협력 개념과의 유비를 발견한다.[332]

이처럼 워필드의 영감론에서 중요한 개념인 "협력"은 인간의 삶이나 책임, 실천에 대한 강조로도 이어진다. 하나님과 성경에 대한 개인의 관점이 삶으로 이어진다는 점을 잘 드러내고 있다.

2 통합적 인간론에 기초한 성경론을 제시하다

우리가 워필드의 "전인격적 성경론"을 이해하기 위한 첫 걸음은 워필드의 다음과 같은 진술을 살펴보는 것이다.

> 인간은 한 단위이다. 인간에게 영향을 주는 종교적 진리는 인간의 모든 활동에 영

향을 미치거나, 아무것에도 영향을 미치지 않거나 둘 중의 하나이다.[333]

다시 말해서 사람이란 어느 한 가지 기능만을 가지고 종교적 진리를 추구할 수 없는 존재라는 것이다. 사람은 하나의 유기적 구성체이기 때문에 인간의 인식 기능들은 언제나 통합적으로 활동한다. 사람은 종교적 진리에 다가설 때, 하나의 단위로 그 진리에 반응하게 되는 것이다.

워필드에 따르면 사람이 종교적 진리를 얻고, 그 진리를 소유하고, 그 진리로부터 영향을 받고, 그 진리대로 사고를 체계화시킬 때 세 가지 수단 혹은 통로를 사용한다. 이 세 가지 수단은 크게 권위와 지성, 마음으로 나뉜다.[334] 그는 이 세 가지가 조화롭게 작동해야만 우리가 경건한 종교와 참되고 경건한 신학을 가질 수 있다고 말한다.

하나님에 관한 진리가 인간에게 전달되고, 인간의 소유가 되고, 인간의 삶에 영향을 미치고, 인간을 종교적이게 하고, 그래서 그것이 인간의 사고 안에서 체계화되고, 신학에서 제시되는 세 가지 수단 혹은 통로가 있다. 이 세 가지 전달 수단 혹은 통로는 간단하게 권위, 지성, 마음으로 설명될 수 있다. 이것들은 서로 밀접하게 관련되지 않아서, 그것들 중의 어떤 하나는 다른 것들을 배제하는 것에 근거할지도 모른다. 그러나 모든 경건한 종교와 모든 참된 종교적 사고(신학) 안에는 세 가지 모두가 있어야 하고, 세 가지가 함께 조화롭게 작동해야만 한다. 그래서 우리의 종교와 지식의 직접적인 근원이 되어야만 한다. 그러므로 하나를 높이고 다른 것들을 배제하는 것은 우리의 종교적 삶과 종교적 생각을 동일하게 손상시키고, 그것들을 한 쪽에 치우치게 하거나 변형시킨다. 진리를 소통시켜주는 세 가지 수단의 완전한 상호작용을 통하지 않고서는, 우리는 균형 잡힌 종교적 삶이나 참된 신학을 가질 수 없다.[335]

이처럼 워필드는 인간의 진리 인식 기능이 통합적임을 주장한다. "균형 잡힌 종교적 삶"이나 "균형 잡힌 참된 신학"을 가지려면 인간의 인식 기능들이 통합적으로 작동해야 함을 주장한다. 인간 자체가 통합적인 존재이기 때문에 한 가지 인식 기능만을 가지고 진리를 추구할 수 없다. 그러므로 워필드는 합리주의와 신비주의를 비판하면서 감정과 이성이라는 진리 인식 기능을 부정하는 것이 아니라, 감정과 이성이 통합적으로 작동해야 함을 강조하려는 것이다. 뒤에서 밝히겠지만, 인간의 감정과 이성이 제대로 작동하기 위해 필요한 것이 바로 외적 권위인 셈이다.

우리가 인간의 진리 수단들 중에서 어느 한 가지만을 강조할 때, 우리는 그릇된 진리를 만나게 된다. 워필드는 이 점을 상세하게 잘 지적한다. 그에 따르면 권위라는 원칙이 과장되고 다른 것들이 거부될 때, 우리는 전통주의(traditionalism)에 빠지게 된다.[336] 그리고 우리를 특권 계층의 무책임한 교조주의(dogmatism)로 데려간다. 로마교회는 이 길을 걸었다. 그리고 우리는 결과적으로 공식적 선언(dicta)에 무기력하게 복종하게 되었다. 처음에는 무오한 한 교회에, 다음에는 무오한 계층에, 마지막으로는 무오한 한 사람에게 복종하게 되었다.

지성이라는 원칙이 과장되고 다른 것들이 거부될 때 우리는 합리주의(rationalism)에 빠지게 된다.[337] 그리고 우리는 그저 논리적 이해의 지배만 받게 된다. 합리주의자들은 이 길을 걸었다. 그리고 우리는 그 결과로 오직 추론 기관의 신뢰성 위에만 세워진 선험적(a priori) 체계들 몇 개만 갖게 된다. 그리고 모든 것들은 선험적 상상과 함께 재구성되고, 인간은 삼위일체 교리와 같이 하나님이 진리라고 주장한 것이라고 하더라도, 인간 스스로 입증하지 못하는 것은 거짓으로 거부하라고 강요된다.

마음이라는 원칙이 강조되고 다른 것이 거부될 때 우리는 신비주의(mysticism)에 빠지게 된다.[338] 그리고 우리는 우리 영혼 안에서 요동치는 감정의 흐름이라는 속임에 넘겨진다. 신비주의자들은 이 길을 여행했다. 그리고 우리는 그 결과로 경쟁자 계시들과 인간의 상상이라는 가장 소름끼치는 신성화 사이의 충돌을 보게 된다. 여기에서 계시된 말씀의 객관적 진리나 합리적 사고는 허용되지 않는다. 우리의 가장 연약한 감정과 하나님의 강력한 음성 사이의 혼동을 점검할 수 없다. 그리고 인간은 정당한 추론을 통해서 자신들의 공상(신과의 합일)을 명확하게 할 수 없다. 또한 하나님이 자신의 실제 자연에 주는 하나님의 증언(자신의 인성에 관한)을 믿을 수도 없다.

우리는 권위와 지성과 마음 중에서 어떤 한 가지만을 강조하지 않아야 한다. 권위와 지성과 마음은 "진리라는 삼각형의 세 변"이다.[339] 따라서 한 쪽으로 치우신 구성은 위험하기 마련이다. 우리는 항상 이 세 변의 조화로운 상태를 유지해야만 한다. 워필드는 이 세 변의 조화로운 상태에 대해서 다음과 같이 설명한다.

> 성경에 담긴 권위는 지성으로 받아들여지고 마음에서 작동하는 내용(matter)을 제공한다. 성경의 계시들은 지성 위에서 끝나지 않는다. 이 계시들은 지성을 일깨우기 위해서만 주어진 것이 아니기 때문이다. 그것들은 지성을 통해서 삶을 아름답게 만들기 위해서 주어진 것이다. 그것들은 마음까지 도달한다. 다시 그것들은 마음에 영향을 미치면서 지성을 전혀 건드리지 않은 채 나아가지 않는다. 지성만 작동해서는 그것들을 제대로 이해할 수 없다. 자연적 인간은 성령의 일을 이해할 수 없기 때문이다. 자연적 인간은 지성으로 그것들을 제대로 이해하기 위해서, 먼저 영혼의 회심(convert)이 있어야 한다. 사람들은 그것들을 살아내는 만큼 이해할 수 있다.[340]

이처럼 우리가 참된 기독교 진리를 얻으려면 권위와 지성, 마음의 세 가지 요소가 통합적으로 작동해야만 한다. 그리고 우리는 성령을 통해서 그 진리를 이해하고, 그것을 삶으로 살아내야 한다. 워필드는 이러한 사실을 좀 더 분명하게 언급한다.

어떠한 사람도 권위 있는 계시들이 갖는 온전한 의미를, 그것들이 삶에서 갖는 힘을 경험하지 않고는 지성적으로 이해할 수 없다. 신적인 것들에 관한 진리들은 매우 포괄적이기 때문에 신적 진리에 관한 참된 체계와 연합하려면 그것들은 반드시 다음과 같아야만 한다. 첫째, 권위 있는 언어로 계시되어야 한다. 둘째, 거룩한 마음으로 경험되어야 한다. 셋째, 성화된 지성으로 체계화 되어야 한다. 이 세 가지가 연합할 때에만 우리는 참된 신학을 가질 수 있다. … 세 가지가 연합할 때에만 우리는 생명력 있는 종교를 가질 수 있다.[341]

워필드가 신비주의를 반대하며 객관적 측면을 좀 더 강조하기 때문에, 합리주의를 반대하며 올바른 이성 기능을 좀 더 강조하기 때문에 워필드가 이성만을 강조하는 합리주의 신학자라는 비판이 있었던 것은 사실이다. 워필드의 글이 변증적이기 때문에 우리가 한 편의 글만 읽을 때 이러한 반응을 보이는 것은 당연할 수도 있다. 그러나 우리가 워필드의 글을 통전적으로 이해할 때, 우리는 그가 인간의 인식론적 기능들 모두를 균형 있게 강조하고 있음을 알 수 있다. 워필드는 결코 이성만을 강조한 합리주의 신학자도, 외적 권위만을 강조한 스콜라주의 신학자도 아니었다. 그가 직면한 시대적 문제 앞에서 성경의 권위와 올바른 이성적 기능을 강조하긴 했지만, 거기서 그치지 않았다. 그는 외적 권위와 이성, 마음, 경험 등을 고르게 강조했던 신학자였다. 즉 그는 우리의 전인격적인 작동을 강조한 신학자였다.

1   Kevin J. Vanhoozer, First Theology, 김재영 역, 『제일신학』 (서울: IVP, 2017), 197.

2   Taido J. Chino, "With Two Hands: A Doctrinal Analysis of Benjamin Warfield and Karl Barth on Scripture," (Ph. D. diss., University of Aberdeen, 2016), 1. 물론 어떤 의미에서 "가장 중요한 신학자"였는지에 대해 좀 더 논의할 필요가 있다. 개혁신학의 입장에서 워필드와 바르트는 상이한 성경론을 주장하기 때문이다. Chino의 논문은 워필드와 바르트 성경론의 차이를 분석하는 것이기 때문에 두 신학자의 중요성은 그들 신학의 유사성에 있는 것이 아니라, 그들 성경론의 차이점과 그 차이점에 대한 반복적이고도 대조적인 논의에 있다고 보는 것이 타당할 것이다.

3   Hendrik van den Belt, The Authority of Scripture in Reformed Theology: Truth and Trust (Leiden: Brill, 2008), 179.

4   이승구, "워필드 신학의 개혁신학적 특성," 「교회와 문화」 29 (2012): 77-110, 특히 82-86.

5   David F. Wells, ed. Reformed Theology in America, 박용규 역·해제, 『개혁주의 신학: 현대 개혁주의 역사』 (서울: 한국기독교사연구소, 2017), 11.

6   Fred G. Zaspel, Warfield on the Christian Life: Living in the Light of the Gospel (Illinois: Crossway, 2012), 25.

7   Zaspel, The Theology of B. B. Warfield, 574.

8   Charles A. Briggs, Whither? A Theological Questions for the Times (New York: Charles Scribner's Sons, 1889).

9   Ernest R. Sandeen, The Roots of Fundamentalism: British and American Millenarianism, 1800-1930 (Grand Rapids: Baker Book House, 1970).

10   Jack Rogers and Donald McKim, The Authority and Interpretation of the Bible: An Historical Approach (San Francisco: Harper, 1979).

11   Adrew T. B. McGowan, The Divine Authenticity of Scripture: Retrieving an Evangelical Heritage (DownersGrove, IL: InterVarsity, 2007), 114.

12   McGowan, Divine Spiration of Scripture, 116.

13   Paul Helm, "B. B. Warfield's Path to Inerrancy: An Attempt to Correct Some Serious Misunderstandings," Westminster Theological Journal 72 (2010): 26. 마찬가지로 헬름은 성경의 모든 진술을 명제로 환원시키는 것과 성경에 어떤 명제가 담겨 있다고 하는 것 사이의 차이를 잘 설명한다.

14   Richard A. Muller, Post-Reformation Reformed Dogmatics: The Rise and Development of Reformed Orthodoxy, ca. 1520 to ca. 1725, 4 vols., 2nd ed. (Grand Rapids: Baker

Academics, 2003), 3:28.

15 Kim Riddlebarger, "The Lion of Princeton: Benjamin Breckinridge Warfield on Apologetics, Theological Method and Polemics" (Ph. D. diss., Fuller Theological Seminary, 1997), 12-13.

16 사실 많은 학자들이 워필드의 성경론을 비판했다. 심지어 그의 성경 무오론이 19세기에 만들어진 것이라는 비판도 있었다. 하지만 연구자는 칼뱅과 튜레틴, 워필드로 이어지는 연속성을 강조하는 멀러(Muller)의 해석을 지지한다. 이 연속성에 대한 좀 더 깊은 연구는 Muller, Post-Reformation Reformed Dogmatics, 2:451-55를 참조하라.

17 A. A. Hodge and B. B. Warfield, "Inspiration," Presbyterian Review 2/6 (1881): 238.

18 그렇다고 성경 본문이 역사나 과학의 문제에 있어서 오류를 범한다는 것은 결코 아니다. 그 문제들에 있어서도 성경 본문의 목적과 의도와 관련하여 무오하다. 현시대의 자연과학 교재와 같은 의미에서 무오하다는 것이 아니다. 이러한 설명은 시카고 성경무오선언서(1978) 제13항에서도 동일하게 제시된다(권성수, "성경무오에 관한 7대 오해," 54-56 참고).

19 Helm, "Warfield's Path to Inerrancy," 23.

20 Helm, "Warfield's Path to Inerrancy," 23.

21 Hendrik van den Belt, "Autopistia: The Self-Convincing Authority of Scripture in Reformed Theology" (Ph. D. Dissertation, Leiden University, 2006), 248. 이 부분에서 초기 근본주의와 후기 근본주의를 구분할 필요가 있을 것이다. 초기 근본주의는 자유주의 신학에 반대하여 기독교의 핵심 교리들을 지키려는 건전한 시도로 볼 수 있다. 하지만 후기 근본주의는 신앙과 과학을 지나치게 분리하는 이분법적 태도를 취했고, 성경 본문을 지나치게 문자주의적이고 세대주의적으로 해석했다. 여기에서 비판이 되는 대상은 후기 근본주의자라고 볼 수 있다.

22 이러한 주장은 워필드 당시 워필드의 주적이었던 유니온 대학의 찰스 브릭스(Charles A. Briggs)와 그의 계승자들(Jack Rogers, Donal McKim, Ernest Sandeen)의 것이었다. 최근 한국에서는 계명대학교의 권윤근이 이러한 관점에서 논문을 썼다.

23 워필드의 여러 글을 직접 읽으면 그가 근본주의자들의 성서해석을 얼마나 반대하고 있는지 알 수 있다. 워필드는 종말론이나 성경과 과학의 관계에 있어서도 근본주의자들과 다른 신학을 가지고 있었다. 이것을 좀 더 자세히 알려면, Warfield, "Antichrist," SSW 1:356-62; Warfield, "The Millenium and the Apocalypse," Works 2:643-64; Belt, "Autopistia," 208-25를 보라.

24 Belt, "Autopistia," 210.

25 Benjamin B. Warfield, The Inspiration and Authority of the Bible (1932; reprint, Grand Rapids, MI: Baker Books, 2003), 119.

26 John F. Frame, The Doctrine of the Word of God, 『성경론』, 김진운 역 (서울: 개혁주의 신학사, 2014), 282.

27 연구자는 이러한 예시를 연구자의 한 논문에서 지적했다. 김상엽, "벤자민 워필드의 변증적 성경론" (석사학위논문, 백석대학교 기독교전문대학원, 2017), 77.

28 Benjamin B. Warfield, "On the Antiquity and the Unity of the Human Race," in The Works of Benjamin B. Warfield, 10 vols. (1932. Repr., Grand Rapids: Baker Book House, 1991), 9:235, 252.

29 워필드와 한국의 초기 장로교 신학 사이의 관계는 워필드와 박형룡 박사의 연속성을 통해서 알 수 있다. 이 연속성에 대해서 좀 더 자세히 알려면 박용규, 『죽산 박형룡 박사의 생애와 사상』 (서울: 총신대학교출판부, 1996); 김의환, "구프린스턴 신학이 총신에 끼친 영향과 평가" 「신학지남」 68 (2001): 163-64; 박용규, 『한국 장로교 사상사』 (서울: 총신대학교출판부, 2002), 62-73; 장동민, 『박형룡: 한국 보수신앙의 수호자』 (서울: 살림, 2006); 이병일, "구프린스턴 신학의 성경관 연구" (박사학위논문, 총신대학교, 2012), 7을 보라.

30 Stanley Grenz and Roger Olson, The Twentieth-Century Theology: God and the World in Transitional Age (Illinois: InterVarsity, 1992), 25.

31 Kwok Man Chee, "Benjamin B. Warfield's Doctrine of Illumination in Light of Conservative Calvinistic Tradition" (Ph. D. Diss., Trinity International University, 1995), 176.

32 연구자는 칸트의 인식론적 "벽" 개념을 Ronald H. Nash, The Word of God and the Mind of Man, 『하나님의 말씀과 인간의 마음』, 이경직 역 (서울: 기독교문서선교회, 2001), 35-36 에서 빌려왔다.

33 박배형, "칸트의 인식론적 이원론에 대한 헤겔의 비판," 「헤겔연구」 29 (2011), 99.

34 Nash, 『하나님의 말씀과 인간의 마음』, 37.

35 John F. Frame, The Doctrine of the Word of God, 『성경론』, 김진운 역 (서울: 개혁주의 신학사, 2014), 97.

36 칸트의 이러한 구분은 그 직후 철학자인 헤겔부터 문제로 인식하기 시작했다. 연구자는 칸트 전문가가 아니기 때문에, 칸트의 그러한 구분이 분리적 성격을 띠는지 명확하게 규명할 수 없다. 그러나 분명한 것은 칸트의 구분을 분리로 이해한 철학자들이 있었고, 칸트의 구분에 대한 논쟁이 지금까지 이어지고 있다는 점이다. 연구자 역시 칸트의 구분이 그 이후 철학자들 사이에서 심화되었다고 생각한다. 그리고 칸트가 실재 세계와 현상 세계를 구분함으로써, 그 이후 철학자들이 현상 세계 내에서 인간의 다양한 주관적 기능들을 강조할 수 있는 길을 열었다고 생각한다. 이에 관해서는 김석수, "칸트와 헤겔에서의 지식과 믿음," 「철학연구」 111 (2009): 121-

148, 특히, 132; 문성화, "헤겔의 칸트 인식론 비판," 「철학논총」 35 (2004): 176; 박배형, "칸트의 인식론적 이원론에 대한 헤겔의 비판," 「헤겔연구」 29 (2011): 97-123, 특히 100을 참고하라.

37 Herman Bavinck, Gereformeerde Dogmatiek, 『개혁교의학 1권』, 박태현 역 (서울: 부흥과개혁사, 2011), 73.

38 Frame, 『성경론』, 99.

39 Kwok, "Benjamin B. Warfield's Doctrine of Illumination," 176.

40 Frame, 『성경론』, 99.

41 Frame, 『성경론』, 99.

42 Friedrich Schleiermacher, The Christian Faith (Edinburgh: T. & T. Clark, 1928), 591-608.

43 Schleiermacher, The Christian Faith, 131-141.

44 Nash, 『하나님의 말씀과 인간의 마음』, 40.

45 Grenz and Olson, Twentieth Century Theology, 44.

46 Grenz and Olson, Twentieth Century Theology, 44-45.

47 Warfield, "Mysticism and Christianity," Works 9:657.

48 Warfield, "Mysticism and Christianity," Works 9:658.

49 워필드는 자신의 10권짜리 전집에서 무려 두 권을 할애하여 리츨의 신학을 직간접적으로 비판한다. 리츨의 신학은 "합리주의"로 인해서 성경의 권위와 초자연성을 부정했다. 그리고 리츨의 합리주의는 결국 "완전주의"라는 잘못된 구원론으로 이어졌다.

50 Karl Barth, Protestant Thought: From Rousseau To Ritschl, trans. Brian Cozens (New York: Harper & Brothers, 1959), 390-397.

51 James Orr, The Ritschlian Theology and the Evangelical Faith (London: Hodder and Stougton, 1897), 1.

52 Orr, The Ritschlian Theology and the Evangelical Faith, 2.

53 Benjamin B. Warfield, "The Ritschlian School," in Selected Shorter Writings, ed., John E. Meeter, 5th ed., 2 vols. (New Jersey: Presbyterian and Reformed Publishing Company, 2005), 2:444.

54 Barth, Protestant Thought, 390.

55 Warfield, "The Ritschlian School," SSW 2:451.

56 Warfield, "The Ritschlian School," SSW 2:449-450.

57 Julia A. Lamm, "Romanticism and Pantheism," in The Blackwell Companion to Nineteenth Century Theology, ed. David A. Fergusson (Oxford: Blackwell Publishing Ltd., 2010), 165-186.

58 Henry Ward Beecher, Evolution and Religion (New York: Fords, Howard, and Hulbert, 1885), 26.

59 Washington Gladden, Present Day Theology (Columbus: McClelland & Company, 1913), 13.

60 Gladden, Present Day Theology, 14.

61 Beecher, Evolution and Religion, 69.

62 Henry S. Coffin, Religion: Yesterday and Today (Nashville: Cokesbury Press, 1940), 42.

63 Benjamin B. Warfield, "Christianity and Revelation," in Selected Shorter Writings, ed. John E. Meeter, 2 vols. (Phillipsburg: Presbyterian and Reformed Publishers, 1980), 1:26. (이후부터 인용되는 워필드 단편집의 소논문은 Warfield, "Christianity and Revelation," SSW, 1:26과 같은 방식으로 표기한다.)

64 Jeffrey A. Stivason, "From Inscrutability to Concursus: Benjamin Warfield's Theological Construction of Revelation's Mode from 1880 to 1915 (Ph. D. diss., Westminster Theological Seminary, 2013), 105.

65 Warfield, "Christianity and Revelation," SSW, 1:27.

66 Archibald A. Hodge and Benjamin B. Warfield, "Inspiration," The Presbyterian Review 2/6 (1881): 227.

67 Stivason, "Benjamin Warfield's Theological Construction of Revelation's Mode," 31.

68 Benjamin B. Warfield, "The Inspiration of the Bible," in The Works Benjamin B. Warfield, 10 vols. (Grand Rapids: Baker Books, 2003), 1:51-74. (워필드의 전집은 워필드 사후에 구성되었고, 전집 각 권의 제목은 워필드가 붙인 것이 아니다. 그러므로 필자가 보기에 각 권에 포함된 워필드의 소논문 제목이 더 중요하다. 워필드의 글을 인용할 때 이 점이 부각되는 것이 좋다. 이후부터 인용되는 워필드 전집의 소논문은 Warfield, "The Inspiration of the Bible," Works, 1:51-74와 같은 방식으로 표기한다.)

69 Warfield, "The Inspiration of the Bible," Works, 1:51.

70 Warfield, "The Inspiration of the Bible," Works, 1:51.

71 Warfield, "The Inspiration of the Bible," Works, 1:58-60. 워필드는 이 둘을 "낮은 영감 교리"로 칭했다. 합리주의적 견해는 성경에서 영감 된 부분과 영감되지 않은 부분을 구분하려고 했고, 신비주의적 견해는 외부로부터의 계시나 영감을 거부하면서 인간 내면의 빛이나 감정, 체험을 강조했다.

72 워필드는 신비주의를 크게 네 가지로 구분한다. 자연주의적 신비주의와 초자연적 신비주의, 신지학적 신비주의, 범신론적 신비주의이다. 워필드는 이 중에서 초자연적 신비주의가 기독교와 유사하고, 성령의 활동이라는 맥락에서 복음주의 기독교 안으로 침투했다고 설명한다. Warfield, "Mysticism and Christianity," Works, 9:654.

73 Warfield, "Mysticism and Christianity," Works, 9:658.

74 Warfield, "Mysticism and Christianity," Works, 9:649.

75 Warfield, "Mysticism and Christianity," Works, 9:654-5.

76 Warfield, "Mysticism and Christianity," Works, 9:659.

77 Warfield, "Mysticism and Christianity," Works, 9:655, 657.

78 Warfield, "Mysticism and Christianity," Works, 9:657.

79 Warfield, "Mysticism and Christianity," Works, 9:655.

80 Warfield, "Mysticism and Christianity," Works, 9:657.

81 Warfield, "The Idea and Theories of Revelation," Works, 1:39.

82 Stivason, "Benjamin Warfield's Theological Construction of Revelation's Mode," 209-227. 여기에서 스티베이슨은 워필드 이후 현대 신학자들이 내재성과 초월성이라는 양극단을 반복해서 강조했음을 지적한다. 이 분석이 신학적 스펙트럼을 조금 넓게 수용하는 이들에게는 지나치게 이분법적일 수도 있음을 인정한다. 그러나 칼빈주의적인 개혁신학을 지지하는 입장에서 본다면, 워필드 이후 현대 신학자들이 초월성과 내재성을 반복해서 강조했다는 사실을 인정하기에는 어렵지 않을 것이다. 스티베이슨은 오늘날 내재성을 지나치게 강조한 신학자로 피터 엔즈(Peter Enns)를 꼽는다. 그의 성육신적 성경론은 개혁신학의 입장에서 비판을 받고 있다.

83 Warfield, "The Biblical Idea of Revelation," Works, 1:5.

84 Warfield, "The Idea and Theories of Revelation," Works, 1:41.

85 Warfield, "The Idea and Theories of Revelation," Works, 1:40.

86 Warfield, "The Idea and Theories of Revelation," Works, 1:45.

87 Warfield, "The Idea and Theories of Revelation," Works, 1:45.

88 Warfield, "The Idea and Theories of Revelation," Works, 1:47.

89 Warfield, "The Inspiration of the Bible," Works, 1:52.

90 Warfield, "The Inspiration of the Bible," Works, 1:52.

91 Warfield, "The Inspiration of the Bible," Works, 1:58-60.

92 Warfield, "The Inspiration of the Bible," Works, 1:74.

93 Warfield, "The Inspiration of the Bible," Works, 1:73.

94 Warfield, "The Real Problem of Inspiration," Works, 1:169.

95 Washington Gladden, Who Wrote the Bible? A Book for the People (Boston: Houghton, Mifflin & Co., 1891), 21, 25, 61, 154; Warfield, "The Real Problem of Inspiration," Works, 1:169에서 재인용.

96 Warfield, "The Real Problem of Inspiration," Works, 1:169-70.

97 Warfield, "Inspiration and Criticism," Works, 1:396-7.

98 윤형철, "성경권위담론을 위한 인식론적, 교리적, 해석학적 차원의 통합적 고려," 「조직신학연구」 36 (2020): 24-59. 윤형철은 모더니즘 신학의 공헌과 한계를 지적하고 새로운 신학적 패러다임을 요청한다. 윤형철은 크게 세 가지 한계를 지적했다. 첫째, "인식론적 환원주의"의 위험성이다. 모더니즘의 정황 속에서 합리주의와 신비주의에 대항하려 했지만, 결국 인식론적 합리성에 집착하게 되었다는 것이다. 둘째, "객관과 주관의 이분법"을 극복하지 못했다. 그 결과로 보수 복음주의의 성경권위담론이 인식론적 객관주의 중심으로 형성되었고, 해석학적 주관주의는 소홀히 여겨졌다. 셋째, 성경론이 다른 기독교 진리들과 분리되었다. 성경을 인식론적 토대로 삼는 것에는 성공적이었지만, 성경론이 다른 기독교 교리들과 상호작용하는 데 한계가 있었다.

99 오해를 방지하기 위해 워필드의 성경적 토대주의와 변증적 증거주의를 구분할 필요가 있다. 워필드는 신학을 구성함에 있어서 성경을 인식의 토대로 삼는 토대주의적 특성을 나타내고 있다. 반면에 신학에 앞선, 보편적이고 일반적인 논의를 위한 변증학에 있어서는 증거주의적 방법론을 취한다. 워필드 변증학의 특성에 관해서는 김상엽, "벤자민 워필드의 기독론 변증과 개혁주의생명신학적 적용"(박사학위논문, 백석대학교 기독교전문대학원, 2018), 76-82를 보라.

100 Warfield, "The Inspiration and of the Bible," Works 1:58.

101 Belt, "Autopistia," 206.

102 Warfield, "Inspiration," SSW 2:621.

103 Nash, 「하나님의 말씀과 인간의 마음」, 42.

104 Nash, 「하나님의 말씀과 인간의 마음」, 42.

105 Nash, 「하나님의 말씀과 인간의 마음」, 43.

106 워필드는 이 두 주제를 개별적으로 설명한다. 그는 이성을 강조하는 리츨을 「계시와 영감」 (Revelation and Inspiration)이라는 전집 제1권에서, 의지를 강조하는 리츨을 「완전주의」 (Perfectionism)라는 전집 제7권에서 다룬다.

107 Borchert, Encyclopedia of Philosophy, 8:239.

108 Borchert, Encyclopedia of Philosophy, 8:239.

109 Borchert, Encyclopedia of Philosophy, 8:240.

110 Borchert, Encyclopedia of Philosophy, 8:240.

111 Belt, "Autopistia," 244.

112 Paul Helm, "Warfield's Path to Inerrancy: An Attempt to Correct Some Serious Misunderstandings," Westminster Theological Journal 72 (2010): 26.

113 Helm, "Warfield's Path to Inerrancy," 26.

114 워필드의 합리적 신앙의 특성을 좀 더 자세하게 알려면 Paul Kjoss Helseth, "B. B. Warfield's Apologetical Appeal to 'Right Reason': Evidence of a 'Rather Bald Rationalism?" Scottish Bulletin of Evangelical Theology 16.2 (Autumn 1998): 156-177을 보라. Helseth는 이 글에서 워필드가 상식철학에 기초한 합리주의자라는 기존의 오해를 반박한다. 그는 워필드가 역사적 믿음과 성령의 활동 사이의 조화를 추구했음을 지적한다. 이를 통해서 워필드의 합리적 신앙이 지성적 측면만 강조된 것이 아니라 주관적 측면과 윤리적 측면도 함께 강조하고 있음을 입증한다.

115 Belt, "Autopistia," 204.

116 Warfield, "The Inspiration and of the Bible," Works 1:58-59.

117 Fred G. Zaspel, The Theology of B. B. Warfield: A Systematic Survey (Nottingham: Inter-Varsity Press, 2010), 112.

118 Warfield, "The Latest Phase of Historical Rationalism," Works 9:593.

119　Warfield, "The Latest Phase of Historical Rationalism," Works 9:593.

120　Zaspel, The Theology of B. B. Warfield, 112.

121　Warfield, "The Latest Phase of Historical Rationalism," Works 9:591.

122　Warfield, "The Latest Phase of Historical Rationalism," Works 9:591.

123　Warfield, "The Ritschlian School," SSW 2:448.

124　Warfield, "The Latest Phase of Historical Rationalism," Works 9:591-592.

125　James Orr, The Ritschlian Theology and the Evangelical Faith (London: Hodder and Stoughton, 1897), 255-257.

126　Orr, The Ritschlian Theology, 132.

127　Glen G. Scorgie, "A Call for Continuity: The Theological Contribution of James Orr," (Ph. D. Dissertation, University of St. Andrews, 1986), 20.

128　Scorgie, "The Theological Contribution of James Orr," 86.

129　Scorgie, "The Theological Contribution of James Orr," 86.

130　James Orr, Ritschlianism: Expository and Critical Essays (London: Hodder and Stoughton, 1903), 23-28.

131　Orr, Ritschlianism, 25.

132　Orr, Ritschlianism, 25-27.

133　Nash, 「하나님의 말씀과 인간의 마음」, 42.

134　Warfield, "The Latest Phase of Historical Rationalism," Works 9:592.

135　Warfield, "The Latest Phase of Historical Rationalism," Works 9:592.

136　Warfield, "The Latest Phase of Historical Rationalism," Works 9:592.

137　Warfield, "The Latest Phase of Historical Rationalism," Works 9:592-593.

138　Warfield, "The Ritschlian School," SSW 2:450. 워필드는 리츨학파의 양 극단이 있음을 제시한 후, 하르낙을 통해서 계승되는 리츨학파에 좀 더 집중한다. 하르낙은 기독교의 독특한 교리들을 기독교의 타락으로 설명하려고 했고, 기독교를 비교의적인 기독교로 전락시키려고 했기 때문이다.

139　Warfield, "The Latest Phase of Historical Rationalism," Works 9:593.

140 Orr, The Ritschlian Theology, 28; Orr, Ritschlianism, viii-ix, 180.

141 Warfield, "The Latest Phase of Historical Rationalism," Works 9:594-638.

142 Warfield, "The Latest Phase of Historical Rationalism," Works 9:594-600.

143 사실 'transformation'과 'development'라는 용어 자체는 중립적이다. 하지만 맥기퍼트의 논지를 보면 그는 이 용어들을 부정적인 의미로 사용한다. 이에 연구자는 맥기퍼트가 사용하는 두 용어의 부정적인 의미를 최대한 살리고자 두 용어를 각각 '변형'과 '전개'로 번역하여 사용하고자 한다. 그러므로 원시의 참된 기독교는 제도화되고 세속화되었다는 의미에서 부정적인 변형을 겪었고, 역사가 흐르면서 순수 기독교에 첨가물이 더해졌다는 의미에서 부정적인 전개를 보였다고 이해하면 될 것이다.

144 Warfield, "The Latest Phase of Historical Rationalism," Works 9:600-638.

145 Warfield, "The Latest Phase of Historical Rationalism," Works 9:600-606.

146 Warfield, "The Latest Phase of Historical Rationalism," Works 9:606-619.

147 Warfield, "The Latest Phase of Historical Rationalism," Works 9:619-628.

148 Warfield, "The Latest Phase of Historical Rationalism," Works 9:628-638.

149 Warfield, "The Latest Phase of Historical Rationalism," Works 9:602.

150 Warfield, "The Latest Phase of Historical Rationalism," Works 9:603.

151 Warfield, "The Latest Phase of Historical Rationalism," Works 9:600.

152 Warfield, "The Latest Phase of Historical Rationalism," Works 9:605.

153 Warfield, "The Latest Phase of Historical Rationalism," Works 9:607.

154 맥기퍼트가 지속적으로 '변형'된 교회를 강조하면서 제시하는 바는 변형되기 이전의 교회를 보자는 것이다. 그러면서 제도화 되고 왜곡된 가톨릭교회와 대조되는 개념으로 'primitive church'를 제시한다. 연구자는 이 용어를 '원시교회'로 번역하여 사용하고자 한다. '초대교회'라는 용어가 시기를 좀 더 강조한다면, '원시교회'라는 용어는 교회의 본질적인 특성을 좀 더 강조한다고 생각하기 때문이다. 이러한 용례는 맥기퍼트가 비본질적인 것들이 추가되고 왜곡된 '가톨릭교회'와 대조되는 개념으로 'primitive church'를 사용하는 것과도 일맥상통한다. 따라서 연구자는 맥기퍼트가 '변형'되기 이전의 교회를 강조할 때 '원시교회'라는 용어를 사용할 것이다.

155 맥기퍼트는 이 변형의 과정을 네 단계로 나누어 제시한다. 즉 맥기퍼트는 교회가 그리스도가 선포했던 사랑의 복음의 단계에서 원시교회를 지배했던 성령의 임재와 거룩함의 복음, 그리스

정신에 영향을 받아 생겨난 지식의 복음, 가톨릭교회가 스스로 주장한 권위의 복음으로 변형을 겪었다고 분석한다. 지식의 복음 단계에서 지식인 계층이 유입되면서 영지주의가 함께 들어왔는데, 교회는 이 영지주의에 대항하기 위해서 처음으로 "외적 권위"가 필요하게 되었다 (Warfield, "The Latest Phase of Historical Rationalism," Works 9:610-613).

156 Warfield, "The Latest Phase of Historical Rationalism," Works 9:620.

157 Warfield, "The Latest Phase of Historical Rationalism," Works 9:620, 623.

158 Warfield, "The Latest Phase of Historical Rationalism," Works 9:622-625.

159 Warfield, "The Latest Phase of Historical Rationalism," Works 9:627.

160 Warfield, "The Latest Phase of Historical Rationalism," Works 9:628.

161 Warfield, "The Latest Phase of Historical Rationalism," Works 9:620.

162 Warfield, "The Latest Phase of Historical Rationalism," Works 9:629.

163 Warfield, "The Latest Phase of Historical Rationalism," Works 9:630.

164 Warfield, "The Latest Phase of Historical Rationalism," Works 9:631.

165 Riddlebarger, "The Lion of Princeton," 230.

166 Riddlebarger, "The Lion of Princeton," 236.

167 Riddlebarger, "The Lion of Princeton," 236.

168 Riddlebarger, "The Lion of Princeton," 237.

169 Riddlebarger, "The Lion of Princeton," 238.

170 Belt, "Autopistia," 246.

171 A. A. Hodge and B. B. Warfield, "Inspiration," The Presbyterian Review 2/6 (1881): 242.

172 Zaspel, The Theology of B. B. Warfield, 117-118.

173 Warfield, "Inspiration," SSW 2:621.

174 Warfield, "The Real Problem of Inspiration," Works 1:181.

175 Warfield, "Authority and Inspiration of Scripture," SSW 2:540.

176 Warfield, "Inspiration," SSW 2:615.

177　Warfield, "The Inspiration of the Bible," Works 1:52.

178　Warfield, "The Inspiration of the Bible," Works 1:66.

179　Warfield, "The Inspiration of the Bible," Works 1:59.

180　Warfield, "The Inspiration of the Bible," Works 1:66-67.

181　Warfield, "The Inspiration of the Bible," Works 1:68.

182　Belt, "Autopistia," 205.

183　Belt, "Autopistia," 208.

184　Benjamin B. Warfield, Calvin and Calvinism, 「칼뱅」, 이경직·김상엽 역 (서울: 새물결플러스, 2015), 79.

185　Warfield, 「칼뱅」, 81.

186　Warfield, 「칼뱅」, 79-80.

187　교회의 합의에 대한 칼빈의 이해를 좀 더 구체적으로 알려면, 양혜경, "교회의 권위로서의 합의(consensus ecclesiae)에 대한 칼빈의 이해," 「한국개혁신학」 27 (2010):161-186을 보라.

188　Zaspel, The Theology of B. B. Warfield, 122.

189　Warfield, "Inspiration," SSW 2:618.

190　Warfield, "Authority and Inspiration of Scripture," SSW 2:538.

191　Zaspel, The Theology of B. B. Warfield, 122.

192　Warfield, "Authority and Inspiration of Scripture," SSW 2:538.

193　Warfield, "Authority and Inspiration of Scripture," SSW 2:537.

194　Warfield, "Authority and Inspiration of Scripture," SSW 2:538.

195　Warfield, "Authority and Inspiration of Scripture," SSW 2:538.

196　Warfield, "The Latest Phase of Historical Rationalism," Works 9:598.

197　Warfield, "The Latest Phase of Historical Rationalism," Works 9:617.

198　Warfield, "The Latest Phase of Historical Rationalism," Works 9:622.

199　Warfield, "The Latest Phase of Historical Rationalism," Works 9:623.

200 Warfield, "The Latest Phase of Historical Rationalism," Works 9:627.

201 Epistle of Barnabas, 8. Warfield, "The Latest Phase of Historical Rationalism," Works 9:625에서 재인용.

202 Epistola ad Magnesios, 7. Warfield, "The Latest Phase of Historical Rationalism," Works 9:625에서 재인용.

203 Ad Romanos, 4. Warfield, "The Latest Phase of Historical Rationalism," Works 9:626 에서 재인용.

204 Ad Philippenses, 3. Warfield, "The Latest Phase of Historical Rationalism," Works 9:625에서 재인용.

205 Warfield, "The Latest Phase of Historical Rationalism," Works 9:621.

206 Warfield, "The Latest Phase of Historical Rationalism," Works 9:622-623.

207 성경 영감은 성경의 신적 권위가 있음을 확증하기 때문에 언제나 성경의 권위와 연관된다는 사실을 다시 한 번 기억할 필요가 있다. Warfield, "The Inspiration of the Bible," Works 1:52 와 "Inspiration," Works 1:77-78을 참조하라.

208 Warfield, "Inspiration," Works 1:91-92.

209 Warfield, "The Ritschlian School," SSW 2:451.

210 Warfield, "Inspiration and Criticism," Works 1:406.

211 Warfield, "The Inspiration of the Bible," Works 1:54.

212 Zaspel, The Theology of B. B. Warfield, 119.

213 Warfield, "The Inspiration of the Bible," Works 1:54.

214 Warfield, "The Inspiration of the Bible," Works 1:54-55.

215 Henry B. Smith, Sermon on Inspiration (New York, 1855), 19.

216 Charles Hodge, Systematic Theology, 3 vols. (New York, 1872), 1:163.

217 Warfield, "The Inspiration of the Bible," Works 1:56.

218 Warfield, "The Inspiration of the Bible," Works 1:57.

219 Hendrik van den Belt, The Authority of Scripture in Reformed Theology: Truth and Trust (Leiden: Brill, 2008), 227; Mark A. Noll, The Princeton Theology 1812-1921:

Scripture, Science, and Theological Method from Archibald Alexander to Benjamin Breckinridge Warfield (Grand Rapids: Baker Book House, 1983), 289.

220 워필드가 활동했던 당시의 주류 과학은 진화론이었다. 그러므로 워필드가 성경과 과학의 관계에 대해 말할 때 진화론에 대한 언급이 많이 등장하는 것은 사실이다. 그러나 워필드가 진화론에 대해 구체적으로 어떤 입장을 가졌는지는 좀 더 면밀한 논의가 필요하다. 프레드 재스펠 (Fred G. Zaspel)에 따르면 워필드가 말한 유신 진화론은 오늘날의 유신 진화론과 상당히 다르다(J. P. Moreland, Stephen Meyer, Christopher Shaw, and Wayne Grudem, eds. Theistic Evolution: A Scientific, Philosophical, and Theological Critique, 소현수 외 공역, 『유신 진화론 비판』, 총2권 [서울: 부흥과개혁사, 2019], 2:507-32). 마크 놀(Mark A. Noll)에 의하면 워필드는 하나님의 창조 이후의 생물들의 진화적 변형을 인정하지만, 자연주의적이고 환원주의적이고 비목적론적인 고전적 다윈주의를 버렸다(Benjamin B. Warfield, Evolution, Scripture, and Science: Selected Writings, eds. Mark A. Noll and David N. Livingstone [Grand Rapids, MI: Baker Books, 2000], 32-43). 워필드의 신학 여정에 있어서 후기에 가까운 1911년에 쓰인 글에서 워필드는 진화론을 검증된 과학 이론이 아니라 "철학"이나 "가설"로 규정한다(Benjamin B. Warfield, "On the Antiquity and the Unity of the Human Race," in The Works of Benjamin B. Warfield, 10 vols. [1932. Repr., Grand Rapids: Baker Book House, 1991], 9:235-258). 워필드는 진화론이 정당한 과학 이론으로 입증 되더라도 성경 본문과 충돌하지 않는다고 본 것이지, 진화론을 입증된 과학 이론으로 수용하지 않았음을 기억할 필요가 있다.

221 Van den Belt, The Authority of Scripture in Reformed Theology, 204.

222 Mark A. Noll, "Introduction," to Evolution, Science, and Scripture, 14. 워필드가 그 당시 현대과학에 대해 긍정적 태도를 지녔다는 언급은 Moisés Silva, "Old Princeton, Westminster, and Inerrancy," B. B. Warfield: Essays on His Life and Thought, ed. Gary L. W. Johnson (Philipsburg, NJ: P&R, 2007), 85.

223 워필드는 이러한 양극단을 피하고 신앙과 과학의 관계를 성경 무오성의 토대 위에서 좀 더 균형 있게 보고자 노력했다. 워필드 시대의 양극단에 대해 간략히 언급하는 것은 본 논문의 전체적인 흐름을 이해하는 데 도움이 될 것이다. 첫 번째 극단은 과학을 지나치게 강조하여 신학을 과학화 시키려는 작업이다. 대표적으로 워필드는 그 당시 자유주의 신학을 대표했던 오토 플라이더러(Otto Pfleiderer, 1839-1908)의 "과학적 신학"을 비판했다. 워필드가 보기에 그것은 신학을 진화화 시키는 작업에 불과했다(Warfield, "Creation, Evolution, and Mediate Creation," in Evolution, Science, and Scripture, 198-99). 두 번째 극단은 성경 문자주의로 인해서 성경 본문에서 세부적인 과학 정보들을 도출하려는 시도이다. 이러한 시도는 인류의 연대 문제를 산출하는 과정에서 많이 드러났다. 워필드는 대표적으로 아일랜드 대주교 제임스 어셔(James Usher, 1581-1656)와 프랑스 예수회 신학자이자 예수회 학교 학장을 지냈던 드니 페토(Denis Petau, 1583-1652)의 영향을 지적했다. 워필드는 이러한 시도에 근거가 부족하고 불확실하다고 못박았다(Warfield, "On the Antiquity and the Unity of the Human Race,"

in Evolution, Science, and Scripture, 271-72).

224 Alister E. McGrath, Narrative Apologetics, 홍종락 역, 『포스트모던 시대, 어떻게 예수를 들려줄 것인가』 (서울: 두란노, 2020), 24-25.

225 Warfield, Evolution, Science, and Scripture, 14. 워필드가 그 당시 현대과학에 대해 긍정적 태도를 지녔다는 언급은 Silva, "Old Princeton, Westminster, and Inerrancy," 85.

226 Gijsbert van den Brink, "On Certainty in Faith and Science: The Bavinck-Warfield Exchange," Bavinck Review 8 (2017): 65-88, 특히 67.

227 Van den Brink, "On Certainty in Faith and Science," 85.

228 Ian G. Barbour, When Science Meets Religion, 이철우 역, 『과학이 종교를 만날 때』 (서울: 김영사, 2002), 제1장.

229 Charles B. Warring, Genesis 1 and Modern Science (New York: Hunt & Eaton, 1892). 워링은 히브리어와 우주론 전문가였고, 창세기 1장의 '날'(day)을 지질학적 시대에 맞추려고 했던 "일치주의"(concordism)의 전형으로 평가된다. Warfield, Evolution, Science, and Scripture, 144.

230 Warfield, Evolution, Science, and Scripture, 145.

231 Warfield, "On the Antiquity and the Unity of the Human Race," 9:235-258. 이후부터 워필드의 전집에 포함된 글은 Works, 9:235-238로 인용된다. 이 글은 최초에 The Princeton Theological Review 9 (1911): 1-25에 수록되었다.

232 Warfield, "On the Antiquity and the Unity of the Human Race," Works, 9:237.

233 Warfield, "On the Antiquity and the Unity of the Human Race," Works, 9:238.

234 Warfield, "On the Antiquity and the Unity of the Human Race," Works, 9:235.

235 또 다른 본문에 대한 설명을 보려면, 김상엽, "벤자민 워필드의 성경관과 과학관의 관계성에 대한 고찰: 인간의 기원 문제를 중심으로," 「조직신학연구」 28 (2018): 118-149를 보라.

236 Warfield, "On the Antiquity and the Unity of the Human Race," Works, 9:238.

237 Warfield, "On the Antiquity and the Unity of the Human Race," Works, 9:238-239.

238 워필드는 인류의 태고성에 관한 논의 이후에 인류의 단일성에 대한 논의를 전개한다. 워필드는 인류의 단일성이 "죄와 구속의 교리"에 있어서 매우 중요한 신학적 문제라고 설명하며, 족보의 고유한 목적이 인류의 단일성을 보여주는 데 있다고 암시한다(김상엽, "벤자민 워필드의 성경관과 과학관의 관계성에 대한 고찰: 인간의 기원 문제를 중심으로," 138-144).

239 James Orr, "Science and the Christian Faith," in The Fundamentals: A Testimony to the Truth, eds. R.A. Torrey and A.C. Dixon, 4 vols. (1917. Repr. Grand Rapids: Baker, 1980), 1:334-347.

240 James Orr, "The Early Narratives of Genesis," in The Fundamentals: A Testimony to the Truth, 12 vols. (Chicago: Testimony Publishing Company, 1910-15), 6:85-97, 특히 94. 이 책은 처음에 12권으로 출간되었고 1917년에 4권으로 재출간되었다.

241 Hodge and Warfield, "Inspiration," 237-38.

242 바로 여기에서 성경 본문에 대한 주해와 해석이 필요하다. 이 부분에 대해서는 다음 절에서 좀 더 자세히 다루도록 하겠다.

243 Paul Helm, "B. B. Warfield's Path to Inerrancy: An Attempt to Correct Some Serious Misunderstandings," Westminster Theological Journal 72 (2010): 23-42, 특히 39.

244 Hodge and Warfield, "Inspiration," 238.

245 Helm, "B. B. Warfield's Path to Inerrancy," 38.

246 Warfield, "The Real Problem of Inspiration," Works, 1:196-97.

247 Warfield, "The Real Problem of Inspiration," Works, 1:206.

248 Charles Hodge, Systematic Theology, 3 vols. (New York: C. Scribner and Company, 1872-73), 1:171.

249 Silva, "Old Princeton, Westminster, and Inerrancy," 77-81.

250 Silva, "Old Princeton, Westminster, and Inerrancy," 80.

251 Silva, "Old Princeton, Westminster, and Inerrancy," 82.

252 John Calvin, The First Epistle of Paul the Apostle to the Corinthians (Grand Rapids: Eerdmans, 1961), 208-9; Silva, "Old Princeton, Westminster, and Inerrancy," 83에서 재인용.

253 Helm, "B. B. Warfield's Path to Inerrancy," 35.

254 Helm, "B. B. Warfield's Path to Inerrancy," 29-30.

255 워필드가 성경 본문에 나타나는 문체나 어휘 등의 현상들을 장르의 문제로 사용한다는 점을 헬름도 지적한다. Helm, "B. B. Warfield's Path to Inerrancy," 40.

256 Warfield, "Inspiration and Criticism," Works, 1:419.

257 Hodge and Warfield, "Inspiration," 247.

258 Hodge and Warfield, "Inspiration," 247.

259 Warfield, "Divine and Human in the Bible," SSW, 2:543.

260 Warfield, "Divine and Human in the Bible," SSW, 2:544.

261 Warfield, "Divine and Human in the Bible," SSW, 2:545.

262 Warfield, "Divine and Human in the Bible," SSW, 2:546.

263 Warfield, "Divine and Human in the Bible," SSW, 2:547.

264 Hendrik van den Belt, "Autopistia: the Self-Convincing Authority of Scripture in Reformed Theology" (Ph.D. dissertation, Leiden University, 2006), 224.

265 Jeffrey A. Stivason, "From Inscrutability to Concursus: Benjamin B. Warfield's Theological Construction of Revelation's Mode From 1880 to 1915" (Ph. D. Dissertation, Westminster Theological Seminary, 2013), 12.

266 Warfield, "Calvin's Doctrine of the Creation," Works, 5:305. 워필드가 "칼뱅의 창조론"에 관하여 1915년에 글을 썼다는 것은 의미가 있다. 그 무렵은 워필드가 고전적인 형태의 진화론을 버린 시기로 알려져 있다. 워필드가 고전적인 다윈주의를 버린 것과 일종의 진화 개념을 수용한 것은 별개의 문제임을 암시한다. 이에 대한 마크 놀의 지적을 보려면, Noll, Evolution, Scripture, and Science: Selected Writings, 39.

267 Warfield, Evolution, Scripture, and Science, 51. 또한 마크 놀이 이 책에 대해 작성한 서문 중에서 37-43면을 보라.

268 David Livingstone and Mark Noll, "B. B. Warfield: A Biblical Inerrantist as Evolutionist," Isis 91 (2000): 290.

269 William D. Livingstone, "The Princeton Apologetic as Exemplified by the Work of B. B. Warfield and Gresham Machen: A Study in American Theology 1880-1930," (PhD, Yale University, 1948), 113-114.

270 Charles Hodge, What Is Darwinism? (New York: Scribner, Armstrong, and Company, 1874). 핫지는 이 책에서 다윈주의의 세 가지 주요 특징들을 제시한다. (1) 모든 유기체는 하나 혹은 소수의 원시 균류(primordial living germs)로부터 진화했다. (2) 진화는 자연선택이나 적자생존을 통해서 이루어졌다. (3) 자연선택은 일종의 설계(design)가 아니라 비지성적인 물리적 원인에 의해 이루어졌다. 핫지는 여기에서 세 번째 특징이 다윈의 진화론의 가장 중요하고도 독특한 특징이라고 규정한다. 핫지는 이 책의 결론 부분에서 다윈주의가 무신론이라고 규정하며 비판한다(Hodge, What Is Darwinism, 177).

271 Livingstone, "A Study in American Theology 1880-1930," 114.

272 Noll, Evolution, Scripture and Science, 269.

273 Warfield, "On the Antiquity and the Unity of the Human Race," 235-236.

274 Warfield, "On the Antiquity and the Unity of the Human Race," 236.

275 제임스 어셔(James Usher, 1581-1656)는 아일랜드의 대주교로서 지구의 시작을 주전 4004년 10월 23일로 계산한 것으로 유명하다.

276 드니 프토(Denis Petau, 1583-1652)는 프랑스의 예수회 신학자로 디오니시우스 페타비우스(Dionysius Petavius)라는 이름으로도 잘 알려져 있다. 그는 지구의 연대기에 관한 논문을 De doctrina temporum(1627)에서 처음 소개했고, 요약본을 Rationarium temporum(1633)에서 다시 소개했다.

277 제임스 허튼(James Hutton, 1726-1797)은 영국의 지질학자였다. 그의 대표작이었던 『지구의 이론』(1785)은 너무 산만해서 대중이 이해하기 어려웠으나, 그의 사후 『허튼의 지구이론에 대한 설명』(1802)이 출간되면서 허튼의 이론이 인정받기 시작했다. 허튼은 특히 "동일과정설"을 확립시킴으로써 현재를 기준으로 과거를 해석하는 이론적 기초를 마련했다.

278 Charles Darwin, Origin of Species, 1st ed. (London, 1859), 287.

279 Joseph Beete Jukes, Student's Manual of Geology (Edinburgh, 1862).

280 Edward Bagnall Poulton, "Address to the Zoological Section by the President of the Section," Science 4 (1896): 668-680.

281 아치볼드 게이키(Archibald Geikie, 1835-1924)는 영국의 지질학자였다. 구한말에 우리나라에서 출판 된 『지문학 교과서』는 게이키의 저서를 번역한 것이다.

282 Archibald Geikie, "Address by the President of the Geological Section," at the Meeting of the British Association for the Advancement of Science, Dover, September 13, 1899; Science 10 (1899): 513-527.

283 Gabriel de Mortillet, Revue Mensuelle of the Paris School of Anthropology (January 1897).

284 Albrecht Penck, Silliman Lectures at Yale, 1908.

285 Alfred Russel Wallace, "Lyell's Antiquity of Man," Nature 8 (October 1873): 462-463. 또한 Darwinism: An Exposition of the Theory of Natural Selection, with Some of Its Applications (London, 1889), 456을 참고하라.

286 John William Dawson, Relics of Primeval Life (New York, 1897), 323.

287 Warfield, "On the Antiquity and the Unity of the Human Race," 235.

288 Warfield, "On the Antiquity and the Unity of the Human Race," 236-237.

289 William D. Livingstone, "The Princeton Apologetic as Exemplified by the Work of B. B. Warfield and Gresham Machen," (Ph. D. diss., Yale University, 1948), 6.

290 William Henry Green, "Primeval Chronology," Bibliotheca Sacra 47 (April 1890): 286.

291 Warfield, "On the Antiquity and the Unity of the Human Race," 238.

292 Warfield, "On the Antiquity and the Unity of the Human Race," 238-239.

293 Green, "Primeval Chronology," 286-287.

294 그렇다면 이 족보가 구체적으로 어떠한 목적을 가지느냐에 관한 문제가 발생한다. 하지만 연구자는 이 주제는 이 논문의 목적의 범위를 훨씬 벗어난다고 생각한다. 창세기 5장과 11장의 족보가 10세대씩 정리된다는 사실과 이것이 갖는 함의, 이 족장들의 나이가 갖는 상징성, 이 족보에 제시된 나이들을 그대로 계산했을 때 생기는 문제점 등에 대한 좀 더 자세한 설명은, Green, "Primeval Chronology," 294-301; 송병헌, 『엑스포지멘터리 창세기』 (서울: 국제제자훈련원, 2010), 160-166, 231-235을 보라.

295 Noll, Evolution, Scripture and Science, 270.

296 Warfield, "On the Antiquity and the Unity of the Human Race," 252.

297 Warfield, "On the Antiquity and the Unity of the Human Race," 252-254.

298 Herman Bavinck, The Philosophy of Revelation: The Stone Lectures for 1908-1909 Princeton Theological Seminary (New York: Longmans, Green, and Co., 1909), 137.

299 Warfield, "On the Antiquity and the Unity of the Human Race," 255.

300 Ebenezer Burgess, What is Truth? An Inquiry Concerning the Antiquity and Unity of the Human Race (Boston: Israel P. Warren, 1871), 185.

301 Richard Owen, On the Classification and Geographical Distribution of the Mammalia (London: John W. Parker and Son, West Strand., 1859), 98.

302 Thomas Henry Huxley, Evidence as to Man's Place in Nature (London: Williams and Norgate, 1864), 104.

303 John Fiske, Through Nature to God (New York: Houghton, Mifflin and Company,

1899), 82.

304　이 주제에 관해 좀 더 자세히 알려면, Herman Bavinck, Philosophy of Revelation, 170-202를 참고하라. 바빙크는 "계시와 기독교"라는 제목의 장에서 인류의 단일성을 고찰하고, 인류에게 단 하나의 계시가 필요함을 제시한다.

305　히브리어 성경을 보면 역본에 따라 "사람의 자손들"(אֲנָשִׁים יוי) 혹은 "아담의 자손들"(מדא יוני)로 표현한다. 하지만 한글 성경은 모두 "사람들"로 번역하고 있다.

306　Belt, "Autopistia," 216-217.

307　Millard Erickson, "Biblical Inerrancy: The Last 25 Years," Journal of the Evangelical Theological Society 25 (1982), 388. 에릭슨에 따르면 잭 로져스(Jack Rogers)와 도널드 맥킴(Donald McKim)이 이것을 강력하게 주장했다.

308　William D. Livingstone, "The Princeton Apologetic as Exemplified by the Work of B. B. Warfield and J. Gresham Machen: A Study in American Theology 1880-1930," (Ph. D. Dissertation, Yale University, 1948), 342; Ernest R. Sandeen, "The Princeton Theology: One Source of Biblical Literalism in American Protestantism," Church History 31 (1962).

309　"협력"이라는 단어는 일반적으로 하나님의 주권과 섭리(providence)와 관련해서 사용되는 용어이다. 리차드 멀러(Richard A. Muller)에 따르면 이 용어는 신적 의지에 의해 발생하는 모든 우연적 존재의 의지와 그 작용을 가리킨다. 좀 더 자세한 설명을 보려면, Richard A. Muller, Dictionary of Latin and Greek Theological Terms (Baker Books: Grand Rapids, 1985).

310　워필드가 성경 영감론에서 말하는 "협력"과 웨슬리안의 "신인협력설"에는 중요한 차이가 있다는 사실을 지적하는 것은 불필요한 오해를 방지해 줄 것이다. 워필드의 "협력"은 성경론에서 논의되는 개념이고, 웨슬리안의 "신인협력"은 구원론에서 논의되는 개념이다. 전자는 하나님의 절대 주권적 은혜에 의한 구원 이후 발생하는 사건에서 인간의 책임과 역할을 말하는 것이고, 후자는 구원 자체에서 하나님의 은혜와 인간의 의지에 관하여 말하는 것이다. 사실 워필드가 인간의 책임이나 역할, 이성의 작용 등을 논의하는 부분에서 종종 비판을 받기도 하는데, 그것은 이처럼 "신학적 범주"를 혼동하는 데서 오는 비판이다. 이에 대해서는 김상엽, "벤자민 워필드의 인식론: 변증학과 믿음에서의 이성의 위치와 역할을 중심으로," 8-37을 보라. 또한 웨슬리안의 "신인협력설"에 관해서는 김성원, "웨슬리안 신인협력설에서 성화경험을 향한 자유의지의 유효적 작용," 「한국기독교신학논총」 71 (2010): 71-97을 보라.

311　Warfield, "Divine and Human in the Bible," SSW, 2:546. 이 소논문이 최초로 출간된 것은 The Presbyterian Journal (May 189).

312　Benjamin B. Warfield, "Recent Theological Literature," The Presbyterian & Reformed Review 4/15 (1893): 496.

313　Warfield, "Inspiration," SSW, 2:629.

314　Warfield, "The Westminster Divines on Inspiration," Works, 6:262. 몇 페이지 후에 워필드는 웨스트민스터 신학자들의 영감론이 발전하고 있음을 지적한다. 일부 신학자들이 "협력" 개념을 표현했지만, 모든 신학자들이 동일하게 "협력" 개념을 가지는 "때"가 아직 도래하지는 않았다고 지적한다. 이에 대해서는 Warfield, "The Westminster Divines on Inspiration," Works, 6:273-6을 보라.

315　Jeffery S. Oldfield, "The Word Became Text and Dwells Among Us," (Ph. D. diss., University of St. Andrews, 2008), 30.

316　James I. Packer, "Fundamentalism" and the Word of God (Leicester: Inter-Varsity, 1958), 80.

317　Warfield, "Divine and Human in the Bible," SSW, 2:543.

318　Warfield, "Divine and Human in the Bible," SSW, 2:544.

319　Warfield, "Divine and Human in the Bible," SSW, 2:545.

320　Warfield, "Divine and Human in the Bible," SSW, 2:546.

321　Warfield, "Divine and Human in the Bible," SSW, 2:547.

322　Warfield, "Inspiration and Criticism," Works, 1:395-425.

323　Warfield, "Inspiration and Criticism," Works, 1:395.

324　Warfield, "The Westminster Divines on Inspiration," Works, 6:262과 273-6을 보라. 워필드는 여기에서 "협력"이라는 영감의 방법이 웨스트민스터 신학자들의 영감론이었음을 설명하고 있다.

325　Warfield, "Divine and Human in the Bible," SSW, 2:542-3.

326　물론 성경 영감과 권위를 "신앙과 실천의 권위 있는 규범"이라는, 성경론의 좀 더 일반적인 형식으로 실천을 연결시키는 부분은 여기에서 논의하지 않을 것이다. 이것은 워필드 뿐만 아니라 개혁신학자 모두가 공유하는 부분이다. 여기에서는 영감의 방법, 즉 "협력" 개념을 실천과 연관시킬 수 있는 부분에서 대해서만 다룬다.

327　Warfield, "Inspiration and Criticism," Works, 1:398-9.

328　Warfield, "Divine and Human in the Bible," SSW, 2:546-7.

329　Warfield, "On the Biblical Notion of Renewal," Works, 2:451.

330   Warfield, "On the Biblical Notion of Renewal," Works, 2:449.

331   Warfield, "On the Biblical Notion of Renewal," Works, 2:450.

332   Stivason, "Benjamin Warfield's Theological Construction of Revelation's Mode," 168.

333   Warfield, "Authority, Intellect, Heart," SSW 2:668.

334   Warfield, "Authority, Intellect, Heart," SSW 2:669.

335   Warfield, "Authority, Intellect, Heart," SSW 2:668-669.

336   Warfield, "Authority, Intellect, Heart," SSW 2:670.

337   Warfield, "Authority, Intellect, Heart," SSW 2:670.

338   Warfield, "Authority, Intellect, Heart," SSW 2:670.

339   Warfield, "Authority, Intellect, Heart," SSW 2:671.

340   Warfield, "Authority, Intellect, Heart," SSW 2:671.

341   Warfield, "Authority, Intellect, Heart," SSW 2:671.

제3장

기독론

Christology

지금까지 우리는 성경론을 둘러싼 논의들을 살펴보았다. 워필드는 성경의 영
감과 권위, 무오성 등의 개혁신학을 지켜내기 위해서 치열하게 변증했다. 그런
데 19세기에 성경론만이 논쟁의 대상이었던 것은 아니다. 성경의 핵심 내용이
었던 그리스도를 둘러싼 논쟁도 강력했다. 찰스 핫지의 아들이자 웨스트민스
터 신앙고백서 해설서를 작성한 A. A. 핫지는 그 당시 상황을 다음과 같이 설
명한다.

현재 가장 일반적으로 의문의 대상이 되고 합리주의적 비평의 손에 수난을
당하고 있는 두 위대한 교리는 성경 영감의 본성과 범위에 관한 교리와 그리스
도의 구속 사역의 본성에 관한 교리이다. 두 교리는 본래 운명을 같이 한다. 성
경의 영감이 완전하다면 구속의 본성에 관하여 교회가 고수하는 교리는 확고
해진다. 하지만 성경의 권위가 약해지면 그 정도에 따라서 감정과 도덕, 경험에
의해 조절되는 구원론이 펼쳐진다.[1]

19세기 말에 성경론과 기독론이 얼마나 밀접하게 연결되어 논쟁의 대상이
되었었는지 알 수 있는 진술이다. 두 교리들은 19세기 후반 미국 교회에서 핵심
쟁점이었다. 성경론이 신학의 방법에 대한 문제였다면 기독론은 신학의 내용
에 대한 문제였다. 워필드는 성경론에 대한 변증 이후에 기독론에 대한 변증에
집중했다. 워필드는 다양한 시대적 도전들에 직면하면서도 성경적이고 정통적
인 기독론을 전개했다. 그는 자유주의와 성서비평, 진화론, 신비주의, 합리주

의, 자연주의 등에 맞서 정통적인 기독론을 잘 제시했다. 그러한 도전들은 오늘날에도 우리가 언제든지 만날 수 있는 도전들이다.

오늘날 우리가 워필드의 기독론을 다시 살펴봐야 할 이유는 분명하다. 기독론을 둘러싼 논쟁이 오늘날에도 여전히 진행 중이기 때문이다. 밀라드 에릭슨(Millard Erickson)의 지적에 따르면 칼케돈 신조에 의해서 표준적인 정통 기독론이 제시되었음에도 불구하고, 정통 기독론에 대한 도전은 현대 시대에도 지속된다.[2] 알리스터 맥그라스(Alister McGrath)는 교회가 그리스도에 관하여 설명하는 일에 늘 직면해왔음을 지적한다.[3] 교회에게 언제나 가장 중요한 문제는 그리스도의 유일성과 궁극성을 설명하고 정당화하는 것이었다. 교회 역사가 지속되는 한, 그 시대의 정신이나 도전들에 반응하여 그리스도에 대한 이해와 설명은 계속될 것이다.

그러므로 우리에게는 우리가 믿는 그리스도에 관하여 설명하고 진술하고 변증할 책임과 의무가 있다. 워필드의 기독론을 살펴봄으로써 우리가 직면하게 될 현대적인 도전들 앞에서 정통적인 신학과 신앙을 유지하는 데 적절한 신학적 기초를 찾고자 한다.

기독론에 대한 철학과
신학의 도전

    워필드의 기독론을 구체적으로 살피기 전에 기독론에 대한 철학과 신학의 도전들을 살피는 일이 필요하다. 워필드의 기독론이 변증적이기 때문이다. 워필드의 기독론이 변증적이라는 것은 그의 기독론이 전통적인 개혁신학의 기독론을 단순하게 정리하거나 종합한 것이 아님을 암시한다. 그의 기독론이 철저하게 시대적 도전과 문제 가운데 전개되었음을 내포한다. 사실 이것은 워필드 신학의 전체적인 특징이기도 하다. 워필드는 자신의 신학을 전개하는 데 있어서 개신교 자유주의의 공격 양상을 분명하게 인식했고, 이 공격에 대한 변증으로서 신학을 전개했기 때문이다. 윌버 월리스(Wilber Wallis)는 워필드의 신학 전개 과정에 대하여 다음과 같이 설명한다.

> 워필드 신학사상의 주요 강조점은 10년 단위로 구분된다. 1880-1890년에는 성경적 토대, 1890-1900년에는 기독교의 기원, 1900-1910년에는 기독론, 1910-1920년은 적용과 성령신학을 강조했다. … 합리주의적 자유주의가 처음에는 성경을, 그 다음에는 그리스도를, 그리고 그리스도가 성취하신 구원을 잇달아 공격했기 때문에, 이 점을 워필드는 노련하게 분석하며 응수했던 것이다.[4]

그러므로 워필드의 기독론은 그 당시의 개신교 자유주의에 대한 반응이자 변증이라는 차원에서 이해되어야만 한다. 다시 말해서 워필드의 기독론을 연구하는 데 있어서 단순하게 전통적인 주제들을 중심으로 진술하는 것보다는 그 시대의 신학적 도전들과 문제들 가운데 워필드가 전통적 주제들을 어떻게 제시하는지 살피는 것이 더 중요하다는 것이다.

1 리츨의 개신교 자유주의가 확산되다

워필드가 활동할 당시 미국에서 가장 문제였던 개신교 자유주의는 리츨주의였다. 리츨주의는 형이상학을 인정하지 않았기에 성경의 형이상학적이고 초자연적인 요소들을 부정했다. 그 결과는 무엇일까? 바로 그리스도의 형이상학적이고 초자연적인 설명들을 인정하지 않는 것이었다.

리츨주의는 기독교의 전통적인 용어를 표면적으로만 사용하고 있다는 사실을 기억할 필요가 있다. 리츨주의는 칭의, 화해, 중생, 성화 등을 전혀 다른 의미로 사용한다.[5] 이러한 리츨신학을 간략하게 요약하자면, 리츨신학은 반형이상학적이고,[6] 반초자연적이고,[7] 합리주의적이고,[8] 주관주의적이고,[9] 도덕주의적이고,[10] 성경의 권위를 부정하고,[11] 실용적이고 윤리적인 하나님 나라를 강조했다.[12]

19세기 후반이 되면서 리츨주의는 잉글랜드와 미국에서 큰 관심을 끌었다. 사실 19세기 초반만 하더라도 유럽의 철학이나 신학이 미국에 큰 영향을 미치지 않았다. 그러다 19세기가 후반으로 접어들면서 미국에 큰 영향을 미치기 시작했다.[13] 그 당시 대표적인 리츨학파 신학자의 신학을 간략하게 살펴봄으로써, 미국 리츨학파의 기독론이 어떤 특성을 가지고 있었는지 제시하고자 한다.

19세기 학문의 중심은 독일이었다. 워필드가 보기에 그 당시 독일은 "세계의 교사"(praeceptor mundi)였다.[14] 그런데 그 당시 철학과 신학에 있어서 큰 영향력을 지니고 있었던 독일 개신교는 그리스도의 두 본성 교리로부터 돌아섰다. 이러한 독일 개신교의 신학적 상황은 프리드리히 루프스(Friedrich Loofs, 1858-1928)의 한 강연에서 잘 드러난다.

> 나는 마지막 강연에서 정통 기독론에 대한 비판의 정당성을 제시하고자 한다. 이 비판은 소수 사람들로부터 오지 않는다. 현재 독일 개신교 신학 전체가 전반적으로 그러한 비판을 인정하고 있다고 볼 수 있다. … 학식 있는 독일 개신교 신학자들 모두가 만장일치로 인정하는 바에 의하면 정통 기독론은 예수의 인간적 삶을 정당하게 다루지 않고, 그리스도 두 본성이라는 정통 교리는 전통적인 형태로 유지될 수 없다.[15]

벤자민 워필드는 이러한 신학적 흐름이 영어권 국가에서 아직은 만연하지 않지만 동일한 기류의 시작이 있음을 지적한다.[16] 그리스도의 두 본성 교리를 반대하는 것은 결국 "한 본성 교리"에 대한 지지로 이어진다. 그리스도의 한 본성 교리란 신성이나 인성 둘 중 하나만을 인정하는 것이다. 그런데 워필드의 지적에 따르면, 이러한 시도는 결국 신성을 포기하고 인성만을 강조하는 결과를 낳는다.

> 그리스도의 신성을 인정하려는 경향 … 그것은 추론된 교리라기보다는 마음의 상태이자 헌신적 태도로 존재해왔다. 처음부터 그리스도인들이 "그리스도의 예배자들"이었다는 것이 그리스도인의 가장 큰 특징이었다. 신약성경의 저자들에게 예수를 주님으로 인정하는 것은 그리스도인이 되는 표지였고, 그들의 모든 종교적 감정들은 주님을 향했다. 복음서 저자들에 대해서는 그들이 모두 예수 숭배자라는 비난이 있었다. 바로 이 점에 근거하여 우리로 하여금 예수의 초자연적 삶에

이처럼 그리스도의 두 본성에 대한 반감은 인성보다는 신성을 거부한다. 두 본성 교리에 대한 반감은 그리스도를 순전히 인간적인 존재로 설명하려는 시도로 귀결될 뿐이다.

19세기 미국의 리츨학파는 미국 자유주의 신학으로 이어진다. 이 과정에서 가장 핵심적인 인물은 리츨의 제자인 아돌프 폰 하르낙(Adolf von Harnack)이다.[18] 그는 『기독교란 무엇인가?』라는 저술을 통해서 미국에 강력한 영향력을 행사했고, 리츨의 신학을 미국에 전했다. 그리고 하르낙의 제자인 미국 신학자 아서 맥기퍼트(Arthur C. McGiffert, 1861-1933)는 가장 대표적인 미국 내 리츨학파 신학자로 알려져 있다.[19]

호레이스 부쉬넬(Horace Bushnell, 1802-1876)은 미국 자유주의 신학의 한 계열인 사회복음과 관련이 있는 신학자이다. 부쉬넬을 통해 전해진 리츨주의가[20] 사회복음의 형태로 귀결되었다.[21] 스티븐스(Stevens)에 따르면 리츨과 부쉬넬은 매우 다른 기질과 특징과 성향의 신학자였음에도 불구하고 그들의 신학적 결과들은 매우 유사했다.[22] 리츨과 부쉬넬은 기독론과 속죄론에 있어서 매우 유사했다. 둘 다 역사적 예수와 경험된 예수를 강조했고[23] 니케아와 칼케돈의 기독론을 그리스 철학의 산물이라며 거부했다.[24] 둘의 속죄론의 경우 표면적으로는 유사성이 기독론보다 덜하지만 전체적인 원리에서 유사하다. 대리적 속죄를 거부하고 도덕적 영향 이론을 지지하기 때문이다.[25] 이 둘이 제시하는 이러한 도덕적 영향 이론은 그리스도의 십자가나 죽음에 독특한 의미를 부여하지 않는다.[26] 스티븐스에 따르면 리츨은 그리스도의 고난에 담긴 대리적 형벌적 관념을 거부한다.[27] 다시 말해서 그의 제사장적 사역은 죄인의 형벌을 대신 담당하는 것이 아니라, "하나님과의 완전히 정상적인 관계"를 유지하는 것에 있다. 그리고 이것을 다른 사람들에게 소개하는 것이 그의 제사장적 사역이다. 그리스도는 하나님 나라를 세움으로써 이것을 이루고, 바로 이 하나님 나라 안에서 그리스도인의 구원이 구현된다. 스티븐스에 따르면 리츨은 이렇게 사회적 관점에서 하나님 나라와 그리스도의 사역을 연결시킨다. 그리스도의 신성도 이러한 관점에서 설명된다. 그리스도의 신성은 형이상학적이고 모호한 범주들에서 발견되는 것이 아니라, 하나님 나라 안에서의 도덕적 범주들로 설명된다.[28] 그리스도의 신성을 설명하는 용어는 "실제"나 "본성"이나 "본질"이 아니라 "사랑"과 "도덕적 승리"와 "용서"이다. 스티븐스에 따르면 이것이 곧 리츨의 관점이자 부쉬넬의 관점이다.[29]

윌리엄 아담스 브라운(William Adams Brown, 1865-1943)도 하르낙 밑에서 공부했다. 그는 미국의 대표적인 리츨학파 신학자 중 한 사람이다.[30] 브라운은 "두 본성의 그리스도라는 옛 관념"이 이제 사람들에게 만족을 주지 못할 것이라고 했다. "설명할 수는 없지만, 신적 본성과 인간적 본성이 한 인격이라는 제한 안에서 신비롭게 연합한다는 것"은 현대인들이 납득할 수 있는 명제가 아니었다. 그의 생각에 의하면 그러한 관념은 "예수의 참 인성을 제대로 다루는 데" 실패한다. 그리고 그러한 관념은 "하나님과 인간 사이의 건널 수 없는 심연"과 그것을 건너기 위한 "기적"을 전제한다. 그의 주장에 따르면 실제적인 유일한 "성육신"은 한 사건에 관심을 갖는 것이 아니라, 하나님이 "인성으로" 영원히 들어오신 것에 관심을 갖는다.[31] 이것들은 여러 의견들의 사례들일 뿐이다. 분명함에서 서로 다를 수는 있지만, 그것들이 두 본성 교리를 거부한다는 면에서는 다르지 않다.

윌리엄 샌데이(William Sanday, 1843-1920)는 사실 영국의 리츨학파 신학자였다. 하지만 그의 신학적 영향력은 영국을 넘어 미국에도 전해졌다. 샌데이의 기독론은 그리스도 인간설적 입장으로 향하는 과도기적 형태의 케노시스(Kenosis) 기독론이다.[32] 샌데이는 초기에 삼위일체론적 기독론을 명확하게 가르쳤다. 심지어 케노시스 기독론에 비판적 태도를 취하기도 했다. 그러나 샌데이는 점차 케노시스 기독론적 표현을 제시한다. 샌데이는 세 가지 단계를 통해 그리스도를 인간적인 존재로 만들어 버린다.

첫째, 기독교의 신비란 성령의 내주인데, 이것은 잠재의식에서 이루어진다.[33]

둘째, 잠재의식이라는 상층부와 의식이라는 하층부 사이에는 오르기 쉬운 다양한 길들이 있다.[34]

셋째, 성육신한 그리스도의 신성이 머무는 곳은 잠재의식이다.[35] 샌데이는 마지막 부분을 다음과 같이 조금 더 상세히 설명한다.

> 우리는 지금까지 그리스도의 인간적 본성과 신적 본성을 수직적으로 구분하는 것에 수반하는 문제점들을 살펴보았다. … 하지만 이 문제들은 우리가 수직적 구분선이 아니라 수평적 구분선을 그을 때 사라진다. 즉 모든 활동이 표현되는 적절하고 실재적인 장(field)으로서의 상층부의 인간적 수단과, 그에 못지않게 적절하고 실재적인 진(home)으로서의 하층부의 깊음으로 구분하는 것이다. 이 선은 필연적으로 잠재의식의 영역에 그어진다. … 그리스도의 인격을 이러한 방식으로 인식하는 것의 이점은 그의 지상에서의 삶을 우리가 완전하고도 노골적으로 인간적인 것으로 생각할 수 있는 자유를 준다는 것이다.[36]

그러므로 샌데이에 따르면 그리스도는 다른 사람들보다 자신의 잠재의식 속에 "신성의 물결"이 더 빈번하게, 더 완전하게, 더 강력하게 유입된 "인간"에 불과하다.[37] 그리스도 안에는 인성과 신성이 함께 있지만 둘이 나란히 있는 것이 아니라 신성이 인성의 기초가 된다. 워필드는 이러한 샌데이의 견해를 다음과 같이 결론짓는다.

> 따라서 그리스도는 성령이 내주하는 인간이 되고, 다른 사람보다 성령이 내주가 더 강력한 인간일 뿐이다. 그리스도는 신-인간이 아니다. 심지어 그리스도는 인간 안에 존재하는 하나님도 아니다. 그리스도는 자기 안에 거주하는 하나님과 함

이상의 논의에서 알 수 있는 것은 리츨학파가 제시하는 그리스도 개념이 결국 반-초자연주의 시대에 나타나는 그리스도 인간설의 한 형태라는 것이다.[39] 다시 말해서 리츨학파에게 그리스도는 하나님이 아니다. 오히려 그리스도는 하나님이 우리에게 알려지는 "수단"이자, 우리를 하나님에게 데려가는 "도구"이다.[40] 그러므로 그들이 그리스도를 하나님이라고 부를 때, 그것은 다른 의미의 하나님이 된다. 리츨학파에게 있어서 예수에게 적용된 신성은 예수의 본성을 말하는 것이 아니라, 구원하는 하나님의 능력에 대한 신자의 절대적 확신을 의미한다.[41] 또는 그리스도에게 부여된 신성은 순전히 윤리적 의미이다. 그것은 전혀 형이상학적인 개념이 아니다. 그리스도는 인간에게 하나님이 아니라, 하나님과 같은 "가치"를 지닌 인간 존재인 것이다.[42]

2 케노시스주의가 그리스도의 신성을 부인하다

18세기가 되면서 두 본성 교리에 대한 광범위한 저항이 시작되었다. 워필드에 따르면 이 저항은 계몽주의와 함께 시작되었다.[43] 계몽주의에 의해 시작된 저항이 아직 두 본성 교리를 본격적으로 거부하지는 않았지만, 계몽주의로 인해 생겨난 다양한 "현대적 사상들"이 두 본성 교리를 "불가능한 것"으로 여기도록 만들었고, 그것으로부터 돌아서도록 하는 시발점이 되었다.

19세기 후반은 이러한 현대적 정신에 크게 영향을 받은 시기였고, 이것이 기독교 교리에도 영향을 미친 시대였다. 19세기 사람들은 그러한 현대적 정신의 영향으로 인해서 그리스도 안에 신성과 인성이 함께 있다는 것을, 곧 나사렛 예수가 참 하나님인 동시에 참 인간이라는 사실을 전혀 받아들일 수 없었다. 그리스도의 두 본성에 대한 반감은 인성 보다는 신성을 거부한다. 결국 두 본성 교리에 대한 반감은 그리스도를 순전히 인간적인 존재로 설명하려는 시도로 귀결될 뿐이다.

그리스도를 순전한 인간으로 이해하려는 시도가 대두되자, 신인(神人) 예수와 단순한 인간 예수 사이의 중간지대를 찾으려던 시도가 생겨났다. 그것은 바로 케노시스주의이다. 물론 케노시스주의는 결과적으로 단순한 인간 예수만을 인정하는 데로 나아갔지만,[44] 그리스도 인간설에 이르기까지의 과도기적 형태로서 고찰할 필요가 있다.

워필드에 따르면 케노시스주의는 빌립보서 2장 8절에 나오는 바울의 선언에서 시작되었다. 케노시스주의의 핵심에는 하나님의 아들이 인간이 되는 과정에서 자신의 신성을 버리거나 소멸시켰다는 개념이 있다. 이것은 이론적으로 그리스도의 신성을 부정하지 않으면서, 인간적인 그리스도를 확보하기 위한 시도였다.[45] 케노시스주의는 "축소된 신성"(shrunken deity)을 통해서 그리스도의 두 본성을 설명하려 했지만, 결과적으로 순전히 인간적인 본성을 가진, 한 본성의 그리스도를 제시하게 되었다.

워필드는 그 당시의 대표적인 케노시스 주의자들을 분석한다.[46] 워필드에 따르면 자신이 여기에서 다루는 신학자들은 그 시대에 케노시스 기독론 영역에서 가장 통용되던 이론들을 제시했고, 각 신학자들은 케노시스 논의에 어느 정도 기여를 했다.[47]

워필드가 다루는 첫 번째 저작은 로버트 오틀리(Robert Lawrence Ottley, 1856-1933)의 『성육신 교리』이다. 오틀리의 독특함은 케노시스 교리를 하나님의 사랑과 연결시키는 것이다. 그것이 하나님의 불변성 교리에 일으키는 난제들에도 불구하고, 신적 속성들은 사랑에 굽히게 되고, 사랑 안의 로고스는 자신의 신적 속성들을 비우게 된다.[48] 낮아지심은 사랑의 자발적 행위이다. 그 안에서 그리스도는 연속된 의지적 행동을 통해서 신적 능력들을 사용하는 것을 의도적으로 억제한다. 첫 단계부터 마지막 단계까지 '낮아지신 신분'(status exinanitionis)은 지속적이고 멈출 수 없는 의지에 의해서 유지된다.[49]

워필드가 살펴보는 두 번째 케노시스 이론은 아더 메이슨(Arthur James Mason, 1851-1928)의 것이다. 메이슨은 『주님의 지상적 삶』에서 두 본성 교리에 관한 자신의 관점을 설명한다. 그리스도는 지구상에 있으면서 만물에 대한 지식을 닫으셨다. 일시적이고 영원한 지식을 닫으셨다. 하나님으로서 자신에게 속한 지식들을 말이다.[50] 메이슨이 보듯이, 성경에는 그리스도의 인격에 모든 것을 아우르는 지식이 있었다는 암시가 없다. 낮은 형태의 지식의 발전에 수반하는 높은 형태의 지식은 없다. 지구상에서의 하나님의 아들은 전적으로 '과정'에 속한다. "그분"은 점차 나아진다. "하나님의 성육신하신 인격적 말씀이 바로 태아, 아기, 유아에게 속한 감각, 인식, 지식의 상태를 지나간다."[51]

워필드가 다루는 세 번째 케노시스 기독론은 토마스 아담슨(Thomas Adamson)이다. 아담슨은 특히 그리스도의 마음을 다룬다. 그의 책 제목은 『그리스도의 마음에 관한 연구』이다. 그에 따르면 그리스도 안에는 한 마음만이 있었고, 그것은 인간의 마음이었으다. 그리스도의 모든 기능들은 순전히 인간적이다. 그리스도가 "명백한" 초자연적 지식을 보여주는 경우가 있지만, 그는 전지함에 아무런 가치를 부여하지 않는다. 그는 심지어 전지함을 소유하는 것이 유해하고 손상을 가져온다고 생각한다.[52] 주님이 지식에 있어서 구원의 대상이 되는 사람들과 다른 것은 자신의 신성을 의식하고 있다는 면에서만 다를 뿐이다. 그 의식은 그에게 부담이었다.[53] 그리스도의 지식은 우리의 지식과 같이 오류의 가능성을 갖는다. 그 이유로 실수들이 가능하다. 그는 갈릴리에서의 배척을 예언했는데, 그는 거기에서 배척당하지 않았다. "여기에서 그는 실수를 했다." 그는 무화과나무에서 무화과를 기대하면서도 실수했다.[54] 그리스도의 케노시스는 그리스도가 성령에게 복종하는 것도 포함한다. 이 땅에서는 성령이 안내하고, 깨닫게 하고, 강하게 한다. 그는 성령의 안내에 순종해야 한다. 그의 대부분의 삶은 그리스도 스스로에 의해서 형성된다. 하지만 하

나님의 섭리 안에서, 다른 사람들의 행위에 의해서 형성된다.[55]

이 글 마지막에 워필드는 케노시스 교리가 충돌하는 열 가지 요점을 정리한다. 이것은 정통 기독론을 변증하는 데 워필드가 기여한 가장 중요한 점일 것이다.[56]

(1) 요한복음 서문과 빌립보서 2장을 포함하여 모든 기독론적 구절들을 보면, 성경의 가르침은 로고스의 성육신 상태에서 그 능력들이 지속되고 있음을 지지한다. 이 구절들은 케노시스 기독론자들이 자신들의 근거 구절로 제시했지만, 그 구절들은 두 본성 교리가 참임을 드러낼 뿐이다.

(2) 복음서 내러티브에서 예수의 극적인 삶이 그리는 예수는, 현재의 자발적인 행위를 통해서, 그가 소유하고 있는 능력들을 드러내기를 삼간다는 것이다. 그는 자신의 신적 능력과 지식을, 케노시스 기독론이 말하는 것처럼, 닿을 수 없는 어딘가에 두지 않는다.

(3) 그리스도의 두 본성에 관한 성경의 가르침은 완전히 하나님이시면서 완전히 인간이신 그리스도를 요구한다. 그는 말씀과 행동에 있어서 하나님이심에 틀림없다. 두 본성 교리의 순전함은 케노시스주의의 덜 명확한 형태에 의해 파괴된다. 그리고 두 본성이라는 바로 그 원칙은 좀 더 발전한 형태에 의해 부정된다.

> 두 본성 교리를 이론적으로 수용하는 것은 베일에 가린 "그리스도 인간설"에 불과하다. 그것은 인성을 실천적으로 인정하면서, 신성의 이름으로 세례를 준 것이기 때문이다. 그것은 그 시대의 그리스도 인간설 사상이 가져오는 충격 앞에서 견딜 수 없다. 예수를 하나님이라고 부르면서 그 안에서 드러난 인간만 보는 것은, 말로가 아니라 완전히 그의 신성을 부정하는 것이다.[57]

(4) 인류를 향한 하나님의 계시로서의 그리스도에 관한 성경적 교리는, 그가 성

육신에서 완전한 하나님이기를 요구한다. 만일 그리스도가 하나님이 아니시라면 인간에게 하나님을 드러낼 수 없기 때문이다. 그 우주의 보좌에 앉으신 하나님이 본질적으로 인간이라고 말할 준비가 되어 있을 때, 케노시스화 된 그리스도는 하나님을 인류에게 드러낼 수 있다.

(5) 삼위일체에 관한 성경 교리는 삼위의 제2위격이 완전히 하나님이심을 요청한다. 그분은 성육신 때나 아버지의 품에 있을 때나 모든 속성들을 가지고 계신다. 그렇지 않다면 로고스가 동시에 두 개로 존재하는 것이다. 한 존재에서 그는 신적 속성들을 보유하고 행사하신다. 다른 한 존재에서 그는 그것들을 버린다.

(6) 하나님의 불변하심이라는 교리가 요구하는 바에 의하면, 그리스도께서는 선재하는 형태에서 완전히 하나님이시기 때문에 다른 어떤 것으로 변할 수 없고, 어떤 방식으로든 약해질 수 없다.

> 우리가 뚜렷하게 "하나님"이라고 부를 수 있도록 규정해주는 본질인 소위 형이상학적 속성들을 "비우고" 나서도 하나님이 되는 것처럼 여기는 것은 그 용어에 있어서 모순이다.[58]

(7) 철학의 기본 이론들은 실체(substance)와 속성들(attributes)은 서로 불가분의 관계이다. 실체가 존재하면 속성들도 반드시 존재한다. 만일 속성들이 변화하면, 실체도 변화한다.

(8) 상식의 일반적인 지시는 한 절대 존재(a Being)가 강력한 행위로 자신의 전능함을 없앨 수 없다. 또한 의식적 행위로 자신의 의식을 감소시킬 수 없다.

(9) 기독교 교회의 역사적 믿음은 기독교 사상가들의 지성들을 만족시킨다. 케노시스 기독론자들은 키릴로스 방식의 반대나 칼케돈 신조에서 벗어날 수 없다. 칼케돈의 역사적 기독론과, 칼케돈을 수정하려는 목적으로 고안된 이

새로운 기독론을 조화시키는 것은 불가능하다.

(10) 기독교 핵심은 하나님인 동시에 인간인 구원자를 요구한다. 기독교 정신은 한 선지자의 말로는 만족될 수 없다. 기독교 정신은 어제나 오늘이나 영원히 동일하신 하나님의 아들의 말씀만 완전히 신앙할 수 있다.[59]

3 사바티에가 도덕적 속죄론을 주장하다

프랑스의 오귀스트 사바티에(Auguste Sabatier, 1839-1901)는 프랑스에서 슐라이어마허와 리츨의 신학을 전개했다.[60] 사바티에는 "기독교 교리는 종교적 경험에 대한 상징에 불과하다"는 상징주의를 주창한 것으로 유명하다.[61] 사바티에는 20세기 초반에 가장 영향력이 컸던 신학자로 평가받기도 한다. 개신교 자유주의 신학자뿐만 아니라 가톨릭 신학자들도 그의 신학과 철학에 큰 영향을 받았다.[62]

사바티에는 특히 인간의 외적 권위 보다는 주관적 경험을 종교적 권위로 삼았다. 기독교 신앙에 있어서 규범과 권위가 되는 것은 구원에 대한 내적 경험이다.[63] 사바티에는 이것을 다음과 같이 설명한다.

> 예수 그리스도의 복음에 대한 경험적 신앙을 우리 안에 일깨우는 것은 인간적으로 말하자면 가장 무지한 그리스도인의 가장 불완전한 설교, 가장 미약한 증언이다. 그 경험적 신앙은 예수의 종교적 의식과 동일한 것을 만들어낸다. 그것은 우리에게 하나님과의 내적 화해에 관한 의식이나 신적 아들 됨의 의식을 가져다준다. 따라서 예수의 종교적이고 도덕적인 의식은 해석되고 계속되고 분산되면서, 각 기독교 세대에 실제적으로 보존되고 살아있다. 그것은 비판과 무관하다.[64]

이처럼 사바티에에게 있어서 기독교 신앙은 외적 권위나 역사적 사실들과는 별개이다. 이러한 신학적 인식론의 결과는 자명하다. 기독교 신앙에서 성경이라는 외적 권위를 부정하게 되자 사바티에의 속죄론은 결국 도덕적 영향 이론으로 흐르게 된다.[65]

워필드는 사바티에의 속죄론이 잘 표현되어 있는 저술을 심도 있게 비평한다. 그것은 1904년에 영어로 번역되어 출간된 『속죄론의 역사적 발전, 그리고 종교와 현대 문화』이다.[66] 워필드는 먼저 이 책이 주제를 제시하고 전개하는 방법에 있어서 매우 수려한 문체와 프랑스 특유의 매력을 드러낸다고 평가한다.[67] 그럼에도 불구하고 그는 기독교 신앙에 대한 이해를 "자율성"의 관점에서 접근한다.[68] 사바티에에 의하면 "오늘날 인간 지성은 진보한 상태에 있다. 인간 지성은 억제될 수 없는 확신에 차 있다. 인간 지성 자체에 삶과 사상에 대한 규범이 있다."[69] 사바티에는 이러한 인간 지성이 강조되었던 18세기 합리주의가 기독교의 교리들을 공격하여 무너트렸다고 보았다. 삼위일체, 그리스도의 인격, 희생적 속죄 등에 관한 교리들은 모두 신화로 치부되었다.[70] 워필드가 보기에 이러한 사바티에의 신학에는 오직 종교적 감정만이 남게 되었다.[71]

기독교의 형이상학적 교리들이 신화로 치부되자 그리스도의 사역이나 인격, 십자가 죽음 등은 기독교 복음의 핵심의 자리에서 밀려났다.[72] 사바티에는 이제 기독교 복음의 핵심을 탕자의 비유, 세리의 비유에서 발견한다.[73] 탕자와 세리 이야기에서 강조되는 것은 중보나 만족 개념이 아니라 회개와 돌아옴이다. 사바티에는 이렇게 설명한다.

이제 하나님은 중보나 만족 둘 다 필요 없으시다. 아버지는 탕자가 자신의 죄를 고백하고 자신의 실수들을 버릴 때, 진실하게 회개하고 아버지의 집으로 돌아올 때 만족하신다. 복음서의 처음부터 끝까지 죄 용서는 회개와 믿음에 약속으로 주어졌다. 왜냐하면 영혼의 내적 삶에서 회개와 믿음은 실제로 죄를 파괴하고 무너 다시 말해서 죄인을 용서하는 근거로서 하나님이 요구하시고 요구하실 수 있는 유일한 것은 죄인 편에서의 단순한 회개이다. 이러한 이해에서 그리스도의 사역 전체는 아버지의 용서가 효과적이도록 만드는 회개의 상태를 가져오는 것에 있을 뿐이다.[75] 물론 사바티에는 아버지의 사랑이 죄 용서의 원인이라고 말하기는 하지만, 결과적으로 죄인의 회개가 필요조건인 동시에 충분조건인 셈이다. 그러므로 한 마디로 "회개가 구원 그 자체"이다. 회개가 아닌 다른 속죄는 없다.[76] 워필드는 이러한 신학적 구조에서 속죄하는 행위는 그리스도의 것이 아니라 인간의 행위가 된다고 보았다. 그리스도가 하신 일의 의미는 그의 일이 인간 마음을 감동시켜 인간이 행한 악행에 대해 비통해 하도록 만드는 것에 불과하다.[77]

그리스도의 십자가 죽음 역시 그 구속적 의미가 축소된다. 사바티에에 따르면 "그리스도의 죽음은 본질적으로 도덕적 행위"이다.[78] "십자가가 죄를 위한 속죄가 되는 것은 단지 그것이 회개의 원인"이기 때문이다.[79] "이 회개 말고 다른 속죄는 없다."[80] 그러므로 그리스도의 십자가 죽음은 기독교의 독특한 본질을 구성하지 않는다. 오히려 "그리스도의 수난이 악인의 양심에 작용하는 방식은 의인과 선인의 고통과 죽음이 작용하는 방식과 동일하다."[81] 이런 관점에서 그리스도의 희생은 독특한 희생적 제사가 아니며, 기독교는 "사랑을 통한 보편적 구원의 종교"에 불고하다.[82]

위의 논의처럼 사바티에는 종교적 권위와 그리스도의 속죄에 관하여 전통적인 개혁파 교회의 신앙과는 매우 다른 신학을 전개했다. 그가 그 당시 매우 영향력 있었다는 점을 감안해 볼 때, 워필드가 미국에서 멀리 떨어진 프랑스의 사바티에를 비평의 대상으로 삼은 것은 충분히 이해할 만하다. 사바티에에 대한 워필드의 서평에서 우리는 다시금 성경의 권위와 기독론이 19세기 미국 신학에서 중요한 논쟁 주제였음을 알 수 있는 부분이다. 성경의 권위를 부정하고 인간 내면의 자율성에 권위를 부여하는 순간, 성경과 교회의 그리스도는 사라진다는 사실을 다시 한 번 기억할 필요가 있다.

4 데니가 통치적 속죄론으로 빠지다

제임스 데니(James Denney, 1856-1917)는 스코틀랜드 개혁파 교회에 속하는 신학자였다. 그럼에도 불구하고 워필드가 데니를 비평의 대상으로 삼는 것은 그의 신학이 정통 개혁파로부터 이탈했음을 보여주는 요소들이 있기 때문이다. 데니에 대한 좀 더 자세한 평가는 이미 20세기 초반에 제시되었다. 그의 신학이 시급한 문제였음을 알 수 있다. 캐스퍼 위스타 핫지(Caspar Wistar Hodge)는 "데니 박사와 속죄 교리"라는 글에서 데니의 신학에 변화가 있었음을 지적한다.[83] 핫지에 따르면 데니는 『신학연구』(Studies in Theology, 1894)와 『그리스도의 죽음』(The Death of Christ, 1902)까지는 전통적인 개혁신학을 잘 견지했다. 데니는 객관적 속죄를 강력하게 주장하며 속죄의 형벌, 대리, 전가 등의 개념들을 잘 설명하고 있다. 특히 『그리스도의 죽음』은 신약의 속죄론을 탁월하게 해설한 것으로 평가된다.[84] 그러나 데니는 『속죄와 현대적 지성』[85]을 출간하면서 그리스도의 만족 교리로부터 이탈했다.[86] 여전히 객관적 속죄론을 주장하지만 그의 설명을 자세하게 살펴보면 결국 그의 이론은 통치 이론으로 향한다.[87] 데니에 대한 최근의 평가 역시 동일하다. 데이비드 퍼거슨(David Fergusson)은 데니와 매킨토시를 스코틀랜드에 보편속죄 교리를 전파한 주요 신학자로 간주한다.[88]

워필드 역시 데니의 『그리스도의 죽음』이 매우 가치 있는 연구라고 평가한다.[89] 워필드의 평가에 의하면 데니는 그리스도의 속죄에 담긴 본질을 잘 드러냈고, 그의 죽음이 갖는 핵심적 가치를 잘 설명했으며, 그의 속죄가 하나님께 대한 대리적 희생 제사임을 제시했다. 하지만 『속죄와 현대적 지성』을 출간하면서 그의 신학에 변화가 일었다. 워필드는 바로 이 점으로 인해서 데니의 신학에 비평적으로 접근한다.

첫째, 데니의 신학적 작업은 "외적 권위"를 부정하는 것에서 시작한다. 이것은 "현대적 지성"에 순응하기 위함이다.[90] 데니는 속죄를 성경의 영감이나 성경의 권위를 기초로 하여 찾는다면, 현대인들이 결코 받아들일 수 없을 것이라고 주장했다.[91] 데니에 따르면 "오직 진리만이 현대의 지성에 권위를 가지고 있는 것이고, 진리가 그 자체의 권위를 확증하는 유일한 길은 지성을 사로잡는 것이다."[92] 그리고 이것은 오직 역사적 통로를 통해서만 도달된다.[93] 워필드에 따르면 여기에서 데니의 합리주의적 토대가 드러난다.[94] 데니에게 기독교는 역사적 종교이고, 역사적 토대 위에서만 어떤 것을 말할 수 있기 때문이다. 핫지 역시 데니가 이 점에서 외적 권위를 부정하는 특성이 드러난다고 설명한다.[95]

둘째, 결국 데니의 속죄론은 그로티우스의 통치설적인 경향으로 흐른다. 워필드는 이 점이 잘 묻어나는 한 단락을 제시한다.

> 신약이 가르치는 바에 의하면 용서는 그리스도를 통해서, 특히 그의 죽음을 통해서 죄인들에게 중재된다. 다시 말해서, 하나님이 용서할 수 있게 되는 오직 자신의 사랑, 무한한 대가를 치른 사랑을 궁극적으로 계시함을 통해서이다. 이것은 인간이 영원한 삶에 참여할 수 있게 해주는 불가침의 관계들을 최대한 정당하게 다룸을 통해서 이루어진다. 다시 말해서 그 관계들이 죄에 대한 하나님의 무정한 반응을 담고 있는 것처럼 정당하게 다룸을 통해서 이루어진다. 그것의 최종적인 절정은 죽음이다.[96]

워필드는 이러한 표현이 그로티우스의 통치설적 경향을 띤다고 보았다. 속죄는 죄 용서를 가능하게 만들 뿐이다. 죄인 안에서 죄 용서를 실제적으로 만드는 것은 죄인 자신의 행위이다.[97] 워필드는 데니에 대한 평가를 다음과 같이 마무리한다.

> 데니 박사가 속죄론을 매우 풍성하고도 참되게 해설했다는 점에서 그에게 고마움을 느낀다. 하지만 그의 표현을 볼 때, 왜 그가 자신의 표현이 옳다고 여기는지 이유를 발견할 수 없다. 그리고 그가 내일 가서는 동일한 확신을 가지고 다른 해석을 우리에게 제시하지 않으리라는 이유도 발견할 수 없다. 가슴의 경험이 있어야 한다는 것, 확실성은 마음에서 일어나는 성령의 증언이 아니고서는 어떤 것에서도 나올 수 없다는 것에는 우리도 그와 동일하게 확신한다. 하지만 우리는 그가 분명하게 알게 되기를 바란다. 즉 성경에 담긴 계시로서의 "외적 권위"가 없이는 가슴의 경험과 성령의 증언 모두가 제대로 될 수 없다는 것이다. 우리는 "권위"를 말한다. 그것이 우리가 기독교인이 되고 기독교인으로 살아가기 위한 모든 의미이다.[98]

이처럼 성경의 종교적 권위와 기독론의 관계는 19세기 미국 신학에서 중요한 쟁점이었다. 워필드는 데니의 신학에서도 성경의 권위와 기독론 사이의 밀접한 관계를 간파했다. 성경의 권위가 부정되면 결국 자의적인 기독론으로 향할 수밖에 없는 것이다.

5 바이스가 자연주의적 기독론을 전개하다

요하네스 바이스(Johannes Weiss, 1863-1914)는 독일의 개신교 자유주의 신학자로 신약성경 비평사를 크게 발전시킨 신학자로 평가 받는다. 워필드는 당대의 독일 신학계에서 복음서의 역사, 기독교의 기원에 대한 비평과 관련하여 바이스만큼 대표적인 인물이 없을 정도라고 평가했다.[99] 워필드는 바이스가 브레데(Wrede)에 비해서 다소 덜 급진적임에도 불구하고 브레데의 자유주의 신학을 계승한 사람으로 평가한다. 워필드가 보기에 바이스의 가장 큰 특징은 자연주의를 전제로 삼는 신학이다. 바이스는 이 전제를 기초로 자신의 "자유주의 기독론"(liberal Christology)을 전개했다.[100] 자유주의 기독론은 예수가 단순한 사람이었다고 주장하는 데서 그치지 않는다. 더 나아가서 예수가 그의 추종자들에 의해서 점진적으로 신격화되었다는 결론으로 향한다.[101] 이러한 신학적 경향들은 바이스의 저술들에서 확연하게 드러난다.

워필드는 바이스의 신학과 논쟁함에 있어서 그의 저술 여섯 권을 제시한다. 논쟁의 대상으로 삼는 저술들은 『그리스도: 교의의 시작』(1909), 『원시 기독교의 기독론』(1909), 『바울과 예수』(1909), 『원시 기독교 신앙의 예수』(1910), 『나사렛 예수: 신화인가 역사인가?』(1910), 『역사적 예수』(1910)이다.

이 중에서 워필드가 가장 심도 있게 비평하는 것을 살펴보고자 한다. 그것은 『그리스도: 교의의 시작』이다.[102] 이 책은 그 당시 독일 기독교에서 출간한 종교사 시리즈에 속한 책으로 다소 대중적인 것이었다. 바이스의 『그리스도: 교의의 시작』은 그리스도의 인격에 관한 교리가 어떻게 발전했는지 추적한다. 바이스는 원시 공동체, 바울, 바울 이후로 시기를 구분하여 그리스도의 인격 교리를 추적한다. 바이스는 매우 도전적인 질문으로 자신의 저술을 시작한다.

당신은 그리스도를 어떻게 생각하는가? 그는 누구의 아들인가? 그 뜨거운 질문은 오늘날에도 여전히 제기되며 우리의 교회를 분열시키고 있다. 많은 진실한 그리스도인들은 입을 다물게 되었고, 적지 않은 양심적 사람들이 예수의 인격과 그의 종교의 밀접한 관계에 다가서는 것을 중단했다. 이어지는 논의에서 위 질문에 대한 명확한 답을 제시하는 않을 것이다. 나는 이 문제에 있어서 나의 신념을 다른 사람들에게 강요할 어떤 필요도 느끼지 않는다. 하지만 나는 신학자들이 아니라 하더라도, 진실한 필자이고 약간의 수고를 두려워하지 않는 사람이라면, 그리스도의 인격에 관하여 가장 초기의 목격자들이 무엇이라고 가르치는지 분명하게 알 수 있게 되는 것이 바람직하다고 여긴다. 또한 "하나님의 아들", "인자", "주님", "메시아" 등과 같이 오래되고 난해하고 모호한 용어들이 가장 처음에 무슨 의미했고, 최초의 고백자들이 그 용어들을 통해서 무엇을 표현하고자 했는지 알게 되는 것이 바람직하다고 여긴다.[103]

이 진술에는 바이스의 몇 가지 신학적 전제 혹은 신학적 지향점이 담겨 있다. 먼저 바이스는 그리스도에 대한 전통적인 개혁신학의 묘사가 원시 공동체의 것과는 다르다고 생각한다. 다시 말해서 교회 역사의 발전 과정에서 원시 공동체의 목격이나 증언이 변질되었다는 것이다. 그러므로 본래의 그리스도를 알려면 "가장 초기의 목격자들"의 증언을 역사적으로 연구해야 한다. 그리스도를 지칭하는 용어들의 교의적 의미가 아니라 초기 고백자들의 의도를 발견해야 한다는 것이다.

워필드의 따르면 이러한 전제는 결국 바이스가 신앙적 그리스도와 나사렛 예수를 구분하는 것으로 이어졌다.[104] 또한 그리스도에 대한 원시 공동체의 관점과 바울의 관점을 구분하도록 했다. 워필드의 비평에 따르면 바이스의 견해는 "역사적 예수"에 대한 순전한 역사가로서의 이해로 귀결된다. 바이스는 예수가 자신의 제자들을 자신에 대한 예배로 이끈 것이 아니라, 하나님과의 직접적인 아들 됨의 관계로 인도했다고 결론짓는다.[105]

결국 바이스의 기독론은 그리스도의 신성을 부정하는 것으로 귀결된다는 사실을 기억할 필요가 있다. 그리스도에 관한 다양한 표현과 개념들을 간략하게 나열하며, 바이스는 『그리스도: 교의의 시작』을 다음과 같이 마무리한다.

전체적인 인상에 따르면 원시 기독교는 이미 존재하는 양식과 개념들을 사용하여 예수의 인격이 만들어내는 압도적 인상을 표현하고자 했다. 그리하여 모두가 이해할 수 있을 뿐만 아니라, 그와 동시에 절대적이고 결정적인 표현을 만들고자 했다. 그리스도를 수식하는 용어들은 그리스도 안에 이상적이고 가장 높은 종교적 요소들이 있음을 보여주려는 것이었다. 신성을 나타내는 수식어들은 이러한 목적으로 고대인들에게 제시되었다. 이것은 다양한 형태로 예수에게 적용되었다. 하지만 문제가 생겼다. 기억과 전통에 분명하게 남아 있는 예수의 인성이 사라지지 않았다는 것이다. 해결책은 완전히 불완전했고 새로운 문제들을 만들어냈을 뿐이다. 절충적인 표현인 "한 인격 안의 두 본성"이 고안되었지만 결코 만족을 줄 수 없었다. 계속해서 제기되는 질문은 신성과 인성이 지구상의 한 사람 안에서 어떻게 연합될 수 있느냐는 것이었다. 현대인들에게 이 모든 기독론적 문구들은 낯설었다. 왜냐하면 그 문구들은 모두 고대 사상의 토양에서 만들어진 것이기 때문이다.[106]

워필드는 바이스의 이러한 주장이 "감상적인 것"에 불과하다고 평가한다.[107] 왜냐하면 여기에서 제시되는 근거라고는 우리와 같은 현대인에게 신적 그리스도라는 개념이 믿기 어려운 것이라는 진술뿐이기 때문이다. 더군다나 바이스는 역사적 기록들로부터 순전한 인간 예수를 발견했다기보다는 인간 예수를 역사적 기록들에 투영하고 있다.[108] 워필드는 바이스의 이러한 신학적 시도를 한 문장으로 요약하여 반문한다. "우리가 소치니안주의를 우리의 신학적 전제로 삼고 추론할 때, 우리의 전제로부터 나오는 결론이 그저 소치니안주의라는 것이 어찌 이상하겠는가?"[109]

그리스도의 신성에 대한
워필드의 변증

2006년 개봉했던 〈다빈치 코드〉는 예수 그리스도에 대한 비판과 공격이 여전히 우리 주변에 만연함을 잘 보여준다. 영화 〈다빈치 코드〉는 대중들의 호기심을 자극할 만한 선정적이고 노골적인 내용으로 예수 그리스도의 신성을 깎아내렸다.

교회 역사를 보면 예수 그리스도의 신성은 수차례 공격을 받았다. 워필드가 언급하는 대표적인 사례는 소치니안주의와 리츨주의이다. 〈다빈치 코드〉에 비하면 소치니안주의와 리츨주의는 오히려 얌전하고 온건해 보였고, 심지어 학문적인 논쟁으로 보이기까지 한다. 워필드는 리츨주의를 특히 강력히 비판한다. 워필드가 활동하던 19세기 미국에 가장 강력히 영향을 미치던 개신교 자유주의였기 때문이다. 리츨주의로 대변되는 19세기 미국 개신교 자유주의는 성경과 그리스도의 초자연적 요소들을 거부했다. 그 이후 등장하는 신학적 도전들은 그리스도의 신성을 부정하고 공격했다. 이 무렵 워필드의 관심은 그리스도의 신성을 변증하고 두 본성 교리를 지켜내는 것이었다.

1 구약의 신적 메시아를 그리스도의 신성과 연관시키다

워필드에 따르면 그리스도의 신성에 대해서 구약이 무엇을 가르치는지 알기 위해서는 신적 메시아(Divine Messiah)에 대한 구약의 약속들을 살펴볼 필요가 있다.[110] 실제로 신약성경의 저자들과 그리스도 자신은 구약이 메시아의 신적 본성을 인정하고 가르친다고 이해했다.[111] 그들은 그리스도의 신성에 관한 자신들의 주장을 위해서 구약 본문에 호소했다.

워필드는 가장 대표적인 사례로 히브리서를 제시한다. 히브리서 저자는 우리가 보통 메시아 시편(Messianic Psalms)으로 알고 있는 것에 의지함으로써 그리스도의 신성에 대한 자신의 주장을 전개한다.[112] 우선 워필드에 따르면 히브리서 1장에는 그리스도의 신성에 대한 설명이 나온다.

> 여기에서 저자는 아들(the Son)의 고귀한 본성을 하나님의 영광의 광채이자 본체의 형상으로 선포한 후에, 그분이 모든 피조물들 중에서 가장 높은 천사보다 뛰어나다고 묘사한다. 이때 그는 구약 여러 본문들에 호소한다. 천사들에게 주어진 것보다 "더욱 아름다운 이름"이 그분의 권리에 속하는 것으로 나타난 본문들에 호소한다. 그에 따르면 아들을 높은 곳에 계신 지극히 크신 이의 우편에 앉히신 것은 바로 "더욱 아름다운 이름"에서 드러나는 그분의 인격의 고유한 위엄에 따름이다. 그가 구약으로부터 인용하는 "더욱 아름다운 이름"은 우선 다른 이가 아니라 아들의 이름이다.[113]

그리고 히브리서 저자는 그리스도의 신성에 대한 자신의 논증을 구약의 메시아 시편에 의존하는 것이다. 조금 더 구체적으로 말해서 히브리서 저자는 시편 2편과 45편, 110편에 근거하여 그리스도의 신성에 대한 자신의 논증을 입증하고 있다. 워필드는 메시아 시편 인용에 대하여 다음과 같이 설명한다.

그의 논증은 특별히 시편 2편과 45편, 110편의 인용문들에 근거한다. 시편 45편은 요한계시록 19장 8절에 암시적으로 나타나는 것 말고는 신약성경 어디에서도 인용되지 않는다. 하지만 시편 2편과 110편은 신약성경 저자들의 마음과 입에 자주 오르내린다. 우리 주님께 메시아, 그리스도라는 호칭이 하나님의 아들이라는 고결한 호칭과 함께 적용되는 것은 시편 2편으로 거슬러 올라간다. 그리고 히브리서 저자(히 4:5; 5:5)뿐만 아니라 첫 사도들(행 4:24-26)과 바울(행 13:33)도 사도행전의 보고에서 이 호칭들의 구약적 근거로 시편 2편을 위엄 있게 제시한다. 한편 요한계시록은 시편 2편의 언어를 가져와서 주님의 완전한 세상 정복을 묘사하는 상투적 문구로 사용한다(계 2:27; 12:5; 19:15). 하나님 오른쪽에 메시아가 앉아 계시는 기간을 처음 표현하는 것은 시편 110편이다. 히브리서는 이 위대한 사실을 반복하여 말한다(히 1:13; 5:6; 7:17-21; 10:13). 뿐만 아니라 바울은 그리스도의 높아지심을 말할 때 그 언어들을 사용하고(고전 15:25), 베드로는 오순절 날 복음을 처음 선포하면서 그것을 차용하여 예수께서 하나님 우편에 앉으셨고 구원의 주가 되셨다는 증거로 삼는다(행 2:32-26).[114]

워필드는 시편 45편에 대한 논의를 좀 더 제시한다. 그 이유는 45편 6절[115]에 등장하는 "하나님"이 메시아가 아니라 고대 근동에서 왕을 지칭하는 용례라고 주장하는 자유주의 비평가들이 있었기 때문이다.[116] 그러한 자유주의 비평가들은 이 구절을 더 낮은 의미로 번역하기를 선호했다. 워필드에 따르면 그들은 그것을 있는 그대로 취하기보다는 하등하게 번역하기를 선호했다. 즉 "당신의 보좌는 하나님이다"(Thy throne is God), "당신의 보좌는 하나님의 것"(Thy throne of God), "당신의 보좌는 하나님의 보좌이다"(Thy throne is of God)라고 번역하거나, 그 구절이 다른 것을 말하는 것처럼 재구성했다. "(그 기초가 견고하게 세워진) 당신의 보좌, (그것을 세우신 분은) 하나님"이나 "당신의 보좌는 영원할 것이다"로 재구성했다.[117]

우리는 델리취(Delitzsch)와 그레스만(Gressmann)이 시편 45편 6절을 유사하게 다룬다는 것을 간과해서는 안 된다. 두 사람은 시편 기자가 그 왕을 "하나님"으로 선언한다는 사실을 인정하면서 시작한다. 두 사람은 그 구절이 중요성하다는 사실을 단번에 없애고자 한다. 델리취는 문헌학적 방법론을 추구하며 다음과 같이 결론을 내린다. 즉 그러한 연관성에 의하면 "하나님"은 하나님을 의미하는 것이 아니라 하나님이 아닌 어떤 것을 의미한다는 것이다. 그레스만은 종교사학적 방법론을 따른다. 그의 결론에 따르면 그러한 사례들에서 "하나님"은 아무것도 의미하지 않는다. 그것은 과장에 불과하다.[118]

재스펠에 따르면 이들은 시편 기자의 표현은 허용하면서도 그 의미를 축소하거나 인위적으로 재해석했다. 이것이 시편에서의 메시아의 신적 본성을 제거하는 유일한 방법이었기 때문이다.[119]

구약의 예언들에서 메시아의 인격을 어떻게 묘사하는지 아는 것은 중요하다. … 결국 우리 주님의 인격의 본질에 고나한 문제는 계시의 문제이지 인간 사고의 문제가 아니다.[120]

이처럼 자유주의 비평가들이 메시아 시편의 의미를 왜곡했다는 것은 분명 문제지만, 그들의 그런 행위는 메시아 시편이 그리스도의 신성을 이해하는 중요한 단서임을 반증한다.

마지막으로 워필드에 따르면 메시아 시편들을 전통적인 메시아적 의미로 해석하는 것은 여호와의 보편적 통치에 대한 기대에서 지지를 얻는다. 이스라엘 종말론의 핵심은 여호와의 통치가 우주적으로 확립되리라는 뿌리 깊은 기대에 놓여 있다. 하지만 자유주의 비평가들은 이 점에도 반대 의견을 제시했다. 가령, 군켈(Gunkel)이나 그레스만은 그러한 "종말론적 왕"에 대한 기대가 고대 근동 지역에 만연한 것이었다고 주장했다.[121] 워필드는 에른스르 젤린

(Ernst Sellin, 1867-1946)의 견해를 인용하여 이 점을 다음과 같이 설명한다.

젤린에 의하면 "신적 구원자(Divine Savior)가 가져오는 새로운 구원의 시대와 낙원의 도래에 관한 것을 고대근동 문헌에서 찾으려는 열정적 시도가 있었다. 특히 신적 구원자를 소망했던 단서들을 찾으려는 시도가 지난 십년간 있었다. … 하지만 나의 의무에 따라 솔직히 말하자면, 위대하고 신비한 신적-인간적 통치자가 마지막 때에 이 시대를 가져온다는 것을 보여주는 아주 작은 입증 단서도 제시되지 않았다. 결론적으로 고대 근동의 '구속자 왕에 대한 기대'에 관하여 오늘날까지 언급되는 모든 것들은 그저 해석에 불과하다. 바빌론이나 이집트 문헌에서, 야곱의 축복에 나오는 실로(Shiloh)와 같은 미래의 구속자를 말하는 것이 어디에 있는가? 종말론적 왕은 고대 근동에 알려지지 않은 것이었다."[122]

워필드가 보기에 이스라엘 역사의 전 과정에 걸쳐서 구원자에 대한 이러한 기대를 추적할 수 있다. 그 기대는 하나님이 통치자이자 왕으로 오실 것이라는 근본적인 기대이다.

그 역시 땅 끝까지(신 33:27; 미 5:3; 슥 9:10) 모든 민족들의 통치자이고(창 49:10; 시 72:2), 통치 지팡이를 소유한 자로서(민 24:17-19; 시 45:17) 그 왕권이 한이 없다(사 9:7). 그 역시 자주는 아니지만 이따금씩 "왕"이라는 칭호를 받고(시 45:2; 72:1; 슥 9:9; 렘 18:5), 다른 곳에서는 "재판자"(미 5:1), "아버지"(사 9:5), "기름 부은 받은 자"나 "여호와의 아들"(시 2:2,7)의 칭호를 받는다. 한 사람의 활동과 마찬가지로 다른 사람의 활동도 삼중적이다. 그는 원수들을 물리치고(민 24:17; 신 33:17; 시 2:9; 45:6; 110:1,2,5), 심판하고(사 9:6; 11:3; 렘 23:5; 시 72:6), 마지막으로 "구원"한다(슥 9:9; 렘 23:6; 시 62:4,12). 이 구원은 무엇보다도 사회적 진보와 낙원, 우주적 평화를 가져옴으로 이루어진다(창 49:11-12; 사 7:15; 11:4,6-9; 미 4:4-5; 슥 3:9-10; 9:10; 시 72:12,16). … 게다가 그에게 "임마누엘"이라는 이름이 주어진다. 이로 인해서 그의 나타남은 마지막 날에 대한 발람의 예언의 성취로 알려진다. "여호와 그들의 하나님이 그들과 함께 계시니"(민 23:21). 더 나아가서 그는 "별"(민 24:17), "전능하신 하나님"(사 9:6), "하나님의 아들"(시 2:7)로 묘사된다. … 주해는 우리로 하여금 계속해서 한 가지를 생각하게 한다. 즉 이사야 7장 14절과 미가 5장 2절이 그의 인간적 도움이 없는 초자연적 출생을 가정한다는 것이다. … 그리고 그는 태어나자마자 세상을 통치할 것을 약속받는다(창 49:10; 사 9:6; 미 5:3).[123]

이러한 의미에서 워필드가 보기에 구약의 종교는 소망의 종교이다. 구약은 하나님이 오셔서 온 세상을 다스리실 것이라는 소망을 여기저기에 담고 있다. 이 소망은 구약에서 반복적으로 나타나는 표현에서 잘 드러난다. "그가 오시다(창 49:10), 그가 나타나다(민 24:17), 그가 오신다(슥 9:9), 그가 태어나다(사 7:14, 9:6), 그가 나오다(사 11:1), 그가 나올 것이다(미 5:2), 그가 돌아나다(렘 23:5), 그가 오면(겔 21:27), 내가 … 세워(겔 34:23), 내가 … 보내겠다(슥 3:8), 내가 … 보고 있을 때 … 오는데(단 7:13)."[124] 이러한 표현들은 구약성경이 희망의 종교임을 보여준다. 워필드는 신적 메시아 개념이 구약 성경 전체의 핵심이라고 주장했다.[125]

사실 위의 논의와 같이 그리스도의 신성을 구약으로부터 추론하는 것은 워필드의 독창적인 것은 아니었다. 그는 칼뱅의 성경해석 원리를 따랐다고도 볼 수 있다. 워필드는 칼뱅이 『기독교 강요』에서 그리스도의 신성을 논증하는 부분을 적극적으로 가져온다. 이런 의미에서 그의 기독론은 성경적인 동시에 칼뱅주의적이라 할 수 있다.[126] 워필드에 따르면 칼뱅은 그리스도의 신성을 크게 두 부분으로 구분하여 논의한다.[127] 그리스도의 신성을 선포하는 일반적인 논의를 먼저 제시하고 구약의 여러 구절들을 덧붙여 설명하는 방식으로 진행한다. 먼저 칼뱅은 "말씀"의 존재에 관하여 논한다. "하나님이 말씀하시다"라는 표현에 등장하는 하나님의 말씀은 하나님이 세계를 창조하시는 수단으로서 잠언에서 "지혜로 불리는 실체인 동시에 영원한 말씀"이시다.[128] 칼뱅에 따르면 이 말씀은 "항상 하나님으로 존재하셨고, 또한 후에는 이 세상의 창조자가 되신 그 말씀에 어떤 시작이 있다고 상상하는 것만큼 용납할 수 없는 것도 없다."[129] 이러한 일반적인 논의 이후에 그리스도의 신성에 대한 여러 구약 구절들이 추가된다. 칼뱅은 시편 45편 6절의 "오 하나님, 하나님의 보좌는 영원무궁토록 견고할 것입니다"와 이사야 9장 6절의 "그의 이름은 놀라운 조언자, 전능하신 하나님, 영존하시는 아버지, 평화의 아버지라고 불릴 것이다"와 예레미야 23장 5-6절의 "내가 다윗에게 한 의로운 가지를 일으킬 것이라. … 그 이름은 여호와 우리의 의라 일컬음을 받으리라" 등을 근거 구절로 제시한다.[130] 마지막으로 여호와의 천사가 등장하는 구절도 증거 구절로 제시된다.[131]

■2 신약에서 그리스도의 두 본성 교리를 발견하다

신약성경 전체는 그리스도의 신성을 당연한 것으로 여겼다. 또한 사도들과 초대교회는 그리스도의 신성을 당연한 것으로 확신했다. 워필드는 이것이 그리스도의 신성에 대한 가장 인상적인 증거라고 보았다.[132] 워필드는 특히 신약성경 전체에 나오는 다양한 설명을 통일적으로 이해할 수 있는 근거가 그리스도의 인격에 대한 개념이라고 보았다.

> 그리스도를 우리의 절대적 주님(Supreme Lord)으로 보는 것, 우리가 마땅히 예배해야 할 대상으로 보는 것, 우리 삶의 동반자로 보는 것, 그분의 인격에 대한 이러한 개념을 가지고 있을 때에만 그분에 대한 다양한 설명에서 통일성을 추론할 수 있다. 즉 바울서신, 히브리서, 또는 신약의 다른 서신들에서 주님에 대해 제시하는 다양한 형태의 설명에 대한 통일성 있는 이해를 얻을 수 있다.[133]

사실 신약성경에는 그리스도의 인격에 대한 다양한 묘사들이 나온다. 이 묘사들 사이에 차이점은 없다.[134] 그리스도의 두 본성 교리를 반대한 사람들의 경우 이러한 다양한 묘사들을 조화시키는 데 실패했다고 볼 수 있다. 워필드는 이러한 다양한 묘사들을 조화시킬 수 있는 가장 강력한 틀이 바로 두 본성 교리임을 지적한다.

신약성경에서 나타나는 우리 주님의 인격에 대한 모든 다양한 묘사들이 두 본성이라는 매우 단순한 가정의 영향력 아래에서 조화를 이룬다는 사실은 이 다양한 묘사들이 실재하는 한 전체의 각 부분임을 인증한다. 하나의 단일한 실재를 구성하는 요소들이 아니라면, 때때로 외관상으로 서로 달라 보이는 자료들의 커다란 총체가 매우 단순한 하나의 통합 관념으로 종합화 되리라고는 생각할 수 없었을 것이다. 외관상 달라 보이는 이 자료들이 신약에 의해서 배치되는 방법은 이 생각을 훨씬 강력하게 한다. 그 자료들은 서로 다른 저자들이 구성한 여러 개별 책들에 분할 된 것이 아니다. 그래서 그것들 중 일부가 한 저자나 한 종류의 저자들에게만 고유하거나, 한 종류의 서로 다른 의미가 또 다른 한 저자나 한 종류의 저자들에게만 고유하게 된 것이 아니다. 대신에 그것들은 신약성경 전면에 꽤 고르게 분배되었고, 외관상 가장 달라 보이는 자료들도 동일한 저자의 저술들에서 나란히 발견되고, 심지어 동일한 저술에서도 나란히 발견된다.[135]

이처럼 워필드에 따르면 두 본성 교리는 그리스도의 인격에 관한 성경 전체의 다양한 설명에 통일성과 일관성을 부여한다. 신약성경의 여러 저자들 역시, 그 교리의 일부를 부분적으로 제시하는 것이 아니라 모두가 일관되게 두 본성 교리를 명시적으로나 암시적으로 나타내고 있다. 두 본성 교리는 신약성경에서 발견되는 그리스도의 인격에 관한 모든 자료들을 단순하게 종합한 것이 아니다. 그것은 신약성경의 각 책들에 담긴 교리이다. 모든 신약성경 저자들이 예외 없이 가르치고 전제하는 그리스도의 인격 교리는 오직 하나이다.

이 점에서 신약성경은 한 일체이다. 책 마다 다를 수 있는 것은 동일한 교리를 표현하는 방식이나, 자세하게 발전시키는 정도나, 그 함의들을 끌어내는 정도이다. 하지만 신약성경의 모든 책들은 두 본성에 관한 공통의 교리를 가르치고 전제하는 데서 하나이다.[136]

이 결론에 확고하게 도달하려면 신약성경 저술들에 대한 비평적 연구에 시간을 들일 필요가 있다.[137] 여기에는 의심의 여지가 없다. 하지만 우리는 신약성경에 대한 비평적 연구가 결국 도달하는 지점이 바로 이 결론이라고 말할 수 있다. 서로 배타적인 여러 기독론들이 신약성경 저자들에게 귀속되거나 서로 모순된다고 여길 수 있는 시대는 지났다. 오늘날 수용되는 바에 의하면 신약성경은 하나의 상당히 표준적인 기독론을 가지고 있다. 비록 우리가 바울 이전 기독론, 바울 기독론, 바울 이후 기독론에 관해서 듣기는 하지만, 바로 이러한 표현이 하나의 유형이 지배적임을 보여준다. 다시 말해서, 그리스도의 두 본성 교리를 반대하는 비평적 연구들이 표면적으로는 그리스도의 두 본성 교리를 효과적으로 반박하는 것처럼 보이지만, 그 연구들을 좀 더 자세히 고찰하면 우리는 그리스도의 두 본성 교리를 좀 더 확고하게 붙드는 결론에 도달하게 된다는 것이다. 이에 필자는 비평적 연구가들의 견해와 그들이 제시하는 증거 본문을 좀 더 자세하게 고찰하고자 한다. 이를 통해 그들의 주장과 근거가 설득력이 없음을 구체적인 사례를 통해 입증하고자 한다.

먼저, 로마서 9장 5절이다.[138] 워필드는 요하네스 바이스(Johannes Weiss, 1863-1914)가 이 구절을 어떻게 다루는지 살펴보는 것이 유익하고 말한다. 필자가 보기에 이 구절에 대한 바이스의 해석은 특정한 근거 없이 추정을 통해서 그리스도의 두 본성 교리를 반대하는 전형을 보여준다. 사실 바이스는 그리스도를 하나님보다 낮은 등급의 존재로 보았다.[139] 그에게 그리스도는 본성에 있어서 신적이지만 하나님과 동일한 본성을 지닌 존재는 아니었다. 바이는 이러한 전제에서 로마서 9장 5절에 접근한다. 필자는 워필드가 직접 인용한 바이스의 글의 전문을 소개하는 것이 유용하다고 생각한다.

그렇다면 지금 우리가 다루는 본문인 로마서 9장 5절에서 오직 그리스도에게만 돌려질 수 있는 다음과 같은 송영이 나온다는 것은 매우 놀랍다. "그는 만물 위에 계셔서 세세에 찬양을 받으실 하나님이시니라." 만일 여기에 '주'(κύριος)가 들어갔다면 우리는 놀라지 않았을 것이다. 하지만 그 본문이 여기에서 그리스도를 (아무런 종속의 흔적 없이) 완전히 하나님의 자리에 놓을 수 있는 술어를 그리스도에게 부여한다는 것은 상상할 수조차 없다. 따라서 우리는 이 부분에 본문의 훼손이 있다고 적절하게 추정할 수 있다.[140]

이처럼 바이스는 로마서 9장 5절에서 그리스도가 하나님에게 종속되지 않고 동일시되는 것에 놀란다. 하나님에게 부여되어야 하는 서술어가 그리스도에게 부여된다는 사실에 놀란다. 바이스에 따르면 "세세에 찬양을 받으실 하나님"이 아니라 "세세에 찬양을 받으실 주"라고 하는 것이 더 자연스러운 표현이다. 그리고 바이스는 아무런 근거나 설명이 없이 그것이 "본문 훼손"의 증거라고 설명한다.

그러나 워필드는 로마서 9장 5절의 본문이 훼손되었다는 증거가 전혀 없다고 반박한다.[141] 바이스가 여기에서 이렇게 말하는 유일한 근거는 바이스의 "추정"이다. 즉 바이스가 바울의 기독론이라고 제시하는 "낮은 기독론"(lowered Christology)만이 유일한 증거라는 것이다.

필자는 여기에서 한 가지를 더 살펴보고자 한다. 만일 우리가 한 발 양보해서 로마서 9장 5절에 어떤 훼손이 있었다고 가정하고, "세세에 찬양을 받으실 하나님"이 아니라 "세세에 찬양을 받으실 주"가 원문이었다고 인정하더라도, 그것이 그리스도의 본성에 어떤 변화를 주느냐 하는 문제가 여전히 남아 있다. 우리가 그리스도를 '하나님'으로 부르지 않고 '주'로 부를 경우, 그리스도가 하나님보다 낮은 존재임을 암시하는가 하는 문제가 여전히 남는다. 워필드 역시 이 문제점을 인식했던 것으로 보인다. 그는 몇 페이지 후에 이 문제를 지적한다. 워필드는 골로새서 2장 9절과 빌립보서 2장 6절을 가져와 "그리스도는 신격의 충만한 성육신"이라고 설명하고, 이러한 성육신하신 그리스도는 "등급이 조금 낮은 하나님"이라는 개념과 맞지 않는다고 지적하면서[142] 다음과 같이 결론 내린다.

> 그러한 일련의 구절들과 더불어 그리스도를 "주"(Lord)로 표현하는 다수의 사례들이 있다. 바울에게 있어서 '주'(κύριος)는 '하나님'(θεός)보다 낮은 함축을 지니지 않는다. 바이스는 우리가 앞에서 인용한 구절에서 암시하기를, 우리가 로마서 9장 5절에서 발견하는 '하나님' 대신에 '주'가 쓰였다고 하더라도, 우리는 어떤 놀라움을 경험하고 그 본문을 수정하려는 의향을 느끼지 않을 것이다. 그 의미는 바울이 그리스도를 "만물 위에 계신 하나님" 대신에 "만물 위에 계신 주"로 불러도 매우 괜찮았을 것이라는 것이다. 하지만 "만물 위에 계신 주"는 "만물 위에 계신 하나님"이 의미하는 것을 정확하게 의미했을 것이다. 그리고 바울이 지금 그리스도를 "주"로 말하면서 그리스도를 하나님보다 낮은 수준에 둔다는 인상을 주는 것은 지극히 부적절하다. 바울의 의도는 정확히 그 반대이다. 즉 그리스도를 하나님과 동일한 수준에 두는 것이다. 그리고 모든 신적 속성들과 행위들이 그리스도에게 부여되고, 모든 종교적 감정들과 예배가 그를 향하게 되는 것은 그가 "주"이기 때문이다.[143]

다음으로, 고린도전서 8장 6절에 대한 논의이다.[144] 이것은 위에서 살펴본 로마서 9장 5절과 연관되는 문제이기도 하다. 위에서 살펴본 바에 따르면 바이스의 주장의 핵심은 그리스도에게 어울리는 호칭이 '하나님'보다는 '주'라는 것이다. 따라서 필자는 다음과 같은 질문을 한 번 더 제기하지 않을 수 없다. 바이스는 왜 그리스도를 '주'로 부르는 것이 하나님보다 열등한 존재를 의미한다고 주장하는가? 바이스는 그 근거를 이방의 문화로부터 찾는다. 즉 '주'라는 용어는 헬레니즘 문화권에서 낮은 등급의 신들을 지칭하는 데 쓰인다는 것이다. 필자는 논의를 위해 바이스가 이 문제를 어떻게 설명하는지 좀 더 자세하게 제시하고자 한다.

"주"라는 용어를 바울이 어떻게 이해했는지는 고린도전서 8장 5절에서 엿보인다. 그 구절에서 그가 많은 "신들과 주들"이 있다고 말하지만, 그가 의미하는 바는 여러 존재들이 있다는 것이고, 사람들이 그들을 신이나 주로 부르면서 숭배하고 경배한다는 것이다. 특히 황제 숭배를 포함하는 여러 "주들"과는 대조적으로 그리스도인들은 오직 예수 그리스도라는 한 '주'(κύριος)를 인정하고 숭배했다. 바울이 "주들"이라는 술어로 "신들"보다 낮은 등급을 의미한다고 생각하는 것이 (비록 그것을 입증할 방법이 없는 것이 분명하지만) 불가능하지는 않을 것이다. 그가 그 용어를 신성화 된 사람, 영웅들, 하등의 신들에 적용하는 것으로 볼 수도 있기 때문이다. 어쨌든 양식의 관점에서 말하자면 5절의 "신들"이라는 단어는 6절의 "하나님 아버지"에 상응한다. 그리고 "주들"이라는 단어는 "주 예수 그리스도"에 상응한다. 그리스도의 위치가 하나님 오른편임에도 불구하고, 바울이 추구하고자 했던 것은 그를 다시 하나님에게 종속시키려는 것임에는 의심의 여지가 있을 수 없다. 따라서 그는 원시 공동체로부터 그가 도출한 '주'(κύριος)라는 호칭을 물려받았을 가능성이 있었다. 왜냐하면 의심의 여지없이 그는 그것을 통해서 그리스도의 신적 지위와 그에게 마땅한 신적 숭배를 표현할 수 있었고, 그리스도와 하나님 사이에 유지되어야 할 구분을 그을 수 있었을 것이기 때문이다.[145]

다시 말해서 바이스는 바울이 '주'라는 용어를 이교적인 방식으로 사용한다고 주장한다. 그래서 바울이 낮은 등급의 신을 가리킨다고 주장한다. 결국 바울이 그리스도를 '주'라고 부를 때, 그것은 그리스도가 하나님과 다른, 하나님에게 종속되는 어떤 존재임을 암시한다는 것이다.

워필드의 반박에 따르면 이 본문에서 중요한 것은 바울의 의도이다.[146] 바울은 이 본문에서 그리스도인들이 오직 한 하나님을 예배한다는 것을 강조한다.

최종적으로 고린도전서 8장 5-6절 자체는 "주" 예수 그리스도가 자신의 신성과 관련하여 아버지 "하나님"에 종속됨을 추정하는 근거가 거의 되지 않는다. 이 사실은 그 둘(한 주 예수 그리스도와 한 하나님 아버지)이 오직 한 분밖에 없는 하나님으로 선포되는 바로 그 하나님을 함께 구성하는 것으로 제시되기 때문이다. 바울의 선포에 따르면, "오직 하나님 한 분 밖에는 신이" 없고, 그리스도인들은 오직 "한 주 예수 그리스도와 한 하나님 아버지"만을 인정한다. 이것은 모든 다신론적 관점과 반대되는 것으로 4절에 있는 그의 열정적 주장에 대한 해석이기도 하다. … 분명 바울이 보기에 "한 하나님 아버지"와 "한 주 예수 그리스도"는 높고 참된 의미에서 한 분 하나님 안에 동일하게 포함되어 있다. 오직 그 분만이 존재하시는 것으로 인정된다.[147]

즉 그리스도인들은 다른 이방인들처럼 여러 등급의 신들을 예배하는 것이 아니라, 한 하나님을 예배한다는 사실을 드러내는 것이다. 따라서 이 본문에서 바울이 그리스도에게 어떤 제2의 신적 지위를 부여한다거나, 하나님에게 종속되는 지위를 부여하는 근거를 찾는 것은 부당하다고 볼 수 있다. 오히려 그 반대로 하나님과 그리스도를 "한 분 하나님"으로 인식하고 있다.

３ 교부들로부터 그리스도의 두 본성 교리를 찾다

워필드는 그리스도의 두 본성 교리와 관련하여 가장 먼저 강조하는 바가 있다. 그것은 두 본성 교리가 무엇보다도 고대로부터 인정되었던 교리라는 사실이다. 워필드는 심지어 고대에 기독론과 관련하여 이단으로 정죄되었던 무리도 두 본성 교리 자체는 인정했음을 지적한다.

그 어떤 논쟁자도 이 교리에 대해서 전혀 의심하지 않았다. 심지어 아리우스(Arius)도, 그리고 분명히 아폴리나리우스(Apollinarius)도, 네스토리우스(Nestorius)나 유티케스(Eutyches)도 그러지 않았다. 그리스도 단성론(monophysite)이나 단의론(monothelite)의 위대한 지도자들도, 또는 그들의 반대자들도 그러지 않았다. 두 본성 교리는 모두가 동일하게 서 있는 공통의 토대였다. 그들의 차이점은 한 인격 안에 연합된 두 본성의 특질이나 온전성, 혹은 연합이 가져오는 특성이나 결과와 관련되었다.[148]

다시 말해서 그리스도의 두 본성 교리는 "공통의 토대"였다. 교회와 논쟁자들은 두 본성의 연합이나 결합의 본질이 무엇인지에 관해 논의했던 것이지, 두 본성 교리 자체가 정당한지에 대해서 논의한 적은 없었다는 것이다.

4세기 이루면서 두 본성 교리가 공식적으로 작성되기 시작했다. 워필드는 몇 명의 4세기 교부들을 제시한다. 사르디스의 멜리토(Melito of Sardis)의 표현은 4세기 교부들의 현존하는 단편 조각에서 두 본성 교리를 처음으로 언급하는 것이다. 그는 'duo ousia'라는 용어를 사용한다.[149] 워필드는 두 본성을 지칭하는 용어 자체는 다르게 쓰인 적도 있음을 지적한다. 그에 따르면 테르툴리아누스(Tertullian)는 'duae substantiae'를 사용하고, 오리겐과 그 이후 저자들은 일반적으로 'duo phuseis'를 사용한다. 그럼에도 불구하고 다시 'duo ousia'라는 용어를 사용하는 것으로 돌아갔음을 상기시킨다.

워필드는 이어서 로마의 클레멘트(Clement of Rome)가 두 본성 교리를 암시하고 있음을 지적한다.[150] 그가 고린도교회에 보내는 서신의 한 단락에는 히브리서 1장 8절과 빌립보서 2장 6절의 흔적이 있다. "하나님의 영광의 홀(Scepter)이신 우리 주 예수 그리스도는 오만함이나 거만함을 화려하게 뽐내며 오지 않으셨다. 비록 그렇게 할 수 있으셨음에도 말이다. 오히려 겸손한 마음으로 오셨다." 또 다른 단락은 로마서 9장 5절을 암시한다. "주 예수"에게 가장 높은 속성들(highest predicates)이 부여되고, "육체에 의하면 야곱의 후손"이기 때문이다. 여기에서 두 본성은 분명하게 암시되어 있다.

또한 이그나티우스(Ignatius)의 글에서는 두 본성 교리가 공개적으로 표현되고 있음이 제시된다.[151] "육체와 영혼을 모두 가지고 있는 한 치료자가 계신다. 그분은 창조되었지만 스스로 존재하기도 하신다. 육체 속에 거하는 하나님으로, 죽음 가운데 참 생명이시고, 마리아와 하나님으로부터 태어나셨다. 그분은 감정을 느끼기도 하시지만 감정을 초월하기도 하시는 예수 그리스도 우리 주님이시다"(에베소교회에 보낸 서신 7:2). 또는 "우리의 하나님이신 예수 그리스도는 하나님의 약속에 따라서, 다윗의 자손으로 마리아의 태에 잉태되셨다. 하지만 또한 성령에 의해서 잉태되셨다"(18:2).

이처럼 그리스도의 두 본성 교리는 고대의 기독교 진영에서 모두가 공통적으로 인정하고 선언했던 교리였다. 그것은 교회의 교리였고, 교회의 교리를 반대하며 논쟁하려 했던 사람들의 전제이기도 했고, 교회의 교리를 자신의 저술속에서 표현하고 선포했던 교부들의 교리였다.

4 | 칼케돈 신조의 기독론을 표준으로 삼다

이러한 교회와 성경의 교리를 가장 온전하게 종합한 것이 바로 칼케돈 신조의 기독론이다. 칼케돈 신조는 신약성경을 토대로 그리스도의 두 본성 교리를 성경적인 입장에서 정리하고 진술했다. 워필드는 그리스도의 두 본성 교리를 잘못 이해한 신학적 입장들 속에서 칼케돈 신조가 형성되어 가는 과정을 매우 흥미롭게 약술한다.

> 주님을 한 피조물 수준으로 격하시키는 아리우스주의라는 타다 남은 불로부터, 주님의 영적 본성의 순전한 신성이 가장 먼저 강력하게 주장되었다(아폴리나리우스주의). 이것에 의해서 주님의 인성의 온전성에 대한 관심과 함께 주님의 신성의

담지자로서의 주님의 인성의 완전성이 동일하게 강력하게 주장되었다(네스토리우스주의). 그 다음 이것에 의해서 주님의 인격의 단일성(oneness)에 대한 관심과 함께 한 개인 안에서의 두 본성들의 결합이 동일하게 강력하게 주장되었다(유티케스주의). 이 모든 것들로부터 일련의 수정들이 점차 나왔고, 마침내 칼케돈의 균형 잡힌 진술이 나왔다. 그리스도의 인격 안에서 완전한 신성과 완전한 인성은 "혼합(confusion), 변환(conversion), 분열(division), 분리(separation)" 없이 연합한다. 그리하여 한쪽 본성의 지속적인 온전함을 침해하지 않고 한 인격을 구성한다.[152]

그러므로 워필드가 보기에 칼케돈에서 제시하는 그리스도의 두 본성 교리는 이러한 논쟁들로부터 생겨난 "균형 잡힌 진술"이었다.[153] 이 진술 속에 이 교리와 관련한 성경의 모든 설명들이 취합되고 결합되었고, 모든 시대를 위한 하나의 표준이 되었다. 심지어 "이것은 그리스도의 인격에 대한 성경적 가르침의 보화를 여는 열쇠이다."[154]

유명한 교회역사가인 필립 샤프(Philip Schaff, 1819-1893)는 칼케돈 기독론의 핵심 사상을 7가지 항목으로 분류하여 제시한다. 필자가 보기에 그의 분류와 설명은 일목요연하고 유익하다. 따라서 필자는 그의 분류를 따라서 칼케돈 기독론의 주요 내용을 살펴보고자 한다.

(1) 로고스 혹은 하나님의 두 번째 위격이 참으로 성육신하셨다.[155] 이 성육신은 하나님께서 인간으로 변환(conversion)되거나 변형(transmutation)되는 것이 아니고, 인간이 하나님으로 변환되어 그 결과 인간이 흡수되는 것도 아니고, 하나님과 인간이 혼합(confusion)되는 것도 아니다. 한 명이 다른 한 명 안에 단순하게 거하는 것(indwelling)도 아니고, 둘의 일시적인 사귐(transitory connection)도 아니다. 로고스의 성육신은 하나님과 인간이 한 인격적 생명 안에서 실제적이고도 변함없이 연합(union)하는 것이다.

(2) 본성(nature)과 인격(person) 사이에는 엄밀한 구분이 있다.[156] 본성 혹은 본질(ousia)은 한 존재를 구성하는 능력과 특성의 총체를 의미한다. 반면에 인격(hypostasis)은 자아(Ego), 자의식, 주장하고 행동하는 주체이다. 로고스는 인간의 인격을 취한 것이 아니라, 우리 모두에게 동일한 인간의 본성을 취했다. 따라서 특정 사람을 구속한 것이 아니라, 동일한 본성에 참여하는 모든 사람들을 구속한 것이다.

(3) 성육신의 결과는 신인(神人)이다.[157] 그리스도는 네스토리우스가 말하는 것처럼 두 인격을 가진 이중적 존재(double being)가 아니다. 또는 아폴리나리우스가 말하는 것처럼 혼합된 중간적 존재(middle being)도 아니다. 그리스도는 한 인격으로서 신성과 인성 모두를 지니신다.

(4) 그리스도의 본성은 둘이다.[158] 정통 교리는 유티키안주의를 반대하고 본성의 구분을 고수한다. 이 구분은 성육신 이후에도 유지된다. 두 본성에는 혼합(confusion), 변환(conversion), 분열(division), 분리(separation)가 없다. 그래서 신성은 신성으로, 인성은 인성으로 유지된다. 하지만 두 본성은 삼위의 위격들과 같이 지속적으로 하나의 공통 생명을 갖고 서로에게 완전하게 침투한다.

(5) 그리스도의 인격은 단일하다.[159] 그리스도 안에서 신적 본성과 인적 본성은 연합(union)한다. 이 연합은 성육신의 결과로 주어지는 영원하고, 실제적이고, 초자연적이고, 인격적인 것으로 결코 분리되지 않는다.

(6) 그리스도의 전체 사역은 그분의 인격에 귀속되어야지, 어떤 한 본성에 배타적으로 귀속되어서는 안 된다.[160] 인격은 활동하는 주체이고, 본성은 그 기관 혹은 수단이다. 그리스도의 한 인격이 자신의 신성의 힘으로 기적을 행하셨고, 자신의 인성의 감각을 통해서 고통을 당하셨다. 구속자의 사역에 담긴 초자연적 영향(superhuman effect)이나 무한한 공로(infinite merit)는 그리스도의 신성 때문에 그리스도의 인격에 귀속된다. 반면에 그리스도가 수고, 유혹, 고통, 죽음을 겪는 것과 우리의 모범(imitation)이 되는 것은 그의

인성 때문이다.

(7) 그리스도의 인성은 비인격적(anhypostasia)이다. 좀 더 정확하게 말하면 내인격적(enhypostasia)이다.[161] 전자는 부정적인 용어로 허구적 관념을 전제한다. 그리스도의 인성이 성육신 이전에 전혀 존재하지 않았고, 따라서 인격적이거나 비인격적일 수 없기 때문이다. 이 교리의 의미는 그리스도의 인성에는 고유의 독립적인 인격이 없다는 것이고, 신성이 그리스도의 인격의 뿌리이자 토대라는 것이다.

이처럼 칼케돈의 기독론은 개혁파가 전통적으로 고수했던 기독론과 일치한다. 그리스도의 두 본성과 한 인격을 강조한다. 우리는 여기에서 그 유명한 문구인 "두 본성의 혼합, 변환, 분열, 분리가 없는 연합"이라는 설명을 만나게 된다. 그리스도는 그 본성에 따라 하나님이자 인간이지만, 이 두 본성이 한 인격 안에서 연합한다. 그리고 그리스도가 성취하는 사역들은 신성이나 인성 중의 한 본성이 행하는 것이 아니라, 신성과 인성이 연합된 한 인격이 행하는 것이다. 샤프에 따르면 복음서의 역사를 정직하게 읽는 독자라면 이 두 가지 사실을 잘 발견할 수 있다.[162] 복음서에서 그리스도는 한 편으로는 생각하고 말하고 행동하고 고통을 당하는 죄 없는 인간으로서의 완전한 인간의 모습을 보이기도 하고, 다른 한 편으로는 성부와의 신비한 연합과 창조 이전의 선재 등과 같은 완전한 하나님의 모습을 보이기도 한다. 앞에서도 지적했듯이, 리츨의 완전주의는 의도적이든 어쩔 수 없는 결론이든 그리스도의 신성을 부정하는 결과에 도달한다는 점을 기억할 필요가 있다. 워필드가 성경적 구원론을 제시하기 위해서 칼케돈의 기독론으로 돌아간다는 사실은 의미심장하다.

워필드는 정통 개혁파 기독론의 전통을 따라서 칼케돈의 기독론을 고수한다. 심지어 칼케돈 신조의 기독론이 성경을 이해하는 필수 전제라고 생각했을 정도이다.[163] 그러나 계몽주의를 지나면서 칼케돈 신조에 대한 비판이 생겨났다.[164] 계몽주의 직후, 칼케돈의 기독론을 향한 주요 비판은 두 가지였다.

첫째, 신조에 사용되는 용어 자체가 정통 삼위일체와 모순된다는 것이다.

둘째, 다른 세계 종교에 대해서 불공정하고 배타적인 태도를 갖는다는 것이다.[165] 이 두 번째는 그리스도 안에 신성과 인성의 독특한 관계가 있을 수 없다고 주장하게끔 만든다. 두 번째 반대로부터 나오는 또 다른 논증은 기독교가 독특한 그리스도를 주장하든 그렇지 않든 상관하지 않는다. 이러한 비판들이 절정에 이른 것은 19세기 독일의 개신교 자유주의 신학에서였다.[166] 슈바이처 (Albert Schweitzer)는 칼케돈 신조를 다음과 같이 비판한다.

> 칼케돈에서 서방이 동방을 이겼을 때, 서방의 두 본성 교리는 인격의 단일성 (unity)을 약화시켰다. 그리고 그것을 통해서 역사적 예수(historical Jesus)로 돌아갈 수 있는 마지막 가능성을 던져 버렸다. 자기모순이 한 법칙으로 격상되었다. … 우리가 역사적 예수를 탐구하고 그의 존재에 대한 사색을 할 수 있기 위해서는, 이 교의가 먼저 부서져야만 한다.[167]

그럼에도 불구하고 칼케돈의 기독론은 여전히 기독교의 표준적인 정통 기독론으로 남아있다. 칼케돈 신조가 갖는 가장 큰 중요성은 기독교의 핵심 교리에 대한 정통 관점을 제공한다는 것이다. 칼케돈 신조의 기독론은 그 신조가 수용된 이후, 정통 기독론의 표준이 되었다.[168] 칼케돈 신조 이후에도 논쟁은 계속되었지만, 그 논쟁들이 칼케돈 신조의 틀 안에서 이루어졌다는 지적은 적절해 보인다.[169]

워필드 역시 칼케돈 신조의 중요성을 잘 설명한다. 그에 따르면 칼케돈의 기독론은 교부의 창작물이나 학문적 결과가 아니다. 오히려 칼케돈의 기독론은 성경과 교회와 삶의 선물이었다.

> 교회가 두 본성 교리를 고백해 온 불변성은 이 교리가 신약의 가르침에서 확립되

었다는 사실로 설명할 수 있다. 실제로 완전히 전개된 칼케돈 기독론은 성경 자료들을 매우 온전하게 종합한 것에 불과하다. 칼케돈 기독론은 그 출발점이 전체적으로 신약에 있다. 칼케돈 기독론은 성경의 모든 선언들을 신뢰하고, 그리스도의 인격에 관한 성경적인 교리를 종합적으로 진술하려고 했다. 그래서 성경이 설명하는 모든 요소들을 적절하게 다루고자 하였다. 칼케돈 기독론이 이 어려운 일에서 탁월한 성공을 이룬 이유는 그것이 "학문적" 충동, 즉 순전히 이론적 의도 아래에서 작동하는 어떤 지성의 산물이 아니었기 때문이다. 대신에 그것은 교회의 지성이, 오히려 교회의 가슴이 교회의 생명 유지에 필수적인 믿음(vital faith)을 적절하게 표현하려는 시도의 산물이었다. 다시 말해서 오랜 시간에 걸쳐 다양한 환경에서 살았던 성실한 여러 사람들이 특별히 그분에 "주목"하는 성경의 요소들을 정당하게 다루려는 열정적인 주장과 시도의 산물이다. 그러므로 최종적 진술은 연구의 산물이 아니라 삶의 산물이다.[170]

칼케돈 기독론은 기독론의 핵심 요소들이 무엇인지 규정하고, 기독론적 오류들의 경계를 설정한다는 점을 기억해야 할 것이다. 워필드 역시 칼케돈 신조의 이러한 성격을 잘 설명한다.

주님을 한 피조물 수준으로 격하시키는 아리우스주의라는 타다 남은 불로부터, 주님의 영적 본성의 순전한 신성이 가장 먼저 강력하게 주장되었다(아폴리나리우스주의). 이것에 의해서 주님의 인성의 온전성에 대한 관심과 함께 주님의 신성의 담지자로서의 주님의 인성의 완전성이 동일하게 강력하게 주장되었다(네스토리우스주의). 그 다음 이것에 의해서 주님의 인격의 단일성(oneness)에 대한 관심과 함께 한 개인 안에서의 두 본성들의 결합이 동일하게 강력하게 주장되었다(유티케스주의). 이 모든 것들로부터 일련의 수정들이 점차 나왔고, 마침내 칼케돈의 균형 잡힌 진술이 나왔다. 그리스도의 인격 안에서 완전한 신성과 완전한 인성은 "혼합(confusion), 변환(conversion), 분열(division), 분리(separation)" 없이 연합한다. 그리하여 한쪽 본성의 지속적인 온전함을 침해하지 않고 한 인격을 구성한다. 생각의 추는 항상 악화되는 원호(圓弧) 속에서 앞뒤로 흔들리다, 마침내 근본적인 힘의 작용이 진행되는 어느 한 시점에 안정을 찾게 되었다. 한 세기에 걸친 지속되는 논쟁으로부터 하나의 균형 잡힌 진술이 생겨났다. 그 진술 속에서 성경적 설명의 모든 요소들이 취해졌고 결합되었다.[171]

밀라드 에릭슨 역시 이러한 중요성을 잘 설명한다. 그는 『기독교 신학 사전』의 "칼케돈 공의회"와 "칼케돈 기독론"이라는 항목에서 칼케돈 신조가 기독론 영역에서 무엇이 정통인지를 정의한다는 관점을 표현한다.

칼케돈 공의회(451): 니케아 공의회와 같은 이전의 선언들을 모은 공의회로서, 정통 기독론에 대한 명확한 진술을 제시.

칼케돈 기독론: 칼케돈 공의회가 규정한 정통적 정의에 일치하는 기독론. 예수 그리스도는 완전한 신이자 인간이시고, 한 인격 안에 두 본성을 가지신다는 기독론.[172]

이상의 설명에 따르면 칼케돈 공의회는 "정통 기독론"이라고 불릴 수 있는 것의 틀을 확립했다. 그러므로 칼케돈 기독론의 경계선을 넘어가는 기독론들은 모두 이단으로 간주되어야만 한다.

5 칼뱅의 기독론을 계승하다

워필드 기독론의 정통적 특징이 잘 드러나는 또 다른 부분은 크게 두 가지이다. 워필드가 칼뱅의 논의를 따라 삼위일체 하에서 성자의 신성을 강조한다는 점,[173] 속죄론에 있어서 만족 이론과 제한속죄를 분명하게 제시한다는 점이다.[174]

먼저 워필드가 칼뱅의 신학을 충실하게 계승하고 있음을 지적하고자 한다. 이를 위해 워필드 스스로의 진술을 살펴보는 것이 유익할 것이다. 워필드가 칼뱅의 신학을 어떻게 생각하는지를 통해서 칼뱅과 워필드 사이의 신학적 연속성을 이해할 수 있을 것이다. 워필드는 칼뱅의 『기독교 강요』가 개혁파 교회의 신학 사상에 필수적인 요소임을 지적한다.[175] 그에 따르면 『기독교 강요』를 통해서 칼뱅의 변증적 신학이 개신교 사상에, 특히 개혁파 사상에 필수적인 요소가 되었다. 또한 워필드는 개혁파 교회와 칼뱅주의 교회의 동일성을 언급하면서, 시대를 뛰어넘는 칼뱅 신학의 영향력이 이 동일성을 확보한다고 지적한다.[176] 1909년에 칼뱅에 대해 가졌던 한 강연의 목적은 칼뱅이 "신학적 사상가로 얼마나 탁월했는지에 관한 생각을 전달"하는 것이었다.[177] 이 강연에서 워필드는 칼뱅이 "당대의 탁월한 성경 중심의 신학자"였고[178] "모든 주제를 왕성하고도 강력한 지성으로 깊이 통찰한" 신학자였으며[179] "경건에 관한 위대한 사상체계"를 형성한 신학자였다.[180] 심지어 워필드는 기독교의 미래가 칼뱅주의의 성쇠에 달려 있다고 말할 정도이다.[181]

멀러(Muller)는 워필드의 학문적 성과를 설명하면서 워필드의 칼뱅 연구가 여전히 유효하고 가치 있음을 지적한다.[182] 멀러에 따르면 "하나님에 관한 칼뱅의 교리를 분석한 워필드의 연구는 가장 탁월한 연구이다. 그리고 하나님을 아는 지식과 삼위일체에 관한 워필드의 연구는 여전히 참고할만한 주요 논문이다."[183] 재스펠에 따르면 칼뱅과 워필드 사이의 연속성에 더 많은 주의를 기울일 필요가 있다.[184] 워필드의 신학은 칼뱅의 신학으로부터 이탈하지 않았고, 둘 사이에 보이는 신학적 차이는 사상이나 내용이 아니라 상황의 차이이다.

이제 칼뱅과 워필드의 신학적 연속성을 기독론과 관련하여 좀 더 자세하게 살펴보고자 한다. 기독론과 관련하여 칼뱅과 워필드 사이의 연속성이 가장 분명하게 드러나는 것은 삼위일체 논쟁 가운데 그리스도의 신성을 강조하면서 성자의 "스스로 존재하심"(αὐτοουσία)과 "스스로 하나님 되심"(αὐτοθεότης)을 설명하는 부분에서다.[185] 이 부분에서 워필드는 칼뱅의 기여를 매우 긍정적인 입장에서 평가한다. 칼뱅이 그리스도의 "자존하시는 하나님 되심"을 확립함으로써 기독교 신학계에 매우 크게 공헌했다는 것이다.[186]

칼뱅은 그리스도에게 자존성(aseity)을 부여하면서 그리스도를 "자존하시는 하나님"으로 부르기 시작했다. 그러자 칼뱅이 그리스도를 부르는 이러한 방식에 대하여 비난이 일기 시작했다. 이는 니케아 회의를 통해 삼위일체 각 위격의 동일본질이 정통 교리로 확립되었음에도, 니케아 신조를 수용하는 신학자들 내에서도 성자의 임시 발생설을 고수하는 사람들이 있었기 때문이다.[187] 그들의 눈에 "스스로 존재하시는 그리스도"라는 칼뱅의 개념은 이단적이기까지 했다.[188] 워필드에 의하면 바로 이 부분에서 칼뱅은 그리스도가 스스로 존재하시는 하나님이라는 개념이 당연한 것임에도 그냥 수용되는 것이 아니라 변증이 필요함을 깨닫게 되었다.[189]

워필드는 이 주제에 대한 칼뱅의 몇 가지 논쟁을 소개한다. 이를 통해서 그리스도의 신성에 대한 논의가 종교개혁시기부터였음을 제시하고 있고, 이에 대한 변증이 언제나 필요함을 입증한다. 발렌티누스 겐틸리스(Valentinus Gentilis)[190]와의 사이에서 일어난 논쟁을 살펴보는 것은 그리스도의 신성과 관련된 논의의 고전적 양상을 이해하는 데 도움이 될 것이다. 켄틸리스는 자존성을 성부 하나님에게만 적용해야 한다고 주장했다. 칼뱅은 1561년에 쓴 『이교도 발렌티누스의 불경건에 대한 해설』에서 겐틸리스의 견해를 소개한다. "오직 성부만이 자존하시는 하나님이시기 때문에 … 하나님은 스스로 존재하신다. 하나님의 로고스는 자존하시는 하나님으로서의 로고스를 가지고 계신 분이 아니다."[191] 겐틸리스의 견해에 따르면 성부는 다른 위격들과 동급이 아니다. 성자의 신성은 자신이 아니라 성부로부터 기인한다. 반면에 성부의 신성은 다른 이가 아니라 자신으로부터 기인한다. 이런 의미에서 성부만이 스스로 존재하시는 하나님이시다. 겐틸리스는 자신의 이러한 견해를 니케아 신조로 지지한다.[192] 니케아 신조에 있는 "하나님으로부터 나오신 하나님" 또는

"참 하나님으로부터 나오신 참 하나님"이라는 표현에 기댄다. 젠틸리스의 견해가 미카엘 세르베투스(Michael Servetus)와 같이 극단적인 형태의 반삼위일체까지는 아니라고 하더라도, 고전적인 삼위일체 교리와는 거리가 분명 있었다.[193]

칼뱅은 바로 이러한 정황에서 그리스도의 "스스로 하나님 되심"을 변증하고자 했다. 워필드에 따르면 칼뱅이 이 변증에서 가장 주된 근거로 삼는 것은 성경이다. 그리스도를 참 하나님으로 선포하는 성경의 진술들을 가장 강력한 근거 삼는 것이다.[194] 여기에는 신약의 저자들이 구약의 하나님을 그리스도와 동일시하는 본문들이 포함된다.[195] 이사야에게 자신을 나타내 보이셨던 하나님(사 6:1)을 요한은 그리스도라고 확증한다(요 12:41). 이사야의 입을 통해서 자신이 유대인들에게 거치는 돌이 될 것이라고 말씀하셨던 하나님(사 8:14)을 바울은 그리스도라고 선언한다(롬 9:33). 이사야의 입을 통해서 모든 이들이 자기에게 무릎 꿇게 하겠다고 선포하신 하나님(사 49:18; 사 45:24)을 바울은 그리스도가 해석했다(롬 14:11). 시편 기자의 시를 통해서 태초에 우주를 지으신 하나님(시 102:25-26)을 히브리서 기자는 그리스도로 제시했다(히 1:10). 모든 천사의 경배를 받기에 합당한 하나님(시 97:7)을 마찬가지로 히브리서 기자는 그리스도와 동일시하고 있다(히 1:6). 칼뱅은 이러한 구절들에서 "여호와"라는 이름이 등장하고, 이것이 그리스도의 신성과 관련된 자존성을 보여준다고 주장한다.[196]

또한 워필드는 칼뱅이 『기독교 강요』 초판(1536년)에서부터 그리스도의 신성을 주장했음을 지적한다. 어떤 사람들은 칼뱅의 『기독교 강요』 초판에서 그리스도의 자존성이 명확하게 언급되지 않는 것처럼 보인다고 지적하지만, 워필드에 따르면 칼뱅은 이미 초판에서부터 그리스도의 완전한 신성과 자존하시는 하나님 되심을 주장하고 있다.[197] 그러다 젠틸리스와의 논쟁(1558년)이 극에 달하게 되고, 그리스도의 자존성을 변증해야 할 필요성이 대두되었다. 이에 칼뱅은 『기독교 강요』 최종판(1559년)에서 그리스도의 자존성이라는 주제를 좀 더 길게 다루게 되었다. 다시 말해서 1539년판에서 칼뱅이 분명하게 주장했던 그리스도의 자존성에 관한 진술이 1559년판에서 확장되어 실린 것이다.[198] 정리하자면, 칼뱅은 겐틸리스와 그의 무리의 반삼위일체론에 대항하여 삼위일체 교리를 길게 변증하는 진술을 확장시켰고, 그리스도의 자존성과 관련된 더 많은 내용을 추가하면서 논의를 마무리했다.

그 이후 그리스도의 자존성에 관한 칼뱅의 견해는 개혁파 교회의 유산이 되었다. 개혁파 교회는 칼뱅의 용어를 빌려와 그리스도의 신성을 적절하게 강조할 수 있었다.

> 개혁파 교회들이 자존하시는 하나님이라는 중요한 용어를 그리스도에게 사용할 수 있다고 주장한 것은 그들이 칼뱅에게 배우고 물려받은 유산의 일부였다. 그리고 개혁파 교회의 특징은 우리 주님의 완전한 신성을 아주 분명하게 강조하는 것이다. 그들 사이에 신학적 차이점이 다소 있었을지라도 그리스도의 참된 신성에 대해서는 이견이 없었다.[199]

이러한 신학적 유산은 칼뱅의 직계 제자들인 테오도르 베자(Theodore Beza, 1519-1605)와 요시야 지믈러(Josias Simmler, 1530-1576)에게서도 잘 발견된다. 베자의 설명에 의하면 "성자는 영원 전에 모든 본성을 담지하신 채 우리가 이해할 수 없는 방법으로 아버지로부터 나오신다."[200] 지믈러에 따르면 "우리는 성자가 아버지로부터 본질을 취하신다는 사실을 부정하지 않는다. 우리가 부정하는 것은 본질이 낳은바 된다는 것이다."[201] 푸치우스(Gisbertus Voetius, 1589-1676)는 이러한 개혁파적 유산을 간직하고 있는 개혁파 신학자들의 목록을 제시한다.[202] 다시 말해서 그리스도가 자존하시는 하나님 되심을 가르쳤던 개혁파 신학자들의 목록을 제시한다.

워필드는 교회의 역사 속에서 칼뱅의 이러한 신학적 유산이 계속 계승되었음을 강조한다. 워필드는 그리스도를 자존하시는 하나님으로 이해하며 그리스도의 신성을 칼뱅과 같이 강조했던 개혁파 신학자들을 일부 소개한다. 19세기 독일의 대표적인 개혁파 신학자인 하인리히 헤페(Heinrich Heppe, 1820-1879)는 자유주의 신학이 독일을 점령하고 있을 때 개혁파 신학을 주창했다. 특히 그리스도에 대한 그의 선언에 의하면 "성자는 하나님에 의해 피조 되거나 만들어지지 않으셨고, 호의나 보상에 따라 입양되신 것도 아니다. 오히려 성자는 그분의 본성에 따라 성자 하나님으로 존재하시기에 성부와 성령과 동일하게 진정으로 자존하시는 하나님이 되신다."[203] 찰스 핫지(Charles Hodge, 1797-1878) 역시 칼뱅과 정확하게 동일한 입장을 보여준다.[204] 핫지에 의하면 그리스도를 자존하시는 하나님으로 가르치는 것에 동조하는 이들이 개혁파 교회를 형성했고, "자존하시는 하나님"이라는 용어를 그리스도에게 적용했다.[205]

이처럼 그리스도를 자존하시는 하나님으로 보는 것은 칼뱅의 유산이고, 개혁파 교회의 특징이다. 칼뱅은 시대적 필요성에 의해서 그리스도의 자존하시는 하나님 되심을 다시 한 번 명료하게 진술할 필요가 있었다. 다시 말해서 칼뱅은 그리스도의 절대적 신성을 변증할 필요가 있었다. 이를 위해 칼뱅은 완전히 새로운 가르침을 지향하지 않았다. 칼뱅은 성경과 교회 전통을 강조했다. 성경에서 그리스도의 신성을 언급하는 것에 의존했고, 니케아 교부들이 말한 성자의 "동일본질"을 성자의 "자존하시는 하나님 되심"으로 좀 더 구체적으로 표현하여 강화했다.[206]

워필드의 개혁파적
속죄론 변증

워필드의 성경적이고 정통적인 기독론은 그가 제한속죄를 강조한다는 점에서도 잘 드러난다. 워필드가 보기에 여러 속죄론의 문제점들은 "죄책의 속죄라는 중심 문제를 부정하거나 속죄론에 수반되는 여러 요소들을 부인하기 위해서 진리의 한 파편만을 강조함으로써 다양한 속죄 이론들을 구성"한다는데 있었다.[207] 워필드는 특정 시기에 특정 속죄론이 지배적이었음을 언급하면서 속죄론을 크게 다섯 가지로 분류한다. 필자는 워필드가 제시하는 다섯 가지 속죄론을 살펴본 후 워필드가 지지하는 성경적 속죄론과 제한속죄를 고찰할 것이다.

1 속죄론을 다섯 가지로 분류하다

속죄론을 검토하기 위해 분류하는 방법에는 여러 가지가 있을 것이다.[208] 그러나 워필드는 자신의 글에서 그리스도의 사역이 누구에게서 끝나고 누구에게 영향을 미치는지를 기준으로 다섯 가지로 분류한다.

첫째, 그리스도의 사역이 사탄에게서 끝나는 것으로 이해하는 이론들이 있다.[209] 즉 사탄에 의해 속박된 영혼들의 석방을 확보하기 위하여 사탄에게 영향을 미치는 것으로 이해한다. 이 이론들은 그리스도의 사역의 "승리적" 측면을 강조하는 것으로 묘사되는데 교부시대에 상당히 유행했다.[210] 그것들은 "만족" 교리가 좀 더 널리 알려지면서 점차 사라졌다. 베르나르드와 같은 사람의 사고가 이 노선을 따를 뿐만 아니라, 심지어 루터 역시 그 개념을 활용했다. 그 생각은 다양한 형태를 띠었다. 어떤 사람은 사탄을 뇌물로 매수한다(buying off)고 말했고, 어떤 사람은 사탄을 압도한다(overcoming)고 말했고, 심지어 어떤 사람은 사탄을 속이는 것(outwitting)으로 말했다. 하지만 그러한 이론들이 어떤 형태이든 그것들을 사용하는 사람들의 그리스도의 사역에 관한 전체 사상을 대변한다고 가정하는 것은 정당하지 않을 것이고, 그들이 그 이론들을 그리스도의 사역에 관한 학문적 진술로 여겼다고 가정하는 것도 정당하지 않을 것이다. 그들은 오히려 사람이 죄와 죽음에 사로잡히는 속박에 관한 저자의 심오한 의식만을 구체화하고, 죽음의 권세를 가지고 있는 자를 극복하는 것에 있어서 그리스도께서 우리를 위해 행하신 것이라고 그들이 생각하는 것을 생생하게 제시할 뿐이다.

둘째, 그리스도의 사역이 물리적으로 인간에게서 끝나는 것으로 여기는 이론들이 있다.[211] 즉 인간에 대한 내면적이고 숨겨진 작용을 통해서 인간이 그리스도와의 일치된 삶으로 나아갈 수 있도록 인간에게 영향을 미친다는 것이다. 소위 "신비적 이론들"이 여기에 속한다. 이 이론들의 근본적인 특징은 그리스도께서 가르치시거나 행하셨던 어떤 것에서 구원에 이르는 사실(saving fact)을 발견하는 것이 아니라 그가 어떤 분이셨는지를 발견하는 것에 있다. 그들이 강조하는 것은 오히려 성육신에 있는 것이지 그리스도의 가르침이나 사역이 아니다. 그리스도께서 우리를 위해 하신 것에 구원의 능력을 부여하는 것이 아니라, 그리스도께서 우리 안에서 하시는 것에 구원의 능력을 부여한다. 이 유형의 이론으로 향하는 경향들은 이미 플라톤적 교부들(Platonizing

Fathers)에게서 발견된다. 그리고 좀 더 발전한 신플라톤주의가 기독교 사상의 흐름에 유입되면서 신비주의적 가르침이라는 결코 사라지지 않는 전통이 시작되었다. 그 유입은 위-디오니시우스의 저술들을 통해서였고, 서방에서는 요하네스 스코투스 에리게나(Johannes Scotus Erigena)에 의해서였다. 종교개혁 시대에 이 유형의 사상은 오시안더(Osiander), 바이겔(Weigel), 뵈메(Boehme) 등에 의해서 대변되었다. 현대 교회에서는 슐라이어마허와 그의 추종자들에 의해서 본질적으로 동일한 사고방식에 새로운 추동이 주어졌다. 그들 중 특히 미국인들에게 흥미가 되는 것은 "머서스버그 학파"(Mercersburg School)로 알려진 이들이다.[212]

셋째, 그리스도의 사역이 인간에게서 끝나는 것으로 이해하는 이론들이 있다.[213] 이는 인간에게 행동을 유도하도록 그에게 영향을 미친다는 것이다. 그렇게 인간에게 영향을 미침으로써 그가 하나님을 아는 더 나은 지식에 이르도록 하거나, 하나님에 대한 자신의 실제적 관계를 좀 더 생동감 있게 인식하도록 하거나, 하나님과 관련된 마음과 삶의 혁명적 변화에 이르게 한다는 것이다. 이것은 소위 "도덕적 영향 이론"이다. 이 이론은 중세에 피터 아벨라르드(Peter Abelard)에 의해서 고안되었고, 종교개혁시기에 소치니파로 이어졌으며, 현대에 리츨학파에서 재현되었다.[214] 여기에 속하는 모든 이론들의 본질은 그들이 속죄의 사실을 그리스도의 사역에 두는 것이 아니라 그리스도의 사역으로부터 나오는 영향이나 힘에 대한 인간 영혼의 반응으로 옮긴다는 것이다. 그리스도의 사역은 하나님이 아니라 인간에게 직접적 영향을 미친다. 그리하여 인간을 하나님이 수용할만한 지성과 마음의 상태로 인도한다. 이 학파에서 다음과 말하는 것이 상당히 일반적이다. "하나님의 얼굴을 변화시키는 것을 믿음과 회개이다." 그리고 이런 종류의 이론들을 옹호하는 사람들은 때때로 완전 노골적으로 이렇게 말한다. "회개 말고 다른 속죄는 없다."[215] "도덕적 영향" 이론들의 가장 대중적인 유형은 그리스도의 사명과 사역에서 드러나는 죄인을 향한 하나님의 형언할 수 없고 철저한 사랑을 강조하는 것에 항상 있었다. 즉 하나님에 대한 우리의 반대를 제거하고 우리의 마음을 녹이고 탕자와 같은 우리를 아버지의 품으로 데려가는 사랑이다. 가령 콜러리지(S. T. Coleridge)는 (그 이론의 또 다른 면이 있다는 암시와 함께) 그 이론의 이러한 유형을 옹호했다.[216] 그리고 그 유형은 지난 세기 영어권 독자들에게 몇 몇 신학자들에 의해서 추천되었다. 에딘버러의 존 영(John Young)은 최고의 능력으로 그렇게 했고,[217] 호레이스 부쉬넬(Horace Bushnell)은 가장 위대한 문학적 매력으로 그렇게 했다.[218] 그리고 가장 최근에는 클라크(Clarke)에 의해서 정교하고도 강력한 논쟁의 형태로 제시되었다.[219]

넷째, 그리스도의 사역이 인간과 하나님 양 편에서 끝난다고 여기는 이론들이 있다.[220] 이 이론들은 일차적으로 인간에게서, 이차적으로 하나님에게서 끝난다고 여긴다. 이러한 유형의 가장 대표적인 사례는 소위 "통치 이론"(governmental theories)이다. 이 이론은 그리스도의 사역이 인간에게 영향을 미치는 것은 그리스도가 짊어진 고통의 광경으로 인해서 인간이 죄를 짓지 않게 된다는 것이다. 그리고 그렇게 인간이 죄를 단념하게 됨으로써 하나님이 세상에 대한 자신의 도덕적 통치에 안전하게끔 죄를 용서할 수 있게 된다. 이론들에 대한 개관에서 처음으로 그리스도의 고통과 죽음이 그리스도의 사역의 본질을 구성하게 되는 것은 이 유형의 이론들에서이다. 하지만 여기에서도 속죄라는 사실은 "도덕적 영향" 이론 못지않게 인간 자신의 개혁이다. 비록 통치적 관점에 따르면, 이 개혁은 그리스도 안에서 하나님의 사랑을 드러내는 것에 의해서 하나님에 대한 인간의 적개심을 무너뜨리는 것으로 이루어지지 않고, 그리스도의 고통을 통해서 주어지는 하나님의 죄 혐오 광경을 통해서 인간 안에 죄에 대한 공포를 유발함으로써 이루어진다. 즉 의심의 여지없이 그것을 통해서 인간의 사색은 이 모든 고통들을 자신의 아들에게 지우려는 하나님의 의지에서 나타나는 죄인을 향한 하나님의 사랑으로 인도되고, 그리하여 하나님은 자신의 도덕적 통치를 정당하게 다루면서 죄를 용서하게 된다.

이 이론은 화란의 위대한 법학자인 휴고 그로티우스(Hugh Grotius)에 의해서 구성되었다.[221] 사실 그로티우스의 시도는 "도덕적 영향" 이론에 대한 소치니파 옹호자들의 공격에 의한 붕괴로부터 만족에 관한 확립된 교리를 살리려는 것이었다. 그것은 소치니파의 사고에 가장 크게 영향을 받은 아르미니우스주의자들에 의해서 받아들여진 적이 있었다.

뉴잉글랜드 청교도들의 칼뱅주의가 무너지기 시작하자 그 증상 중 하나는 속죄에 관한 만족 이론이 통치 이론으로 점차 대체되는 것이었다.[222] 그 과정은 다음과 같이 추적될 수 있을 것이다. 조셉 벨라미(Joseph Bellamy, 1719-1790), 사무엘 홉킨스(Samuel Hopkins, 1721-1803), 존 스몰리(John Smalley, 1734-1820), 스테판 웨스트(Stephen West, 1735-1819), 조나단 에드워즈 주니어, Jonathan Edwards, Jr., 1745-1801), 나타나엘 에몬스(Nathanael Emmons, 1745-1840). 따라서 에드워즈 팍(Edwards Park)은 19세기 중반에 통치 이론을 미국 회중주의자들의 "전통적인 정통 교리"로 내세울 수 있었다.[223] 초기 웨슬리주의자들도 망설임은 있었지만 통치 이론에 이끌렸다. 영국 웨슬리주의자들에게는 오늘날까지 일종의 망설임이 남아 있다.[224] 물론 그들 중 다수는 통치 이론을 매우 뚜렷하고 결단력 있게 그 이론을 가르쳤다.[225] 반면에, 미국 감리교도들 사이에서 통치 이론은 지배적인 것이었다. 그리고 그들에 의해서 최선의 진술이 만들어졌다.[226] 비록 최근에는 그것이 감리교의 독특한 교리라는 주장에 대한 부정이 목소리가 제기되고 있다.[227]

호레이스 부쉬넬이 자신의 "도덕적 영향" 이론에 부여한 최종적 형태[228]는 통치 이론들과 관련이 없다. 하지만 그것을 여기에서 언급해야 하는 이유는 그것이 통치 이론들과 같이 그리스도의 사역이 인간에게 주된 영향을, 하나님에게 부수적인 영향을 갖는다고 상정하기 때문이다.[229] 이 설명에서 부쉬넬은 그리스도의 사역이 그리스도가 자신을 인간과 진정으로 동일시하는 데 있었다고 묘사한다. 그 결과는 이중적이다. 한 편으로는 하나님의 사랑을 인간에게 드러내고 인간을 하나님 것으로 만드는 것이고, 다른 한 편으로는 그가 표현하듯이 인간에 대한 "대가를 치르는" 것이다. 그렇게 인간에 대한 하나님의 분노를 누그러뜨림으로써, 인간이 올 때 인간을 다시 받아들일 수 있도록 하나님의 마음을 준비시키는 것이다. 그 기저에 있는 생각은 우리가 우리를 상하게 한 사람을 위해 무엇을 할 때마다, 그리고 우리가 그것을 하도록 우리에게 뭔가를 원하는 만큼, 우리가 겪은 그 상함에 대한 본성적 분노(natural resentment)가 약화되고, 용서가 되었을 때 우리가 그 상함을 용서하는 준비가 된다. 이 이론을 통해서 자연스럽게 다음 종류로의 이행이 이루어진다.

다섯째, 그리스도의 사역이 일차적으로 하나님에게서 끝나고 이차적으로 인간에게서 끝난다고 이해하는 이론들이 있다.[230] 이 궁극적 입장이 공정하게 취급된다고 말할 수 있는 가장 낮은 형태는 의심할 여지없이 캠벨(Campbell)이 그의 놀랍도록 매력적인 방식으로 제시되는 것이다.[231] 그리고 최근 모벌리(Moberly)는 캠벨보다 더 매력적으로, 그리고 그의 설득력과 깊이와 풍부함을 훨씬 넘어서는 정도로 새롭게 주장했다.[232] 이 이론이 암시하는 바에 의하면 우리 주님은 연민을 갖고 우리의 상태가 되셨고 그래서 우리의 죄를 자신의 죄처럼 여기셨고, 그들의 죄를 하나님 앞에서 적절하게 회개할 수 있으셨다. 이것이 정의가 요구하는 속죄의 모든 것이다. 여기에서 "동정적 동일시"(sympathetic identification)는 대리 개념을 대체한다. "연대"는 인종의 연합을 대체하고, "회개"는 속죄를 대체한다. 그럼에도 불구하고 그 이론은 이미 열거된 사람들의 무게를 헤아릴 수 없이 능가한다. 그 이론은 그리스도를 실제적인 구원자로 보고, 그리스도가 실제적인 구원 사역을 수행한다고 보고, 하나님에게 직접적으로 영향을 미친다고 생각한다. 그러므로 그 이론의 불충분함[233]에도 불구하고, 그것은 매우 광범위하게 영향을 미쳤고, 그것의 전제로부터 멀리 떨어진 구조에서도 그 이론의 요소들이 발견되었다.

소위 속죄의 "중간 이론"은 그것의 중간적 위치로 인해서 명명되었다. 그것은 도덕적 영향 이론과 만족 교리 사이에 있기 때문이다. 그 이론은 18세기 말과 19세기 초에 자유주의 저술가들에게 매력을 끌었던 것으로 보인다. 희생제사를 왕의 선한 의지를 지키기 위해 고안된 선물로 보는 희생제가 개념에 근거하여 이 이론을 옹호하는 사람들은 그리스도의 사역이 그리스도의 죽기까지의 순종을 하나님에게 제공하는 것에 있다고 간주했고, 그것을 통해 하나님의 호의를 산다고 간주했으며, 하나님이 그리스도에게 보상으로 주신 자들에게 하나님과 같이 할 수 있는 권리를 얻었다고 간주했다. 이 이론 옆에 놓을 수 있는 것은 일반적인 항론파의 이론으로 '속죄 수락'(acceptilatio)[234]이라 불리는 것이다. 이 스코틀랜드 개념은 그리스도의 사역이 본질적으로 희생 제사(expiatory sacrifice)였음을 기꺼이 인정하지만, 그의 피가 "황소나 염소"의 피보다 더 나아서 하나님이 그것을 속죄로 수용한 이유가 되는 결함에 상응하는 본질적 가치를 지녔다는 것은 기꺼이 인정하지 않는다.[235] 그러한 이론들은 성경 교리의 제사 유형은 보존하면서, 그와 함께 그리스도의 사역의 주된 목적이 하나님에게 영향을 미치고 인간에 대한 하나님의 호의를 보장한다는 불가분적 함의를 보존하지만, 그러나 그리스도의 희생의 본질과 효과에 대한 성경적 교리에 너무 미치지 못하여 그것의 모방 정도에 미치게 한다.

워필드에 따르면 이 다섯 가지 속죄론들 중에서 주로 세 가지가 교회 역사에서 반복적으로 나타났다. 그것은 안셀름, 그로티우스, 아벨라르드의 이름으로 대변되었다. 안셀름의 만족 교리가 구성되자 동시대의 아벨라르드가 도덕적 영향 이론으로 반박했다. 500년 정도가 지나서 만족 교리와 도덕적 영향 이론의 중간적 형태인 그로티우스의 통치 이론이 등장했다.[236] 개괄적으로 말하자면 대체로 속죄론은 이 세 가지 형태 중에서 하나의 모습을 띠었다.[237]

▌2 속죄의 성경적 개념을 제시하다

죄인을 구원하시는 그리스도의 사역을 가리키기 위해서 "만족"(satisfaction)

이라는 용어를 오늘날 더 일반적인 용어인 "속죄"(atonement)로 바꾸는 것은 다소 유감스럽다.[238] "만족"이 좀 더 포괄적이고, 좀 더 의미심장하고, 좀 더 정확하고, 덜 모호한 용어이기 때문이다. "속죄"라는 단어는 영역 신약성경에서 한 차례(롬 5:11, A. V.)만 나타난다(하지만 R. V.에서는 한 차례도 나타나지 않는다). 그리고 이 경우 그것은 그 단어의 고대 의미(archaic sense)인 "화해"(reconciliation)를 의미한다. 그것은 헬라어 'katallagé'를 번역한 것이다. 하지만 영역 구약성경에서 그것은 꽤 자주 발견된다. 히브리어 'kipper'와 'kippurim'을 "달래기"(propitiation)와 "속죄물"(expiation)로 번역한 것으로 나타난다. 현재는 바로 이 후자의 의미로 사용되고, 그리스도의 사역에 적용된다. 따라서 그것은 그 본질상 속죄 제물(expiatory offering), 침해된 하나님을 달래는 것(propitiating), 하나님과 인간을 화해시키는 것(reconciling)을 의미한다.

신약성경 저자들은 속죄적 희생제사(piacular sacrifice)로서 죄 용서를 보장하는 그 사역의 유효성을 이 사역의 중심에 둔다.[239] 다시 말해서 죄 용서가 아니라면 "율법 위반의 저주에 수반되는 형벌적 결과들"을 그 수혜자들로부터 경감시킨다는 것이다. 주님 스스로도 자신의 사역에 담긴 이 측면에 집중하신다(마 20:28; 26:28). 그리고 그것은 신약성경의 모든 중요한 유형의 가르침에 내포되어 있다. 가령 히브리서 2장 17절, 베드로전서 3장 18절, 요한일서 2장 2절에 내포되어 있다. 뿐만 아니라 바울의 가르침들(롬 8:3; 고전 5:7; 엡 5:2)에도 내포되어 있다. 분명 그가 보기에 "그리스도의 희생제사에는 죄인 대신에 죄 없는 사람이 죽는다는 의미"가 있고, 그래서 그는 "대리(substitution)의 범주를 자유롭게 차용하여, 법률적 지위의 전가(imputation) 또는 전이(transference) 개념을 포함시킨다."[240]

신약성경 저자들은 이 관점을 중심으로 삼아 그리스도의 사역에 있는 구원의 효력(saving efficacy)이 그의 죽음, 보혈, 십자가(롬 3:25; 5:9; 고전 10:16; 엡 1:7; 2:13; 골 1:20; 히 9:12, 14; 벧전 1:2, 19; 요일 1:7; 5:6-8; 계 1:5)의 결과라고 보았다. 그리고 주님의 사역의 본성을 형성하는 몇 가지 이론들에서 그리스도의 죽으심에 주어지는 강력한 지지와 강조와 함께, 이것을 그들의 성서에 입각함에 대한 검증으로 여겨도 부당하지 않을 것이다. 그들이 보기에 그리스도께서 자신의 구속 사역의 범위 내에서 우리를 위해 하시는 다른 모든 것은 나무 위에서 자신의 육체로 우리의 죄를 감당하는 것을 조건으로 한다. 따라서 "구속에 관한 신약성경의 핵심 특징은 죄책으로부터의 구원이 먼저이고, 죄의 능력으로부터의 해방이 그 다음이다. 그리고 삶의 모든 질병을 제거하는 것이 최종적 결과이다."[241]

그리스도의 희생에 관한 성경적 교리가 완전히 인정을 받는 것은 다름 아닌 잘 확립된 교회의 만족 교리이다.[242] 그것에 따르면 우리 주님의 구속적 사역(redeeming work)은 그 핵심이 하나님에게 드려지는 참되고 완전한 희생 제사이다. 그것이 우리 죄책을 속죄하기 위한 충분한 본질적 가치를 지닌다는 것이다. 그리고 동시에 그것은 하나님의 율법의 요구들을 성취함에 있어서 하나님에게 드려지는 참되고 완전한 의라는 것이다. 둘 다 하나님의 백성들을 대신하여 드려지고, 하나님에 의해서 인정을 받으며, 그들의 이익을 낳는다. 그렇게 이 만족에 의해서 그들은 율법의 위반자라는 죄책의 저주로부터 단번에 해방되고, 생명의 조건으로서의 율법의 짐으로부터 해방된다. 그러한 종류의 사역을 통해서, 그리고 그러한 방식으로 수행하여, 인간의 마음이 하나님의 완벽한 의를 깊이 깨닫도록 하고, 하나님의 사랑에 관한 완전한 계시를 그들에게 제시한다. 그렇게, 이 하나의 분리할 수 없는 사역을 통해서, 하나님이 우리와 화해하고 우리는 성령의 깨닫게 하시는 영향 아래에서 하나님과 화해한다. 그렇게 화평이 이루어진다. 진노하신 하나님과 죄악 된 인간 사이에 외적 화평이 생겨나고, 하나님의 회복된 미소에 대한 인간 양심의 반응에서 내적 화평이 생겨난다. 이 교리는 정교회, 서방교회, 루터교회, 개혁교회의 모든 위대한 지류들의 신조적 선언에서 다소 충분하게 진술되었다. 이 교리는 지난 1,800년 동안 선도적인 교회의 박사들의 통찰과 능력에 의해서 다소 충분하게 해석되었다.

3   보편속죄를 반박하고 제한속죄를 지지하다

사실 워필드는 제한적 속죄론을 직접적으로 상세히 다루는 글을 쓰지 않았다.[243] 그럼에도 불구하고 이 주제를 다루는 글이 전혀 없는 것은 아니다. 그는 보편속죄를 반박하는 가운데 제한속죄에 대한 지지를 드러내기 때문이다. 재스펠은 워필드가 제한속죄를 어떻게 함의하는지 유추한다.[244]

첫째, 워필드에 따르면 제한속죄는 유신론적 초자연주의의 필연적 결과이다.[245] 워필드는 『구원의 계획』에서 유신론적 초자연주의가 제한속죄로 이어진다고 주장한다. 구원은 하나님의 역사이다. 하나님은 자신의 목적대로 모든 것을 행하신다. 그러므로 하나님은 자신의 목적대로 구원하신다. 이러한 하나님의 신적이고 초자연적인 구원은 하나님이 자신의 목적에 따라 사람의 마음에 직접 일으키시는 것으로서 자연스럽게 제한속죄로 향하게 된다.

둘째, 속죄의 성격 자체가 속죄의 범위를 한정한다.[246] 워필드는 그리스도의 십자가 죽음이 하나님을 실제로 만족하게 하고 죄를 속하는 대속제물이라는 점에서 속제 자체가 속죄의 범위를 한정한다고 보았다. 그리스도의 속죄의 효력은 잠정적이지 않고 실제적이다. 구원의 효력이 죄인의 응답에 있는 것이 아니라 그리스도가 실제로 역사 속에서 행하신 것에 있으므로, 우리 주변에 여전히 죄인이 있다는 경험적 사실이 그리스도의 속죄가 제한적임을 보여준다.

게리 슐츠(Gary Lee Shultz, Jr.)는 속죄의 범위를 다룬 비교적 최근의 논문에서 제한속죄를 주장하는 신학자들 범주에 워필드를 놓는다.[247] 슐츠에 따르면 워필드는 찰스 핫지, A. A. 핫지와 더불어 19-20세기에 제한속죄를 주장했던 대표적인 프린스턴 신학자였다.[248] 이들은 아우구스티누스와 칼뱅, 웨스트민스터 신앙고백서를 충실히 따르며 제한속죄를 주장한다. 그들은 속죄와 관련하여 형벌적 대리 속죄를 엄격하게 지지한다. 그리스도는 죄인을 대신하여 하나님의 율법의 요구를 "만족"시키셨다.[249] 제한속죄가 필수적인 이유는 성경이 그렇게 가르치기 때문이다. 또한 제한속죄는 은혜언약, 선택교리, 택자를 향한 하나님의 특별한 사랑, 속죄의 본성 등과도 일치한다.[250] 워필드는 전통적인 개혁파 입장이 제한속죄라고 보았고, 칼뱅주의 신학의 필수적인 부분이라고 생각했다.[251] 이 점을 워필드는 다음과 같이 상술한다.

> 칼뱅주의는 하나님의 구원 활동이 모든 경우에서 구원을 받은 개인들에게 직접적으로 향한다고 주장한다. 그 구원 과정에서 제한속죄는 칼뱅주의의 특징이 된다. 전체적으로 봤을 때 기독교의 특징이 초자연주의이고, 개신교의 특징이 복음주의인 것처럼, 칼뱅주의의 특징은 제한속죄이다. 따라서 칼뱅주의자가 온전하게 의식하여 지지하는 바에 의하면, 주님은 구원 활동에서 인류 전반을 다루시는 것이 아니라 실제로 구원을 받는 특정 개인들을 다루신다.[252]

이처럼 워필드는 하나님의 구원 활동이 선택을 받은 개인에게 향한다는 점에서 보편속죄보다는 제한속죄가 타당하다고 제시한다. 또한 칼뱅주의 신학의 대표적인 특징이 보편속죄가 아니라 제한속죄임을 명시하고, 주님의 구원 활동이 인류 전체가 아니라 실제로 구원을 받는 특정 개인임을 분명하게 지적한다는 사실을 확인할 수 있다.

1 Archibald Alexander Hodge, The Atonement (London: T. Nelson and Sons, 1868), 16.

2 Millard J. Erickson, "Evangelical Christology and Soteriology Today," Interpretation: A Journal of Bible and Theology 49/3 (1995): 255-66, 특히 255.

3 Alister E. McGrath, A Passion for Truth: The Intellectual Coherence of Evangelicalism, 『복음주의와 기독교적 지성』, 김선일 역 (서울: IVP, 2001), 29.

4 Wilber B. Wallis, "Benjamin B. Warfield, Didactic and Polemic Theologian," Presbyterion: Covenant Seminary Review 3 (1977): 90-91.

5 이에 대한 19세기의 개혁파적 입장을 좀 더 자세히 알려면 다음의 글을 참고하라. Benjamin B. Warfield, "Albrecht Ritschl and His Doctrine of Christian Perfection: Ritschl the Perfectionist," The Princeton Theological Review 18 (1920): 44-102; Geerhardus Vos, "Christian Faith and the Truthfulness of Bible History," Princeton Theological Review 4/3 (1906): 289-304; Herman Bavinck, "De Theologie van Albrecht Ritschl," Theologische Studiën 6 (1888): 369–403; James Orr, The Ritschlian Theology and the Evangelical Faith (London: Hodder and Stougton, 1897), 136-74. 참고로 필자는 존 볼트 (John Bolt)가 번역한 Bavinck, "The Theology of Albrecht Ritschl," The Bavinck Review 3 (2012): 123-63을 사용한다.

6 Vos, "Christian Faith and the Truthfulness of Bible History," 295.

7 Vos, "Christian Faith and the Truthfulness of Bible History," 297.

8 Warfield, "Ritschl the Perfectionist," 109.

9 Orr, The Ritschlian Theology and the Evangelical Faith, 50, 62.

10 Bavinck, "The Theology of Albrecht Ritschl," 156.

11 Barth, Protestant Thought, 397.

12 Orr, The Ritschlian Theology and the Evangelical Faith, 7, 77, 127.

13 William D. Livingstone, "The Princeton Apologetic as Exemplified by the Work of B. B. Warfield and Gresham Machen: A Study in American Theology 1880-1930," (Ph.D. diss., Yale University, 1948), 79.

14 Benjamin B. Warfield, "The Twentieth-Century Christ," in The Works of Benjamin B. Warfield, 10 vols. (1927; Reprint, Grand Rapids, MI: Baker Books, 2003), 3:371. 이후부터는 글의 제목과 함께 Works로 표기한다.

15 Friedrich Loofs, What is the Truth About Jesus Christ? Problems of Christology

Discussed in Six Haskell Lectures at Oberlin, Ohio (New York: Charles Scribner's Sons, 1913), 202-3.

16　Warfield, "The Twentieth-Century Christ," Works, 3:372.

17　Warfield, "The Twentieth-Century Christ," Works, 3:372-4.

18　김성욱에 따르면 하르낙은 "리츨의 영향을 가장 많이" 받았고 그의 "신학적 전제나 역사이해에서 리츨의 입장이 가장 분명하게" 나타난다. 김성욱, 『리츨의 신학적 고민』, 20, 22를 보라. 또한 이러한 이유로 김성욱은 『리츨의 신학적 고민』에서 리츨의 신학과 하르낙의 신학을 함께 다룬다. 하르낙의 신학에 대한 분석을 좀 더 자세히 보려면, 김성욱, 『리츨의 신학적 고민』, 98-214를 보라.

19　Warfield, "The Latest Phase of Historical Rationalism," Works, 10:593-4.

20　리츨과 부쉬넬 사이의 관련성에 대한 좀 더 자세한 입증을 보려면 George B. Stevens, "Horace Bushnell and Albrecht Ritschl: A Comparison," The American Journal of Theology 6 (1902): 35-56을 참고하라.

21　리츨주의 신학과 사회복음 사이의 연관성을 보려면 Charles H. Hopkins, The Rise of the Social Gospel in American Protestantism, 1865-1912 (New Haven: Yale University Press, 1940), 제3장을 보라.

22　Stevens, "Horace Bushnell and Albrecht Ritschl," 35.

23　Stevens, "Horace Bushnell and Albrecht Ritschl," 49, 50.

24　Stevens, "Horace Bushnell and Albrecht Ritschl," 50.

25　Stevens, "Horace Bushnell and Albrecht Ritschl," 51, 53.

26　Livingstone, "A Study in American Theology 1880-1930," 297-299.

27　Stevens, "Horace Bushnell and Albrecht Ritschl," 53.

28　Stevens, "Horace Bushnell and Albrecht Ritschl," 50.

29　Stevens, "Horace Bushnell and Albrecht Ritschl," 50.

30　Gary J. Dorrien, Soul in Society: The Making and Renewal of Social Christianity (Minneapolis, MN: Fortress Press, 1955), 22.

31　William Adams Brown, "Changes in Theological Thought during the Last Generation," Methodist Quarterly Review 60 (1911): 44.

32　Warfield, "The Twentieth-Century Christ," Works, 3:379.

33 William Sanday, Christologies: Ancient and Modern (Oxford: Clarendon Press, 1910), 155.

34 Sanday, Christologies, 156.

35 Sanday, Christologies, 159.

36 Sanday, Christologies, 165-6.

37 Warfield, "The Twentieth-Century Christ," Works, 3:379.

38 Warfield, "The Twentieth-Century Christ," Works, 3:380.

39 Warfield, "The Twentieth-Century Christ," Works, 3:387.

40 Warfield, "The Twentieth-Century Christ," Works, 3:387.

41 Warfield, "The Twentieth-Century Christ," Works, 3:387.

42 Warfield, "The Twentieth-Century Christ," Works, 3:386.

43 Warfield, "The Two Natures and Recent Christological Speculation," Works, 3:263.

44 Warfield, "The Twentieth-Century Christ," Works, 3:388.

45 Warfield, "The Twentieth-Century Christ," Works, 3:375.

46 Benjamin B. Warfield, "Late Discussions of Kenosis," Presbyterian and Reformed Review 10/40 (1899): 700-26. 참고로 이 글은 서평 형식을 띠고 있다.

47 Harold F. Carl, "Found in Human Form: The Maintenance and Defense of Orthodox Christology by 19th Century American Reformed Theologians" (Ph.D. diss., Westminster Theological Seminary, 1992), 115.

48 Robert L. Ottley, The Doctrine of the Incarnation, 2 vols. (London: Methuen & Co., 1896), 2:302-3, 2:288.

49 Ottley, The Doctrine of the Incarnation, 2:289, 291-2.

50 Arthur J. Mason, The Conditions of Our Lord's Life on Earth (New York: Longmans, Green, & Co., 1896), 116.

51 Mason, The Conditions of Our Lord's Life on Earth, 129-30.

52 Thomas Adamson, Studies of the Mind in Christ (Edinburgh: T. & T. Clark, 1898), 64, 75, 160.

53 Adamson, Studies of the Mind in Christ, 163.

54 Adamson, Studies of the Mind in Christ, 19, 67, 219.

55 Adamson, Studies of the Mind in Christ, 164-5, 211.

56 Carl, "The Maintenance and Defense of Orthodox Christology by 19th Century American Reformed Theologians," 273.

57 Warfield, "Late Discussions of Kenosis," 723-4.

58 Warfield, "Late Discussions of Kenosis," 724.

59 Warfield, "Late Discussions of Kenosis," 725.

60 Livingstone, "A Study in American Theology 1880-1930," 156.

61 Auguste Sabatier, The Vitality of Christian Dogmas, trans. E. Christen (London: Adam & Charles Black, 1896), 31.

62 Donald M. Borchert, Encyclopedia of Philosophy, 10 vols., 2nd ed. (Farmington Hills: Thomson Gale, 2006), 8:587.

63 Auguste Sabatier, Religions of Authority and the Religion of the Spirit, trans. Louise S. Houghton (New York: McClure, Phillips & Co., 1904), 157.

64 Sabatier, Religions of Authority and the Religion of the Spirit, 274.

65 Livingstone, "A Study in American Theology 1880-1930," 288.

66 Auguste Sabatier, The Doctrine of the Atonement and Its Historical Evolution, and Religion and Modern Culture, trans. Victor Leuliette (New York: G. P. Putnam's Sons, 1904).

67 Warfield, Critical Reviews, 106.

68 Warfield, Critical Reviews, 106.

69 Sabatier, The Doctrine of the Atonement, 169.

70 Sabatier, The Doctrine of the Atonement, 221-2.

71 Warfield, Critical Reviews, 107-8.

72 Warfield, Critical Reviews, 109.

73 Sabatier, The Doctrine of the Atonement, 123.

74 Sabatier, The Doctrine of the Atonement, 120.

75 Sabatier, The Doctrine of the Atonement, 126.

76 Sabatier, The Doctrine of the Atonement, 124-7.

77 Warfield, Critical Reviews, 110.

78 Sabatier, The Doctrine of the Atonement, 110.

79 Sabatier, The Doctrine of the Atonement, 127.

80 Sabatier, The Doctrine of the Atonement, 127.

81 Sabatier, The Doctrine of the Atonement, 133.

82 Sabatier, The Doctrine of the Atonement, 134.

83 Caspar Wistar Hodge, "Dr. Denney and the Doctrine of the Atonement," The Princeton Theological Review 16/4 (1918): 623-41.

84 Hodge, "Dr. Denney and the Doctrine of the Atonement," 623-4.

85 James Denney, The Atonement and the Modern Mind (New York: A. C. Armstrong & Son, 1903).

86 Hodge, "Dr. Denney and the Doctrine of the Atonement," 624.

87 Hodge, "Dr. Denney and the Doctrine of the Atonement," 624.

88 David A. S. Fergusson, "Reformed Theology in the British Isles," in The Cambridge Companion to Reformed Theology, ed. Paul T. Nimmo and David A. S. Fergusson (Cambridge: Cambridge University Press, 2016), 253.

89 Warfield, Critical Reviews, 102.

90 Warfield, Critical Reviews, 102.

91 Denney, The Atonement and the Modern Mind, 20.

92 Denney, The Atonement and the Modern Mind, 22.

93 Denney, The Atonement and the Modern Mind, 22.

94 Warfield, Critical Reviews, 104.

95 Hodge, "Dr. Denney and the Doctrine of the Atonement," 635.

96 Denney, The Atonement and the Modern Mind, 112-3.

97 Warfield, Critical Reviews, 104.

98 Warfield, Critical Reviews, 105.

99 Warfield, Critical Reviews, 266.

100 Warfield, Critical Reviews, 267.

101 Warfield, Critical Reviews, 273.

102 Johannes Weiss, Christus, die Anfänge des Dogmas (Tübingen: J.C.B. Mohr, 1909).

103 Weiss, Christus, 3.

104 Warfield, Critical Reviews, 268.

105 Warfield, Critical Reviews, 268.

106 Weiss, Christus, 87-8.

107 Warfield, Critical Reviews, 277.

108 Warfield, Critical Reviews, 278.

109 Warfield, Critical Reviews, 278.

110 Benjamin B. Warfield, "The Divine Messiah in the Old Testament," in The Works of Benjamin B. Warfield, 10 vols. (1932; repr., Grand Rapids, MI: Baker Books, 2003), 3:3. 이 글은 최초에 The Princeton Theological Review 14 (1916): 379-416에 게재되었다. 이 후부터 워필드의 전집을 인용하는 경우 논문의 제목과 권수만 밝힌다.

111 Warfield, "The Divine Messiah in the Old Testament," Works, 3:4.

112 Warfield, "The Divine Messiah in the Old Testament," Works, 3:5.

113 Warfield, "The Divine Messiah in the Old Testament," Works, 3:4.

114 Warfield, "The Divine Messiah in the Old Testament," Works, 3:6.

115 "하나님이여 주의 보좌는 영원하며"(시 45:6).

116 Zaspel, 『워필드 신학』, 337.

117 Warfield, "The Divine Messiah in the Old Testament," Works, 3:13.

118 Warfield, "The Divine Messiah in the Old Testament," Works, 3:17.

119 Zaspel, 『워필드 신학』, 337.

120 Warfield, "The Person of Christ," Works, 2:175.

121 Warfield, "The Divine Messiah in the Old Testament," Works, 3:20.

122 Ernst Sellin, Der alttestamentliche Prophetismus: drei Studien (Leipzig, 1912), 175. Warfield, "The Divine Messiah in the Old Testament," Works, 3:20에서 재인용.

123 Sellin, Prophetismus, 172-3.

124 Warfield, "The Divine Messiah in the Old Testament," Works, 3:21.

125 Warfield, "The Divine Messiah in the Old Testament," Works, 3:22.

126 워필드 기독론의 개혁파적이고 칼뱅주의적인 특징은 이 장의 뒷부분에서 좀 더 자세하게 논의할 것이다.

127 Benjamin B. Warfield, Calvin and Calvinism, 『칼뱅』, 이경직·김상엽 역(서울: 새물결플러스, 2015), 283.

128 John Calvin, Institutes of the Christian Religion, trans. Henry Beveridge (Massachusetts: Hendrickson Publishers, 2008), I.xiii.7. 직접 인용의 경우 필자가 이 영역본에서 번역하여 가져온 것임을 밝힌다.

129 Calvin, Institutes, I.xiii.8.

130 Calvin, Institutes, I.xiii.9.

131 Calvin, Institutes, I.xiii.10.

132 Zaspel, 『워필드 신학』, 345.

133 Warfield, "The Person of Christ," Works, 2:189.

134 Warfield, "The Person of Christ," Works, 2:189.

135 Benjamin B. Warfield, "The Two Natures and Recent Christological Speculation," in The Works of Benjamin B. Warfield, 10 vols. (1932; repr., Grand Rapids, MI: Baker Books, 2003), 3:26. 이 글은 최초에 The American Journal of Theology 15 (1911): 337-361, 546-68에 실렸다.

136 Warfield, "The Two Natures and Recent Christological Speculation," Works, 3:266.

137 Warfield, "The Two Natures and Recent Christological Speculation," Works, 3:266.

138 "그는 만물 위에 계셔서 세세에 찬양을 받으실 하나님이시니라 아멘"(ὁ ὢν ἐπὶ πάντων θεὸς εὐλογητὸς εἰς τοὺς αἰῶνας, ἀμήν).

139 Warfield, "The Two Natures and Recent Christological Speculation," Works, 3:267.

140 Johannes Weiss, Christus die anfänge des dogmas (Tübingen: Mohr, 1909), 29. Warfield, "The Two Natures and Recent Christological Speculation," Works, 3:267에 서 재인용.

141 Warfield, "The Two Natures and Recent Christological Speculation," Works, 3:268.

142 Warfield, "The Two Natures and Recent Christological Speculation," Works, 3:272.

143 Warfield, "The Two Natures and Recent Christological Speculation," Works, 3:272-3.

144 "그러나 우리에게는 한 하나님 곧 아버지가 계시니 만물이 그에게서 났고 우리도 그를 위하여 있고 또한 한 주 예수 그리스도께서 계시니 만물이 그로 말미암고 우리도 그로 말미암아 있느 니라"(ἀλλ᾽ ἡμῖν εἷς θεὸς ὁ πατήρ, ἐξ οὗ τὰ πάντα, καὶ ἡμεῖς εἰς αὐτόν· καὶ εἷς κύριος Ἰησοῦς Χριστός, δι᾽ οὗ τὰ πάντα, καὶ ἡμεῖς δι᾽ αὐτοῦ).

145 Weiss, Christus, 26.

146 Warfield, "The Two Natures and Recent Christological Speculation," Works, 3:277.

147 Warfield, "The Two Natures and Recent Christological Speculation," Works, 3:277.

148 Warfield, "The Two Natures and Recent Christological Speculation," Works, 3:261.

149 Melito, Fragment VI, in Otto, Corp. Apol., 9:418;

150 Warfield, "The Two Natures and Recent Christological Speculation," Works, 3:262.

151 Warfield, "The Two Natures and Recent Christological Speculation," Works, 3:262.

152 Warfield, "The Two Natures and Recent Christological Speculation," Works, 3:264.

153 Warfield, "The Two Natures and Recent Christological Speculation," Works, 3:265.

154 Warfield, "The Two Natures and Recent Christological Speculation," Works, 3:265.

155 Schaff, The Creeds of Christendom, 1:30.

156 Schaff, The Creeds of Christendom, 1:30.

157 Schaff, The Creeds of Christendom, 1:31.

158 Schaff, The Creeds of Christendom, 1:31.

159 Schaff, The Creeds of Christendom, 1:31.

160 Schaff, The Creeds of Christendom, 1:32.

161 Schaff, The Creeds of Christendom, 1:32. 샤프는 두 용어를 좀 더 자세히 설명한다. '비인격적'이라는 용어는 그 자체로 인격을 가지고 있지 않다는 것이고, '내인격적'이라는 용어는 다른 인격 안에 존재하거나 다른 인격을 취한다는 의미이다.

162 Schaff, The Creeds of Christendom, 1:32-3.

163 Zaspel, The Theology of B. B. Warfield, 214.

164 Mark S. G. Nestlehutt, "Chalcedonian Christology: Modern Criticism and Contemporary Ecumenism," Journal of Ecumenical Studies 35/2 (1998): 175-96, 특히 196.

165 Nestlehutt, "Chalcedonian Christology," 176.

166 Nestlehutt, "Chalcedonian Christology," 176.

167 Albert Schweitzer, The Quest of the Historical Jesus: A Critical Study of Its Progress from Reimarus to Wrede, trans. William Montgomery (London: A. and C. Black, 1910), 3.

168 Erickson, "Evangelical Christology and Soteriology Today," 255.

169 David F. Wells, The Person of Christ: A Biblical and Historical Analysis of the Incarnation, 『기독론』, 이승구 역 (서울: 부흥과개혁사, 2015), 234.

170 Warfield, "The Two Natures and Recent Christological Speculation," Works, 3:263-4.

171 Warfield, "The Two Natures and Recent Christological Speculation," Works, 3:264-5.

172 Millard J. Erickson, Concise Dictionary of Christian Theology (Baker Book House, 1986), 28.

173 이승구, "워필드 신학의 개혁신학적 특성", 92.

174 이승구, "워필드 신학의 개혁신학적 특성", 87. 물론 이승구는 워필드 구원론의 개혁파적 특성을 논한다. 필자가 보기에 속죄론은 기독론과 구원론 모두에서 다룰 수 있는 주제이다. 재스펠은 기독론을 그리스도의 인격과 사역으로 구분하여 다루며 속죄론을 기독론에서 다룬다. 윌리엄 쉐드(William G. T. Shedd, 1820-1894)는 『교의신학』(Dogmatic Theology)에서 기독론에서 그리스도의 인격을, 구원론에서 그리스도의 직분과 속죄 등을 다룬다. 존 프레임(John Frame)은 『조직신학』(Systematic Theology)에서 구원론을 다른 주제들에 통합시켜 다루면서 기독론에서 속죄를 다룬다. 필자는 워필드의 기독론을 좀 더 폭넓게 다루고자 속죄를 기독론으로 분류하여 다루고자 한다.

175 Benjamin B. Warfield, Calvin and Calvinism, 『칼뱅』, 이경직·김상엽 역 (서울: 새물결플러스, 2015), 51.

176 Warfield, 『칼뱅』, 357.

177 Warfield, 『칼뱅』, 375.

178 Warfield, 『칼뱅』, 376.

179 Warfield, 『칼뱅』, 378.

180 Warfield, 『칼뱅』, 384.

181 Warfield, 『칼뱅』, 374.

182 Richard A. Muller, Post-Reformation Reformed Dogmatics: The Rise and Development of Reformed Orthodoxy, ca. 1520 to ca. 1725, 4 vols., 2nd ed. (Grand Rapids: Baker Academics, 2003), 3:28.

183 Muller, Post-Reformation Reformed Dogmatics, 3:28.

184 Zaspel, 『워필드 신학』, 895.

185 워필드는 칼뱅의 삼위일체 논쟁을 니케아 신조의 표현에 담긴 종속설의 위험성을 중심으로 살펴본다. 칼뱅을 비판했던 일부 신학자들이 성자의 발생과 성령의 발출 교리를 성부에 대한 성자와 성령의 종속설로 해석했다. 이러한 이해는 니케아 신조를 작성했던 교부들의 의도와는 다른 것이었다. 결과적으로 칼뱅의 삼위일체 논쟁은 니케아 신조를 잘못 이해한 사람들에 대하여 성자와 성령이 성부와 동일하게 "자존하시는 하나님"임을 입증하는 것을 향했다. 이에 대한 자세한 논의는 Warfield, 『칼뱅』, 239-354를 보라. 원문은 "Calvin's Doctrine of the Trinity," The Princeton Theological Review 7 (1909): 553-652를 참조하라. 필자는 여기에서 성자의 신성과 관련한 부분만을 가져올 것이다.

186 Warfield, 『칼뱅』, 341.

187 Warfield, 『칼뱅』, 290.

188 Warfield, 『칼뱅』, 296.

189 Warfield, 『칼뱅』, 294.

190 이탈리아 인문주의자이자 반삼위일체론자인 죠반니 발렌티노 젠틸레(Giovanni Valentino Gentile, 1520-1566)의 라틴어식 이름이다. 1558년 5월 18일, 칼뱅이 제네바의 이탈리아 망명자들에게 삼위일체적 진술에 동의할 것을 요구하자, 제네바에 망명해 있던 젠틸리스는 이 요구에 응하지 않았다. 이 무렵 제네바의 이탈리아 망명자들은 성부에 대한 성자의 종속설적인 견해를 가지고 있었다.

191 John Calvin, "Expositio impietatis Valentini Gentilis," in Joannis Calvini Opera quae Supersunt Omnia, eds. Wilhelm Baum, Edward Cunitz and Edward Reuss (Brunswick: Schwetschke and Sons, 1863-1900), IX.374, 380. (이후부터는 Calvini Opera로 표기.)

192 Gijsbert van den Brink, "Calvin and the Early Christian Doctrine of the Trinity," in Restoration Through Redemption: John Calvin Revisited, ed. Henk van den Belt (Leiden: Brill, 2013), 21.

193 Brink, "Calvin and the Early Christian Doctrine of the Trinity," 20.

194 Warfield, 『칼뱅』, 291-2, 302.

195 Calvin, Institutes, I.xiii.23.

196 Calvini Opera, II.110: "여호와라는 이름은 이처럼 여러 곳에서 그리스도에게 적용되고 있으므로, 이것은 그의 자존성과 관련이 있다"(nam quum ubique ponatur nomen Iehovae, sequitur respectu ex se ipso esse).

197 Warfield, 『칼뱅』, 292.

198 Warfield, 『칼뱅』, 301.

199 Warfield, 『칼뱅』, 342.

200 Theodore Beza, "Axiomat. de trinitate," Axiom 14. Warfield, 『칼뱅』, 343에서 재인용.

201 Josias Simmler, Epist. ad Polon.; Lib. de Filio Dei. Warfield, 『칼뱅』, 343에서 재인용.

202 전체 목록을 확인하려면 Gisbertus Voetius, Selectae Disputationes Theologicae, 5 vols. (1648-1669), 1:460을 보라.

203 Heinrich Heppe, Die Dogmatik der evangelisch-reformierten Kirche (Elberfeld: Friderichs, 1861), 84.

204 Warfield, 『칼뱅』, 311.

205 Charles Hodge, Systematic Theology, 3 vols. (New York: Charles Scribner and Company, 1871-1873), 1:466-7.

206 Warfield, 『칼뱅』, 353-4.

207 Samuel Macauley Jackson, ed., The New Schaff–Herzog Encyclopedia of Religious Knowledge, 13 vols. (New York: Funk and Wagnalls Company, 1908), 1:349-56, 특히 351. 워필드의 전집에서 확인하려면 Benjamin B. Warfield, "Atonement," in The Works of Benjamin B. Warfield, 10 vols. (1927; repr., Grand Rapids, MI: Baker Books, 2003),

9:261-80을 보라.

208   이경직은 속죄론을 객관적 속죄론과 주관적 속죄론으로 구분한다. 객관적 속죄론에는 칼뱅의 형벌대리 속죄론을 다양하게 수정하고 발전시킨 튜레틴(Francis Turretin)과 웨슬리(John Wesley), 핫지(Charles Hodge), 바르트(Karl Barth)가 있고, 그로티우스의 통치설을 기반으로 하는 존 마일리(John Miley), 캠벨(John McLeod Campbell)이 있으며, 승리자 그리스도 이론을 주장하는 구스타프 아울렌(Gustaf Aulen)과 르네 지라르(Rene Girard) 등이 있다. 주관적 속죄론을 주장하는 진영에는 소치니(F. Sozzini), 슐라이어마허, 리츨, 부쉬넬 등이 속한다. 이에 대한 좀 더 자세한 논의를 보려면 이경직, "개혁주의생명신학의 속죄론 연구," (박사학위논문, 백석대학교 기독교전문대학원, 2011), 13-7.

209   Warfield, "Atonement," Works, 9:267.

210   가령 이레나이우스(Irenaeus), 히폴리투스(Hippolytus), 알렉산드리아의 클레멘트(Clement of Alexandria), 오리겐(Origen), 바실(Basil), 두 명의 그레고리(the two Gregories), 알렉산드리아의 시릴(Cyril of Alexandria) 등으로부터 다마스커스의 요한(John of Damascus), 메토네의 니콜라스(Nicholas of Methone)에 이른다. 또한 힐라리(Hilary), 루피누스(Rufinus), 제롬(Jerome), 아우구스티누스(Augustine), 레오 대제(Leo the Great), 심지어 베르나르드(Bernard)에까지 이른다.

211   Warfield, "Atonement," Works, 9:267-69.

212   John Williamson Nevin, The Mystical Presence: A Vindication of the Reformed or Calvinistic Doctrine of the Holy Eucharist (Philadelphia: J. B. Lippincott & Co., 1846).

213   Warfield, "Atonement," Works, 9:269-73.

214   Warfield, "Atonement," Works, 9:266, 271.

215   Auguste Sabatier, The Doctrine of the Atonement and Its Historical Evolution, trans. Victor Leuliette (London: Williams & Norgate, 1904), 127.

216   Samuel Taylor Coleridge, Aids to Reflection (London: Printed for Taylor and Hessey, 1825).

217   John Young, The Life and Light of Men (London: Alexander Strahan, 1866).

218   Bushnell, Vicarious Sacrifice, § 7.

219   William Newton Clarke, An Outline of Christian Theology (New York: Charles Scribner's Sons, 1898), 340-68.

220   Warfield, "Atonement," Works, 9:273-76.

221 Hugo Grotius, Defensio fidei catholicae de satisfactione Christi (Leyden, 1617. Oxford, 1856). 영어판으로는 F. H. Foster가 서문을 달아 Andover에서 1889년에 출간되었다.

222 Warfield, "Atonement," Works, 9:275.

223 Edwards Amasa Park, The Atonement: Discourses and Treatises by Edwards, Smalley, Maxcy, Emmons, Griffin, Burge, and Weeks (Boston: Congregational Board of Publication, 1859). 또한, Daniel T. Fisk, "The Necessity of the Atonement," Bibliotheca Sacra 18/70 (1861): 284-323; N. S. S. Beman, Four Sermons on the Doctrine of the Atonement (Troy: W. S. Parker, 1825); Christ, the only Sacrifice: or the Atonement in its Relations to God and Man (New York: Mark H. Newman, 1844); N. W. Taylor, Lectures on the Moral Government of God (New York: Clark, Austin & Smith, Ann Arbor, 1859); Albert Barnes, The Atonement, in its Relations to Law and Moral Government (Philadelphia: Parry & McMillan, 1859); Frank H. Foster, Christian Life and Theology (New York: Fleming H. Revell Co., 1900); Lewis F. Stearns, Present Day Theology (New York: C. Scribner's Sons, 1893) 등을 참고하라.

224 W. B. Pope, Compendium of Christian Theology (London: Wesleyan Conference Office, 1875); Marshall Randles, Substitution: a Treatise on the Atonement (London: J. Grose Thomas, 1877); T. O. Summers, Systematic Theology, 2 vols. (Nashville, Tenn.: Publ. House of the Methodist Episcopal Church, 1888); J. J. Tigert, "The Methodist Doctrine of Atonement," Methodist Quarterly Review 66 (1884): 278-300.

225 예를 들어, Joseph Agar Beet, "The Doctrine of the Atonement in the New Testament," The Expositor 6 (1892): 27-34; J. A. Beet, Through Christ to God (London: Hodder & Stoughton, 1893).

226 John Miley, The Atonement in Christ (New York: Phillips & Hunt, 1879); John Miley, Systematic Theology (New York: Hunt & Eaton, 1894), 65-240.

227 Henry C. Sheldon, "Changes in Theology among American Methodists," The American Journal of Theology 10 (1906): 31-52, 특히 41-2.

228 Horace Bushnell, Forgiveness and Law (London: Hodder & Stoughton, 1874).

229 Warfield, "Atonement," Works, 9:276.

230 Warfield, "Atonement," Works, 9:276-8.

231 John McLeod Campbell, The Nature of the Atonement and its Relation to Remission of Sins and Eternal Life (London: Macmillan, 1856). 제4판은 1873년에 출간되었다.

232 Robert C. Moberly, Atonement and Personality (London: J. Murray, 1901).

233 이로 인해서 에드워즈 팍이나 알렉산더 브루스는 경멸의 눈초리로 그것을 말했다. A. B. Bruce, The Humiliation of Christ (Edinburgh: T. & T. Clark, 1895), 317-8을 보라.

234 그리스도의 희생 제물을 하나님이 받아들이심으로 속죄의 효력이 발생한다는 스코틀랜드 신학자들의 개념으로 고대 로마 법률 용어에서 왔다.

235 이 이론을 상술한 것을 보려면 Limborch, Theologia Christiana, 4th ed. (Amsterdam, 1715), § § 18-23.

236 Warfield, "Modern Theories of the Atonement," Works, 9:284-5.

237 Warfield, "Modern Theories of the Atonement," Works, 9:285.

238 Warfield, "Atonement," Works, 9:261.

239 Warfield, "Atonement," Works, 9:262.

240 W. P. Paterson, "Sacrifice," in James Hastings, ed., A Dictionary of the Bible, 5 vols. (New York: Charles Scribner's Sons, 1911), 4:329-349, 특히 343-5.

241 O. Kirn, "Erlösung," in Hauck-Herzog, Realencyklopadie, 5:464. 또한 "Redemption"을 보라.

242 Warfield, "Atonement," Works, 9:278.

243 Zaspel, 『워필드 신학』, 497.

244 Zaspel, 『워필드 신학』, 498-501.

245 Zaspel, 『워필드 신학』, 498.

246 Zaspel, 『워필드 신학』, 499.

247 Gary Lee Shultz, Jr., "A Biblical and Theological Defense of a Multi-Intentioned View of the Extent of the Atonement" (Ph.D. diss., The Southern Baptist Theological Seminary, 2008), 85-6.

248 sBenjamin B. Warfield, The Person and Work of Christ, ed. Samuel G. Craig (Phillipsburg, NJ: Presbyterian and Reformed, 1950), 325-530; The Plan of Salvation (Eugene, OR: Wipf and Stock, 2000), 89-106.

249 Warfield, The Person and Work of Christ, 325-530.

250 Shultz, "The Extent of the Atonement," 86.

251 Warfield, The Plan of Salvation, 89.

252 Warfield, The Plan of Salvation, 89.

제4장

개혁주의생명신학적 적용

Reformed Life
Theological Application

지금까지 우리는 벤자민 워필드의 인식론과 성경론, 기독론을 살펴보았다. 아무래도 필자가 지난 10년 동안 연구했던 결과물들을 중심으로 구성하다 보니 일부 주제가 충분히 다루어지지 않았다는 아쉬움이 있다. 워필드의 인식론과 성경론의 경우 어느 정도 충분히 다루었다는 생각이 든다. 하지만 기독론의 경우 더 연구해야 할 부분이 남아 있고, 구원론과 교회론, 종말론 연구는 이제 새롭게 시작해야 할 필요성이 보인다. 아쉬움을 뒤로한 채 앞으로의 연구 방향에 대해 스스로 다짐해 본다.

그렇다면 우리가 지금까지 살펴본 워필드의 신학은 우리에게 어떤 의미일까? 19세기 미국의 대표적인 정통주의 신학자 워필드가 오늘날 한국교회에 던지는 신학적 함의는 무엇일까? 필자는 워필드의 신학이 우리에게 주는 신학적 교훈을 두 단어로 요약할 수 있다고 생각한다. 그것은 "정통"과 "변증"이다. 워필드는 초대교회와 교부들, 칼뱅으로부터 이어지는 정통 개혁신학을 19세기 미국이라는 맥락에서 변증하고자 힘썼다. 워필드의 신학 내용 자체에 대해서는 갑론을박이 있을 수 있겠지만 "정통"과 "변증"이라는 핵심 원칙에 대해서는 개혁신학자 모두가 동의하리라 생각한다.

워필드는 계몽주의와 상식철학이 크게 확산되자 칼뱅의 인식론을 통해 특별계시의 실재성과 가능성을 변증했다. 합리주의와 신비주의, 리츨주의로 인해 성경 권위가 도전받자 교회와 사도와 교부와 종교개혁자들의 성경론을 통해 성경의 권위를 변증했다. 예수 그리스도의 신성을 부정하려는 일련의 도전에 대해서는 구약과 신약, 교부, 칼케돈 신조의 기독론을 통해 그리스도의 신성과 인성을 변증했다. 워필드의 "정통"과 "변증"이라는 핵심 원칙은 오늘날 우리에게도 여전히 유효하고 중요한 신학 원리임에 틀림없다.

필자는 오늘날 개혁주의생명신학이 "정통"과 "변증"이라는 신학적 원리를 어떻게 계승하고 있는지 살펴볼 것이다. 특별히 포스트모더니즘이라는 21세기 맥락에서 정통과 변증이라는 신학적 원리가 개혁주의생명신학의 "정경-실천적 접근법"으로 구현되고 있음을 설명할 것이다.

새로운 신학 모델의
필요성

  우리의 믿음 체계는 고정되고 얼어붙은 체계인가, 아니면 시의적절하게 변화되어야 하는 체계인가? 이 질문에 대해 앤터니 티슬턴(Anthony Thiselton, 1937-2023)은 우리에게 중요한 통찰을 준다. 티슬턴의 말을 빌리자면 "우리의 믿음 체계가 오랜 세월이 흘렀어도 늘 똑같은 상태를 유지해 왔다면 뭔가 문제가 있는 것이다."[1] 그러므로 신학은 시대와 상황을 고려하여 시의적절하게 표현되어야 한다.

  우리는 포스트모더니즘 시대를 지나고 있다. 포스트모더니즘 시대에 적절한 신학 모델이 필요하다. 필자는 몇 가지 신학적 접근법을 비판적으로 고찰하면서 오늘날 한국교회에 필요한 신학적 접근법은 어떤 특성을 지녀야 하는지 고민해보고자 한다. 먼저 조지 린드벡(George Lindbeck), 케빈 밴후저(Kevin Vanhoozer)의 신학적 접근법을 살펴보면서 포스트모더니즘 시대에 새롭게 제시된 두 가지 신학 모델의 의의와 한계를 고찰하고, 개혁주의생명신학이 담지하고 있는 신학적 접근법이 오늘날 한국 교회에 왜 필요한지 제안할 것이다.

1 포스트모더니즘이 권위보다 공동체의 실천을 강조하다

포스트모더니즘 사회의 가장 분명한 특징을 고르라면 모더니즘이 추구했던 단일하고 통합적이고 보편적인 체계를 거부하고, 차이점과 다양성을 강조한 다는 점이다.[2] 포스트모더니즘의 이러한 특징은 모더니즘으로부터 "다른 어떤 것을 향한 전환"이라고 표현되기도 한다.[3] 모더니즘 시대에 추구했던 보편성이나 절대성, 토대, 권위 등을 더 이상 추구하지 않는다. 포스트모더니즘의 특징은 다양하게 규정될 수 있을 것이다. 하지만 다음과 같은 진술에서 포스트모더니즘의 특징을 간략하면서도 정확하게 찾아볼 수 있다.

> 포스트모던 철학에서 세 가지의 중요하면서도 서로 관련된 경향들을 지목하는데, 즉 인 동체에 대한 집중이다.[4]

이 책의 목적과 관련하여 이 진술에는 포스트모더니즘의 세 가지 특징이 내포되어 있다.

첫째, 포스트모더니즘은 "토대주의"를 멀리한다.[5] 모더니즘 시대의 보수주의 신학, 자유주의 신학, 근본주의 신학은 모두 토대주의에 기초하고 있는 "형제들"이다. 따라서 포스트모더니즘의 신학은 모더니즘의 토대주의적 특성에 반대한다.

둘째, 특정 공동체의 전체론적 인식과 그 정합성이 중요하다. 모든 이에게 권위를 갖는 인식의 토대가 아니라 특정 공동체 전체의 인식과 그 정합성, 통일성 등이 더 중요하게 여겨진다.

셋째, 교회와 교회의 기독교적 실천이 중요해진다. 교회와 실천의 문제를 강조하는 것이 우리에게 유익한 일이나, 문제는 교회 공동체의 인식이나 언어, 행함이 성경 권위보다 앞서기도 한다는 데 있다.[6] 교회 공동체가 텍스트를 어떻게 읽고 이해하고 행하는지가 텍스트의 본래 의미보다 더 중요해진다.

2 린드벡의 '문화-언어적 신학'이 성경 권위를 약화시키다

후기 자유주의[7] 신학의 대표자인 조지 린드벡은 포스트모더니즘에 적합한 신학 모델을 고찰했다.[8] 린드벡은 전통적인 보수주의 신학과 자유주의 신학을 비판하며, 자신의 신학 모델이 포스트모더니즘 시대에 적합하다고 주장한다. 따라서 린드벡이 인지-명제적 신학과 경험-표현적 신학을 어떻게 비판하는지 살펴봄으로써, 우리는 문화-언어적 신학으로의 방향 선회를 이해할 수 있을 것이다.

문화-언어적 방향으로의 선회

먼저, 린드벡은 전통적인 신학을 '인지-명제적 접근법'으로 규정한다. 이 유형은 "종교의 인지적 측면"을 강조하고, "교회의 교리가 객관적 실재에 관한 진리 주장 또는 정보를 담은 명제로 기능하는 방식"을 강조한다.[9] 다시 말해서 인지-명제적 신학은 교리가 객관적 실재를 담지한다고 여긴다. 교리는 실재에 대해 변하지 않고 객관적인 정보 또는 명제를 전달한다. 그러므로 인지-명제적 신학을 따르는 정통주의자들이나 복음주의자들은 객관적이고 보편적으로 타당한 교리를 제시하려고 한다. 린드벡은 인지-명제적 신학의 배타적 성격을 비판한다.[10] 객관적이고 명제적인 교리는 본질적으로 참과 거짓을 구분하게 된다. 인지-명제적 신학의 이러한 특성이 참 종교와 거짓 종교를 구분하려는 시도로 이어지며 배타적 태도를 띠게 된다. 이는 종교 일치와 화합을 추구하는 후기 자유주의 신학 정신에 위배된다.

린드벡이 '경험-표현적 접근법'이라고 규정하는 또 다른 신학 유형은 개신교 자유주의 신학자 슐라이어마허로 대변된다.[11] 이 접근 방식은 교리를 "내적인 감정, 태도, 실존적 성향을 나타내는 비정보적이고 비추론적인 상징"으로 해석한다.[12] 그러므로 이 유형에 따르면 종교별 교리는 실재를 반영하는 것이 아니라, 공통적인 핵심 경험에 대해 서로 다르게 표현하는 것에 불과하다. 경험-표현적 신학이 "하나의 핵심 경험"을 "다양하게 상징화한 것"이기 때문에 종교간 대화와 협력의 이론적 토대가 될 수도 있음을 린드벡은 인정한다.[13] 그러나 바로 이 점에서 경험-표현적 신학의 논리적 결함이 발견된다. 공통의 핵심 경험이 무엇이며, 그것을 어떻게 규정할 수 있는지에 대한 문제가 발생하기 때문이다.[14] 결과적으로 경험-표현적 신학은 자신이 비판했던 인지-명제적 신학과 마찬가지로 어떤 틀이나 토대를 필요로 한다.[15]

린드벡은 두 신학 유형이 가진 한계를 극복하기 위해 자신의 문화-언어적 신학을 제시한다. 린드벡이 보기에 종교라는 것은 "언어, 즉 기성 종교의 상징 체계에 능숙해지는 것"이다.[16] 즉 특정 종교 공동체의 언어 규칙에 익숙해지는 것을 의미한다. 이때 교리가 실제로 대응하거나 상징하는 실재를 아는 것은 중요하지 않고, 종교 공동체가 만들어가는 문화와 관례가 더 중요하게 대두된다.[17] 이처럼 문화-언어적 신학은 교리 내용을 중요하게 여기지 않는다. 종교 공동체가 교리를 어떻게 사용하는지가 더 중요하다.[18] 텍스트가 제시하는 예배 교리가 중요한 것이 아니라, 공동체가 자신들의 문화와 관례를 통해 형성하는 예배 행위가 더 중요한 것이다. 이것이 바로 교회 자체의 언어와 문화를 중요시하는 포스트모더니즘의 신학적 특징이다.

린드벡이 이 신학 유형을 강조하는 이유는 문화-언어적 접근법의 장점이 "다른 두 접근 방식의 독특하고 종종 서로 경쟁하는 강조점을 수용하고 결합할 수" 있기 때문이다.[19] 다시 말해서, 앞서 말했던 종교 화합과 일치 정신에 부합한다는 것이다. 린드벡 자신이 밝히듯이 문화-언어적 신학의 궁극적인 목표는 "에큐메니컬적 상황에 관한 더 실질적인 연구의 서론"을 제안하는 것이다.[20] 린드벡은 이러한 목표를 다음과 같이 상술한다.

> 나는 지난 25년간 에큐메니컬 토론에 참여하고 교리의 역사와 현 위치에 대해 가르치면서, 이러한 활동에 관여하는 우리에게 새로 등장하는 문제들을 개념화할 만한 적당한 범주가 없다는 것을 차츰 확인하게 되었다.[21]

이처럼 린드벡이 문화-언어적 신학을 통해 이루려는 1차 목표는 교회의 일치와 화합이라는 포스트모더니즘 정신에 입각하여 "실천적인 에큐메니즘"[22]을 제안하는 것이었다.

텍스트 내재성

이 논문의 목적은 린드벡의 신학 전체를 조망하는 것은 아니다. 따라서 이 논문의 목적과 관련하여 린드벡의 문화-언어적 접근법에서 좀 더 살펴볼 특징은 텍스트 내재성과 교리 규칙 이론이다. 먼저 텍스트 내재성을 간략히 살펴보자.

린드벡은 텍스트 내재성(intratextuality)이 문화-언어적 접근법과 양립할 수 있는 신학 이론이라고 주장한다. 텍스트 내재성은 텍스트 외재성과 반대되는 개념이다. 테스트 외재성은 인지-명제적 신학이나 경험-표현적 신학에 부합하는 특성으로,[23] 텍스가 지시하는 객관적 실재를 상정한다. 반면에 텍스트 내재성은 텍스트가 지시하는 객관적 실재를 필요로 하지 않는다. 오히려 공동체가 특정한 언어를 사용함으로써 형성해 가는 공동체적 관례를 지향한다.

'하나님'이란 단어가 의미하는 바를 밝히는 적절한 방법은 이 단어의 명제적 의미나 경험적 의미를 먼저 확립한 다음 그에 알맞게 용례를 재해석하고 재형성하는 것이 아니라, 어떻게 이 단어가 종교 안에서 작용하여 실재와 경험을 형성하는지를 검토하는 것이다. 문화-언어적 방식에서 신학적 기술이 기호 내적 또는 텍스트 내재적이라는 것은 이런 의미에서다.[24]

교리 규칙 이론

인지-명제적 접근법은 교리를 진리의 '대응'으로 보았고, 경험-표현적 접근법은 '상징'으로 보았다. 반면에 문화-언어적 접근법은 교리를 일종의 언어 규칙으로 이해한다.[25] 언어에서 문법이 하는 일을, 종교에서 교리가 한다는 것이다. 교리는 공동체 내에서 문화를 만들고 삶의 양식을 만든다. 교리는 종교 공동체의 삶을 전반적으로 규정하는 규칙 역할을 한다. 이처럼 문화-언어적 접근법은 '규칙으로서의 교리'를 강조한다.

이 경우 특정 종교 공동체에 속한 사람들이 교리를 따르는 이유는 교리가 진리이기 때문이 아니다. 그저 해당 공동체의 일원으로서 지켜야 할 규칙이기 때문이다.[26] 린드벡은 삼위일체 교리를 예로 들어 설명한다. 린드벡에 의하면 초대 교부들은 삼위일체 교리를 하나님에 대한 존재론적이고 실재론적인 명제로 받아들였다. 그러나 규칙 이론에 따르면 삼위일체 교리는 실제 삼위일체로 존재하는 하나님에 대한 교리가 아니라, 종교 공동체가 하나님에 관하여 말하는 방식이자 담론 규칙일 뿐이다. 교리를 이렇게 규칙으로 이해할 때, "공동체의 구체적 삶과 언어에 관심의 초점이 맞추어진다."[27]

의의와 한계

문화-언어적 신학 모델은 어떤 결과를 가져왔을까? 이와 관련하여 두 권의

책이 우리에게 유의미한 교훈을 준다.[28]

첫째, 데이비드 웰스가 2008년에 출간한 『용기 있는 기독교』다.[29] 이 책에서 웰스는 21세기 미국 복음주의의 상황을 설명한다. 웰스는 21세기 미국 복음주의 교회가 솔라 쿨투라(sola cultura, 오직 문화)라는 "죽 한 그릇"을 위하여 솔라 스크립투라(sola scriptura, 오직 성경)라는 개신교 장자권을 팔았다고 비유적으로 설명한다. 필자가 보기에 웰스는 성경과 교리가 아니라 문화가 지배하는 포스트모더니즘 사회를 적절히 지적하고 있다. 그 결과 성경에 기록된 교리에 무관심한 그리스도인이 난무하게 되었다. 이제 현대 그리스도인은 교회의 본질과 사명이 무엇이며, 그리스도인이 무엇을 실천해야 하는지 알 필요가 없다.

둘째, 하비 콕스의 『믿음의 미래』다. 콕스는 2,000년 교회의 역사를 크게 세 시대로 구분한다.[30] 제1기는 "신앙의 시대"(Age of Faith)로 예수님과 사도들을 따르는 것과 관련이 있었다. 제2기는 "신념의 시대"(Age of Belief)로 4세기부터 20세기까지 이어진다. 예수님을 믿는 신앙이 아니라 예수님에 대한 교리적 신념의 시대였다. 제3기는 이제 우리가 속한 21세기 이후로, 콕스는 이 시기를 "영성의 시대"(Age of Spirit)로 부른다. 이 시기의 종교적 성향은 권위나 올바른 교리를 거부하고, 활기찬 영성에 대해 관심을 더 갖는 것이다.

이러한 형태의 기독교는 자신들의 실천이나 행위를 성경이나 교리에 근거하려고 하지 않는다. 이해와 치유, 도덕, 공감, 문화적 측면에서 기독교 실천을 규정한다. 심지어 하나님이나 예배에 대한 정의도 성경에서 찾지 않는다. 자신들의 언어 문법이 관례(행위, 문화)를 통해 형성하는 것으로 정의하려 한다. 포스트모더니즘적 신학으로 비판을 받고 있는 롭 벨(Rob Bell) 목사는 자신을 '서핑(surfing)하는 목사'로 말한다. 벨은 파도에서 하나님을 만난다고 말한다. 파도의 출렁이는 곡선에서 에너지를 느끼게 되는데 그것이 신 인식인 셈이다. 더 나아가서 벨은 그러한 운동 현상에서의 신 인식을 통해 기분이 좋아지는 것이 '복음주의적'인 것이지 교리를 통해 복음주의자가 되지 않는다고까지 주장한다.[31]

린드벡이 교리와 실천을 통합적으로 보고자 했던 것은 옳다. 그러나 그의 문화-언어적 접근법에 수반된 텍스트 내재성과 교리 규칙 이론은 성경 자체의 권위보다 공동체의 해석에 권위를 두게 되었고, 결과적으로 교리 없는 기독교의 기원이 되었다.

3 밴후저의 '정경-언어적 신학'이 실천적 가능성에서 비판을 받다

케빈 밴후저는 포스트모더즘 사회에서 전통적인 개혁신학을 자리매김하려는 대표적인 신학자이다. 밴후저는 린드벡의 문화-언어적 접근법의 한계를 지적하며 자신의 신학적 접근법을 제시한다. 밴후저에 따르면 린드벡은 포스트모더니즘의 정신에 따라 교회의 공동체적 삶과 실천, 문화를 강조하는 가운데 성경의 권위를 상실한다.[32] 이에 대해 밴후저는 정경-언어적 신학을 통해 성경의 권위와 교회의 실천을 동시에 강조하는 신학 유형을 제시하고자 한다.[33]

화행론

포스트모더니즘 사회에서 개혁신학을 자리매김하려는 밴후저의 첫 번째 과제는 성경의 권위를 다시 회복시키는 일이었다. 밴후저는 자신이 '정경-언어적 접근법'(canonical-linguistic approach)라고 부르는 신학적 모델을 제시하여 성경의 권위와 실천의 문제를 균형 있게 강조하고 있다.[34] 그러나 이것이 워필드 방식의 전통적인 성경론, 즉 '인지-명제주의' 신학을 완전히 배제하는 것은 아니다. 밴후저 스스로가 주장하듯이 자신의 목적은 "정경-언어적 신학이 인지-명제주의 방법론의 백미를 보전하면서도 그 결점들"을 버리는 것이기 때문이다.[35]

그렇다면 밴후저는 '정경-언어적 접근법'을 통해서 성경 텍스트의 권위를 어떻게 확보하는가? 밴후저는 크게 두 가지 측면에서 접근한다. 하나는 정경 개념을 중심으로 논의되는 하나님의 "화행론"이고, 다른 하나는 교회 공동체의 정경 사용(실천, 드라마 상연)이다.[36] 전자가 어떻게 성경에 권위가 있는지를 원리적 측면에서 다룬다면, 후자는 어떻게 성경을 권위 있게 사용하는지 실천적 측면에서 다룬다.

먼저 밴후저는 삼위 하나님에게서 신적 권위를 찾는다. 기독교는 삼위 하나님의 "언어적 의사소통 행위"(verbal communicative action)를 권위의 원리로 삼는다.[37] 다시 말해서 하나님 자신의 말씀을 피조물과 하나님의 백성에게 전달하시는 "하나님의 음성"에 권위가 담겨 있다.

밴후저는 이러한 기본적인 개념을 "화행론"[38]에서 좀 더 발전시킨다. 이는 포스트모던 사회에서 "권위" 개념을 설정하려는 노력의 일환이다. 포스트모더니즘이 인지-명제적 신학 방법론을 부정하며 고전적인 성경론을 비판할 때, 밴후저는 화행이론을 통해 계시와 영감, 무오성 등의 고전적인 성경론 요소들을 통합적으로 해석하고자 했기 때문이다.[39] 밴후저는 삼위 하나님의 계시 활동을 화행론에 비유하여 설명하고, 이를 통해 정경 텍스트에 권위가 있음을 말한다.

밴후저의 설명 도식에서 발화행위는 성부의 계시적 활동이다.[40] 성부 하나님은 이전에 예언자들을 통해서 말씀하셨고, 오늘날 아들을 통해서 말씀하신다. 발화수반행위는 화자이신 성부께서 발화행위를 통해 행하고자 하는 바로서, 로고스에 대응된다. 발화효과행위는 성령의 조명하심을 통해 독자에게 일어나는 효과이다. 이처럼 삼위 하나님을 화행론으로 설명하는 것은 밴후저의 다음과 같은 진술을 통해 좀 더 핵심적으로 이해할 수 있다.

성령은 성경 문학의 의미론을 변경하지 않는다. 성경에 기록된 발화행위와 발화수반행위는 변하지 않고 그대로 남는다. 성령의 작인성은 오히려 독자에게 그 발화수반행위의 요점을 파악할 수 있게 하여 그에 부응하는 발화효과행위-믿음이나 순종이나 찬양 등-를 달성하게 하는 것으로 구성된다. 성령의 증거는 다름 아닌 발화수반력의 효과적인 임재다.[41]

이처럼 밴후저는 삼위 하나님의 의사소통 행위에서 성경 권위의 원리적 측면을 찾는다. 성부 하나님의 발화행위가 성경으로 기록되었기 때문에 성경은 우리에게 권위 있는 텍스트가 된다. 이제 밴후저는 "교회의 삶과 언어를 지배하는 권위 있는 텍스트"를 실행하는 일을 다음 과제로 삼는다.[42]

성경 권위를 화행론의 차원에서 접근하는 것은 크게 두 가지 이점이 있다.

첫째, 성경 텍스트를 단순한 정보나 지시, 명제로 환원하는 태도로부터 벗어나게 해준다.[43] 성경에 기록된 발화행위(성부의 말씀)와 발화수반행위(성부께서 말씀하시면서 의도하시는 바)가 발화효과행위(신자의 삶에서 나타나는 반응)로 이어지기 때문이다.

둘째, 어떤 실천이나 실행을 위해 성경 텍스트를 독자 마음대로 해석하는 일을 방지한다.[44] 다시 말해서 성경의 발화수반행위와 상관없는 발화효과행위를 방지할 수 있다는 것이다. 종합하자면, 권위를 올바르게 설정하고 그 권위에 따른 실천으로 나아갈 수 있는 틀을 마련해준다.[45]

드라마 비유

화행론을 통해 성경의 권위와 그에 따른 실천의 틀을 마련한 밴후저는 자신의 이론을 좀 더 구체화한다. 밴후저는 '정경-언어적 접근법'(canonical-linguistic approach)이라는 이름으로 성경 권위와 실천의 문제를 균형 있게 다루고자 시도한다. 이러한 시도는 그의 저서 『교리의 드라마』를 관통하는 핵심 주제이다.[46]

밴후저에 따르면 자신의 이러한 신학적 접근법은 19세기부터 이어지는 신학 논쟁의 한 결론이다. 19세기에도 "기독교의 본질"에 관한 논쟁이 있었다. 그 당시 핵심 논쟁은 기독교의 본질이 "진리 체계" 자체에 있는가, 아니면 "교회의 삶"에 있는가였다.[47] 밴후저는 『교리의 드라마』가 둘 사이의 중도를 제안한다고 설명한다.

밴후저는 성경 권위를 약화시키고 교회의 삶과 실천을 강조하려는 신학적 시도에 반대한다. 밴후저에 따르면 그 대표적인 시도가 린드벡(George Arthur Lindbeck, 1923-2018)의 '문화-언어적 신학 모델'(cultural-linguistic model)이다.[48] 린드벡의 문화-언어적 접근법은 포스트모던 사회에서 성경의 권위를 약화시키며 교회의 해석과 실천을 강조한다.[49] 밴후저의 지적에 따르면, 문화-언어적인 신학은 교회 전통을 강조하면서 성경의 권위를 훼손시킨다.[50]

'정경-언어적 신학 모델'의 실천적 특성은 신학을 "실천적 이성"으로 설명하는 부분에서 잘 드러난다.[51] 밴후저가 보기에 신학은 주석적 기술과 이론적 지식 이상의 어떤 것이다. 다시 말해서 신학은 "이론적인 동시에 실천적인 성격"을 지닌다. 신학은 하나님에 관한 지식을 "지금 여기서" "삶으로 구현하는 지식"이다.[52] 밴후저는 정경-언어적 방법론의 이러한 실천적 특성을 드라마 "상연"이라고 칭한다.[53] 이러한 비유는 다음과 같은 진술에서 핵심적으로 잘 나타난다.

> 극작술에 대한 유비는 신학이 텍스트의 주석(스키엔티아)과 새로운 상황 속에서의 상연 실행(사피엔티아)를 모두 필요로 한다는 점을 시사한다. 사피엔티아로서 신학의 사명은 새로운 상황 속에서 정경 텍스트를 따라서 보고 성경 텍스트를 삶으로 실천하는 것이다.[54]

하나님 드라마의 관점에서 볼 때 스키엔티아와 사피엔티아에는 접점이 있다. 그것은 교리와 윤리학이 '우리가 무엇을 행해야 하는가?'라는 질문을 제

기할 때이다. 다시 말해서, 우리가 믿는 내용과 우리의 행동에는 연관성이 분명히 있다.[55]

의의와 한계

밴후저는 전통적인 성경 권위 개념을 교회의 삶을 균형 있게 강조하고자 했다. 밴후저의 화행론은 하나님의 발화행위와 발화수반행위로서의 성경의 권위를 잘 설명했다. 그리고 그 권위에 대한 신자의 반응으로서의 발화효과행위를 통해 실천을 강조할 수 있도록 신학적 지평을 넓혔다. 이러한 신학적 시도는 '정경-언어적 신학'을 통해, 드라마 비유로 좀 더 구체화되었다. 성경 정경의 권위를 강조하며, 교회의 삶을 강조하려 했다.

그러나 밴후저의 정경-언어적 신학은 성경 권위와 교회 실천을 동시에 강조하려는 목적을 달성하는 데 한계가 있다. 포스트모더니즘 사회에서 성경의 권위를 재천명하는 데 있어서 화행론과 언어철학, 드라마 비유를 사용하는 것이 장점이자 한계로 작용하는 것으로 보인다. 밴후저의 접근법은 오늘날 서구 신학과 학문의 맥락에서 매우 유용하고 효과적이다. 하지만 화행론을 통해 성경의 권위를 확보한 후, 언어철학과 해석학, 드라마 비유 등을 통해 교회의 실천을 다룬다는 면에서 한계가 발생한다.

밴후저 스스로도 정경-언어적 신학에 담긴 한계를 인식하고 있었던 것으로 보인다. 2005년 『교리의 드라마』를 통해서 정경-언어적 신학을 제시한 후, 2014년 『이해를 이야기하는 믿음』을 출간하며 그 부분을 지적하고 있기 때문이다. 밴후저가 후자를 출간한 이유는 정경-언어적 신학을 "현실에서 더 유익하게 활용"할 수 있도록 돕기 위함이었고, 신학이 교회의 제자 양성에 어떤 역할을 하는지 설명하기 위함이었다.[56] 간단히 말해서 『이해를 이야기하는 믿음』은 정경-언어적 신학에 대한 실천적 해설인 셈이다.

바로 이 지점에서 우리가 나아갈 방향이 명확해진다. 포스트모더니즘 사회에서 성경의 권위를 변증하고 강조하는 데 올바른 신학적 논증은 필수적이다. 그리고 성경이 권위 있음을 실제로 표현하고 살아내는 것은 좀 더 실천적이고 직관적인 틀이 마련되어야 한다.

4 개혁주의생명신학의 '정경-언어적' 접근법이 대안으로 제시되다

린드벡과 밴후저로 이어지는 포스트모더니즘 시대의 신학에는 일련의 공통점이 있다. 성경 텍스트의 권위를 확보하려는 일련의 신학적 논증과 함께 교회의 실천을 강조했다는 것이다. 이를 위해 후기 자유주의자 린드벡은 텍스트 내재성과 교리 규칙 이론을 제시했고, 후기 보수주의자 밴후저는 화행론과 드라마 비유를 사용했다. 필자는 앞에서 두 사람이 제시한 신학에 어떤 의의와 한계가 내포되어 있는지 살펴보았다.

이 논문의 목적은 일련의 신학적 시도들을 고찰하고, 오늘날 한국교회에 적합한 신학 접근법을 모색하는 데 있다. 필자는 린드벡과 밴후저의 사례를 통해 성경 권위와 교회 실천을 둘 다 강조하는 신학적 접근법이 필요함을 제시했다. 이제 필자는 개혁주의생명신학이 주장하는 신학적 지향점들이 '정경-실천적 접근법'(canonical-practical approach)이라는 틀로 묶일 수 있음을 주장할 것이다. 그리고 정경-실천적 접근법이 한국교회에서 좀 더 실제적이고 활용 가능한 신학-실천 통합 모델로 기능할 수 있음을 주장할 것이다.

정경-실천적 접근법이란?

밴후저는 포스트모더니즘 시대에 성경의 정경적 권위를 확보하면서도, 성경이 교회의 언어 사용을 통해 문화와 관례로 드러나는 부분을 강조했다.[57] 그런 면에서 정경-언어적 신학은 후기 자유주의 신학인 문화-언어적 신학과의 연속성이 드러나는 듯 보인다. 하지만 밴후저는 이 부분에서 문화-언어적 신학과의 차별성을 드러내고자 했다.

> 문화-언어적 방향 선회는 신학이 교회의 삶에 이바지할 목적으로 존재한다는 사실을 뚜렷이 상기시킨다. 그렇지만 교회 관례에로의 방향 선회는 성경의 권위를 훼손시키면서 이루어진다는 인상을 준다. 이 책에서 제안하게 될 정경-언어적 방법론은 문화-언어적 방법론과 많은 공통점이 있다. 그 둘은 의미와 진리가 언어 사용과 결정적 관계가 있다는 데 의견을 같이 한다. 하지만 정경-언어적 방법론은 규범적 사용이 궁극적으로 교회 문화의 사용이 아니라 성경에 바탕을 둔 정경의 사용이라고 주장한다.[58]

이처럼 밴후저는 문화-언어적 신학이 포스트모더니즘 시대에 기여하는 바를 "언어적" 차원에서 이어가면서도, 성경의 권위라는 측면을 "정경적" 차원에서 확보하고자 하고 있다는 것을 알 수 있다.

연구자는 밴후저가 포스트모더니즘 시대에 성경의 권위를 "정경적" 차원에서 강조했던 것을 긍정적으로 평가한다. 사실 성경의 권위를 강조하는 것은 시공간을 초월해 언제나 필요한 일이다. 하지만 교회의 실천을 "언어적" 차원에서 시도했다는 점에서 그 한계가 엿보인다. 밴후저가 성경 권위를 추상적 원리가 아니라고 지적한 점에서 옳지만, 그것을 드라마 비유를 통해 교회의 상연 관례로 실천하는 것에는 한계가 있다.[59] 성경의 권위를 신학적으로 설득한 후, 실천을 위해 다시금 드라마 비유의 적절함에 대해 설득하는 과정이 수반되기 때문이다.[60]

이에 연구자는 개혁주의생명신학의 정경-실천적 접근법을 통해서 성경 권위를 다시금 확보하고, 교회의 관례를 보다 직접적이고 현시적인 실천 원리들로 제시하는 것이 적절함을 주장할 것이다.

그러므로 "정경적"이라는 것은 성경의 영원하고 궁극적인 권위를 다시금 재천명하는 것이다. 린드벡과 텍스트 내재성을 통해, 밴후저가 화행론을 통해 성경 권위를 강조하려 했다면, 개혁주의생명신학은 '솔라 스크립투라'를 비롯한 5대 솔라를 다시 강조함으로써 성경 권위를 주장한다. 그리고 5대 솔라가 성경에서 직접적으로 도출된 신학 원리임을 확증함으로써 이루어진다.

"실천적"이라는 것은 교회가 권위 있는 성경을 읽고 즉각적인 삶으로 나타내는 것을 가리킨다. 개혁주의생명신학은 7대 실천운동을 통해 좀 더 직접적이고 현시적이고 실천적인 원리들을 제시한다. 린드벡의 교리 규칙 이론과 밴후저의 드라마 비유는 이 점에서 한계가 드러난다. 교회는 성경 텍스트를 실재화시키는 주체가 아니다. 성경의 의미와 권위가 교회가 성경을 사용하는 방식이나 각도에 따라 판단되지는 것이 아니기 때문이다. 교회는 오직 성경 텍스트 속에서 말씀하시는 하나님께 반응하는 주체이다. 다시 말해서 하나님의 말씀에 부합하기 위해 실천하는 교회 관례를 형성할 뿐이다.

성경의 권위

개혁주의생명신학의 정경-실천적 접근법은 '5대 솔라'를 통해 성경의 권위를 인정하고, 신학의 핵심 원리가 성경에 있음을 고백하는 데서 잘 드러난다. '오직 성경, 오직 그리스도, 오직 믿음, 오직 은혜, 오직 하나님께 영광'이라는 다섯 가지 표어는 개혁주의의 기본정신이자, 오늘날에도 유효한 신학과 신앙의 원리들이다.[61] 이 신학과 신앙의 원리들은 성경에서 시작하고 성경에서 끝난다. 그렇기에 500년 전에도 유효했고, 오늘날에도 유효한 것이며, 앞으로도 고수해야 할 원리들이다.[62]

'오직 성경'에 따르면 성경만이 우리의 구원과 삶에 최종적인 권위를 갖는다.[63] 하나님의 말씀인 성경이 우리 신앙과 삶의 유일한 표준이 된다는 것이다. 종교개혁 시기에 이 원리가 중요했던 것은 성경보다 전통을 더 신봉하는 중세교회의 모습 때문이었다. 그런데 오늘날 포스트모던 문화에서 이러한 기류가 다시 등장했다. "보편적 이성"이나 "완전한 객관성"이 해체되면서 "전통에 속한 권위"가 강조되고 있다.[64] 그러므로 오늘날에도 '오직 성경'이라는 원리는 우리가 계속 고민해야 하는 신학 원리인 셈이다.

'오직 그리스도' 역시 우리가 성경에서 발견하는 신학 원리이다. 오직 예수 그리스도만이 구원의 유일한 길이고, 따라서 종교혼합주의나 종교다원주의는 잘못된 사상이다.[65] 이 원리도 오늘날 우리가 다시금 강조해야 할 필요성이 있다. 앞서 지적했던 린드벡의 문화-언어적 접근법은 텍스트 내재성을 통해 어느 정도 성경 본문의 우선성을 강조했다. 하지만 린드벡의 텍스트 내재성은 여러 공동체의 본문 이해를 모두 유효한 것으로 만들고, 결국 다른 종교에 대한 개방성 내지는 다원주의로 향한다는 비판을 받는다.[66]

'오직 믿음'은 예수 그리스도를 믿음으로만 영생을 얻는다는 원리이다. 이 믿음은 하나님의 선물인 동시에 하나님을 향한 인격적 신뢰의 삶으로 이어진다. 그러므로 진정한 믿음에는 순종과 열매가 있어야 한다.[67]

'오직 은혜'는 우리의 구원이 오직 예수 그리스도의 공로로 말미암은 하나님의 선물임을 강조한다. 우리는 오직 하나님의 은혜를 통해서 하나님의 자녀가 되었음을 기억해야 한다. 이 은혜 때문에 우리는 하나님의 명령에 순종해야 한다.[68] 이 원리가 오늘날에도 강조되어야 하는 이유는 구원론에서 중세적인 형태의 성화를 강조하려는 시도들이 있기 때문이다. 성경적인 은혜 개념을 통해 우리는 "구원의 확신과 동시에 경건한 삶에 대한 격려"를 얻을 수 있다.[69]

'오직 하나님께 영광'은 우리 삶의 목적을 말한다. 하나님께 영광을 돌리는 삶이란 "날마다 자기 십자가를 지고 희생과 봉사의 삶을" 사는 것(눅 9:23)이다.[70] 또한 하나님께 영광을 돌리는 삶이란 "우리의 실상을 회개하고 그 회개에 합당한 열매를 맺는"(마 3:8) 삶이다. 곧 하나님의 거룩한 "말씀이 우리를 지배하는 삶"이다.

성경의 실천

신학이 교회의 실천에 이바지해야 한다는 것은 분명한 사실이다. 연구자가 앞에서 비판했던 두 신학 유형들도 교회의 실천을 강조하는 것이 공통의 목적이었음은 부정할 수 없다. 신학과 실천, 교리와 삶의 이분법적 분리에 대해 고민한 결과라 할 수 있다. 문화-언어적 신학은 성경에 담긴 교리의 실재성보다는 교회의 언어 규범과 관례, 문화에 권위를 두며 교회의 실천을 강조했다. 정경-언어적 신학은 성경의 권위를 좀 더 강조하면서 교회의 드라마적 상연(실천)을 강조했다. 그렇다면 문화-언어적 접근법과 정경-언어적 접근법이 제시하는 교회 실천 원리를 한국교회에 그대로 적용할 수 있을까? 이에 대해서는 아직 좀 더 논의가 필요해 보인다.[71]

개혁주의생명신학의 '7대 실천운동'은 앞의 두 신학 유형이 갖는 신학적 한계를 극복하는 대안이 될 수 있다.[72] 최소한 한국교회 내에서 실제적이고 즉각적인 실천 원리가 될 수 있다고 판단된다. 7대 실천운동의 각 항목은 항목에 대한 설명과 함께 실천적 사례, 실천적 제안이 함께 제시되어, 성경에서 도출한 원리들을 실제로 어떻게 살아내야 하는지 구체적인 지침으로 주기 때문이다. 이 논문에서는 신앙운동과 신학회복운동을 통해 7대 실천운동에 담긴 실천적 특성을 살펴보고자 한다.

첫 번째 항목인 신앙운동은 성경이 우리의 신앙과 삶의 표준임을 믿으며 개혁신학을 계승하는 운동이다.[73] 이는 우리 "실천의 기초"를 성경에 두기 위한 명시적인 표현이다. 여기서 그치지 않고 이에 대한 실천 사례와 실천적 제안을 제시함으로써, 성도들이 솔라 스크립투라를 구체적으로 실천할 수 있도록 돕는다. 이 신앙운동은 개인의 삶에서 성경을 읽고 암송하고 묵상하는 것에서 그치지 않고, 공적인 영역으로의 확장 가능성도 지닌다. 서미경은 코메니우스와 파머의 기독교교육 사상을 분석하여 성경을 통한 전인격적 교육이 추가되어야 함을 지적하며, 신앙운동이 바로 그러한 대안이 될 수 있음을 주장한다.[74]

두 번째 항목인 신학회복운동은 "사변화된 신학을 반성"하고 성경과 예수 그리스도의 생명으로 돌아가는 운동이다.[75] 신학회복운동이 바라보는 참된 신학은 "하나님의 말씀을 통해서 영생, 곧 영원한 생명을 얻고, 이 생명을 전파하는 신학"이다.[76] 마찬가지로 이에 대한 실천 사례와 실천적 제안을 통해 우리가 사변화된 신학으로부터 벗어날 수 있는 구체적인 원리들을 제공한다.[77]

이처럼 7대 실천운동의 각 항목은 해설과 실천 사례, 실천적 제안으로 구성되어 있음을 알 수 있다. 이는 성경의 권위를 고백하고 확증하는 것에서 시작하여, 권위 있는 성경 말씀을 실제 삶에서 구체적으로 살아내는 것으로 향하는 신학적 틀이다. 정경-실천적 접근법은 이처럼 성경 권위와 교회 실천을 보다 효과적으로 강조하는 접근법이다.

개혁주의생명신학의
성경 권위 담론

정경-실천적 접근법으로 규정된 개혁주의생명신학은 우리에게 두 가지 과제를 제시한다. 하나는 성경의 권위를 변증하는 것이고, 다른 하나는 성경의 내용을 살아내는 것이다. 이 장에서는 먼저 오늘날 개혁주의생명신학이 성경 권위를 어떻게 변증하는지 워필드와의 연속성 및 불연속성을 중심으로 살펴볼 것이다.

1 워필드의 성경 권위 담론

워필드가 개혁신학을 계승하고 변증하는 과정에서 사용했던 방법론이 다소 비판을 받는 것은 사실이다.[78] 하지만 19세기 미국이라는 시대적 상황을 고려해 볼 때, 워필드가 제시했던 신학의 본질은 종교개혁자들의 신학과 크게 다르지 않았다. 다만 그 시대에 적절한 방법론으로 개혁신학을 계승하려던 노력의 일환이었다.[79] 다시 말해서, 19세기 미국의 복음주의가 "모더니즘의 도전에 직면"하자,[80] 그 "당시로서는 설득력 있어 보이는 이유"를 가지고 모더니즘의 방법론을 차용해 모더니즘의 도전에 맞섰던 것이다.

모더니즘의 시대는 "권위"의 시대였다. 다만 문제는 어떤 것을 진리의 권위로 삼는가였다.[81] 어느 시대나 성경 이외의 것에 권위를 두려는 시도가 있었다.[82] 워필드가 활동했던 모더니즘 시대에는 이성과 경험(감정)이 성경의 권위에 도전했다. 이러한 시도들은 각각 인간의 이성을 강조하는 합리주의와 인간의 주관적 경험을 강조하는 신비주의의 형태로 발전했다.

독특한 진리에 대한 이러한 공격과 함께 "종교의 외적 권위"에 대한 공격도 함께 시도되었다. 왜냐하면 "외적 권위"가 있다면, 그것이 가르치는 것은 모두에게 참이 되기 때문이다. 이러한 병폐는 필연적으로 우리의 교회에도 침투했다. 그리고 그것은 다양한 단계로 전개되었다. 우선 부수적인 문제들에 대한 성경의 권위를 부정하기 시작했다. 그 다음 단계는 "신앙과 실천의 문제들"에 대한 권위만 인정하고, 나머지 모든 것들에 대한 성경의 권위를 부정하는 것이다. 그러면 사람들은 성경의 모든 교리적 진술과 윤리적 규범에 대해 저항하게 되고, 성경의 종교적이고 윤리적인 내용들을 자신의 "영적 본능"으로부터의 판단에 종속시키게 된다.[83]

합리주의와 신비주의는 언뜻 서로 상반된 사조처럼 보인다. 그러나 둘 다 인간 내면에 권위를 두고 인간의 자율성을 강조한다는 측면에서 주관주의적인 특성을 띤다. 결과적으로 합리주의와 신비주의는 성경의 객관적이고 외적인 권위를 부정하고, 인간 내면의 주관적인 권위를 강조한다는 공통된 특징을 갖는다.[84]

이러한 관점은 종교에 있는 모든 "외적 권위"들이 폐기되고 순전히 인간 이성만이 호소력을 갖게 될 때 정당성을 얻는다. 우리는 그것을 합리주의라고 부른다. 하지만 합리주의의 또 다른 유형이 있다. … 이 유형은 합리주의와 기질에 있어서만 차이를 갖는다. 여기에는 차가운 이성만이 아니라 느낌도 수반되기 때문이다. 우리는 그것을 신비주의라고 부른다.[85]

이처럼 19세기 미국의 정황은 외적 권위로서의 성경이 부정되고, 대신에 인간 내면에 있는 이성이나 감정, 느낌을 진리의 권위로 삼으려는 시도가 있었다. 앞에서도 언급했듯이, 모더니즘의 시대였기에 진리의 권위가 있다는 사실 자체를 아직 부정하지는 않았다. 하지만 분명한 것은 그 당시 사조가 성경의 권위를 부정하려고 했고, 인간 이성과 감정을 진리의, 심지어 신학의 권위로 삼고자 했다는 사실이다. 인간에게 가용한 유일한 권위는 "자기 장신의 정신"이나 "이성", "마음속의 성령"과 같은 것들뿐이다. 교리를 위한 객관적 토대는 사라지고 개인의 정신이 고유한 권한을 갖게 된다.[86]

리츨의 합리주의

이러한 경향은 대표적으로 독일의 리츨주의(Ritschlianism)[87]로부터 미국으로 전해졌다. 독일에서 시작된 리츨주의는 아돌프 폰 하르낙(Adolf von Harnack, 1851-1930)에 의해서 더욱 강화되었다. 워필드는 하르낙을 "현대의 교회 역사가 중에서 가장 학식 있는 사람들 중 한 명"이라고 칭송하면서도, 그에 의해서 리츨학파의 신학적 토대가 견고해졌다는 사실에 탄식했다.[88] 하르낙은 기독교의 교의 역사를 재구성함으로써 리츨의 합리주의를 발전시켰다. 그에 따르면 기독교의 모든 교리는 헬라사상으로부터 영향을 받았다.[89] 그러므로 "복음 그 자체라는 순수한 알맹이"로 돌아가기 위해 헬라사상의 영향에 의해 생긴 껍데기들을 벗겨내야만 한다. 하르낙에 따르면 기독교가 돌아가야 할 알맹이란, 하나님을 아버지로 고백하는 것으로 충분한 "주관적 신앙"이다.[90]

리츨의 합리주의가 미국에 좀 더 직접적으로 영향을 미치게 된 것은 하르낙 밑에서 공부했던 미국 신학자 아서 맥기퍼트(Arthur C. McGiffert, 1861-1933) 때문이었다.[91] 맥기퍼트는 하르낙이 제시했던 "알맹이"로 돌아간다는 것이 무엇을 의미하는지 좀 더 자세히 설명했다. 맥기퍼트에 따르면 사도시대의 교회는 원시 교회(primitive church)이고, 그 이후의 교회 역사는 원시 교회로부터의 "변

형"(transformation)이다.[92]

맥기퍼트가 제시하는 원시 교회의 본래 모습은 "성령의 임재를 느끼는 것에 기초하는 종교적 개인주의"의 기독교였다.[93] 이러한 종교적 개인주의가 바로 원시 교회의 시대적 정신으로 작용했다. 인간 외부에 있는 권위는 존재하지도 필요하지도 않았다. 원시 교회에 있었던 확신은 모든 기독교인들이 성령을 통해 하나님과 직접적인 접촉을 향유할 수 있다는 것이었다.

맥기퍼트에 의하면 2세기가 되면서 교회에 "변형"이 생겨나기 시작했다. 플라톤 사상을 가진 이교도들이 교회 안으로 유입되면서 기독교의 사변화와 교리화가 시작되었고,[94] 영지주의와 대적하는 과정에서 어떤 권위에 호소할 필요성이 생겨났다.[95] 결과적으로 신약 정경과 사도적 권위와 같은 "외적 권위"가 만들어졌다. 그것은 원시 교회에는 없었고 2세기의 교회가 만들어 낸, "변형"이었다.

워필드는 리츨 합리주의의 주장을 핵심적으로 잘 요약했다. 성경의 권위는 "2세기 교회가 이교 사상과의 충돌 속에서 일시적인 필요성" 때문에 생겨난 것이다.[96] 과연 정말 그러한가? 워필드는 이에 대해 어떻게 변증하는가?

워필드의 성경 권위 변증

첫째, 성경은 하나님의 발화로서 그 자체로서 신적 권위를 지닌다. 워필드에게 성경은 하나님께서 직접 영감하신 하나님의 말씀이다. 그 결과 성경은 무오한 진리를 담고 있는, 권위 있는 말씀이다.

성경은 하나님의 말씀으로 선포된다. 이것은 하나님께서 성경의 저자라는 의미이다. 성경은 하나님에 의해서 직접 **영감** 되었기 때문에 **무오**한 진리(infallible truth)이고 신적 권위를 갖는다. 그리고 그리스도인은 성경 안에 계시된 것은 무엇이든 참된 것으로 믿어야 한다. 그 안에서 말씀하시는 하나님 그분의 권위 때문이다. … 교회는 성경이 하나님의 책이라는 사실을, 즉 하나님이 성경의 저자라는 사실을 항상 믿어왔다. 따라서 성경의 모든 주장은 그것이 무엇이든지 간에 **하나님의 발화**로, 오류가 없는 진리로, **권위 있는 말씀**으로 존중받아야 한다.[97]

워필드는 성경의 영감과 무오성, 권위를 하나의 단위로, 통합적으로 이해하고 있다. 영감과 무오성, 권위는 하나님께서 직접 발화하신 성경에 필연적으로 수반되는 특징들인 것이다. 무엇보다도 워필드는 성경이 하나님의 직접적인 발화이자 말씀으로서 지니는 권위를 강조한다. 워필드가 이러한 내용을 다시금 강조해야했던 이유는 그 당시 합리주의, 특별히 리츨의 합리주의가 신학에서 초자연적 요소나 형이상학적 요소를 배제시켰기 때문이다.[98] 초자연적 요소가 제거된 신학에서 하나님의 직접적인 말씀과 발화는 들어설 자리가 없게 된다.

둘째, 교회는 성경의 신적 권위를 처음부터 본성적으로 믿고 고백했다. 교회는 처음부터 교회의 영감 교리와 그에 따른 필연적 결과로서의 성경의 권위를 인정하고 고백해왔다. 워필드에 따르면 성경 영감에 관한 교회의 교리는 "하나님의 보편 교회에 속한 확립된 믿음"이었고, "교회가 처음 세워질 때부터 오늘날까지 이어지는, 하나님의 사람들이 가지는 확증된 믿음"이었다.[99]

따라서 교회는 처음부터 오늘날에 이르기까지 성경의 신적 신뢰성에 대한 믿음과 성경의 모든 주장에 대한 믿음을 가능한 모든 방법을 통해서 증언해왔다. 성경의 아주 미미한 부분이라 하더라도, 그것의 절대적인 신뢰성을 조금이라도 의심하는 사람이 있다면, 그를 논박하지 않고 그러한 믿음을 표현할 수 있는 시대는 전혀 없었다.[100]

셋째, 교회가 처음부터 본성적으로 인식했던 성경의 권위는 교회 전통을 통해 잘 계승되었다. 가장 대표적인 사례는 교회가 작성한 신조나 신앙고백서이다. 교회 역사를 보면 교회는 신조를 통해 성경에 대한 자신들의 신앙을 고백하고 표현했다.

교회가 진술하는 모든 신조는 형식적으로 성경에 근거하고, 성경 가르침에 담겨 있는 신적 권위를 전제한다. … 모든 개신교 신조들이 성경의 절대적 권위를 전제한다는 견고한 확신은 말할 필요도 없다. 개신교 사상은 그 본질에 있어서 다른 권위들이 아니라, 무엇보다도 성경의 신적 권위에 호소한다.[101]

넷째, 성경이라는 외적 권위 없이는 신학이 형성될 수 없다. 워필드는 프랑스 개혁파 신학자 아돌프 모노(Adolphe Monod, 1802-1856)의 말을 빌려 기독교 신학에 외적 권위가 필수적임을 다시금 지적한다.

우리는 개인적인 명상을 통해서 죄가 무엇인지 결코 밝혀낼 수 없다. 나는 특히 이 지점에서 성경의 영감과 신적 권위가 필요하고 실재한다는 것을 깨닫는다. 우리를 초월하고, 우리의 비밀스러운 감정과는 상관이 없는, 외부로부터의 권위(outward authority)에 순종하지 않고는 우리는 죄가 무엇인지 결코 알 수 없기 때문이다. 우리에게 필요한 것은 연구와 열렬한 기도가 함께 이루어지는 명상이다. 하지만 진리의 깨달음(enlightened truth)은 위로부터 오고, 하나님의 성령에 의해 주어지며, 성령이 하나님의 권위를 가지고 말할 때 주어진다. 따라서 우리는 죄를 느끼기 전에, 죄가 가져올 참상을 믿는 것에서 시작해야만 한다.[102]

모노에 따르면 우리는 믿음의 적절한 토대를 위해 "외적 권위"에 크게 의존하고 있다. "우리 믿음의 토대로 우리가 순종해야 할 하나님의 증언을 삼지 않는다면, 우리 개인의 판단에 대한 외적 권위로 우리 판단을 초월하고 우리 판단과 독립적인 하나님의 증언을 삼지 않는다면, 그 믿음은 믿음이 아니다."[103]

의의와 한계

이처럼 워필드는 모더니즘 시대에 진리의 권위나 토대가 어디에 있는지를 두고 합리주의에 맞섰다. 인간의 이성을 진리의 권위로 보려는 합리주의에 맞서, 성경의 외적 권위를 다시금 변증하고자 했다. 그러므로 워필드의 성경 권위 담론은 19세기 미국의 시대적 정황을 같이 살펴야 한다. 합리주의가 리츨로부터 하르낙, 맥기퍼트를 통해 미국에 강력한 영향을 미치는 가운데 성경의 권위가 위기에 놓이게 되었다. 워필드의 목표와 방향은 단순명료했다. 전통적인 개혁신학의 입장에서 성경 권위를 변증하는 것이었다. 워필드는 성경의 객관적이고 외적인 권위를 말했다. 성경 권위 없는 기독교 신학은 불가능하다고 보았기 때문이다.

오늘날 우리가 워필드의 신학을 바라보면서 다양한 비판을 제기할 수는 있지만, 분명한 사실은 워필드와 같은 19세기 개혁신학자들의 시도가 그 당시의 시대적 정황에서는 설득력과 타당성을 확보할 수 있었다는 것이다.[104] 워필드는 시대적 정황으로 인해 특정한 신학 요소나 주제를 좀 더 강조했을 뿐이다.[105]

이것을 거꾸로 말하면, 워필드의 신학이 구조적으로 볼 때, 다양한 신학적 주제들을 골고루 드러내지 않는다는 것이다. 워필드의 신학에 대한 다양한 비판을 낳는 지점이 바로 여기이다. 하지만 그가 신학을 전개했던 모든 정황들을 무시한 채, 워필드의 신학적 강조점을 마치 그의 전체 신학인 것처럼 확대 해석하여 비판하는 것도 위험하다.[106] 우선 우리는 성경 권위에 대한 워필드의 논의가 모더니즘 시대에는 설득력 있고 타당한 작업이었음을 기억할 필요가 있다.

2 장종현의 성경 권위 담론

앞의 내용을 요약해 보자. 19세기 프린스턴 신학자들의 (물론 시대적 정황으로 인한 것이지만) '인지-명제적 신학'은 성경의 권위를 지나치게 강조한 나머지 실천적 요소를 간과했다고 비판을 받았다. 이를 비판하며 등장한 린드벡의 '언어-문화적 신학'은 교회의 삶을 강조하려다 성경 권위를 저버렸다. 케빈 밴후저는 중도적 입장에서 성경의 권위와 교회의 삶을 강조하는 '정경-언어적 모델'을 제시하여, 포스트모더니즘 시대에서 유의미한 신학 모델을 제시했다. 그러나 교회의 삶을 설명하는 부분에서 제시되는 해석학적 접근과 교회 전통에 대한 강조는 한국교회에 바로 적용하기에 앞서, 좀 더 면밀히 살펴보아야 할 주제들이다.

하지만 19세기부터 21세기까지 이어지는 신학 모델들이 우리에게 시사하는 바는 분명해 보인다.

첫째, 성경의 권위와 그에 따른 실천을 함께 강조해야만 한다. 어느 하나를 약화시키거나 버리는 것은 비성경적이다.

둘째, 그러한 이중적 강조가 직관적이고도 명시적으로 드러나야 한다. 워필드와 밴후저의 신학은 우리에게 분명히 유의미하다. 하지만 두 신학자의 한계는 자신들의 신학 체계를 직관적으로 제시하지 못했다는 데 있다. 또는 최소한 우리가 그들의 신학을 직관적으로 이해하기 어렵다는 한계를 지닌다.[107]

이에 필자는 성경의 권위와 실천의 문제를 좀 더 직관적으로 제시하는 신학의 형태로 개혁주의생명신학을 제시하고자 한다. 먼저 개혁주의생명신학의 전반적인 특성을 살펴보고, 성경의 권위를 어떻게 설정하는지, 그리고 성경 권위를 어떻게 표현해내는지에 대한 논의로 이어나가고자 한다.

개혁주의생명신학의 성격

개혁주의생명신학(Reformed Life Theology)은 장종현 박사가 주창한 것으로 자기 반성적이고 변증적인 신학운동이다. 1960년대 이후 급성장한 한국 교회는 1990년대부터 쇠퇴하기 시작했다. 그 가운데 한국 교회의 질적 퇴보가 발생했고, 교회 내외적으로 다양한 문제들을 표출하면서 사회의 비난을 받는 경우도 많아졌다.[108] 장종현 박사는 이러한 질적 쇠퇴의 원인을 "신학의 문제"로 규정한다.[109] 다시 말해서 한국 교회의 영적 생명력이 약화되고 성장이 둔화된 이유를 신학자와 신학교, 신학교 운영자에게서 찾는다. 하나님의 말씀을 가르쳐야 하는 신학교에서 신학을 순전히 학문적인 측면에서 접근한 결과가 바로 오늘날 한국 교회의 질적 쇠퇴라는 것이다. 개혁주의생명신학의 자기반성적인 진술이다.

더 나아가서 장종현 박사는 한국 교회의 위기 가운데 "예수 그리스도의 생명"을 통한 개혁주의신학의 회복을 강조한다. 중세 교회가 성경의 권위를 교황과 교회 전통으로 전복시켰을 때 "성령께서 개혁자들을 일으켜" 교회를 다시 성경의 권위 위에 세웠던 개혁주의신학을 계승하여, 오늘날 신학의 권위가 아니라 성경의 권위를 "예수 그리스도의 생명"으로 다시 세우려는 것이 바로 개혁주의생명신학이 지향하는 바이다. 이러한 변증적인 시도는 "개혁주의생명신학 7대 실천운동"의 첫 번째 운동인 "신앙운동"을 정의하는 데서 좀 더 선명하게 드러난다.

'신앙운동'은 **성경**이 우리의 신앙과 삶의 **유일한 표준임**을 믿고, **개혁주의신학을 계승**하려는 운동입니다. 개혁주의생명신학은 역사적 개혁주의신학에 생명력을 불어넣어서 오늘 이 땅에서 성령의 역사가 불일 듯 일어나게 하자는 **신앙운동**입니다.[110]

위의 진술은 "개혁주의생명신학 신앙운동"의 출발점이 성경의 권위임을 말해준다. 16세기 종교개혁자들의 개혁주의신학을 "계승"하여 성경의 권위를 회복하려는 시도이다. 그리고 그것이 "생명력"을 불어넣는 신앙적이고도 실천적인 운동으로 이어져야 한다는 것을 알 수 있다.

성경 권위 설정: '오직 성경으로'

장종현 박사는 예수 그리스도의 영적 생명을 통한 신학의 회복을 추구하는데, 그 출발점이 성경 권위의 회복임을 주장한다.[111] 하나님을 두려워하지 않고, 성경을 하나님의 말씀으로 믿지 않으며, 더 나아가서 하나님의 말씀을 제대로 가르치지 않는 시대에, 무엇보다도 성경의 권위가 회복되어야 한다는 것을 지적하는 진술이다. 이를 위해 장종현 박사는 전통적인 개혁신학의 '오직 성경'을 통해 성경의 권위를 다시금 강조한다.

첫째, 계시의 실재성을 강조한다. 계시(revelation)란 "하나님 쪽에서 자신을 열어 보여주시는 것"이다.[112] 하나님께서는 자연과 기록을 통해 우리에게 말씀하신다. 전자는 일반계시이고 후자는 특별계시이다. 장종현에 따르면 개혁주의생명신학은 하나님의 특별계시가 기록되어 구체화된 성경을 "신학의 유일한 외적 인식의 원리"로 삼는다.[113] 하나님께서 우리에게 말씀하실 수 있는지, 그 말씀 행위를 통해 진리를 전달할 수 있는지에 대해서도 한참 논의가 있었기에, 계시의 실재성을 다시금 확정하는 일은 중요하다.[114]

둘째, 성경의 영감과 무오성을 다시 강조한다.[115] 하나님께서 구속의 계시를 전달하실 때, 영감(inspiration)이라는 방법을 사용하셨다. 그리하여 계시를 통해 가르치고자 하시는 바에 오류가 없게 하셨다. 성경의 영감과 무오성은 인간의 이성이 강조될 때 언제나 공격의 대상이 되곤 했다. 개혁신학이 '유기적 영감'과 '축자영감'을 따르는 반면, 이성을 중심으로 하는 합리주의 진영에서는 '사상영감'이나 '부분영감'을 주장한다.[116] 이러한 도전에 대해서는 워필드의 성경 권위 담론을 다루며 고찰했다. 19세기 개혁신학과 21세기 개혁신학에게 주어진 과제는 동일하다. 성경의 영감과 무오성을 강조해야 한다.

셋째, 성경 "그 자체"의 외적 권위와 신적 권위를 강조한다.[117] 하나님의 계시가 영감을 통해 무오하게 성경으로 기록되었다면, 성경 그 자체에 신적 권위가 담기는 것은 당연한 결과이다. 또한 우리가 삼위일체 하나님이나 구원 교리를 알 수 있는 유일한 방법은 성경을 통해서이다. 이런 면에서 '5대 솔라'가 제시하는 교리들은 성경의 외적 권위를 강조한다.[118]

넷째, 성경을 우리의 "신앙과 삶의 유일한 표준"으로 삼는다.[119] 이러한 강조는 오늘날과 같이 다원화된 시대에 더욱더 필요하다. 복음의 유일성과 절대성이 교회 안팎으로 도전받고 있는 시대에 성경이 우리의 신앙과 삶에서 유일한 표준으로 작동할 수 있도록 성경 권위를 다시 강조하는 일이 중요하다.

이처럼 장종현 박사가 주창하는 개혁주의생명신학은 전통적인 개혁신학의 성경론을 재천명하며 성경의 권위를 다시금 확보하려한다. 계시의 실재성과 성경의 영감, 무오성, 외적 권위, 신적 권위, 유일한 규범으로서의 성경 등의 개념은 오늘날에도 여전히 필요하고 유효함을 알 수 있다.

성경 권위의 실천적 표현: 정경-실천적 접근법

그런데 개혁주의생명신학의 성경론은 이렇게 전통적인 개념들을 단순하게 반복하는 것에서 그치지 않는다. 사실 "오직 성경으로"(sola scriptura)라는 종교 개혁의 진술을 단순하게 다시 반복하는 것 자체에는 아무런 의미가 없을 것이다. 이미 종교개혁의 핵심 원리였던 "오직 성경으로"가 오늘날 교회를 분열시키는 원인이 되고 있다는 비판을 받고 있다.[120] 그런 면에서 가톨릭 신학자 데빈 로즈(Devin Rose)의 지적은 옳다. 그의 설명에 따르면 "정직한 종교사학자라면 '오직 성경으로'의 결과가 교리적 카오스라는 것을 부정할 수 없을 것이다."[121] 노트르담대학교의 역사학자인 브래드 그레고리(Brad Gregory) 역시 이러한 관점에서 '오직 성경으로'라는 종교개혁 원리를 비판한다. 그레고리는 '오직 성경으로'라는 원칙이 서구 사회에 초(超)다원주의를 의도치 않게 가져왔다고 지적한다.[122] 그러므로 우리에게 필요한 것은 성경 권위에 관한 단순한 구호가 아니라 시의적절한 방법론이다. 종교개혁자들의 '오직 성경으로'를 계승하되, 오늘날의 맥락에서 적절한 방법으로 제시할 수 있어야만 한다.

바로 이 부분에서 장종현 박사의 개혁주의생명신학에는 큰 장점이 있다. 장종현은 "신앙운동"을 통해서 종교개혁의 성경론을 실천적 측면과 연결시킨다. 성경의 권위를 다시금 강조하는 이유는 "우리의 실천의 기초"가 무엇인지 분명히 규명하려는 시도이다.

> 개혁주의생명신학 실천운동의 범위는 영적 생명 회복운동으로부터 물질적인 나눔운동에 이르기까지 그 범위가 대단히 넓습니다. 그렇기 때문에 그 운동들이 하나님의 영광이라는 공통의 목표를 향해 일관되게 추진되기 위해서는 하나의 기초에 그 근거를 두고 있어야 합니다. 그 유일한 기초가 바로 성경입니다. 개혁주의생명신학에는 여러 실천운동이 있지만 그 모든 것의 공통된 기초는 '성경이 답이다!'입니다.[123]

다시 말해서 개혁주의생명신학의 신앙운동은 성경 권위와 실천을 연결하는 고리의 역할을 한다. 이러한 시도는 성경의 권위를 확증하는 동시에 교회의 실천을 강조한다. 전통적인 성경 권위와 함께 포스트모더니즘이 요하는 공동체의 삶을 제시할 수 있는 신학적 특성을 나타낸다.

이러한 특징은 개혁주의생명신학의 전체 구조에서도 잘 드러난다. 개혁주의생명신학의 '5대 솔라'와 '7대 실천운동'은 구조적으로 성경 권위와 실천의 문제를 연결시킨다. 필자가 보기에 5대 솔라에서 가장 핵심이 되는 것은 '오직 성경으로'이다. 나머지 네 가지 솔라에서 드러나는 하나님의 구원 사역을 이해하는 외적 권위가 되기 때문이다.[124] 그리고 이어지는 실천운동은 성경을 강조하는 '신앙운동'으로 시작되고, 나머지 6가지 실천운동의 토대이자 기초가 된다. 전체적으로 성경과 실천을 강조하고 있는 구조를 띠고 있음을 알 수 있다.

이에 필자는 개혁주의생명신학의 5대 솔라와 7대 실천운동을 아우르는 신학 모델로 '정경-실천적 신학'(canonical-practical theology)을 조심스레 제안한다. 개혁주의생명신학의 신앙운동이 지향하는 바가 성경의 권위를 강조하는 동시에 교회의 실천을 직관적으로 제시하기 때문이다. 『생명을 살리는 교리: 조직신학 개론』의 매 장에서 제시되는 실천적 적용과 신앙운동 이후의 6가지 실천운동들은 성경의 권위에 바탕을 둔 실천적 시도라는 측면에서, '정경-실천적 신학'으로 효과적으로 묘사될 수 있다. 이는 분명 워필드의 '인지-명제적 신학'과 밴후저의 '정경-언어적 신학'의 장점을 계승하면서 실천적인 부분에서의 약점을 보완하는 한국교회 고유의 신학 모델이 될 것이다.

의의와 지향점

장종현 박사가 주창한 개혁주의생명신학은 성경 권위와 함께 교회 실천을 직관적이고도 직접적으로 강조하는 강점을 지니고 있다. 개혁주의생명신학의 핵심 개념을 '정경-실천적 신학'으로 이해한다면 개혁주의생명신학이 지향하는 전체적인 방향을 매우 명시적으로 드러낼 수 있으리라 기대한다. '인지-명제적 신학'이 실천적인 문제와 관련하여 필연적으로 가질 수밖에 없는 한계와 '문화-언어적 신학'이 성경의 권위를 축소시켰다는 비판, '정경-언어적 신학'이 한국교회에서 효과적으로 이해될 수 있는지 등의 문제들을 고려해볼 때, '정경-실천적 모델'은 우리가 지향하는 바를 매우 분명하게 담지할 수 있는 신학적 모델이 될 것이다.

한 걸음 더 나아가서 개혁주의생명신학이 경계해야 할 점은 자칫 '실천' 문제에 집중하여 신학적 내용을 간과하는 것이다. 이는 이미 '문화-언어적 신학'이 범했던 오류이다. 직전 세대의 단점을 보완하고자 했던 '문화-언어적 신학'은 지나치게 반대 극단을 향하게 되었고, 결국 성경의 권위를 약화시킨 채 실천 문제만을 강조하게 되었다. 그러므로 위에서 '정경-실천적 신학'으로 묘사했던 장종현 박사의 신학이 지향해야 할 점은 언제나 성경의 권위를 강조하여 성경 중심의 신학체계를 구성하고, 이것을 교회에 효과적이고도 직관적으로 적용할 수 있도록 제시하는 데 있다.

교회 실천 담론 I
신학의 회복

개혁주의생명신학의 핵심 전제는 "신학은 학문이 아니다"라는 명제이다. 이 진술은 개혁주의생명신학이 왜 태동하게 되었는지를 보여주는 핵심적인 명제라고 할 수 있다. 그런데 이 진술에 대한 반대와 오해가 많았다. 신학자들은 이 진술이 신학의 학문성 자체를 부정하는 것으로 여겨 반대했고, 학생들은 교회 역사와는 동떨어진 전혀 새로운 주장이라고 오해했다. 따라서 "신학은 학문이 아니다"라는 진술의 참된 의미를 다시금 되새기는 것은 매우 중요한 일이다.

필자는 개혁교회의 역사 가운데 신학과 학문의 관계에 대해 논의했던 대표적인 신학자들을 중심으로 개혁주의생명신학과의 연속성에 대해 살펴볼 것이다. 사실 신학과 학문의 관계에 대해 논의했던 신학자들은 상당히 많다.[125] 그러나 신학과 학문[126]의 관계에 대해 좀 더 긴밀한 논의가 필요해지기 시작한 것은 12세기 이후의 일이다. 이 무렵 서유럽에 대학이 세워졌고, 신학이 대학의 정규과정으로 편입되기 시작했다. 그 후 중세를 지나면서 신학은 "이론적 학문"이 되었다. 그리고 18세기 계몽주의 이후에는 신학이 대학의 정규과정으로 있는 것 자체가 논의 대상이 되었다.[127] 그러므로 신학과 학문의 관계에 대해,

중세시대 직후와 18세기 계몽주의 직후에 논의를 전개했던 신학자들의 견해를 살피는 것은 이 주제를 좀 더 핵심적으로 이해하는 데 효과적일 것이다.

이 글에서는 17세기 개혁파 정통주의를 대표하는 프란시스 튜레틴(Francis Turretin, 1623-1687)과 19세기 신칼빈주의를 대표하는 헤르만 바빙크(Herman Bavinck, 1854-1921), 그리고 19세기 프린스턴 신학의 마지막 대변자 벤자민 워필드(Benjamin B. Warfield, 1851-1921)를 중심으로 다룰 것이다. 이 세 명의 신학자들은 개혁신학을 대표하는 신학자들이요, 저마다의 시대적·신학적 정황 속에서 신학과 학문의 관계에 대해 논의한 신학자들이다. 그들이 신학을 학문과의 관계 속에서 어떻게 규정하는지 이해하는 것은 오늘날 우리가 신학을 전개함에 있어서 중요한 교훈을 제시한다. 이에 필자는 세 사람의 논의를 살펴보고, 신학과 학문의 관계에 대해 개혁주의생명신학이 규정하는 바와 어떤 연속성을 갖는지 도출할 것이다.

1 튜레틴이 신학의 성향과 성격에 대해 논하다

프란시스 튜레틴은 '개혁파 정통주의'라는 말과 동의어로 사용될 정도로 개혁신학의 역사에서 중요한 인물이다.[128] 그의 신학은 18세기의 이성주의, 경건주의, 계몽주의의 영향으로 개신교 신학 체계가 쇠퇴하기 이전의 개혁파 정통주의 신학을 잘 보여준다. 좀 더 구체적으로 말하자면 그의 신학은 종교개혁 이후에 발달한 17세기 개혁파 정통주의의 전성기[129]를 잘 보여준다. 그리고 튜레틴의 신학과 전성기 정통주의 신학은 그의 저술인 『변증신학강요』에 체계적으로 제시되어 있다.[130] 따라서 『변증신학강요』를 통해서 튜레틴의 신학을 살피는 것은 17세기 개혁파 정통주의의 신학적 특성을 알 수 있는 좋은 방법이 된다. 이에 필자는 튜레틴의 『변증신학강요』를 중심으로 "신학은 학문이 아니다"라는 그의 명제에 접근하고자 한다.

사실 튜레틴이 "신학은 학문이 아니다"라고 주장했다는 사실은 조금 놀랍다. 그는 오히려 정반대의 성향으로 비판을 받아왔기 때문이다. 튜레틴을 중심으로 하는 개혁파 정통주의는 스콜라 철학을 도입하여 합리주의적 성격의 신학을 전개했다고 비판받아왔다.[131] 따라서 튜레틴이 '신학은 학문이다'라고 말하는 것이 더 자연스러워 보임에도 불구하고, 그는 '신학은 학문이 아니다'라고 주장했다. 그런 의미에서 신학의 종류와 성격에 대한 튜레틴의 이해가 우리에게 시사하는 바가 크다 할 것이다.

신학의 성향

튜레틴이 신학과 학문의 관계에 대해 고찰할 때, 튜레틴의 주된 관심은 신학의 성향과 성격에 관한 것이었다. 신학과 일반 학문이 동등한 지위에서 대학에서 다뤄지고 있었기 때문에 신학의 성향이나 성격을 규정하여 신학과 학문의 차이점을 드러내는 것이 무엇보다 중요했기 때문이다. 리차드 멀러(Richard Muller)는 이 점을 잘 지적했다. 멀러에 따르면 제도화된 대학에서 신학을 다루게 되면서, 신학이 다른 학문 분과들과 어떠한 관계가 있는지 규명할 필요성이 생겨났다.[132]

멀러는 튜레틴이 활동하던 당시 학문에 대한 이해가 아리스토텔레스로부터 중세 신학자들로 이어지는 전통을 아직 따르고 있었음을 지적한다.[133] 아리스토텔레스는 다섯 가지 앎의 종류, 혹은 지성적 성향을 제시했다. 그에 따르면 여기에는 이해(intelligentia)와 지식(scientia), 지혜(sapientia), 명철(prudentia), 기술(ars)이 속한다.[134] 이해는 원리들을 아는 것으로 입증이 필요 없는 자연적이고 직관적인 앎이다. 지식은 자명하고 입증된 원리들로부터 도출한 결론들을 의미한다. 지혜는 위의 원리들과 결론들에 관한 해설로서, 궁극적 목적에 관한 지식으로 이해된다. 명철은 우연적인 상황에서 적절한 실천적 판단을 하는 것

에 관한 실천적 지식이다. 기술은 원하는 효과나 결과를 가져오기 위한 방법이나 기법을 말한다.[135]

이러한 이해에 따르면 튜레틴이 활동하던 시대까지 지식의 총체로서의 학문은 순전히 이성의 산물로 간주되었음을 알 수 있다. 즉 인간 안에 있는 이성이라는 원리에 의해서 인식하고 동의할 수 있는 것, 그리고 이 인식되고 동의된 것들로부터 연역적으로 도출되는 결론들이 곧 지식이자 학문이었다. 튜레틴이 신학과 학문의 관계에 대해서 논의할 때, 그가 염두에 두었던 학문이란 바로 이런 것이었다.

신학이 다섯 가지 지성적 성향들과 정확하게 동일하지는 않지만, 정통주의자들은 대체로 지식(scientia)과 지혜(sapientia)를 신학에 가장 가까운 앎의 유형으로 보았다.[136] 그러나 점차 'scientia'를 신학에 적용하는 데 걸림돌이 생기기 시작했다. 이 용어가 가지고 있는 철학적 의미를 완전히 제거할 수 없었기 때문이다. 이 용어의 철학적 용례에 따르면 'scientia'는 제1원리들에 관한 지식, 여기에서 도출된 결론들에 관한 지식, 합리적 증거에 기초한 지식들의 총체를 의미한다. 튜레틴은 이러한 정의로 인해서 이 용어가 신학에 적용될 수 없다고 보았다.[137]

그렇다면 신학은 다섯 가지 지성적 성향들과 어떤 면에서 다른가? 튜레틴의 이해에 따르면 신학은 이해(intelligentia)와 같지 않다. 이해는 원리들에 관한 지식으로 규정되지, 결론들에 관한 지식이 아니기 때문이다. 신학은 원리들에도 있고, 원리들로부터 도출된 결론들에도 있다. 신학은 지식(scientia)에도 가깝지 않다. 신학은 합리적 근거에 의존하는 것이 아니라 증언에 의존하며, 지식이 행동이 되도록 만들기 때문이다. 신학은 명철(prudentia)과도 분명히 다르다. 신학은 실천 의무들 이상을 다루기 때문이고, 사회적이라기보다는 영적이기 때문이다. 마지막으로 신학은 기술(ars)과도 같지 않다. 신학은 어떤 외적인 일로 끝나는 것을 의도하는 생산적 경향이 아니기 때문이다.[138] 이와 같은 튜레틴의 견해는 다음 진술에서 잘 드러난다.

신학은 학문이 아니다. 신학은 증거에 의존하지 않고, 증언에 의존하기 때문이다. 또한 신학은 학문이 아니다. 신학은 지식에 의존하지 않고, 지식이 행동이 되게끔 지시하고 명령하기 때문이다.[139]

튜레틴은 그나마 지혜가 신학과 가장 유사하다고 말한다.[140] 하지만 더 나아가서 튜레틴은 신학을 다섯 가지 지성적 원리 중 하나와 완전히 일치시키는 것을 경계한다. 튜레틴에게 신학은 다섯 가지 지성적 성향들 중에서 '어느 하나'가 아니라 '모두 다'였다. 신학은 다섯 가지 지성적 성향들을 모두 포괄한다. 신학은 근본 원리들을 포함하고 있기 때문에 "이해"이고, 이 원리들에 대한 논증을 담고 있기에 "지식"이며, 하나님을 최고의 원인으로 간주하기에 "지혜"와 유사하며, 실천을 향하기에 "명철"이고 교회의 덕을 세우기에 "기술"이다.[141]

신학의 성격

신학의 성향에 대한 논의는 이제 신학의 성격에 대한 논의로 이어진다. 신학의 성격에 대한 정의 역시 다양했다. 튜레틴에 따르면 겐트의 헨리(Henry of Ghent)와 두란두스(Durandus)는 신학이 철저히 사변적이라고 보았다. 이러한 관점과는 반대로 스코투스(Scotus)와 그의 추종자들은 신학이 본질적으로 실천적이라고 보았다. 더 나아가서 보나벤투라(Bonaventura)와 같은 사람들은 신학이 이론적이거나 실천적이지 않고 그 목적이 사랑인 만큼 정서적이라고 주장하기까지 했다.[142]

튜레틴은 이러한 극단적인 견해들을 거부한다. 신학을 사변적인 것으로만 규정할 경우, 신학은 지식 그 자체를 목적으로 갖게 되기 때문이다.[143] 반대로 신학을 순전히 실천적인 것으로만 볼 경우, 신학은 삼위일체나 성육신과 같은 주제들에 관한 교의적 지식을 상실하고 "윤리학적 무신론"(ethical atheism)으로

전락하고 말기 때문이다.[144]

멀러는 튜레틴이 이러한 다양한 관점들 중에서 대체로 두 가지에 집중한다고 지적한다.[145]

첫째는 토마스 아퀴나스의 입장으로 신학이 사변적인 동시에 실천적이어야한다고 주장하면서도 신학의 사변적이거나 사색적인 면을 강조하는 견해이다.

둘째는 아우구스티누스주의를 따르는 것으로 신학의 사변성과 실천성을 동시에 강조하면서 실천적 측면을 좀 더 강조하는 견해이다. 그리고 튜레틴은 여기에서 두 번째 견해인 아우구스티누스의 관점을 좀 더 지지한다.

따라서 튜레틴은 신학을 혼합된 원리(mixed discipline)로 규정한다. 신학은 부분적으로 실천적이고 부분적으로 사변적이지만, 실천을 좀 더 강조한다. 신학의 이러한 혼합된 성격은 신학에 대한 그의 숙고에서 좀 더 분명하게 드러난다. 신학은 하나님을 최고선(summum bonum)으로 경배하는 것과 궁극적 진리(primum Verum)로서의 하나님을 아는 지식을 포함한다.[146] 따라서 튜레틴이 보기에 인간과 신학은 지 두 가지 혼합된 원리를 잘 드러낸다. 인간이 사랑과 믿음을 모두 가지고 있다는 점에서, 그리고 신학이 예배와 지식을 모두 포함한다는 점에서 그렇다. 그러므로 인간의 궁극적 복은 하나님을 알고 즐거워하는데 있다.[147]

소결

종교개혁자들은 신학과 학문의 관계에 대해서 많이 다루지 않았다. 그런데 종교개혁이 제도화되는 가운데 신학과 학문을 대학에서 함께 가르칠 필요성이 생겨났고, 신학과 학문의 관계에 대해 중세의 모델을 택했다.[148] 아리스토텔레스가 제시한 다섯 가지 지성적 성향들(이해, 지식, 지혜, 명철, 기술)로 신학과 다른 학문들의 관계를 설명하려고 했던 것이다.

튜레틴에 따르면 신학의 성향을 설명함에 있어서 아리스토텔레스가 설명하는 다섯 가지 지성적 성향들은 적절하지 않다. 튜레틴에게 신학은 다섯 가지 지성적 성향들 중에서 '어느 하나'가 아니라 '모두 다'였다. 신학은 환원적이지 않고, 다섯 가지 지성적 성향들을 모두 포괄한다. 신학은 이해와 지식, 지혜, 명철, 기술을 모두 포괄한다.

신학의 성격에 있어서도 마찬가지였다. 다섯 가지 지성적 성향들로 규정되는 학문의 성격은 순전히 이론적이거나 순전히 실천적이었다. 튜레틴에 따르면 신학의 성격은 실천과 이론이 혼합되고 결합된 것이다. 신학의 혼합적 성격은 이론이나 실천 하나를 배제하는 것이 아니라 종합한다.

그러므로 "신학은 학문이 아니다"라는 튜레틴의 명제는 신학과 학문의 성향과 성격을 어떻게 규정하는가에 대한 문제였다. 튜레틴은 그 당시 대학에서 일반적으로 사용하는 아리스토텔레스의 환원적인 구분 방식을 거부하고, 모든 것을 종합하고 포괄하는 신학의 성향과 성격을 주장했다. 신학은 (다섯 가지 지성적 성향들 중 하나에만 해당하는) 환원적이고 파편적인 학문이 아니다. 오히려 신학은 (다섯 가지 지성적 성향들 모두를) 종합하는 종합적인 학문이다.

2 바빙크가 신학의 본질적 기초원리에 대해 논하다

18세기에 계몽주의가 등장하면서 신학과 학문의 관계에 대한 논의는 좀 더 치열해지기 시작했다. 튜레틴이 활동하던 시기까지는 대학에서 신학이 다른 일반 학문들과 동등한 지위에 있으면서, 그 차이점에 대한 논의가 필요했다. 하지만 이제 "신학이 대학교 안에 속한 것에 대해 문제가 제기"되기 시작했다.[149] 헤르만 바빙크가 신학-학문의 관계에 대해 주장하는 바는 이러한 맥락에서 이해되어야 한다.

바빙크는 일차적으로 신학이 학문과 동등한 지위에 있음을 입증해야만 했다. 그러나 바빙크는 자신의 논의를 여기에서 끝내지 않는다. 신학이 학문과 동등한 지위에 있음을 입증한 후, 신학이 학문과 어떻게 차별성을 갖는지 논의하기 때문이다.

이 글에서 바빙크의 논의는 다음과 같이 진행된다.[150]

첫째, 바빙크 당시 학문의 개념을 살펴볼 것이다. 이것은 크게 합리론과 경험론 사이의 대립에서 나타난다. 합리론과 경험론이 학문으로서 어떤 한계를 지니는지 살펴보고, 바빙크가 제시하는 학문의 본질을 이해하기 위한 초석으로 삼을 것이다.

둘째, 바빙크가 제시하는 학문의 기초원리를 살펴볼 것이다. 바빙크는 합리론과 경험론이 학문으로서 한계를 지닌다고 지적한 후, 학문이 가져야 할 세 가지 기초원리를 제시한다. 이 기초원리는 학문과 신학의 관계를 이해하는 중요한 공통점이 된다. 마지막으로, 바빙크가 말하는 신학의 기초원리를 살펴볼 것이다. 신학은 일반 학문과 동일하게 세 가지 기초원리를 가진다. 하지만 신학은 하나님을 그 본질적 기초원리로 삼는다는 점에서 일반 학문이 아니다.

학문의 성격: 합리론과 경험론

우리가 가장 먼저 이해해야 할 것은 학문의 개념이다. 바빙크 시대에 학문이 어떤 의미로 사용되었고, 바빙크는 이것을 어떻게 평가하는지 이해하는 것이 중요하다. 바빙크에 의하면 학문은 주체와 대상 사이의 논리적 관계에 의존한다.[151] 주체와 대상의 관계에 대한 이해가 학문에 대한 우리의 견해를 규정한다는 것이다. 그런데 이 관계를 규정하는 방식에는 항상 두 가지 정반대의 경향이 있었다. 그것은 합리론과 경험론이다.[152] 바빙크는 합리론과 경험론이 말하는 학문의 성격을 제시한 이후, 두 경향의 한계를 지적한다. 연구자는 바빙크의 논의를 따라가며, 학문의 성격을 규정하는 두 경향의 특징과 한계를 간략하게 살펴보고자 한다.[153]

먼저, 합리론은 학문적 지식이 외부로부터 오는 것이 아니라 인간 정신의 산물이라고 말한다.[154] 다시 말해서 감각적 인식이 아니라, 오직 사고 작용만이 우리에게 지식을 제공한다. 우리의 감각적 인식은 매일 변화하는 대상을 관찰하기 때문에 참된 지식을 줄 수 없다는 의미다. 이러한 기본적인 합리론은 시간이 지나면서 여러 철학자들에 의해서 반복되었다. 표현방식과 정도에 있어서 달랐을 뿐, 합리론의 기본 정신에는 모두 동의했다. 그들에 의하면 사고 작용과 존재가 동일한 것이 된다.[155] 합리주의는 이처럼 역사 속에서 다양하게 등장했다. 하지만 우리는 다양한 합리주의 속에 하나의 근본적인 사상이 있다는 사실을 기억할 필요가 있다. 그것은 "지식의 근원이 주체에 있다는 사상"이다. 지식은 인간 외부에서 주어지는 것이 아니라 인간 내부에 있는 사고 작용을 통해서만 주어진다는 것이다.

다음으로, 경험론은 합리론과 정반대를 주장한다. 경험론은 우리의 감각적 인식만이 지식의 근원이라고 주장한다.[156] 우리는 타고난 개념들을 가지고 지식을 추구하는 것이 아니라, 외부 세계를 관찰하고 경험함으로써 지식을 얻는 것이다. 따라서 학문적 연구자는 자연의 해석과 순수 경험에 의존해야만 한다. 따라서 초감각적이거나 초자연적인 것은 학문이나 지식의 대상이 될 수 없다. 오귀스트 콩트(Auguste Comte)는 여기에서 더 나아갔다. 그에 따르면 형이상학이나 신학, 정신과학, 심리학도 학문의 대상이 될 수 없다.[157] 따라서 우리는 사물의 원인이나 목적, 기원에 대해서 알 수 없고, 오직 사물들의 상호 연관성과 관계들만 알 수 있을 뿐이다.

위의 두 경향은 학문의 성격을 규정하는 정반대의 경향이다. 그러나 두 경향은 동일한 한계를 지닌다. 합리론과 경험론은 모두 주체와 대상 사이의 관계를 명확하게 설명하지 못한다는 것이다. 우리는 항상 표상 안에만 머물게 되지 사물 자체와 접촉할 수 없다는 한계가 있다.[158] 합리론에 기초한 학문은 관념론으로 흐르게 되고, 인간의 삶과 경험과 정면으로 충돌하고 이에 관한 풍성한 것을 산출할 수 없다.[159] 경험론에 기초한 학문은 세계를 설명하는 데 있지 않고, 현실에 대한 지식으로부터 실제적인 유익을 얻는 것에 있다. 이러한 학문은 결국 학문의 본래 성격인 보편적인 것, 필연적인 것, 논리적인 것 등에 대한 설명을 상실하게 된다.[160]

학문의 기초원리: 실재론

바빙크는 합리론과 경험론을 올바른 학문의 원리로 생각하지 않는다. 그는 합리론과 경험론이 학문적 한계를 지닌다고 지적할 뿐만 아니라, 두 경향이 서로를 진척시키면서 결국 유물론과 환상론에 이르게 된다고 지적하기 때문이다.[161] 바빙크는 이것보다 더 나은 학문적 원리를 추구할 필요성이 있다고 언급하면서 실재론에 대한 논의로 넘어간다.[162] 그리고 실재론에서 주체와 대상의 관계를 어떻게 규정하는지 살핌으로써, 올바른 학문 원리를 제시한다.

먼저 실재론을 이해하는데 있어서 가장 중요한 질문은 이것이다. "우리의 의식 가운데 있는 인식의 상, 곧 표상과 우리 외부의 실재, 곧 대상 사이에는 무슨 관계가 있는가?"[163] 이것은 주체와 대상 사이의 논리적 관계에 대한 동일한 질문이다. 이 질문에 대한 답이 곧 실재론을 앞에서 다룬 합리론이나 경험론과 구별 짓는다. 실재론은 우리 안에 주어진 표상과 사물 사이에 있는 차이를 부인하지 않는다. 오히려 둘 사이의 불가분적 연관성을 강조한다. 바빙크는 이 사실을 다음과 같이 잘 설명한다.

이러한 인식 능력에 대한 이론과 합리론–경험론 사이의 차이는 다음 두 가지 요점에 놓여 있다. 첫째, 지성에 대한 독특한 견해로서 지성은 고유한 속성을 수반하고 그에 따라 또한 고유한 방식으로 활동한다. 둘째, 이 지성은 자기 고유한 속성에 따라 활동하지만, 오로지 인식된 사물로부터 자연적으로 그 사물에 잠재된 논리적 요소를 추출하는 것이다.[164]

이러한 설명은 인간의 지성과 감각적 인식이 학문에 있어서 모두 중요한 요소임을 드러낸다. 인간의 모든 지식은 감각적 인식에서 출발한다. 현실 세계에 대한 관찰이 학문의 출발점이다. 우리의 의식과 정신 안에, 감각적 인식을 통해 주어지는 표상이 생겨날 때, 학문이 시작된다. 실재론은 이 표상을 우리 외부의 현실 세계에 대한 "신뢰할 만한 재연"으로 인정한다.[165] 하지만 인간 정신은 이 표상에 머물러 있지 않는다. 인식된 표상들에 대한 인간의 사고 작용이 더해진다. 인간의 지성은 감각적 인식들로부터 받은 표상에서 일반적이고 보편적인 것을 분리해내는 과정을 더 거친다. 여기에서 일반적이고 논리적인 학문적 결과들을 끌어낸다.[166]

실재론에 대한 바빙크의 논의는 학문의 기초원리들을 제시하기 위한 징검다리 역할을 한다. 바빙크는 합리론과 경험론이 학문적 원리로서 부적절하다는 사실을 지적한 후, 두 경향을 보완하는 원리로 실재론을 제시한다. 그리고 실재론에 있는 인식론적 요소들을 학문의 기초 원리로 제시한다. 위의 논의에서 나타나는 실재론의 인식론적 요소는 객관적으로 존재하는 외부 세계, 외부 세계에 대한 인간의 감각적 인식, 이 인식된 대상에 대한 정신적 작용이다. 바빙크는 이것을 "지식의 객관성과 진리에 대한 인간의 일상적 경험, 보편적이고 자연적인 확신"이라고 표현한다.[167] 학문의 기초원리들도 동일한 요소를 내포한다. 바빙크는 아리스토텔레스의 정의에 따른 논리학의 기초원리들을 제시한다. 그것은 본질적 기초원리, 존재의 기초원리, 인식의 기초원리이다. 이것은 모든 학문이 산출되는 원리들이다. 모든 학문에서 이 세 가지 원리들은 구분되어야 한다.[168]

신학의 기초원리

학문의 기초원리는 신학으로 그대로 흘러들어갔다. 물론 이 기초원리들을 구분하는 데 있어서 완전하게 동일하지는 않다. 신학에서는 본질적 기초원리와 존재의 기초원리가 하나로 묶이고, 인식의 기초원리가 두 개로 나타난다. 즉 본질적(존재의) 기초원리와 외적 인식의 기초원리, 내적 인식의 기초원리이다. 필자가 보기에 바빙크는 바로 이 점에서 신학과 일반 학문의 차이점을 드러내고 있다.

첫째, 신학의 본질적 기초원리는 하나님이다. 하나님은 신학의 본질적 기초원리이자 존재의 기초원리이다. 아우구스티누스는 성부를 '모든 신성의 기초원리'라고 칭했다.[169] 하나님이 학문과 신학을 포함한 모든 피조물의 본질적 기초원리이자 존재의 기초원리라는 것이다.[170] 그 이유는 하나님을 아는 지식이 오로지 하나님으로부터, 그리고 하나님을 통해서만 가능하기 때문이다.

둘째, 신학에 있어서 외적 인식의 기초원리는 하나님의 자기계시이다. 하나님의 계시는 우리에게 성경의 형태로 주어졌다. 바빙크에 따르면 성경은 우리가 하나님을 아는 일에 있어서 유일한 외적 인식 원리가 된다.[171]

셋째, 내적 인식의 기초원리는 성령의 조명이다. 하나님의 계시는 인간 외부에 그냥 머물러 있어서는 안 된다. 그것은 인간의 내면에까지 도달해야 한다.[172] 여기에서 내적 인식의 기초원리의 필요성이 대두된다.

이 세 가지 기초원리는 구별될 수는 있지만, 서로 분리되거나 해체될 수 없다. 하나님이 이 지식을 스스로 소유하시고, 인간에게 계시로 전달하시고, 인간 의식에 알려주시기 때문이다. 바빙크에 따르면 신학이 다른 학문과 차별성을 띠는 가장 근본적인 부분은 바로 본질적 기초원리에 있다. 일반 학문이 인간이라는 주체를 존재의 기초원리로 삼았다면 신학은 존재의 기초원리이자 본질적 기초원리를 하나님으로 삼는다. 신학과 학문이 본질적 기초원리에 있어서 갖는 차이점에 대해 바빙크는 명료하게 선언한다.

우리가 앞선 연구로부터 얻은 결론은 다른 것이 될 수 없고 오로지 다른 출발점을 선택하고 다른 방법을 따라야 한다는 것이다. … 오늘날 사람들은 어떤 주어진 현상을 설명하기 위해 하나님께 거슬러 올라가는 것을 비학문적이라 부른다. 물론 하나님은 우리의 '무지의 피난처'가 되어서는 안 된다. 그럼에도 불구하고 하나님을 전혀 고려하지 않고, 하나님 없이 하나님을 떠나 모든 것을 설명하려는 것은 빈약한 학문이다. … 종교란 참된 것이다. 하지만 종교는 하나님의 존재와 계시를 엄밀한 논리적, 학문적 의미에서 요구하고 가정한다. 누구든지 … 하나님을 모든 종교의 본질적 기초원리로서 인정해야 한다.[173]

소결

신학은 그 지위에 있어서 일반 학문과 동일하다. 신학과 학문은 모두 유사한 기초원리로 구성되기 때문이다. 신학과 학문은 저마다의 독특한 고유원리를 가지고 있고, 따라서 신학에는 독립적인 학문적 지위가 있다.[174] 신학은 하나님에 관한 정당한 학문으로서, 그 고유한 대상과 원리와 방법과 목적을 가진다.[175] 신학은 다른 학문과 동일한 지위에 있다.

더 나아가서 신학은 그 본질적 기초원리에 있어서 일반 학문과 다르다. 다시 말해서 신학은 그 출발점에 있어서 인간의 내적 인식이나 감각적 인식을 토대로 삼지 않고, 하나님으로부터 시작한다. 하나님이 존재하시고 계시하시고 조명하신다는 사실이 신학의 기초원리들이다. 이 점에서 신학은 학문이 아니다.

3 워필드가 신학의 원천과 목적에 대해 논하다

벤자민 워필드는 개혁주의 전통 안에서, 특히 19세기 미국 개혁신학에서 가장 중요한 신학자들 중의 한 사람으로 평가된다. 리차드 멀러(Richard Muller)는 워필드가 탁월한 칼빈 연구가임을 제시한다. 멀러에 따르면 "칼빈의 신지식 교리를 분석한 워필드의 연구는 가장 탁월한 칼빈 연구이다. 그리고 하나님을 아는 지식과 삼위일체에 관한 워필드의 연구는 여전히 참고할만한 주요 논문이다."[176] 킴 리들바거(Kim Riddlebarger)는 워필드의 죽음이 갖는 신학적 중요성을 다음과 같이 설명한다.

> 워필드의 죽음은 한 세대의 종말을 의미했다. 화란의 위대한 신학자였던 아브라함 카이퍼는 1920년 11월 12일에 사망했다. 벤자민 워필드는 1921년 2월 16일에 사망했다. 그리고 화란의 또 다른 위대한 신학자였던 헤르만 바빙크는 같은 해 7월 29일에 사망했다. 개혁주의를 지지하는 신학자들은 그들의 위대한 지도자를 단 9개월 사이에 모두 잃었다.[177]

워필드의 가장 커다란 신학적 공헌은 성경론이다. 지난 100년 동안의 기독교 역사에서 성경론에 관한 가장 중요한 신학자는 워필드와 칼 바르트(Karl Barth)였다.[178] 워필드는 성경 무오성에 관하여 강력한 변증을 시도함으로써 그 당시 학계에서 관심을 불러 일으켰다.[179] 재스펠은 지난 세기 성경의 영감과 무오에 관한 모든 논의는 워필드에 대한 주석에 불과하다고 말하며, 그를 "영감의 신학자"로 표현했다. 이는 화이트헤드(Whitehead)가 서양철학이 플라톤의 주석에 불과하다고 했던 표현을 인용한 것이다.[180]

그럼에도 불구하고 워필드가 합리주의적 신학을 전개했다는 비판을 종종 듣는 것은 사실이다. 워필드가 활동했던 시대부터 그 이후 시대에 이르기까지 워필드의 신학에 대한 비판의 주된 측면은 그의 신학이 지나치게 합리주의적이거나 스콜라주의적이라는 것이었다.[181] 하지만 이러한 비판은 오해이거나 충분하지 않은 연구의 결과이다. 워필드가 자신의 신학을 망라한 조직신학을 저술하지 않았다는 점과 그 당시 시급했던 문제들을 중심으로 글을 썼다는 점, 그의 글의 양이 워낙 방대하다는 점은 워필드 신학에 대한 전체적이고 체계적인 연구를 어렵게 만든다.[182] 따라서 그의 글 전체를 읽지 않고, 그가 특

정 주제를 다루는 글만 읽게 될 경우, 그의 신학에 대한 오해가 생기기 마련이다.[183]

하지만 워필드의 글 전체를 읽어보면, 워필드는 신학을 결코 합리주의적이거나 스콜라주의적으로 다루지 않는다. 워필드에게 신학은 단순한 학문이 아니었다. 워필드에게 신학은 단순한 학문 이상의 어떤 것이다. 다시 말해서 워필드에게 신학은 실천적 목적과 생명의 지식으로 완성되고 종합되는, 학문 이상의 학문이다.

신학의 학문적 성격

워필드 역시 19세기 맥락에서 신학을 전개했기에 신학에 있는 일반적인 학문적 성격을 인정한다. 워필드는 학문의 세 가지 필수 요소를 언급한 후, 신학의 세 가지 필수 요소로 나아간다. 이것은 동시대에 활동했던 바빙크와 동일한 접근법이라고 할 수 있다.

> 어떤 학문이 존재하려면 세 가지 요소들이 전제되어야 한다. ① 그 대상이 실재해야 한다. ② 그 대상을 인식하고 수용하고 해석할 수 있는 인간 지성이 있어야 한다. ③ 그 대상이 인간 지성에 전달되고 이해될 수 있는 어떤 전달 수단이 있어야 한다.[184]

워필드에 따르면 신학에도 이러한 요소들이 있다. 그러므로 다른 모든 학문들과 같이 신학도 학문이라고 불릴 수는 있다. 신학이 다른 학문들과 같이 세 가지 구성요소로 이루어진다는 점에 대해서 워필드는 다음과 같이 설명한다.

> 그러므로 신학은 일종의 학문으로서 다른 모든 학문들과 같이 전제로 삼는 것이

있다. 신학이 다루는 대상이 객관적으로 실재한다는 것, 그 대상을 이해할 수 있는 주관적 능력이 인간 지성에 있다는 것, 인간 지성이 그 대상을 수용하고 이해하는 과정에서 신뢰할 만한 전달 수단이 있다는 것이다.[185]

워필드가 보기에 신학의 대상은 두 가지이다. 하나는 존재하시는 하나님이고, 다른 하나는 하나님이 자신의 피조물과 맺으시는 관계들이다. 하나님이 계시지 않았다면 신학도 없었을 것이다. 하나님이 계시고, 하나님이 자신의 피조물과 친히 관계를 맺으시기에 신학이 가능하다. 이를 이해하는 데 인간 지성이 필요하다. 인간의 지성은 하나님이 어떤 분이신지, 하나님이 피조물과 어떤 관계를 맺는지 이해하는 데 필요하다. 워필드는 이것을 인간의 '종교적 본성'이라고 부른다. 마지막으로 인간 지성이 하나님에 대해 이해하는 과정에서 인간에게는 의사소통 수단이 필요하다. 하나님에 관한 사실들과 하나님의 일들에 관한 사실들이 인간 지성에 전달되어야 한다. 그래야 인간 지성이 그것을 수용하고 이해할 수 있다. 이 의사소통 수단이 곧 '계시'이다.[186]

신학의 원천

신학이 기본적으로 학문적 성격을 가진다는 사실을 언급한 워필드는 이제 신학이 단순한 학문에 그치지 않는다는 논의로 나아간다. 신학에 일반 학문의 구성 요소들이 있지만, 신학이 일반 학문과 다른 것은 그 원천 때문이다. 신학의 원천은 바로 계시와 말씀이다. 하나님께서 다양한 방식으로 자신을 우리에게 알리셨고, 그 다양한 방식의 한 형태가 바로 기록된 말씀이다. 이것이 신학의 원천이요, 신학이 일반 학문과 다른 이유이다. 워필드는 이 점을 다음과 같이 설명한다.

다시 말해서 우리가 신학은 학문이라고 말할 때, 우리는 하나님이 실제로 존재하신다는 것과 우리가 그분을 이해할 수 있다는 것을 말하는 것에서 그치지 않는다. 우리는 하나님이 자신을 우리에게 알리셨다는 것까지도 말하는 것이다. 이는 계시가 객관적으로 실재한다는 말이다. 하나님의 계시가 인간에게 주어지지 않았다면, 그분을 이해하는 인간의 능력도 아무 소용 없었을 것이다. 하나님이 실제로 존재하시는 데도 우리는 그분이 계시지 않는다고 생각했을 것이다.[187]

이처럼 워필드는 신학의 원천으로 계시를 제시한다. 계시는 하나님에 관한 사실들, 하나님이 피조물과 맺는 관계들에 관한 사실들을 인간 지성에 전달해주는 수단이다. "하나님을 아는 모든 지식의 조건이 계시라는 단어로 정확하게 규정"된다.[188]

신학의 목적

이처럼 워필드는 일반적인 의미에서 신학을 학문으로 규정하는 것에 동의한다. 다시 말해서 신학이 고유의 대상을 가진다는 점에서 학문으로 볼 수 있다는 것이다.[189] 신학은 하나님을 다루고 하나님이 피조물과 갖는 관계들을 다루는 학문이다. 그에 따르면 신학을 이와 같은 일반적인 의미에서 학문으로 정의하는 것은 "질서 있고 전적으로 만족할만해 보인다."[190] 하지만 워필드는 신학을 이렇게 규정하는 것이 전부가 아님을 상술하기 시작한다.

신학은 "실천적 학문"이다. 신학 그 자체는 내적으로 학문적이고 논리적일 수 있지만, 외적으로 실천적 목적을 지향해야 한다는 것이다.[191] 그런 면에서 신학의 분과들을 나누어서 조직신학을 "학문적 신학 원리"로 다루고, 실천신학을 "실천적 신학 원리"로 다루는 것은 정당할 수 있다. 그러나 워필드가 이 점에서 또 다시 강조하는 바는 조직신학 역시 그 자체로는 존재하지 않는다는 것이다. 조직신학은 신학이라는 전체 유기체의 구성원이다. 워필드는 이 점을 다음과 같이 설명한다.

> 조직신학은 그 자체로나 스스로를 위해서 존재하지 않는다. 그것은 한 유기체의
> 구성원이다. 그리고 그것은 그 유기체를 위해서 존재한다. 그 유기체는 한 부분이
> 고, 전체의 유익을 위해서 부분의 역할을 한다. 그리고 전체의 행위의 정점을 이
> 루는 것, 그 부분들의 모든 기능이 향하는 것은 실천신학에서 활성화되는 "생명력
> 있는 영향"이다. 그러므로 신학의 학문적 특성은 그것의 실천적 사안과 충돌하지
> 않고, 이 실천적 사안을 향해 작동하는 요소들 중의 하나이다.[192]

워필드는 신학이 실천적인 목적을 지향해야 하고 실천적인 영향을 만들어
내야 한다고 지적한다.[193] 신학이 완성되기 위해서는 신학이 실천적 목적을 증
진해야만 한다. 신학이 일종의 학문으로 유지될 수는 있지만, 실천적 목적을
향하지 않는다면 존재할 수 없고, 그러한 것은 결국 신학이 아닌 셈이다.[194]

더 나아가서 워필드에게 신학은 "생명력 있는 지식"이다. 이에 대해 워필드
는 '지식'이 이중적 의미를 갖는다고 설명한다.[195] 하나는 순전히 지성적인 의
미이고, 다른 하나는 사람의 전인격과 모든 행동을 포함하는 의미이다. 그러
므로 "하나님을 아는 지식"은 단순한 이해의 차원에서 머물지 않는다. '종교
적인 지식' 차원에만 머물지 않는다. 다시 말해서 하나님을 아는 지식은 신학
의 목적으로서 "한 사람의 전체를 관여시키는, 하나님을 아는 생명력 있는 지
식"이다.[196] 워필드는 신학이 "하나님을 아는 참되고 생명력 있는 지식"을 만
들지 않는다면 그것은 신학이 전혀 아닌 것이라고 주장한다. 다음의 설명을
살펴보자.

> 우리는 신학과 동일한 내용을 다루는 세속 학문들의 존재 가능성을 인정한다. …
> 한 저술이 신학이 다루는 주제를 다루기 때문에 "신학"의 영역에 속한다고 하거
> 나, 한 사람이 어떤 중세 수도승이나 심지어 그리스도의 생애에 관하여 썼다고 해

> 서 "신학자"라는 위대한 칭호를 얻는다고 말하는 것은 지지할 만하지 않다. 그리스도에 관한 순전히 세속적 연구들, 그 본문에 대한 순전히 세속적 조사들, 심지어 성경 내용에 관한 세속적 연구들도 있기 때문이다.[197]

워필드에 따르면 순전히 지적 영역에 머무르는 신학은 세속 학문들과 동일하다. 신학적 주제를 다룬다고 해서 참된 신학이 되지는 않는다. 심지어 그리스도의 생애를 연구하는 책을 쓴다고 하더라도, 얼마든지 세속적인 학문에 그칠 수 있다. 워필드가 보기에 참된 신학은 생명력 있는 전인격적 지식을 지향해야만 한다.

소결

워필드 역시 19세기라는 맥락에서 신학의 학문적 지위는 기본적으로 인정한다. 그러나 워필드는 신학이 단순한 학문이 아니라는 사실에 좀 더 집중한다. 특히 신학은 그 원천이 하나님의 계시라는 점에서 일반 학문과의 차별성을 갖는다. 하나님이 계시기에 신학이 가능하다는 것이다. 더 나아가서 신학은 그 목적에 있어서도 일반 학문과 차별성을 갖는다. 신학은 실천적이고 전인격적인 지식을 목적으로 삼는다. 신학은 이러한 생명력 있는 지식으로 완성된다.

4 개혁주의생명신학이 '생명을 살리는 신학'에 대해 논하다

지금까지 우리는 대표적인 개혁신학자들이 신학과 학문의 관계를 어떻게 규정했는지 살펴보았다. 프란시스 튜레틴과 헤르만 바빙크, 벤자민 워필드는 각자 자기 시대의 개혁주의 전통을 대표하는 신학자들이다. 그들의 한결같은 주장은 "신학은 일반 학문이 아니다"라는 것이다. 신학에 학문적 성격과 지위가 분명히 있지만, 신학은 일반적인 학문에 그치지 않는다. 신학은 그 성향과 특성, 본질적 원리, 원천, 목적에 있어서 일반 학문이 아니며, 학문 그 이상의 어떤 것이다.

그렇다면 개혁주의생명신학은 21세기 한국에서 어떤 의미로 "신학은 학문이 아니다"라고 주장하는 것일까? 필자는 개혁주의생명신학의 7대 실천운동 중에서 제2항인 '신학회복운동'을 통해 신학과 학문의 관계에 대해 개혁주의생명신학이 무엇이라 말하는지, 개혁주의 전통과 어떤 연속성을 갖는지, 그 신학적 의의가 무엇인지 살펴보고자 한다.

신학의 학문성

개혁주의생명신학은 신학의 학문성 자체를 결코 부정하지 않는다. 개혁주의생명신학은 신학을 "일종의 학문"으로 인정한다. 이 점에서 개혁주의생명신학은 우리가 살펴본 개혁주의 전통과 연속성을 갖는다.

> 물론 신학도 일종의 학문이라고 할 수 있습니다. 하나님에 대한 지식을 체계적으로 정리해서, 그것을 잘 알아듣게 가르쳐야 하기에, 신학은 하나의 지식이요, 학문일 수 있습니다. 그러나 신학은 학문으로만 끝나면 안 됩니다. 이런 의미에서 신학은 학문이 아니라고 말하는 것입니다. 신학은 학문적인 방법을 사용하지만, 절대로 학문으로만 끝나서는 안 됩니다.[198]

신학과 학문의 관계에 대한 개혁주의생명신학의 입장은 분명하다. 신학이 일종의 학문으로 간주될 수 있지만, 단순한 학문에 머물러서는 안 된다는 것이다. 신학은 일반적인 학문 그 이상의 어떤 것이어야 한다.

신학의 출발점

개혁주의생명신학이 개혁주의 전통과 연속성을 가진다는 사실은 신학의 출발점을 언급하는 부분에서도 발견된다. 다시 말해서 신학은 일반 학문과 출발점이 다르다는 주장이다. 개혁주의생명신학은 이 점을 두 가지 방식으로 강조하고 있다. 하나는 신학의 주체가 '말씀하시는 하나님'이라는 것이고, 다른 하나는 신학하는 사람이 '성경으로 돌아가야 한다'는 것이다.

먼저, 신학의 주체는 인간이 아니라 말씀하시는 하나님이다.[199] 일반적으로 신학을 '하나님에 관한 지식이나 학문'으로 정의하는 것에 비추어 볼 때, 신학의 주체는 인간이다. 바빙크나 워필드 역시 신학과 학문을 비교하며 신학의 대상이신 하나님과 신학의 인식 주체인 인간 지성을 언급했다. 이와는 대조적으로 개혁주의생명신학은 신학의 주체를 하나님으로 규정한다. 하나님에 대한 인간의 이성적, 경험적, 학문적 탐구가 가져오는 '사변화'에 대한 저항으로 볼 수 있다. 개혁주의생명신학에 의하면 역사 속에서 신학은 본래 "하나님을 향한 경건 자체"를 의미했다.[200] 하나님을 향한 감사와 기도, 찬양이 처음의 신학이었다. 맥그래스 역시 이 점을 지적한다. 그에 따르면 신학은 처음에 "기도와 영성 같은 실제적인 문제들"을 다루었다.[201]

그렇다면 신학의 주체가 '말씀하시는 하나님'이라는 것은 구체적으로 무엇을 의미할까? 이것이 신학의 출발점에 관한 두 번째 논의이다. 신학하는 사람이 성경으로 돌아가야 한다는 것이다.[202] 이는 성경을 신학의 가장 중요한 자료로 삼는 자세이고, 하나님의 말씀인 성경으로 끊임없이 돌아가려는 자세이다. 또한 특정 신학 체계를 절대화하지 않으려는 자세이다. 이처럼 개혁주의생명신학은 신학의 출발점을 말씀하시는 하나님, 그리고 그분의 말씀이 담긴 성경으로 삼는다.

신학의 지향점

개혁주의생명신학의 출발점이 하나님과 그분의 말씀이라면, 그 지향점은 "신학의 생명화"에 있다. 이 점에 대해서는 다음과 같은 명시적인 진술을 살펴보자.

개혁주의생명신학이 추구하는 신학회복운동은 신학의 생명화를 강조합니다. 학문이 구원을 줄 수는 없습니다. 구원은 오직 하나님의 말씀으로만 이루어집니다. 우리가 신학을 가르치고 배우는 것은 생명을 살리고, 교회를 살리며, 세상을 살려서 오직 하나님께 영광을 돌리기 위한 것이어야 합니다. 우리는 이 사실을 결코 잊지 말아야 합니다.[203]

개혁주의생명신학은 성경에서 떠나 사변화되고 인간적인 학문으로 전락한 신학을 지양하고, 생명을 살리는 신학을 지향한다. 죽어가는 영혼을 살리는 신학, 예수님의 생명을 전하는 신학, 영적으로 살아 있는 신학을 지향한다.[204]

하나님의 말씀을 가르치는 신학은 '생명을 살리는 신학'이어야 합니다. 신학생들도 신학을 배우고 하나님의 말씀을 배울 때 성령의 역사에 전적으로 의지해야 합니다. 신학생들은 성령의 역사를 깊이 의지하면서 신학공부를 해야 합니다. 그래서 예수님을 알고, 예수님을 통해서 더 풍성한 생명을 얻어야 합니다.[205]

이와 같이 개혁주의생명신학의 지향점은 분명하다. 신학의 생명화, 즉 생명을 살리는 신학을 그 목적으로 삼는다. 중세시대와 계몽주의를 지나면서 신학은 학문적 지위를 얻는 것에 그치지 않고, 성경을 떠나 인간적인 학문의 길을 걸었다. 개혁주의생명신학은 바로 이 점을 저항한다. 그런 의미에서 "신학은 학문이 아니다"라고 주장한다. 그리고 신학이 나아가야 할 마땅한 방향을 제시한다. 바로 "신학의 생명화"이다.

신학의 방법론

생명을 살리는 신학을 전개함에 있어서 그 방법론 역시 중요하다. 이는 '종교의 자리', 또는 '종교의 좌소'라는 이름으로 논의가 전개된다.[206] 신학을 전개하는 방법, 즉 종교의 자리에는 크게 세 가지가 있다. 여기에는 지성과 이성, 의지가 포함되는데, 모두 인간의 정신적 기능에 해당한다.

종교의 자리를 논함에 있어서 지성과 감정, 의지 중 어느 하나를 강조하는 신학자와 철학자들이 있었다. 지성을 강조한 헤겔로부터 감정을 강조한 슐라이어마허, 의지를 강조한 임마누엘 칸트 등이 대표적이다. 이들은 신학을 함에 있어서 인간의 지성과 감정, 의지를 환원적으로 강조했다. 이러한 환원적인 태도에 대해 개혁주의생명신학은 다음과 같이 말한다.

> 특별히 학문으로 신학을 하는 사람들에게 있어서는 지성의 역할이 그 무엇보다도 중요할 것입니다. 하지만 이렇게 지·정·의 가운데 오직 한 가지만을 강조하는 것은 잘못된 것입니다. 우리는 종교가 영혼의 기능들 중 꼭 하나에 자리잡고 있어서 그 하나를 통해 작용하는 것이 아니라 인간 생명의 중심부에 자리잡고 있어서 영혼의 모든 능력을 통해 작용한다고 주장해야 합니다.[207]

개혁주의생명신학은 인간의 지성과 감정, 의지에 대한 환원주의적 태도를 거부한다. 신학을 함에 있어서 인간의 지성과 감정, 의지는 포괄적으로 고찰되어야 한다. 개혁주의생명신학은 이 점을 다시금 분명히 강조한다.

> 종교가 분명 그 안에 인간의 전체 영혼이 그 모든 심리적 힘과 더불어 작용하는
> 것으로 인정한다면 신학을 함에 있어서 지성만이 아니라 우리의 전인격(全人格)
> 을 동원하여야 한다는 것은 아무리 강조해도 지나치지 않습니다.[208]

소결

개혁주의생명신학은 신학의 학문적인 특성과 지위를 기본적으로 인정한다. 그러나 거기에 그쳐서는 안 된다는 사실을 강조한다. 더욱이 중세시대와 계몽주의 시대를 지나면서 신학이 사변화·파편화·인간적 학문화 과정을 경험했기에, 개혁주의생명신학은 이에 대한 반성과 함께 "신학의 생명화"를 지향한다. 이를 위해 신학은 그 출발점이 말씀하시는 하나님과 하나님의 말씀이 되어야 하고, 인간 영혼의 모든 기능들을 전인격적으로 다루어야 한다.

5 신학은 단순한 학문이 아니다

필자는 이 글을 통해서 개혁주의 전통 속에서 신학과 학문의 관계에 대해 규정한 몇 가지 사례들을 고찰하였고, 그 가운데 어떠한 연속성이 있는지 살펴보았다. 프란시스 튜레틴과 헤르만 바빙크, 벤자민 워필드, 개혁주의생명신학으로 이어지는 개혁주의 전통은 신학과 학문의 관계를 규정함에 있어서 몇 가지 연속성을 보여주었다.

첫째, 신학은 그 출발점에 있어서 단순한 학문이 아니다. 신학의 출발점은 하나님과 그분의 말씀이다. 신학은 하나님이 존재하셔야 가능하다. 존재하실 뿐만 아니라 우리에게 말씀하시고 계시하셔야 신학이 가능하다. 바빙크는 이

것을 본질적 기초원리와 외적인식의 기초원리라는 방식으로 설명했고, 워필드는 신학의 원천이라는 방식으로 서술했다. 개혁주의생명신학은 이 점을 강조하기 위해 말씀하시는 하나님을 신학의 주체로 규정했다.

둘째, 신학은 인간 영혼을 다루는 데 있어서 단순한 학문이 아니다. 신학은 인간을 전인격적으로 다루어야 한다. 신학은 인간 영혼의 모든 기능과 성향을 고려해야 한다. 인간을 파편적으로 다루면 신학도 파편적으로 변한다. 튜레틴은 이 점을 아리스토텔레스의 지성적 성향을 중심으로 논의하며, 이해와 지식, 지혜, 명철, 기술이 모두 신학에 내포되어야 한다고 주장했다. 워필드는 지식의 이중적 의미를 언급하며, 신학이 "종교적인 지식" 차원에만 머물지 않고 "한 사람의 전체를 관여시키는, 하나님을 아는 생명력 있는 지식"이 되어야 함을 강조했다. 개혁주의생명신학은 인간의 지성과 감정, 의지를 환원적으로 다루는 것을 경계하고 이 모든 기능들을 통합적으로 다루어야 함을 주장했다.

셋째, 신학은 실천적 목적에 있어서 단순한 학문이 아니다. 신학이 단순한 학문이 아니라 참된 학문이 되는 이유는 바로 그 실천적 목적에 있다. 일반 학문은 단순한 지식, 그저 아는 것에서 그치는 학문이 될 수 있다. 하지만 신학은 다르다. 튜레틴에 따르면 신학에는 사변적 특성과 실천적 특성이 "혼합"되어 있다. 워필드는 신학을 "실천적 학문"이자 "생명력 있는 지식"으로 규정했다. 개혁주의생명신학은 "신학의 생명화"를 통해 이 목적을 강조하고 있다.

신학과 학문의 관계를 규정함에 있어서 "신학은 학문이 아니다"라는 명제에는 신학이 추구해야 할 참된 특성이 담겨 있다. 신학은 학문적 지위를 가지고 있고, 학문적 요소들을 내포하고 있음에 분명하다. 그러나 신학은 학문적 특성을 내포하는 것에 머물러서는 안 된다. 신학은 학문이 아니다. 그 출발점과 지향점이 일반 학문과 다르기 때문이다. 신학이 일반적인 학문이 아님은 언제나 강조되어야 한다.

교회 실천 담론 II
신학 교육의 회복

이 장에서는 벤자민 워필드의 신학적 방향성을 연구하고, 그것이 개혁주의 생명신학에 주는 신학적 함의를 고찰할 것이다. 이를 위해 필자는 워필드가 제시하는 신학의 실천적 특성을 살펴본 후, 워필드 사후 그러한 신학적 방향성이 잘 유지되었는가를 살펴볼 것이다. 그리고 워필드의 신학적 방향성과 워필드 사후의 정황에 대한 연구를 통해, 개혁주의생명신학에 던지는 신학적 함의를 드러낼 것이다.

먼저, 워필드가 말한 신학적 방향성에는 다섯 가지 특성이 있다. 개혁주의 성경론의 대표적인 신학자인 동시에, 합리주의적 특성으로 비판을 종종 받는 워필드가 신학의 실천성에 대해 어떻게 강조했는지 분석하는 것은 오늘날 우리에게도 유의미하다. 워필드는 실천적 학문으로서의 신학과 올바른 설교를 위한 신학, 참된 신학 교육을 위한 신학, 권위·지성·마음의 균형을 강조하는 신학, 신학교의 경건 훈련을 강조하는 신학을 제안했다.

다음으로, 워필드 사후 이러한 신학적 방향성이 잘 유지되었는지 살펴볼 것이다. 워필드 사후 자유주의 신학이 신학교와 교단에 침투하게 되었다. 이 과정은 오번 선언과 웨스트민스터 신학교 분리 사건을 중심으로 알 수 있다. 이를 통해 워필드 사후 프린스턴에서 개혁신학이 유지되지 못했던 것은 신학 자체의 문제가 아니라, 신학교 운영진과 교단 내 목회자들이 자유주의 신학에 굴복했기 때문임이 드러날 것이다.

마지막으로, 본 연구가 개혁주의생명신학에 주는 함의를 언급하며 본 논문을 마무리할 것이다. 워필드의 신학적 방향성과 워필드 사후의 정황에 대한 연구를 통해 개혁주의생명신학의 강점과 앞으로 보완할 점을 제시할 것이다.

1 워필드의 신학에서 실천적 강조점을 찾다

워필드가 합리주의적 신학을 전개했다는 비판을 종종 듣는 것은 사실이다. 워필드가 활동했던 시대부터 그 이후 시대에 이르기까지 워필드의 신학에 대한 비판의 주된 측면은 그의 신학이 지나치게 합리주의적이거나 스콜라주의적이라는 것이었다.[209] 하지만 이러한 비판은 오해이거나 충분하지 않은 연구의 결과이다. 워필드가 자신의 신학을 망라한 조직신학을 저술하지 않았다는 점과 그 당시 시급했던 문제들을 중심으로 글을 썼다는 점, 그의 글의 양이 워낙 방대하다는 점은 워필드 신학에 대한 전체적이고 체계적인 연구를 어렵게 만든다.[210] 따라서 그의 글 전체를 읽지 않고, 그가 특정 주제를 다루는 글만 읽게 될 경우, 그의 신학에 대한 오해가 생기기 마련이다.[211]

하지만 워필드의 글 전체를 읽어보면 신학이 실천적이어야 함을 충분히 잘 강조하고 있다. 본 논문에서는 그의 신학의 실천적인 방향성을 추구한다는 점을 다섯 가지로 구분하여 고찰하고자 한다. 실천적 학문으로서의 신학, 올바른 설교를 위한 신학, 참된 신학교육을 위한 신학, 권위·지성·마음의 균형을 강조하는 신학, 경건을 강조하는 신학이라는 특성을 통해서, 워필드가 말하는 신학의 방향성을 살펴볼 것이다.[212]

실천적 학문으로서의 신학

　성경의 권위에서 시작한 그의 신학은 자연스럽게 실천적 관심으로 향한다. 먼저, 워필드는 일반적인 의미에서 신학을 학문으로 규정하는 것에 동의한다. 다시 말해서 신학이 고유의 대상을 가진다는 점에서 학문으로 볼 수 있다는 것이다.[213] 신학은 하나님을 다루고 하나님이 피조물과 갖는 관계들을 다루는 학문이다. 그에 따르면 신학을 이와 같은 일반적인 의미에서 학문으로 정의하는 것은 "질서 있고 전적으로 만족할만해 보인다."[214] 하지만 워필드는 신학을 이렇게 규정하는 것이 전부가 아님을 상술하기 시작한다. 그는 크게 두 가지 점을 지적한다.

　첫째, 신학은 "실천적 원리"여야만 한다. 신학 그 자체는 내적으로 학문적이고 논리적일 수 있지만, 외적으로 실천적 목적을 지향해야 한다는 것이다.[215] 그런 면에서 신학의 분과들을 나누어서 조직신학을 "학문적 신학 원리"로 다루고, 실천신학을 "실천적 신학 원리"로 다루는 것은 정당할 수 있다. 그러나 워필드가 이 점에서 또 다시 강조하는 바는 조직신학 역시 그 자체로는 존재하지 않는다는 것이다. 조직신학은 신학이라는 전체 유기체의 구성원이다. 워필드는 이 점을 다음과 같이 설명한다.

　조직신학은 그 자체로나 스스로를 위해서 존재하지 않는다. 그것은 한 유기체의 구성원이다. 그리고 그것은 그 유기체를 위해서 존재한다. 그 유기체는 한 부분이고, 전체의 유익을 위해서 부분의 역할을 한다. 그리고 전체의 행위의 정점을 이루는 것, 그 부분들의 모든 기능이 향하는 것은 실천신학에서 활성화되는 "생명력 있는 영향"이다. 그러므로 신학의 학문적 특성은 그것의 실천적 사안과 충돌하지 않고, 이 실천적 사안을 향해 작동하는 요소들 중의 하나이다.[216]

　워필드는 신학이 실천적인 목적을 지향해야 하고 실천적인 영향을 만들어 내야 한다고 지적한다.[217] 신학이 완성되기 위해서는 신학이 실천적 목적을 증진해야만 한다. 신학이 일종의 학문으로 유지될 수는 있지만, 실천적 목적을 향하지 않는다면 존재할 수 없고, 그러한 것은 결국 신학이 아닌 셈이다.[218]

둘째, 신학은 "생명력 있는 지식"이다. 이에 대해 워필드는 '지식'이 이중적 의미를 갖는다고 설명한다.[219] 하나는 순전히 지성적인 의미이고, 다른 하나는 사람의 전인격과 모든 행동을 포함하는 의미이다. 그러므로 "하나님을 아는 지식"은 단순한 이해의 차원에서 머물지 않는다. '종교적인 지식' 차원에만 머물지 않는다. 다시 말해서 하나님을 아는 지식은 신학의 목적으로서 "한 사람의 전체를 관여시키는, 하나님을 아는 생명력 있는 지식"이다.[220] 워필드는 신학이 "하나님을 아는 참되고 생명력 있는 지식"을 만들지 않는다면 그것은 신학이 전혀 아닌 것이라고 주장한다. 다음의 설명을 살펴보자.

> 우리는 신학과 동일한 내용을 다루는 세속 학문들의 존재 가능성을 인정한다. 원시 기독교 문서들을 그 종교적 가치와는 상관없이 분해하는 해석학, 일반 역사의 분과로서 교회 역사를 다루는 역사학 등이 그렇다. 이러한 학문들의 가능성을 인정한다고 해서 신학이 잃는 것은 아무것도 없다. 오히려 오늘날 신학적 저술로 가정하지만, 전체적인 경향과 관점에서 그러한 명예에 대한 권리가 없는 것들을 고려하지 않음으로써 얻는 것이 많다. … 이것보다 더 사실일 수는 없다. 한 저술이 신학이 다루는 주제를 다루기 때문에 "신학"의 영역에 속한다고 하거나, 한 사람이 어떤 중세 수도승이나 심지어 그리스도의 생애에 관하여 썼다고 해서 "신학자"라는 위대한 칭호를 얻는다고 말하는 것은 지지할 만하지 않다. 그리스도에 관한 순전히 세속적 연구들, 그 본문에 대한 순전히 세속적 조사들, 심지어 성경 내용에 관한 세속적 연구들도 있기 때문이다.[221]

워필드에 따르면 순전히 지적 영역에 남는 신학은 세속 학문들과 동일하다고 보았다. 신학적 주제를 다룬다고 해서 참된 신학이 되지 않는다는 것이다. 심지어 그리스도의 생애를 연구하는 책을 쓴다고 하더라도, 얼마든지 세속적인 학문에 그칠 수 있다. 워필드는 신학이 참된 신학이 되려면, 생명력 있는 전인격적 지식을 지향해야만 한다고 주장한다.

올바른 설교를 위한 신학

워필드는 설교가 참된 신학을 구현하는 통로라고 보았다. 다시 말해서 신학이 "한 사람의 전체를 관여시키는 하나님을 아는 생명력 있는 지식"이라면, 설교는 신학의 이러한 목적으로 사람을 초청하여 구현하고 실현하는 수단이다. 그러므로 신학과 설교는 매우 밀접한 관계에 있고, 서로 상보적이다.

신학이 설교자에게 필요 없다고 생각하는 경향은 그 당시 미국에도 있었던 것으로 보인다. 워필드는 설교자에게 올바른 신학이 필요함을 논하기에 앞서 먼저 이 점을 짚고 넘어간다. 그 당시에 만연했던 경향을 워필드는 설명한다.

> 설교자의 임무는 그리스도인을 만드는 것이지 신학자들을 만드는 것이 아니다. 따라서 설교자에게 필요한 것은 기독교 교리라고 불리는 것의 전체 영역을 철저하고도 체계적으로 알 필요가 없다. 단지 예수 그리스도를 구세주로 알고 그분을 향한 따뜻한 사랑만 가지면 된다.[222]

워필드는 이 점에 있어서 분명한 입장을 취한다. 만일 우리가 차가운 지성의 목회자와 따뜻하고 열성적인 목회자 중에서 하나만을 선택할 수 있다면, 당연히 후자를 취해야 한다는 것이다.[223] 하지만 워필드는 현실에서 우리가 직면하는 문제들이 이러한 극단적 사례로 해결되지 않음을 지적하며, 기독교 진리 전체를 전혀 모르는 사람이 기독교적인 목회를 행할 수 있는지 의문을 제기한다. 워필드에 따르면 기독교적 사역을 수행하기 위해서는 기독교 진리에 관한 적절한 지식을 가져야만 한다.[224]

설교자가 자신의 믿음의 체계를 전달하는 것이 설교의 필연적인 결과이듯이, 자신의 믿음의 체계를 세심하게 구성하는 것 역시 설교자의 필수적인 의무이다. 그리고 이것은 신적 진리에 대한 체계적 연구가, 또는 조직신학 연구가 강단을 위한 가장 필수적인 준비라고 말하는 또 다른 방식에 불과하다. … 그 연구가 "구원에 대해서 지혜롭게 만드는 것"에 적절한 진리들을 전체적이고도 정확하게 아는 수단으로 수행될 때, 그것은 설교자 자신의 마음에 분명한 열매를 낳을 것이다. 뿐만 아니라 회중들로 하여금 하나님을 향한 올바른 태도를 갖게 하고, 그리스도 안에서 온전하게 성장하여 균형 잡힌 인간으로 자신을 세워가도록 할 것이다.[225]

워필드에 따르면 "모든 참된 신학은 직접적이고도 풍성하고도 복음주의적으로 경건을 향해야 한다."[226] 잘못된 가르침이 삶에 있어서 오류를 가져오듯이, 올바른 교리적 가르침은 실천으로 이어질 때 강력한 능력을 발산한다.[227] 그러므로 설교자가 어떤 교리를 선포하는지는 중요한 문제이다. 설교자는 교리를 전혀 전하지 않고는 설교를 전달할 수 없다. 그리고 "설교의 영향으로 생겨나는 경건한 삶의 유형은 설교자가 전하는 교리의 본성에 의해 규정된다."[228]

참된 신학교육을 위한 신학

워필드가 신학의 실천성을 다루는 부분에서 좀 더 흥미로운 부분은 신학교와 신학생에 대한 신학의 기능을 언급한다는 것이다. 워필드가 신학과 설교, 설교자, 신학교, 신학생, 교회 등을 하나의 유기체로 보고 있다는 것을 명시적으로 보여주는 부분이라 할 수 있다.

먼저, 워필드는 신학교의 존재 목적을 다룬다. 이 때 워필드는 신학교의 존재 목적을 교회와 관련지어 설명한다. 신학교가 무엇을 가르쳐야 하는지는 교회의 특성을 어떻게 규정하는지에 따라 달라진다는 것이다.[229] 가령, 교회를 사제주의적(sacerdotal)으로 보는 경우, 신학교의 기능은 특정 의식들을 수행하는 능력을 배양하는 것이 된다. 교회를 합리주의적 관점으로 이해할 경우, 신학교는 단순한 지적 유희의 장소로 전락하고, 기껏해야 윤리-문화를 위한 공동체가 될 것이다. 그러나 워필드가 보기에 교회는 "그리스도의 복음 선포"하는 곳이다.[230] 교회는 많은 사람들을 개선시키는 곳이 아니라, 그들을 구원으로 데려가는 곳이다. 교회의 목회자는 구원에 이르는 복음(saving gospel)을 죄인들에게 전해 그들이 구원에 이르도록 해야 한다. 이를 위해 목회자는 복음의 전반과 세부 내용과 능력에 관하여 알아야 한다. 이렇게 교회를 복음주의적으로 이해할 때, 신학교의 역할은 목회자에게 "복음에 관한 지식을 전수하는 것이다. 이것이 신학교의 실제 목적이다."[231] 더 나아가서 워필드는 신학교가 이러한 목적을 달성하기 위해서 커리큘럼에 다섯 가지 원칙을 적용해야 한다고 제안한다.[232] 다시 말해서 신학교의 교육을 통해서 목회자는 "건전한 성경 비평가, 기독교 신앙 변증가, 유능하고 온전한 목회자, 유익한 설교자이자 신실한 목자, 교회 치리에 있어서 규율을 행사하고 참여할 수 있는 능력을 갖춘 자"로 설 수 있어야 한다.

다음으로, 워필드는 신학생들의 신학 공부와 경건한 삶을 강조한다. 워필드가 보기에 이 문제는 '둘 중의 하나'가 아니라 '둘 다'이다.[233] 신학교의 존재 이유는 사역을 준비하는 이들이 지적으로 잘 준비될 수 있도록 하는 것이다.[234] 사역은 "학식을 갖춘 직업"이라고 표현해도 좋을 것이다. 학식이 없다면 다른 어떤 은사들이 있다 하더라도 사역자로서 적합하지 않다. 그러므로 신학생은 이 부분을 잘 준비해야 한다. 그러나 워필드는 여기에서 그치지 않는다. 그가 보기에 학식이 중요하기는 하지만 가장 필수적인 것은 아니다. 신학생은 학식 이전에 경건해야만 한다. 워필드는 이 점을 다음과 같이 설명한다.

이 둘을 서로 대립하는 것으로 놓는 것보다 더 치명적인 일은 없을 것이다. 징병관은 군인들이 오른쪽 다리나 왼쪽 다리 중 어느 쪽 다리를 갖는 것이 더 좋은지 논의하지 않는다. 군인이라면 두 다리를 모두 가지고 있어야 하기 때문이다. 때때로 우리는 10시간 동안 책을 보는 것보다 10분 동안 무릎 꿇어 기도하는 것이 하나님을 아는 더 참되고, 더 깊고, 더 효과적인 지식을 준다는 말을 듣는다. 그렇다면 10시간 동안 책을 읽고, 10시간 동안 기도하는 것은 어떠한가? 책을 읽고자 하나님에게 등을 돌려야 하는가? 또는 하나님 앞에 나아가기 위해서 책으로부터 떠나야만 하는가? 만일 배움과 경건이 그와 같이 적대적인 것이라면, 지적 삶(intellectual life)은 그 자체로 저주받은 것이 될 것이다. 그럴 경우 학생들에게, 심지어 신학을 공부하는 학생들에게도 경건한 삶이라는 문제는 제기될 수 없을 것이다.[235]

이러한 진술에서 우리는 워필드가 앎의 요소와 경건의 요소를 동시에 강조하고 있음을 분명하게 알 수 있다. 워필드는 다음과 같이 강력하게 질문하며 글을 마무리한다. "당신은 기도하는가? 얼마나 기도하는가? 얼마나 기도하기를 갈망하는가? 당신의 삶에서 오직 하나님과만 함께 하는 '고요한 시간'(still hour)은 어디인가?"[236]

권위·지성·마음의 균형을 강조하는 신학

신학에서 하나님에 관한 진리가 인간에게 전달되는 수단은 세 가지이다. 워필드는 권위와 지성, 마음을 제시한다.[237] 워필드에 따르면 모든 "경건한 종교와 참된 신학"은 이 세 가지를 균형 있게 강조해야 한다.[238] 참된 신학 안에는 권위와 지성, 마음이라는 세 가지 요소가 함께 있어야 하고, 함께 조화롭게 작동해야만 한다. 이 세 가지 요소가 "종교와 지식의 직접적인 근원"이다. 이 세 가지 근원의 "완전한 상호작용을 통하지 않고는, 우리는 균형 잡힌 경건한 삶이나 참된 신학을 가질 수 없다."[239]

워필드는 이 중에서 어떤 하나의 원칙만이 강조되는 것을 경계한다. 그에 따르면 권위라는 원칙만이 강조되고 다른 것들이 거부될 때, 로마교회와 같은 전통주의(traditionalism)나 교조주의(dogmatism)에 빠지게 된다.[240] 그 결과 로마교회는 처음에는 교회에, 다음에는 한 무리의 사람들에게, 마지막으로 한 사람에게 복종하게 되었다. 다음으로 지성이라는 원칙만이 강조될 경우 합리주의(rationalism)가 등장한다.[241] 이 때 논리적 이해만이 가장 중요한 것으로 제시된다. 이성이라는 인간의 추론 기관이 강조되고, 계시는 부정된다. 하나님이 진리라고 주장한 것일지라도 인간이 입증하지 못하면 거짓으로 치부되기도 한다. 마지막으로 마음이라는 원칙만이 강조될 경우 신비주의(mysticism)에 빠지게 된다.[242] 가장 중요한 원리는 인간의 감정과 상상이 된다. 계시된 말씀의 객관적 진리를 허용되지 않는다. 인간의 불완전한 감정과 하나님의 강력한 음성을 구분하는 경계가 사라지게 된다.[243]

그러므로 참되고 경건한 신학을 위해서 우리에게 필요한 것은 권위와 지성과 마음이라는 "진리를 구성하는 세 변"이다.[244] 워필드는 삼각형을 이루는 세 변이 모두 있어야 하듯이, 권위와 지성과 마음이 함께 균형을 이루어야 한다는 점을 다음과 같이 설명한다.

권위는 성경 안에서 지성으로 받아들이고 마음에서 작동하는 내용을 제공한다. 성경에 담긴 계시들은 지성에서 끝나지 않는다. 그것들은 지성을 깨우기 위해서만 주어진 것이 아니다. 그것들은 지성을 통해서 삶을 아름답게 하기 위해서 주어진 것이다. 그것들은 마음까지 도달한다. 다시 그것들은 마음에 영향을 미치면서 지성을 전혀 건드리지 않은 채 나아가지 않는다. 지성만 작동해서는 그것들을 제대로 이해할 수 없다. 자연적 인간은 성령의 일을 이해할 수 없다. 지성이 그것들을 제대로 이해하기 위해서는 자연적 인간은 먼저 회심해야 한다. 그들은 살아내는 만큼 이해할 수 있다. 따라서 "이해하려거든 믿어라"는 구절이 정당성을 얻는 것은 이러한 맥락에서이다. 어떠한 사람도 권위 있는 계시들이 갖는 온전한 의미를, 그것들이 삶에서 갖는 힘을 경험하지 않고는 지성적으로 이해할 수 없다. 신적인 것들에 관한 진리들은 매우 포괄적이어서 신적 진리에 관한 참된 체계와 연합하려면 그것들은 반드시 이래야만 한다. 곧 첫째, 권위 있는 언어로 계시되어야 한다. 둘째, 거룩한 마음으로 경험되어야 한다. 셋째, 성화된 지성으로 체계화 되어야 한다. 이 세 가지가 연합할 때에만 우리는 참된 신학을 가질 수 있다.[245]

이처럼 "참된 신학"과 "생명력 있는 경건"을 위해서 이 세 가지가 함께 있어야 함을 강조한다. 다시 말해서 권위 있는 말씀, 건전한 지성, 마음의 경험이 연합되어야 한다. 이 "진리의 삼각형"은 구(舊)프린스턴에서 개혁주의 신앙과 신학의 모델이 되었다.[246] 구(舊)프린스턴에서는 이 진리의 삼각형을 통해 신앙과 신학을 융합시키고자 하였다. 그러한 노력의 일환으로 구(舊)프린스턴 신학교는 매주 토요일 오후마다 신학의 실천적 측면에 관해 논의를 하였다.

신학교의 경건 훈련을 강조하는 신학

워필드는 신학교에서의 신학의 실천적 방향성에 대해 두 가지 주목할 만한 언급을 했다.

첫째, 구(舊)프린스턴의 신학도들이 경건보다 학문을 강조해야 한다는 느낌을 받을 수 있으므로, 진리의 삼각형 모델을 통해서 "경건을 수반한 학문"을 지향해야 한다고 말했다.[247]

둘째, 개인의 경건과 함께 공동체적 경건을 배양하도록 촉구했다.[248] 워필드는 신학교에 다양한 공적 기도/예배 모임이 있음을 강조했다. 주일 예배와 매일의 일과 후 기도회, 수업 전 기도회, 선교사를 위한 월례 기도회를 통해 신학생의 경건 배양을 강조했다.[249] 그는 다음과 같이 말한다.

> 그러므로 형제들이여, 저는 여러분들에게 진지하게 권면합니다. 신학교에서 제공되는 은혜의 공적 수단들(public means of grace)을 활용하시기 바랍니다. 그 수단들을 우리 학교의 유기적인 종교적 삶(organic religious life)을 배양하고 표현하는 도구들로 활용하시기 바랍니다.[250]
>
> 이 만큼의 공적 예배들이 없었다면 우리 학교는 종교적 교육기관이라는 특유의 성격을 보존할 수 없었을 것이다. 이 학교의 교육기관으로서의 생명은 일차적으

로 종교적인 것에 놓여 있기 때문이다.[251]

워필드는 이러한 공적인 은혜의 수단들뿐만 아니라 "신학교의 사업 전체가 은혜의 수단"이라고 말했다.[252] 그는 "신학교 사업의 모든 업무"를 "종교적 의무"로서 행하라고 충고했다. 다시 말해서 신학교의 모든 업무를 "종교적 목적"을 위해, "종교적 정신"을 가지고 행하라고 충고했다.[253]

2 워필드 사후 프린스턴의 상황에서 교훈을 찾다

워필드는 1921년 2월 16일에 하나님의 품에 안겼다. 워필드 소천 102주년이 되는 해인 2023년에 즈음하여, 워필드의 신학적 방향성과 함께 그것이 오늘날 우리에게 어떤 신학적 교훈을 주는지 살피는 것은 의미 있는 일이다.

필자는 앞 부분에서 워필드의 신학적 방향성에 실천적 함의가 충분히 있음을 지적했다. 일면 합리주의적이라는 비판을 받기도 하지만, 그의 신학 전체를 조망해 볼 때, 워필드는 신학과 설교, 신학교육, 사람의 마음에 이르기까지 실천적인 문제들에 관심을 많이 기울였다. 그렇다면 이러한 신학적 방향성이 프린스턴 신학교에서 지속적으로 유지되었는가? 그의 신학적 방향성이 프린스턴 신학교와 미국 교회에 지속적으로 영향을 미쳤는가? 워필드 사후에 어떤 일이 발생했는지 살피는 것은, 오늘날 우리가 그의 신학적 방향성을 어떻게 적용하고 발전시켜야 하는지 중요한 통찰을 제공해 준다.

프린스턴 신학교의 운영진 개편

워필드 사후에 프린스턴의 신학 노선이 어떻게 바뀌는지 살펴볼 필요가 있다. 그 중 가장 두드러지면서도 중요한 사실은, 워필드 사후 8년 무렵에 프린스턴의 운영진이 워필드가 그토록 반대했던 자유주의 신학자들로 채워졌다는 점이다.[254]

대표적인 사례로는 1914년부터 1936년까지, 즉 프린스턴이 웨스트민스터로 분리된 1929년에 총장으로 있었던 로스 스티븐슨(J. Ross Stevenson, 1866-1939)이었다. 대부분의 교수들은 프린스턴 신학교가 "수정되지 않은 웨스트민스터 신앙고백서의 칼빈주의"를 지키는 요새가 되기를 바랐다.[255] 하지만 스티븐슨 총장은 프린스턴이 좀 더 실용적이고 포괄적이고 효율적인 학교가 되기를 원하는 사람이었다. 그는 프린스턴이 칼빈주의적 장로교가 아니라 미국 개신교 전체의 입장을 대변하는 신학교가 되기를 원했고, 감리교 및 다른 교단들과의 통합을 추진했다.[256]

이때 결정적으로 자유주의 신학을 지지하는 이사 두 명이 이사회에 유입되었다. 프린스턴 신학교의 행정조직이 개편되면서 운영이사회가 폐지되고, 학교 전권이 재단이사회로 넘어갔다. 이 과정에서 재단이사회는 자유주의 신학 선언인 오번 선언(Auburn Affirmation)[257]에 서명한 두 명의 이사를 재단이사회로 편입시켰다.[258]

이러한 일련의 과정 속에서 결국 프린스턴 신학교의 신학은 칼빈주의로부터 이탈하여 자유주의로 향하게 되었다. 프린스턴 신학교의 교과과정을 개편하라는 자유주의 진영의 요구가 확산되었고, 결국 1929년 칼빈주의를 지키려는 신학자들을 중심으로 웨스트민스터 신학교가 설립되었다.

교단 내 자유주의 신학의 확산

자유주의 신학은 프린스턴 신학교 내에서만 확산된 것이 아니다. 교단 내에서 자유주의 신학을 지지하는 목회자들이 늘기 시작했다. 조금 더 확장시켜 생각해보면, 자유주의 신학의 확장은 미국 개신교 전체의 문제였다. 19세기 후반 들어, 일반적으로는 미국 개신교 내에서, 조금 더 구체적으로는 미국 장로교 내에서 힘을 얻고 있었다.[259]

미국 장로교 내 자유주의의 확산과 관련하여 오번 선언[260]을 조금 더 생각해 볼 필요가 있다. 오번 선언은 자유주의 운동이 교회 내에서 어떻게 확산되었는지를 보여주는 대표적인 상징처럼 여겨지고 있기 때문이다.[261] 이 선언과 관련된 주요 이슈들을 살펴봄으로써, 오늘날 신학의 방향성에 대해 주는 교훈을 도출해보고자 한다.

이 선언의 신학적 기초를 마련한 사람은 로버트 해이스팅스 니콜스(Robert Hastings Nichols)였다. 그는 오번 신학교(Auburn Theological Seminary)의 교수였다. 니콜스는 장로교 내 목회자들에게 있어서 최종적인 권위는 교회가 아니라 성령이라고 하면서, 목회자들의 교리적 자유를 보장해야 한다고 주장했다. 더 나아가서 니콜스는 웨스트민스터 신앙고백서가 성경의 무오성을 주장하지 않는다고 주장했다.[262] 니콜스가 작성한 초안을 발전시킨 사람은 헨리 슬론 커핀(Henry Sloane Coffin)이다. 그는 뉴욕에 있는 유니온 신학교(Union Theological Seminary)의 교수였다. 그는 강단과 저술을 통해 자유주의 신학을 옹호하는 데 힘썼다. 1920년대 중반, 커핀은 자유주의 신학을 지지하는 장로교 신학자들 중에서 가장 선도적인 인물이었다.[263] 그 당시 미국 장로교에서 뉴욕 노회보다 자유주의를 공격적으로 지지하는 노회는 없었고, 뉴욕에서도 커핀이 가장 두드러진 자유주의 지지자였다.[264] 커핀 역시 웨스트민스터 신앙고백서에 담긴 교리들을 받아들이지 않았다. 한 사람이 목회자가 되는 데 있어서 교리적 차이가 장애물이 되어서는 안 된다고 생각하기도 했다.[265] 커핀은 이렇게 생각하는 자신 스스로를 "자유주의적 복음주의자"라고 부르기까지 했다.[266]

이렇듯 오번 선언문의 신학적 내용은 니콜스와 커핀에 의해서 마련되었다. 기본적으로 그들은 웨스트민스터 신앙고백서의 교리적 내용을 거부했고, 따라서 성경의 무오성과 권위를 인정하지 않았다. 커핀과 그의 동료들은 이러한 내용이 담긴 오번 선언문의 지지자들을 모으기 시작했다. 1924년 총회가 열

리기 직전, 커핀은 오번 선언문에 1,274명의 서명을 받아냈다.[267]

사실 오번 선언에 서명을 한 1,274명은 그 당시 장로교 목회자들 전체에 비하면 10% 정도에 해당하는 수치이다.[268] 어찌 보면 그 수가 굉장히 미미했다고 볼 수도 있다. 하지만 결국 이것이 쐐기가 되어 1929년 10,000여 명이 목회자와 장로들이 프린스턴 신학교의 교과 과정 자유주의 신학에 맞추어 개편할 것을 요구하게 되었고, 프린스턴과 웨스트민스터의 분열이라는 결과를 초래했다.[269]

3 개혁주의생명신학의 방향성을 워필드로부터 찾다

개혁주의생명신학은 한국 교회의 질적·양적 퇴보의 원인을 "신학의 문제"에서 찾는다.[270] 한국 교회의 현실의 책임이 신학교육과 신학자, 신학교 운영자에게 있다는 것이다. 다시 말해서 학문적 신학을 무비판적으로 수용하면서 교회와 신학교육이 분리되었다는 반성이다.[271] 그러므로 본 연구에서 논의한 워필드의 신학적 방향성과 워필드 사후의 역사적 정황은 개혁주의생명신학이 앞으로 어떤 신학을 지향해야 하는지에 대해 몇 가지 통찰을 줄 수 있다. 본 논문을 결론지으며, 개혁주의생명신학의 강점과 보완할 점을 제시하도록 하겠다.

첫째, 신학은 궁극적으로 실천적 학문이 되어야만 한다. 워필드에 따르면 신학은 "생명력 있는 영향"을 미치는 실천적 학문이 되어야 한다. 참된 신학이란 "생명력 있는 전인격적 지식"을 추구하는 학문이다. 그리고 이 목적을 교회에서 실현시키는 수단은 설교이다. 설교란 그리스도 안에서 한 사람 전체를 온전하게 세워가는 수단이다. 신학은 설교자에게 이러한 설교 기능을 준비시키는 실천적 수단이 되어야 한다. 이러한 강조점은 개혁주의생명신학에서 잘 강조되고 있다. 개혁주의생명신학은 말씀과 기도와 성령 충만을 통해 교회의 생명력을 되찾아야 한다고 강조한다.[272] 또한 인간에 대한 전인격적 이해를 주장한다. 인간을 이분설로 보느냐 삼분설로 보느냐의 논쟁보다는, 교회 사역이 인간 전인에, 즉 "사람들의 마음뿐만 아니라 그들의 감정과 의지에도 관심을 집중해야" 한다는 것이다.[273] 전인에 대한 포괄적 사역이 이루어져야 한다.

둘째, 신학은 신학과 설교, 설교자, 신학교, 신학생, 교회를 하나의 유기체로 인식해야만 한다. 신학은 독자적으로 존재하지 않는다. 신학은 설교와 설교자를 준비시키는 수단이요, 신학교에서 신학생의 지성과 영성을 연마시키는 수단이요, 이 모든 것들을 통해 교회를 살리는 수단이다. 이러한 신학의 방향성은 "모든 신학은 철저하게 교회를 위한 것"이라는 개혁주의생명신학의 주장과 일맥상통한다.[274] 또한 신학과 설교, 설교자, 교회 등을 하나의 유기체로 보는 것은 "교회의 표지"를 말씀의 참된 전파로 보는 점, 은혜의 방편에 말씀과 기도를 포함시키는 점에서 잘 드러난다.

셋째, 신학은 경건을 수반해야만 한다. 워필드 당시 구(舊)프린스턴의 신학적 특성은 "경건을 수반한 학문"이었다. 신학교 내에서 제공되는 공적인 은혜의 수단들은 구(舊)프린스턴의 자랑이었다. 다양한 예배와 기도모임이 있었고, 이를 통해서 개인적이고 공동체적인 경건을 쌓을 수 있었다. 워필드는 이것이야말로 구(舊)프린스턴의 고유한 특성을 보존해 준 요소라고 강조했다. 이 점에서 개혁주의생명신학의 가장 독특한 신학적 공헌이 드러난다. 개혁주의생명신학은 "개혁주의를 실천하기 위한 운동"이다.[275] 이를 위해 개인이 그리스도 안에, 그리스도가 개인 안에 있어야 할 것을, 말씀과 함께 하시는 성령의 역사를 체험할 것을 강조한다.[276]

넷째, 신학이 학교와 교단 내에서 전파되고 유지되는 실제적 제도가 마련되어야 한다. 워필드는 19세기 말 세계 3대 개혁신학자 중 한 사람이다. 본 논문에서는 그의 신학적 방향성에 대해 논의하며, 신학의 실천성을 매우 (또는 생각보다 많이) 강조했음을 살펴보았다. 그러므로 워필드의 신학적 방향성이란, 개혁신학에 기초하여 신학의 실천성을 강조하는 것이다. 이 점에서 워필드의 신학적 방향성은 우리가 본받을 만하다. 그런데 문제는 워필드 사후에 발생했다. 워필드가 소천한 지 얼마 되지 않아, 구(舊)프린스턴 신학교 내부와 장로교 교단 내부에 자유주의 신학이 퍼지기 시작했다.

이 점은 우리가 깊이 생각해야 할 문제이다. 이승구는 "오늘날 한국 교회의 상황은 워필드가 이 세상을 떠난 바로 그 시점과 비슷"하다고 지적하면서, "우리가 워필드의 입장을 그대로 유지해 가느냐 아니냐에 따라서 워필드 사후 미국 신학계와 미국 교계의 상황이 그대로 우리들 안에서도 나타나게 될 것"이라고 경고하고 있다.[277] 필자는 한 걸음 더 나아가서, 우리가 워필드의 신학적 방향성을 유지해 가는 것과 더불어 그 신학적 방향성을 함께 간직할 수 있는 신학교와 교단의 노력도 필요함을 강조하고자 한다. 본 논문에서 워필드 사후의 정황을 논의하면서 드러난 사실에 따르면, 워필드 사후 신학교 경영진과 교단 내 목회자들의 신학적 방향성도 매우 중요했다. 10주년을 갓 넘어선 개혁주의생명신학이 앞으로 한국의 장로교단 내에서, 더 나아가서 한국 개신교 안에서 시대적 과제들을 온전히 감당하기 위해서는 워필드 사후 프린스턴과 미국 장로교 내에서 일어났던 정황들에 주목해 볼 필요가 있다.

그러므로 워필드의 신학적 방향성이 개혁주의생명신학에 주는 신학적 통찰은 분명하다. 개혁신학에 기초한 신학적 토대 위에서 신학의 실천성을 강조해야 한다. 이러한 신학 자체의 노력과 더불어 신학교의 운영진, 교단 내 목회자들이 다함께 개혁주의생명신학을 계승하고자 힘써야 할 것이다.

1 Anthony C. Thiselton, Systematic Theology, 박규태 역, 『조직신학: 진리, 성경, 역사, 해석』 (서울: IVP, 2018), 20.

2 Vanhoozer, "Theology and the Condition of Postmodernity," 11.

3 Vanhoozer, "Theology and the Condition of Postmodernity," 5.

4 Nancey Murphy and James McCledon Jr., "Distinguishing Modern from Postmodern Theologies," Modern Theology 53/3 (1989): 191-214; Roger E. Olson, The Journey of Modern Theology, 김의석 역, 『현대 신학이란 무엇인가』 (서울: IVP, 2021), 871에서 재인용.

5 Olson, 『현대 신학이란 무엇인가』, 865-74.

6 케빈 밴후저는 이러한 시도의 전형을 조지 린드벡으로 본다. 조지 린드벡의 '문화-언어적 신학'에는 교회의 해석과 전통, 삶을 강조하는 강점을 있지만, 성경의 권위를 약화시키는 약점이 있다.

7 후기 자유주의(postliberalism)는 보수주의·자유주의 신학이 포스트모더니즘 시대에 갖는 한계를 지적하며 등장했고, 종교간 교리적 차이보다는 다양성을, 보편성보다는 정합성을 강조하는 '문화-언어적 접근법'을 선호한다.

8 이 연구의 목적은 린드벡의 신학 자체를 평가하는 데 있지 않고, 린드벡의 신학에 대한 비판적 연구를 바탕으로 한국 사회에 더 적절한 신학 유형이 무엇인지 고찰하는 데 있다. 따라서 필자는 기존의 비판적 연구들을 종합적으로 정리하는 수준으로 이 장을 구성할 것이다. 후기 자유주의에 대한 국내의 비평적 연구를 더 자세히 보려면, 이우찬, "조지 린드벡(George A. Lindbeck)의 후기자유주의(Postliberal) 신학 연구," 「한국개혁신학」 18 (2005): 249-270; 김연희, "조지 린드벡의 후기자유주의 신학에 대한 고찰," 「신학전망」 172 (2011): 2-24; 제해종, "조지 린드벡의 문화-언어의 종교이론 비평," 「한국콘텐츠학회논문지」 14/4 (2014): 456-466; 김영원, "실천적 관점에서의 린드벡의 후기자유주의 이론 분석과 바르트 신학의 비판," 「장신논단」 51 (2019): 203-229. 김영원, "조지 린드벡과 종교 간의 대화: 배타성과 충실성," 「한국조직신학논총」 60 (2020): 59-98. 린드벡의 후기 자유주의를 인식론적 측면에서 잘 평가한 연구로는 오승성, "비트겐슈타인 이후의 기독교 신학," 「한국조직신학논총」 43 (2015): 219-256을 보라. 오승성은 후기 자유주의가 반실재론적이라고 비판을 받지만 그의 신학에 실재론의 요소가 있다는 것을 주장함으로써, 후기 자유주의를 실재론과 반실재론 사이의 중도적 입장으로 평가하고 있다.

9 George A. Lindbeck, The Nature of Doctrine, 김영원 역, 『교리의 본성』 (경기: 도서출판 100, 2021), 80.

10 Lindbeck, 『교리의 본성』, 81-82.

11 Lindbeck, 『교리의 본성』, 81, 92.

12 Lindbeck, 『교리의 본성』, 81.

13 Lindbeck, 『교리의 본성』, 97.

14　Lindbeck, 『교리의 본성』, 111-12.

15　김영원, "조지 린드벡과 종교 간의 대화: 배타성과 충실성," 73.

16　Lindbeck, 『교리의 본성』, 116.

17　제해종, "조지 린드벡의 문화-언어의 종교이론 비평," 460.

18　Lindbeck, 『교리의 본성』, 84.

19　Lindbeck, 『교리의 본성』, 117.

20　Lindbeck, 『교리의 본성』, 55.

21　Lindbeck, 『교리의 본성』, 63.

22　이 표현은 김영원, "실천적 관점에서의 린드벡의 후기자유주의 이론 분석과 바르트 신학의 비
　　판," 209에서 가져왔다.

23　Lindbeck, 『교리의 본성』, 274.

24　Lindbeck, 『교리의 본성』, 274-75.

25　Lindbeck, 『교리의 본성』, 192-267.

26　교리를 규칙으로 보는 제해종, "조지 린드벡의 문화-언어의 종교이론 비평," 460.

27　Lindbeck, 『교리의 본성』, 266.

28　필자는 케빈 밴후저가 기독교 교리와 그리스도인의 행위에 관한 관계를 논하면서 제시한
　　네 가지 보고서 중에서 두 가지를 가져왔다. 네 가지 보고서에 대해 자세히 보려면, Kevin J.
　　Vanhoozer, Faith Speaking Understanding, 윤석인 역, 『이해를 이야기하는 믿음』 (서울:
　　부흥과개혁사, 2018), 99-108.

29　David F. Wells, The Courage to Be Protestant, 홍병룡 역, 『용기 있는 기독교』 (서울: 부
　　흥과개혁사, 2008).

30　Harvey Cox, The Future of Faith (New York: HarperCollins, 2009), 5.

31　Rob Bell, What We Talk About When We Talk About God (New York: HarperOne,
　　2014).

32　Kevin J. Vanhoozer, The Drama of Doctrine: A Canonical-linguistic Approach to
　　Christian Theology, 윤석인 역, 『교리의 드라마: 기독교 신학에 대한 정경-언어적 접근』 (서
　　울: 부흥과개혁사, 2017), 32.

33　밴후저는 자신의 정경-언어적 신학이 관례(문화)에 대한 린드벡의 강조점을 계속 보존하려는
　　목적을 지닌다고 언급한다. 이에 대해서는 좀 더 고찰이 필요하다. Vanhoozer, 『교리의 드라

마』, 12.

34   사실 밴후저는 성경의 권위를 강조하면서, 적절한 해석을 보장하기 위해 교회의 전통을 함께 강조한다. 그의 방식이 정당한지는 이 글의 범위를 벗어난다. 필자의 강조점은 밴후저가 포스트모던 사회에서 성경의 권위를 확증하고자 애썼다는 사실이다.

35   Vanhoozer, 『교리의 드라마』, 449.

36   Kevin J. Vanhoozer, Biblical Authority After Babel: Retrieving the Solas in the Spirit of Mere Protestant Christianity (Grand Rapids, MI: Brazos Press, 2018), 83-86, 99-107; Kevin J. Vanhoozer, First Theology, 김재영 역, 『제일신학』 (서울: IVP, 2017), 189-341.

37   Vanhoozer, Biblical Authority After Babel, 85.

38   '화행론'(speech-act theory)은 언어와 행위를 구분하기보다는 언어를 통해 함께 발생하는 행위를 연구하며, 크게 발화행위와 발화수반행위, 발화효과행위의 세 가지 요소로 구분된다. 발화행위는 화자의 말하는 행위이고, 발화수반행위는 화자가 말하면서 행하는 바(맹세, 진술, 약속, 명령, 설득 등)이며, 발화효과행위는 발화수반행위가 듣는 사람에게 미치는 효과이다.

39   Vanhoozer, 『제일신학』, 192.

40   Vanhoozer, 『제일신학』, 229.

41   Vanhoozer, 『제일신학』, 229-30.

42   Vanhoozer, 『교리의 드라마』, 469.

43   Vanhoozer, 『제일신학』, 241.

44   Vanhoozer, 『제일신학』, 242.

45   밴후저는 원리적 권위로서의 정경 권위를 화행론적 차원에서 살핀 후, 실천적 권위로서의 해석학적 권위를 교회와 전통이라는 요소들로 설명한다. 정경 텍스트와 교회, 전통의 관계는 또 다른 논문에서 깊게 다루어야 할 주제이다. 본 논문의 목적상 밴후저의 논의가 오늘날 정경 권위와 실천의 문제를 어떻게 이야기할 수 있는지 한 가지 사례를 제시한다는 설명으로 만족하고자 한다.

46   이 주제가 가장 분명하게 드러난 부분은 제9장과 제10장이다. 여기에서 밴후저는 스키엔티아로서의 신학과 사피엔티아로서의 신학의 관계를 다루면서 자신의 '정경-언어적 신학'을 구체화한다.

47   Vanhoozer, 『교리의 드라마』, 608.

48   Vanhoozer, 『교리의 드라마』, 221-22.

49   Vanhoozer, 『교리의 드라마』, 32.

50 린드벡의 '문화-언어적 신학'은 후기 자유주의 신학의 대표적인 유형 또는 최소한 그 시초이다. '문화-언어적 신학'은 모더니즘 시대의 특징인 '인식론적 토대'나 '권위'를 거부한다. George Hunsinger, "Postliberal Theology," in The Cambridge Companion to Postmodern Theology (Cambridge: Cambridge University Press, 2003): 42-57 참조.

51 Vanhoozer, 『교리의 드라마』, 519.

52 Vanhoozer, 『교리의 드라마』, 518.

53 Vanhoozer, 『교리의 드라마』, 520.

54 Vanhoozer, 『교리의 드라마』, 523.

55 Vanhoozer, 『교리의 드라마』, 524.

56 Kevin J. Vanhoozer, Faith Speaking Understanding: Performing the Drama of Doctrine, 윤석인 역, 『이해를 이야기하는 믿음: 교리의 드라마 상연하기』 (서울: 부흥과개혁사, 2018), 15.

57 Vanhoozer, 『교리의 드라마』, 38, 44, 52.

58 Vanhoozer, 『교리의 드라마』, 43-44.

59 Walter C. Kaiser Jr., "A Response to Kevin Vanhoozer," In Four Views on Moving Beyond the Bible to Theology, ed. Gary T. Meadors (Grand Rapids, MI: Zondervan, 2009), 204. 이 글에서 월터 카이저는 이렇게 말한다. "밴후저의 글을 읽고 또 읽어도, 이 '구원드라마' 접근법이 어떻게 작동하는지 다른 이에게는 물론이고 제 자신에게도 설명할 수 없다는 생각이 든다."

60 밴후저의 『이해를 이야기하는 믿음』에 수록된 부록이 이러한 비판에 대한 답이라는 사실은 의미심장하다.

61 장종현, 『신학은 학문이 아닙니다』 (서울: 도서출판UCN, 2022, 3쇄), 77-78.

62 장종현, 『신학은 학문이 아닙니다』, 187.

63 장종현, 『신학은 학문이 아닙니다』, 79-82.

64 Vanhoozer, 『교리의 드라마』, 32-33.

65 장종현, 『신학은 학문이 아닙니다』, 83.

66 린드벡의 텍스트 내재성을 개방성으로 평가한 연구는 김영원, "조지 린드벡과 종교 간의 대화," 「한국조직신학논총」 60 (2020): 59-98. 반대로 다원성으로 비판한 연구는 Patrik Fridlund, "George Lindbeck as a Potential Religious Pluralist," The Heythrop Journal 60 (2019): 368-382.

67 　장종현, 『신학은 학문이 아닙니다』, 84-86.

68 　장종현, 『신학은 학문이 아닙니다』, 86-89.

69 　이은선, "'오직 은혜로'(sola gratia)의 종교개혁기의 의미와 오늘의 적용," 「생명과말씀」 35 (2023): 41-76.

70 　장종현, 『신학은 학문이 아닙니다』, 92.

71 　린드벡의 문화-언어적 접근법을 한국에 그대로 적용하기에 한계가 있다는 지적으로는 김영원, "실천적 관점에서의 린드벡의 후기자유주의 이론 분석과 바르트 신학의 비판," 「장신논단」 51 (2019): 203-229. 밴후저의 정경-언어적 접근법이 성경 텍스트를 강조하는 데 기여했지만, 그의 드라마 비유를 교회에 적용하기에는 한계가 있음을 지적한 연구로는 김성원, "재신화화론(Remythologization)에 관한 분석비평 연구: 케빈 벤후저(Kevin J. Vanhoozer)의 재신화화 신학방법론을 중심으로," 「한국조직신학논총」 47 (2017): 49-98. 마찬가지로 밴후저의 정경-언어적 접근법이 포스트모더니즘 시대에 성경 권위를 다시 강조한 것을 긍정하면서도, 그가 제시하는 실천 원리를 한국교회에 적용하기 어렵다고 비판한 연구로는 김상엽, "포스트모던 시대의 성경 권위 담론: 벤자민 워필드와 케빈 밴후저, 장종현의 견해를 중심으로," 「생명과말씀」 33 (2022): 42-82.

72 　개혁주의생명신학의 '7대 실천운동'은 신앙운동, 신학회복운동, 회개용서운동, 영적생명운동, 하나님나라운동, 나눔운동, 기도성령운동으로 이루어진다. 구체적인 내용을 알려면 장종현, 『개혁주의생명신학 7대 실천운동』 (천안: 백석정신아카데미, 2018)을 보라.

73 　장종현, 『개혁주의생명신학 7대 실천운동』, 11, 19-36.

74 　서미경, "코메니우스와 파머의 기독교교육사상 비교: 개혁주의생명신학의 신앙운동을 중심으로," 「생명과말씀」 29 (2021): 107-152.

75 　장종현, 『개혁주의생명신학 7대 실천운동』, 39.

76 　장종현, 『개혁주의생명신학 7대 실천운동』, 40

77 　장종현, 『개혁주의생명신학 7대 실천운동』, 52-56.

78 　대체로 워필드의 신학이 상식철학이나 스콜라철학, 합리주의, 명제주의, 토대주의라는 비판이 있다. 이에 대한 비판적 고찰은 다음 논문들을 참고하길 바란다. 김상엽, "벤자민 워필드 신학의 방향성 이해와 개혁주의생명신학적 적용," 「생명과 말씀」 30/2 (2021): 11-43; "벤자민 워필드의 성경 영감론 이해: 모더니즘 시대에서의 변증과 포스트모더니즘 시대에서의 의의를 중심으로," 「한국개혁신학」 71 (2021): 71-106; "벤자민 워필드의 인식론: 변증학과 믿음에서의 이성의 위치와 역할을 중심으로," 「한국개혁신학」 68 (2020): 8-37; "그리스도의 신성에 대한 워필드의 변증과 실천적 함의 연구," 「ACTS 신학저널」 40 (2019): 141-170; "벤자민 워필드의 칼빈주의적 인식론," 「기독교철학」 20 (2015): 65-97.

79 　McGrath, 『복음주의와 기독교 지성』, 64.

80   McGrath, 『복음주의와 기독교 지성』, 218.

81   그러므로 신학의 권위를 고찰하는 것은 그 당시 개혁신학자들의 공통된 임무였다. 워필드와 동시대에 활동했던 헤르만 바빙크(Herman Bavinck)는 관념론과 신칸트주의, 리츨주의를 고찰하며 "권위"의 문제를 다룬다. Herman Bavinck, "The Theology of Albrecht Ritschl," trans. John Bolt, The Bavinck Review 3 (2012): 123-163.

82   맥그라스는 오늘날 "성경 권위에 맞서는 접근 방법들"을 크게 네 가지로 분류한다. 여기에는 문화와 경험, 이성, 전통이 포함된다. McGrath, 『복음주의와 기독교 지성』, 73.

83   Benjamin B. Warfield, "The Latest Phase of Historical Rationalism," in The Works of B. B. Warfield, 10 vols. (Grand Rapids: Baker Books, 2003), 9:589. 워필드의 전집은 워필드 사후에 편집·출간되었다. 이 과정에서 전집 각 권의 제목이 붙여졌다. 그러므로 필자가 보기에 전집 각 권의 제목보다는 워필드의 소논문 제목이 더 중요하다. 따라서 이후부터는 Warfield, "The Latest Phase of Historical Rationalism," Works, 9:589와 같은 방식으로 표기할 것이다.

84   Warfield, "The Latest Phase of Historical Rationalism," Works, 9:585-645.

85   Warfield, "The Latest Phase of Historical Rationalism," Works, 9:589-90.

86   Warfield, "The Latest Phase of Historical Rationalism," Works, 9:590.

87   리츨주의는 미국만이 아니라 유럽에도 영향을 미쳤다. 19세기의 대표적인 개혁파 신학자들은 리츨주의의 도전에 맞서야만 했다. 리츨주의에 대한 국내 연구로는 김성욱, 『리츨(Albrecth Ritschl)의 신학적 고민: 신학에서의 가치판단』 (용인: 웨스트민스터 출판부, 2009); 이상은, 『계몽주의 이후 독일 개신교 신학 개관: 칸트에서 리츨까지』 (광주: 서울장신대학교 출판부, 2015); 김상엽, "리츨신학에 대한 개혁신학적 비판: 제임스 오르, 헤르만 바빙크, 벤자민 워필드를 중심으로," 「조직신학연구」 31 (2019): 106-142; 김상엽, "알브레히트 리츨의 인식론과 신학적 함의 고찰," 「기독교철학」 27 (2019): 7-28.

88   Warfield, "The Latest Phase of Historical Rationalism," Works, 9:593.

89   리츨은 자신의 철학에서 "형이상학"을 제거했고, 그것은 리츨의 신학 구성에도 영향을 미쳤다. 형이상학적이고 초자연적인 교리들이 들어설 자리가 없었기 때문이다. 리츨학파에 속하는 하르낙이나 맥기퍼트는 이러한 사상을 이어받아 기독교의 형이상학적이고 초자연적인 교리들을 모두 첨가물 내지는 변형으로 간주했다.

90   Warfield, "The Latest Phase of Historical Rationalism," Works, 9:593.

91   리츨과 하르낙, 맥기퍼트로 이어지는 신학적 흐름에 대해서는 Karl Barth, Protestant Thought: From Rousseau To Ritschl, trans. Brian Cozens (New York: Harper & Brothers, 1959)를 참고하라. 바르트에 따르면 맥기퍼트는 미국에서 리츨학파의 가장 대표적인 대변자였다.

92 Arthur Cushman McGiffert, Primitive and Catholic Christianity: An Address (New York: J. C. Rankin, 1893), 17. 이 글은 맥기퍼트가 유니온신학교(Union Theological Seminary)의 교회사 교수로 취임하면서 했던 연설문이다.

93 McGiffert, Primitive and Catholic Christianity, 19.

94 McGiffert, Primitive and Catholic Christianity, 26.

95 McGiffert, Primitive and Catholic Christianity, 29-30.

96 Warfield, "The Latest Phase of Historical Rationalism," Works, 9:599.

97 Warfield, "The Inspiration of the Bible," Works, 1:57-58. (강조는 필자의 것이다.)

98 Benjamin B. Warfield, "The Ritschlian School," in Selected Shorter Writings, ed. John E. Meeter, 5th ed. 2 vols. (New Jersey: Presbyterian and Reformed Publishing Company, 2005), 2:448-451.

99 Warfield, "The Inspiration of the Bible," Works, 1:52.

100 Warfield, "The Inspiration of the Bible," Works, 1:58.

101 Warfield, "The Real Problem of Inspiration," Works, 1:181.

102 Adolphe Monod, Farewell to His Friends and to the Church (New York: Robert Carter & Brothers, 1858), 56.

103 Adolphe Monod, Life and Letters of Adolphe Monod, Pastor of the Reformed Church of France, ed. Sarah Monod (London: J. Nisbet & Co, 1885), 224.

104 McGrath, 『복음주의와 기독교 지성』, 218.

105 사실 이러한 자세는 워필드의 신학뿐 아니라 각 시대별로 개혁신학을 계승하고자 애썼던 개혁신학 전체를 바라보는 관점이어야 한다. 그런 면에서 필자는 '멀러 테제'에 공감한다. Richard A. Muller, Post-Reformation Dogmatics, 4 vols. (Grand Rapids: Baker Academic, 2003). 특히 1권과 2권을 참고하라.

106 Kevin J. Vanhoozer, The Drama of Doctrine, 윤석인 역, 『교리의 드라마』 (서울: 부흥과 개혁사, 2017), 451.

107 현대인들에게 "직관성"은 중요한 원리이다. 스마트폰의 성공은 "직관성"과 관련이 있다. 이에 대해서는 이지은, "게슈탈트 원리의 적용을 통한 모바일 폰 사용자 인터페이스의 직관성 향상에 관한 연구: 시각적 차원을 중심으로," (석사학위논문, 이화여자대학교대학원, 2006)를 보라. 사회학적 의미에서의 "직관"에 대해 보려면, 주형일, "직관의 사회학, 나의 사회학 그리고 현상학적 방법," 「커뮤니케이션 이론」 4/1 (2008): 77-113을 보라. 이러한 연구들을 바탕으로 볼 때 복잡한 신학체계보다 핵심과 본질을 직관적으로 전달하는 것이 중요하다.

108 장종현, 『생명을 살리는 교리: 조직신학 개론』 (서울: 도서출판 UCN, 2019), 12.

109 장종현, 『생명을 살리는 교리: 조직신학 개론』, 13.

110 장종현, 『개혁주의생명신학 7대 실천운동』 (천안: 백석정신아카데미, 2018), 11. 강조는 필자의 것이다.

111 장종현, 『개혁주의생명신학 선언문』 (천안: 백석정신아카데미, 2017), 45.

112 장종현, 『생명을 살리는 교리: 조직신학 개론』, 47.

113 장종현, 『생명을 살리는 교리: 조직신학 개론』, 49.

114 하나님의 계시의 실재성과 가능성에 대한 논의를 보려면, Ronald H. Nash, The Word of God and the Mind of Man, 이경직 역, 『하나님의 말씀과 인간의 마음』 (서울: 기독교문서선교회, 2001). 특히 이 책은 '성경이 하나님의 말씀인가?'라는 언어철학적 도전을 이해하고, 그에 대한 기독교적 입장을 정리하는 데 유용하다.

115 장종현, 『생명을 살리는 교리: 조직신학 개론』, 50-53.

116 장종현, 『개혁주의생명신학 선언문』 (천안: 백석정신아카데미, 2017), 52.

117 장종현, 『생명을 살리는 교리: 조직신학 개론』, 54.

118 5대 솔라 중에서 어떤 것을 핵심으로 삼느냐에는 다양한 견해가 있다. 이경직, "개혁주의생명신학의 속죄론 연구" (박사학위논문, 백석대학교 기독교전문대학원, 2011), 228-29에서 이경직 박사는 하나님의 말씀과 그 생명력을 강조하기 위해서 '오직 성경으로'와 '오직 그리스도'를 맨 앞에 둔다. Thomas R. Schreiner, "Justification by Works and Sola Fide," The Southern Baptist Journal of Theology 19/4 (2015): 39-58에서 토마스 슈라이너는 '오직 그리스도'를 중심으로 5대 솔라를 설명한다.

119 장종현, 『개혁주의생명신학 7대 실천운동』, 23.

120 Van den Belt, The Authority of Scripture in Reformed Theology, 253. 여기에서 판 덴 벨트는 바빙크의 견해를 빌려온다.

121 Devi Rose, The Protestant's Dilemma: How the Reformation's Shocking Consequences Point to the Truth of Catholicism (San Diego: Catholic Answers Press, 2014), 87.

122 Brad Gregory, The Unintended Reformation: How a Religious Revolution Secularized Society (Cambridge: Press of Harvard University Press, 2015), 368.

123 장종현, 『개혁주의생명신학 7대 실천운동』, 21-22.

124 Stephen J. Wellum, "Remembering the Reformation by Reflecting on Its Solas," The Southern Baptist Journal of Theology 19/4 (2015): 5-8.

125 이에 대해 개괄적으로 살펴볼 수 있는 연구로는 Joel R. Beeke and Paul M. Smalley, Reformed Systematic Theology, Volume I: Revelation and God, 박문재 역, 『개혁파 조 직신학 1: 신학 서론과 계시론』 (서울: 부흥과개혁사, 2021), 41-77을 보라. 여기에서 우리가 기억할 점은 아우구스티누스나 테르툴리아누스로 시작되는 교부 신학자들로부터 윌리엄 에임 스, 존 오웬 등의 영국 청교도들에 이르기까지 신학에 대한 정의는 주로 신학 그 자체의 경건한 특성에 국한되었다는 사실이다.

126 이 논문에서 "학문"은 관찰과 실험을 통해 자연현상과 물리법칙을 연구하는 "과학"이라는 의 미로 사용되지 않고, 참된 실재에 대한 인식이나 인지를 뜻하는 "지식", 또는 인간의 이성으 로 정당화되는 "진리"의 의미로 사용된다. 이에 대해서는 The Oxford English Dictionary (London: Oxford University Press, 1933), 5:747-748, 9:221을 참고하라.

127 Alister E. McGrath, Christian Theology: An Introduction, 김기철 역, 『신학이란 무엇인 가』 (서울: 복 있는 사람, 2014), 212-14.

128 Richard A. Muller, "Scholasticism Protestant and Catholic: Francis Turretin on the Object and Principles of Theology," Church History 55/2 (1986): 195.

129 Richard A. Muller, Post-Reformation Reformed Dogmatics: The Rise and Development of Reformed Orthodoxy, ca. 1520 to ca. 1725, 4 vols., 2nd ed. (Grand Rapids, MI: Baker Academic, 2003), 2:451-455. 멀러에 의하면 개혁파 정통주의는 세 시기 로 구분된다. 초기 정통주의 시기(1565-1640)와 전성기 정통주의(1640-1725), 후기 정통주의 (1725-1790)이다. 튜레틴은 이 중에서 전성기 정통주의를 대표하는 개혁파 신학자이다.

130 이은선, "프란시스 튜레틴의 성경관," 「신학지평」 11 (1999): 185.

131 이은선, "튜레틴의 『변증신학강요』의 신학 방법론: 신학 서론(prolegomena)의 분석," 「역사신학 논총」 2 (2000): 63.

132 Muller, Post-Reformation Reformed Dogmatics, 1:324.

133 Muller, Post-Reformation Reformed Dogmatics, 1:325.

134 이 용어의 번역은 Francis Turretin, Institutes of Elenctic Theology, 『변증신학 강요 1』, 박문재·한병수 역 (서울: 부흥과개혁사, 2017), 68에서 가져왔다.

135 Francis Turretin, Institutes of Elenctic Theology, trans. George Musgrave Giger and ed. James T. Dennison Jr., (Phillipsburg: Presbyterian and Reformed Pub. Co, 1994), I.vi.3.

136 Muller, Post-Reformation Reformed Dogmatics, 1:326.

137 멀러의 지적에 의하면 존 오웬(John Owen, 1616-1683) 역시 이 점을 꺼려했다.

138 Turretin, Institutes of Elenctic Theology, I.vi.5.

139 Turretin, Institutes of Elenctic Theology, I.vi.5.

140 사실 신학이 다섯 가지 지성적 원리들(이해, 지식, 지혜, 명철, 기술)과 어떤 관계를 갖는지에 대한 긴 논의가 있었다. 신학이 대학에서 다뤄지면서 자연스럽게 생긴 논의였다. 초기 정통주의자들은 신학을 '지성'을 제외한 나머지 네 가지 원리들에 적용했고, 대다수의 정통주의 신학자들은 중세 신학자들을 따라서 신학을 '지식'과 '지혜'에 적용했다. 이 논의에 대해서 더 자세히 알려면, Muller, Post-Reformation Reformed Dogmatics, 1:311-359를 보라.

141 Turretin, 『변증신학 강요 1』, 69.

142 Turretin, Institutes of Elenctic Theology, I.vii.1.

143 Muller, "Francis Turretin on the Object and Principles of Theology," 199.

144 Muller, "Francis Turretin on the Object and Principles of Theology," 199.

145 Muller, "Francis Turretin on the Object and Principles of Theology," 199.

146 Muller, "Francis Turretin on the Object and Principles of Theology," 200.

147 Turretin, Institutes of Elenctic Theology, I.vii.6.

148 Muller, Post-Reformation Reformed Dogmatics, 1:324.

149 McGrath, 『신학이란 무엇인가』, 212-14.

150 필자는 신학과 학문의 동등한 지위에 대한 글을 김상엽, "신학과 학문의 관계에 대한 개혁주의 생명신학적 이해"에서 일부 가져왔음을 밝힌다. 하지만 2018년 이 글을 게재한 후 후속연구를 진행하는 가운데 바빙크의 글에서 신학과 학문의 차이점에 대한 논의 부분을 좀 더 발견했고, 본 논문에서는 그 부분을 추가했다.

151 Bavinck, 『개혁교의학』, 1:305.

152 Bavinck, 『개혁교의학』, 1:305.

153 연구자는 합리론과 경험론이라는 주제가 매우 광범위하다는 사실을 인정한다. 그리고 이 주제를 온전히 다루기 위해서는 엄청난 분량의 지면을 할애하여 철학사 전반을 다뤄야 한다는 사실도 인정한다. 또한 합리론과 경험론으로부터 이어지는 관념론과 유명론, 실증주의, 불가지론, 유물론 등을 살펴야 한 다는 점도 인정한다. 그러나 그러한 연구는 연구자의 능력을 벗어난다는 사실을 겸허하게 받아들이고, 합리론과 경험론이 제시하는 학문의 성격에만 연구를 제한시키고자 한다.

154 Bavinck, 『개혁교의학』, 1:305-306.

155 Bavinck, 『개혁교의학』, 1:306.

156 Bavinck, 『개혁교의학』, 1:311.

157 Harriet Martineau, The Positive Philosophy of Auguste Comte, 3 vols., 2nd ed. (London: Trübner, 1875), 1:5-13.

158 Bavinck, 『개혁교의학』, 1:307.

159 Bavinck, 『개혁교의학』, 1:307-309.

160 Bavinck, 『개혁교의학』, 1:312-313.

161 Bavinck, 『개혁교의학』, 1:315.

162 성경이 실재론을 인정한다는 것은 이 당시 개혁파 신학자들의 공통된 생각이었다. 바빙크가 활동하던 시기에 프린스턴의 주요 신학자들도 실재론을 성경의 전제로 인정함을 볼 수 있다. William D. Livingstone, "The Princeton Apologetic as Exemplified by the Work of Benjamin B. Warfield and J. Gresham Machen: A Study in American Theology 1880-1930," (Ph. D. Diss., Yale University, 1948), 39-48.

163 Bavinck, 『개혁교의학』, 1:321.

164 Bavinck, 『개혁교의학』, 1:319.

165 Bavinck, 『개혁교의학』, 1:323.

166 Bavinck, 『개혁교의학』, 1:324-327.

167 Bavinck, 『개혁교의학』, 1:315.

168 Bavinck, 『개혁교의학』, 1:329.

169 Augustinus, De trinitate 4:20.

170 Bavinck, 『개혁교의학』, 1:301.

171 Bavinck, 『개혁교의학』, 1:302.

172 Bavinck, 『개혁교의학』, 1:303.

173 Bavinck, 『개혁교의학』, 1:383-84.

174 바빙크 시대에 신학과 종교학을 통합하거나 신학을 밀어내려는 시도가 있었다는 것을 좀 더 자세히 알려면, Herman Bavinck, "Theology and Religious Studies," in Essays on Religion, Science, and Society, ed. John Bolt (Baker Academic, 2008), 53-54를 보라.

175 Bavinck, 『개혁교의학』, 1:83.

176 Muller, Post-Reformation Reformed Dogmatics, 3:28.

177 Kim Riddlebarger, "The Lion of Princeton: Benjamin Breckinridge Warfield on

Apologetics, Theological Method and Polemics" (Ph.D. diss., Fuller Theological Seminary, 1997), 12-13.

178   Taido J. Chino, "With Two Hands: A Doctrinal Analysis of Benjamin Warfield and Karl Barth on Scripture," (Ph. D. Disser., Trinity Evangelical Divinity School, 2016), 1.

179   이승구, "워필드 신학의 개혁신학적 특성," 「교회와 문화」 29 (2012): 77-110, 특히 82-86.

180   Fred G. Zaspel, The Theology of B. B. Warfield (Illinois: InterVarsity Press, 2010), 574.

181   워필드를 비롯한 프린스턴 신학자들과 웨스트민스터 표준문서들을 스콜라주의적이라고 비판한 것을 보려면 C. A. Briggs, Whither? A Theological Questions for the Times (New York: Charles Scribner's Sons, 1889), 23-90을 보라. 이와 유사한 좀 더 최근의 비판을 보려면 Jack B. Rogers and Donald K. McKim, The Authority and Interpretation of the Bible (San Francisco: Harper and Row Publishers, 1979), 328-329를 보라.

182   워필드는 40권의 단행본과 700여 편의 학술논문, 1,000여 편의 서평을 썼다. Zaspel, The Theology of B. B. Warfield, 27.

183   David P. Smith, "B. B. Warfield's Scientifically Constructive Theological Scholarship," (Ph. D. Diss., Trinity Evangelical Divinity School, 2008), 392-393.

184   Benjamin B. Warfield, "The Idea of Systematic Theology," in The Works of B. B. Warfield, 10 vols. (Oxford University Press, 1932; Reprinted. Grand Rapids: Baker Books, 2003), 9:53. 이 글에서 워필드는 조직신학이 지나치게 학문적이라는 당대의 비판을 반박하고, 모든 신학 분과들의 하나의 유기적 통합체임을 강조한다. 더 나아가서 신학 전체의 특성에 대해 논의한다. 그러므로 신학과 학문의 관계에 대한 워필드의 견해를 살피기에 적절하다.

185   Warfield, "The Idea of Systematic Theology," Works, 9:56.

186   Warfield, "The Idea of Systematic Theology," Works, 9:55.

187   Warfield, "The Idea of Systematic Theology," Works, 9:56.

188   Warfield, "The Idea of Systematic Theology," Works, 9:58.

189   Benjamin B. Warfield, "Theology A Science," in Selected Shorter Writings, ed., John E. Meeter, 5th ed., 2 vols. (New Jersey: Presbyterian and Reformed Publishing Company, 2005), 2:207. (이후부터는 논문의 제목과 SSW로 표기.)

190   Warfield, "Theology A Science," SSW, 2:207.

191   Warfield, "Theology A Science," SSW, 2:208.

192   Warfield, "Theology A Science," SSW, 2:210.

193 Warfield, "Theology A Science," SSW, 2:211.

194 Warfield, "Theology A Science," SSW, 2:212.

195 Warfield, "Theology A Science," SSW, 2:210.

196 Warfield, "Theology A Science," SSW, 2:210.

197 Warfield, "Theology A Science," SSW, 2:211-2.

198 장종현, 『개혁주의생명신학 7대 실천운동』 (천안: 백석정신아카데미, 2018), 44-45; 장종현, 『신학은 학문이 아닙니다』 (서울: UCN, 2021), 23.

199 장종현, 『개혁주의생명신학 7대 실천운동』, 47.

200 장종현, 『개혁주의생명신학 7대 실천운동』, 47.

201 McGrath, 『신학이란 무엇인가』, 214. 신학이 처음에 "기도와 영성 같은 실제적인 문제들"을 다루는 것에서 출발하여 점차 "이론적 학문"으로 발전했다는 맥그래스의 지적은 참고할 만하다.

202 장종현, 『개혁주의생명신학 7대 실천운동』, 43; 『신학은 학문이 아닙니다』, 18-19.

203 장종현, 『개혁주의생명신학 7대 실천운동』, 41; 동일한 논지는 『신학은 학문이 아닙니다』, 62-74.

204 장종현, 『개혁주의생명신학 7대 실천운동』, 49-50.

205 장종현, 『개혁주의생명신학 7대 실천운동』, 52.

206 장종현, 『생명을 살리는 교리: 조직신학 개론』 (서울: UCN, 2019), 45-47.

207 장종현, 『생명을 살리는 교리: 조직신학 개론』, 47.

208 장종현, 『생명을 살리는 교리: 조직신학 개론』, 47.

209 워필드를 비롯한 프린스턴 신학자들과 웨스트민스터 표준문서들을 스콜라주의적이라고 비판한 것을 보려면 C. A. Briggs, Whither? A Theological Questions for the Times (New York: Charles Scribner's Sons, 1889), 23-90을 보라. 이와 유사한 좀 더 최근의 비판을 보려면 Jack B. Rogers and Donald K. McKim, The Authority and Interpretation of the Bible (San Francisco: Harper and Row Publishers, 1979), 328-329를 보라.

210 워필드는 40권의 단행본과 700여 편의 학술논문, 1,000여 편의 서평을 썼다. Fred G. Zaspel, The Theology of B. B. Warfield (Illinois: InterVarsity Press, 2010), 27.

211 David P. Smith, "B. B. Warfield's Scientifically Constructive Theological Scholarship," (Ph. D. Diss., Trinity Evangelical Divinity School, 2008), 392-393.

212 이 다섯 가지 항목들 중에서 앞의 네 가지 항목들은 필자의 박사학위 논문에서 가져왔음을 밝힌다. 심사 종료 후, 인용 정보를 밝히도록 하겠다.

213 Benjamin B. Warfield, "Theology A Science," in Selected Shorter Writings, ed., John E. Meeter, 5th ed., 2 vols. (New Jersey: Presbyterian and Reformed Publishing Company, 2005), 2:207. (이후부터는 논문의 제목과 SSW로 표기.)

214 Warfield, "Theology A Science," SSW, 2:207.

215 Warfield, "Theology A Science," SSW, 2:208.

216 Warfield, "Theology A Science," SSW, 2:210.

217 Warfield, "Theology A Science," SSW, 2:211.

218 Warfield, "Theology A Science," SSW, 2:212.

219 Warfield, "Theology A Science," SSW, 2:210.

220 Warfield, "Theology A Science," SSW, 2:210.

221 Warfield, "Theology A Science," SSW, 2:211-2.

222 Warfield, "Theology A Science," SSW, 2:281.

223 Warfield, "Theology A Science," SSW, 2:281.

224 Warfield, "Theology A Science," SSW, 2:282.

225 Warfield, "Theology A Science," SSW, 2:287-8.

226 Warfield, "Theology A Science," SSW, 2:286.

227 Warfield, "Theology A Science," SSW, 2:285.

228 Warfield, "Theology A Science," SSW, 2:286.

229 Warfield, "The Purpose of the Seminary," SSW, 1:375.

230 Warfield, "The Purpose of the Seminary," SSW, 1:376.

231 Warfield, "The Purpose of the Seminary," SSW, 1:376.

232 Warfield, "Our Seminary Curriculum," SSW, 1:373.

233 Warfield, "The Religious Life of Theological Students," SSW, 1:412.

234 Warfield, "The Religious Life of Theological Students," SSW, 1:411.

235 Warfield, "The Religious Life of Theological Students," SSW, 1:412.

236 Warfield, "The Religious Life of Theological Students," SSW, 1:425.

237 Warfield, "Authority, Intellect, Heart," SSW, 2:668.

238 Warfield, "Authority, Intellect, Heart," SSW, 2:669.

239 Warfield, "Authority, Intellect, Heart," SSW, 2:669.

240 Warfield, "Authority, Intellect, Heart," SSW, 2:670.

241 Warfield, "Authority, Intellect, Heart," SSW, 2:670.

242 Warfield, "Authority, Intellect, Heart," SSW, 2:670.

243 Warfield, "Authority, Intellect, Heart," SSW, 2:671.

244 Warfield, "Authority, Intellect, Heart," SSW, 2:671.

245 Warfield, "Authority, Intellect, Heart," SSW, 2:671.

246 David F. Wells, ed. Reformed Theology in America: A History of Its Modern Development, 박용규 역, 『개혁주의 신학』 (서울: 한국기독교사연구소, 2017), 114.

247 Warfield, "The Religious Life of Theological Students," SSW, 1:411-425.

248 Warfield, "Spiritual Culture in the Seminary," SSW, 2:468-496.

249 Warfield, "Spiritual Culture in the Seminary," SSW, 2:476.

250 Warfield, "Spiritual Culture in the Seminary," SSW, 2:477.

251 Warfield, "The Religious Life of Theological Students," SSW, 1:419.

252 Warfield, "Spiritual Culture in the Seminary," SSW, 2:478.

253 Warfield, "Spiritual Culture in the Seminary," SSW, 2:478.

254 Zaspel, The Theology of B. B. Warfield, 573.

255 Wells, 『개혁주의 신학』, 151.

256 Wells, 『개혁주의 신학』, 151.

257 미국 북장로교단은 목사 후보생이 다섯 가지 근본 교리들(성경 무오, 그리스도의 동정녀 탄생, 그리스도의 대리 속죄, 그리스도의 육체적 부활, 그리스도의 기적의 역사성)을 고백하도록 결의했다. 오번 선언은 이 다섯 가지 근본 교리들을 부정한다.

258 Wells, 『개혁주의 신학』, 171.

259 Bradley J. Longfield, The Presbyterian Controversy: Fundamentalists, Modernists,

and Moderates (New York: Oxford University Press, 1993), 77.

260 이 선언문의 원제목은 『미국 장로교의 통합과 자유를 보호하기 위해 작성된 선언문』(An Affirmation Designed To Safeguard the Unity and Liberty of the Presbyterian Church in the United States of America, 1924)이었다.

261 Longfield, The Presbyterian Controversy, 78.

262 Longfield, The Presbyterian Controversy, 77.

263 Longfield, The Presbyterian Controversy, 79. 우리는 커핀이 미국에서 리츨의 자유주의 신학을 확산시키는 데 있어서 주도적 인물이었던 아서 맥기퍼트(Arthur McGiffert)의 제자였음을 상기할 필요가 있다(Longfield, The Presbyterian Controversy, 84-89 참조).

264 Longfield, The Presbyterian Controversy, 79.

265 Longfield, The Presbyterian Controversy, 86.

266 Longfield, The Presbyterian Controversy, 87.

267 Longfield, The Presbyterian Controversy, 100.

268 Charles E. Quirk, "The 'Auburn' Affirmation: A Critical Narrative of the Document Designed to Safeguard the Unity and Liberty of the Presbyterian Church in the United States of America in 1924," (Ph. D. diss., The University of Iowa, 1967), 185. 정확한 수치에 대해 서로 다른 기록들이 존재한다. 1,283명이나 1,293명, 드물게 1,300여 명이 서명했다고 기록하고 있다. 본 논문의 목적이나 논리적 전개에서 크게 중요한 부분은 아니지만, 참고하길 바란다.

269 Wells, 『개혁주의 신학』, 151.

270 장종현, 『생명을 살리는 교리: 조직신학 개론』 (서울: 도서출판 UCN, 2019), 15.

271 조용석, "개혁주의생명신학 신학회복운동에 대한 소고," 143.

272 장종현, 『생명을 살리는 교리』, 17.

273 장종현, 『생명을 살리는 교리』, 102.

274 장종현, 『생명을 살리는 교리』, 198.

275 장종현, 『생명을 살리는 교리』, 122.

276 장종현, 『생명을 살리는 교리』, 122, 150.

277 이승구, "워필드 신학의 개혁신학적 특성," 109.